Vivi Edström, emeritierte Professorin für Literatur, speziell Kinder-literatur, an der Universität Stockholm. War viele Jahre Präsidentin der Selma-Lagerlöf-Gesellschaft und hat mehrere Artikel über die Nobelpreisträgerin geschrieben. Ihr Buch über Astrid Lindgren, 1992 in der Originalausgabe erschienen, wurde von der Schwedischen Akademie als herausragende Monografie und von der Carlo-Collo-di-Stiftung, Italien, mit dem internationalen Rolando-Anzilotti-Preis ausgezeichnet.

Vivi Edström

Astrid Lindgren

Im Land der Märchen und Abenteuer

Deutsch von Astrid Surmatz

Verlag Friedrich Oetinger · Hamburg

Für Anna und Johannes

Nach den Regeln der neuen Rechtschreibung gesetzt

© Verlag Friedrich Oetinger, Hamburg 1997
Alle Rechte für die deutschsprachige Ausgabe vorbehalten
© Vivi Edström 1992
Die schwedische Originalausgabe erschien bei
Rabén & Sjögren Bokförlag, Stockholm,
unter dem Titel »Astrid Lindgren – Vildtoring och lägereld«
Deutsch von Astrid Surmatz
Einband von Gesa Denecke
Satz: Utesch Satztechnik GmbH, Hamburg
Druck und Bindung: Clausen & Bosse, Leck
Printed in Germany 1997

ISBN 3-7891-3402-3

Inhalt

Einleitung

Astrid Lindgren als Autorin

»Das Wichtigste ist nicht, dass man für jemanden schreibt, sondern dass man jemand ist.« Nicht Astrid Lindgren hat dies gesagt, sondern ein anderer Fixstern der schwedischen Kinderliteratur, Lennart Hellsing.[1]

Wer nun ist Astrid Lindgren?

Zweifelsohne ist sie ein Wildfang, verwandt mit ihrer eigenen *Ronja Räubertochter*. Wie Ronja ist sie wagemutig; sie balanciert am Rand des Textabgrunds, bloß um dann mit einem Scherz die Achseln zu zucken. Im nächsten Augenblick finden wir sie am Lagerfeuer, dem magischen und fantasieanregenden. Auf diese Spannweite, diese Abgründe richte ich mein Augenmerk in diesem Buch, das Lindgrens zentrale Werke in den Mittelpunkt stellt.

Was ist das Geheimnis dieses Werks, das sowohl Kinder als auch Erwachsene derartig fesselt? Lange habe ich geglaubt, das Geheimnis liege in der Sprache. Die Lebendigkeit, ihre Art, die Worte ausklingen und sie in Euphorie oder Schmerz münden zu lassen, scheint an einer ungewöhnlichen seelischen und körperlichen Geschmeidigkeit zu liegen. In diesen Sprachspielen sind auch die phonetischen Eigenschaften für den Schwung des Rhythmus und die Schönheit des Stils von Bedeutung. Doch Tatsache bleibt, dass auch schwerfällige Übersetzungen ihrer Bücher die Leser begeistern. Nicht alles kann also an der Sprache liegen, eher an Lindgrens Lebensvision und Schreibweise im weiteren Sinne. Etwas grünend Vitales, etwas Keckes und Dreistes, etwas zart Bittendes rührt bei den Lesern an heimliche Saiten.

Was wollen ihre Texte uns sagen? In diesem Buch, das mit *Pippi Langstrumpf* beginnt und mit *Ronja Räubertochter* endet, untersuche ich die Thematik der Werke. Ich suche nach der Stimmung und

9

der Intention im Text, seinem Puls und seiner Aufbruchsstimmung, dem Lebhaften und Aktiven, das die Erzählung oft zu »Finsternis und zu Gefahr« hintreibt und die ich mit einer spezifisch weiblichen Einstellung verbinde. »Wiesu tut sie su?«, frage ich mich mit Lindgrens eigener Formel.

Wie es anfing

»Das Einzige, was ich hier auf Erden zustande gebracht habe, sind eine Menge Einfälle, und es ist mir selber rätselhaft, wie man so unentwegt mit lauter, zum guten Teil überdies noch recht verschrobenen Einfällen leben und fast sterben kann. Woher sind sie alle aufgetaucht? Wie sind sie entstanden, wie kamen sie zu einem Namen – wie kommt der Hecht aus dem Fischkasten?«

Zugleich anspruchslos und nüchtern kommentiert Astrid Lindgren in ihrem Essay »Wo kommen nur die Einfälle her?« das Mysterium der Inspiration. Doch ist dies wirklich so anspruchslos? Mit angemessenem Selbstbewusstsein bekennt sie, dass sie mit ihren Einfällen leben und im Grunde auch sterben will. Dies ist das Bekenntnis einer Dichterin zu ihren Werken.[2]

Wie viele Frauen begann sie erst spät zu schreiben; sie war 37 Jahre alt, als sie ihr erstes Buch veröffentlichte, doch dann geschah alles umso plötzlicher. Nach allem, was man weiß, trug sie sich nicht mit frühen Dichterträumen, im Gegenteil: Sie schildert, dass sie sich mit Händen und Füßen wehrte, als man begann, sie Vimmerbys Selma Lagerlöf zu nennen. Damals beschloss sie, niemals Schriftstellerin zu werden. Dennoch wurde ein Aufsatz der Dreizehnjährigen über das »Leben auf dem Hof« in der *Wimmerby Tidning* veröffentlicht, später arbeitete sie als Siebzehnjährige bei dieser Zeitung.

Ein neuer Abschnitt in ihrem Leben begann, als sie nach Stockholm zog. Sie war achtzehn Jahre alt und schwanger – ein Ereignis, das Vimmerby erschütterte, »stärker als damals, als Gustav Vasa die Stadtrechte einzog«; der Galgenhumor stammt von ihr selbst. Das Kind brachte sie in Dänemark zur Welt und ließ es bei einer guten

Pflegefamilie. Das Glück über den Sohn vermischte sich mit der Sorge darüber, dass sie nicht immer genug Reisegeld hatte, um ihn besuchen zu können. Sobald es ihr möglich war, nahm sie ihn zu sich.

Diese umwälzenden Erfahrungen bilden sicherlich einen Nährboden für ihr Werk, einen Klangboden aus Sehnsucht, Freude und Wachsamkeit, der ihr Erzählen bestimmt.

Astrid Ericsson,
Büroangestellte in
Stockholm
in den zwanziger
Jahren.

In Stockholm wurde sie zur selbstständigen Berufstätigen. Wie viele andere junge Frauen der zwanziger Jahre entschloss sie sich zur Büroarbeit, ging zum Institut Bar-Lock und lernte Maschineschreiben und Stenografie. Sie entwickelte sich zu einer geschickten Stenografin mit Spezialaufgaben. Allmählich wurde sie Redakteurin für das Tourenbuch des Königlichen Automobilklubs und erarbeitete 1939 eine

Broschüre für den Reichsverband der Motorfahrer (etwa ADAC). Dort lernte sie auch ihren späteren Mann Sture Lindgren kennen; sie heirateten 1931. Astrid Lindgren ging im Haushalt auf, bekam eine Tochter und arbeitete weiterhin an Aufträgen für den Automobilklub, unter anderem an dessen Autoatlas.

Sie veröffentlichte außerdem nicht wenige Erzählungen, vor allem die obligatorische Weihnachtsgeschichte in der Zeitschrift *Landsbygdens jul* (Die Weihnacht auf dem Lande). Im Jahre 1933 finden wir dort »Johans Abenteuer am Heiligabend« und 1935 »Pumpernickel und seine Brüder«, um nur einige Beispiele zu nennen. Es handelt sich um erbauliche und unterhaltsame Abenteuer, Fingerübungen, die ihre spätere Meisterschaft kaum ahnen lassen. Von diesen Erzählungen zu den »märchenhaften« Werken *Mio, mein Mio* und *Die Brüder Löwenherz* ist es noch ein weiter Weg. Dennoch kann man bereits in dieser frühen Annäherung an das Märchengenre die besondere Technik Lindgrens erkennen, Elend und Glanz dicht beieinander anzusiedeln.

Das »Märchen vom Ferkel Pumpernickel«, das von zu Hause ausreißt, ist eine ziemlich konventionelle Erzählung, sieht man einmal vom Namen ab, der etwas an *Pippi Langstrumpf* erinnert. Die Story gehört zu den üblicheren in der Kinderliteratur: Das Abenteuer auf eigene Faust in der gefährlichen Welt, ein Ausreißen, das mit der Rückkehr nach Hause und in die Geborgenheit glücklich endet. Einige Züge fallen bereits als typisch lindgrenhaft auf. Der Weg in den Wald, den ihre Helden so gern entlangwandern, am lustvollsten in *Ronja Räubertochter*, kommt vor, ebenso wie gewisse drastische Ausdrucksweisen eine komische Ader offenbaren. »Wie kann man sich so schweinisch benehmen«, wettert der Wichtel, als ihm Pumpernickel auf seiner Flucht begegnet. Astrid Lindgren hat Kinder, die von zu Hause wegziehen wollen, zunehmend virtuoser beschrieben. Wir erinnern uns an *Lotta zieht um* (in Schweden 1961 erschienen), die zu Hause auszieht, weil sie ihren Pullover zerschnitten und sich mit ihrer Mutter gestritten hat.

Dass sie ernsthaft zu schreiben anfing, hat Lindgren selbst als Zufall bezeichnet. Der Anfang war schwierig, doch dann brach das Eis schnell. Voller Begeisterung erkannte sie, dass es »genauso viel Spaß macht, Bücher zu schreiben, wie sie zu lesen«. Die Produktion spru-

Familie Ericsson auf Näs 1918. Von links: Samuel August,
Ingegerd, Astrid, Stina, Gunnar und Hanna

delte und sie wurde früh zu einer beliebten und begehrten Autorin.
Die starke Resonanz von Publikum und Verlag bewirkte einen mächtigen Auftrieb. Bereits im Jahre 1946 wurde sie bei Rabén & Sjögren
angestellt, dem Verlag, wo ihre Bücher erscheinen. Bis 1970 war sie
dort Leiterin der Kinderbuchabteilung. Ihr persönliches Engagement
und ihr Einsatz für die Kinderbuchautoren erlangten eine Bedeutung,
die kaum hoch genug eingeschätzt werden kann.

Astrid Lindgren wurde am 14. November 1907 geboren. Sie hat ihre
Wurzeln auf dem Land in Schweden, in der Kleinstadt Vimmerby und
der umliegenden Gegend. Sie ist die Tochter des Pfarrhofpächters
Samuel August Ericsson von Sevedstorp und seiner Frau Hanna in
Hult. Deren Lebensgeschichte hat sie in der Erzählung »Samuel Au-
gust von Sevedstorp und Hanna in Hult« einnehmend geschildert.
   Die Kindheit wurde der fruchtbare Boden für ihr Erzählen. Den-
noch ist diese nicht direkt – wie man manchmal vorauszusetzen

scheint – in ihrem Werk reflektiert. Vieles sind, wie sie selbst in ihrem Essay »Wo kommen nur die Einfälle her?« schreibt, »Umdichtungen eigener Erlebnisse in einer fernen Kindheit, die in der Erinnerung aufblitzen gleich dem huschenden Schein eines Leuchtfeuers«. Doch aus den Bildern ihrer Kindheit schöpft sie, ähnlich wie andere bedeutende Autoren, ein Universum mit eigenen Konturen und einer eigenen Lebenskraft. Das Leben in Bullerbü oder Lönneberga ist keine Rekonstruktion ihrer eigenen Umgebung oder der früheren ihres Vaters. Die Idylle, die sie gern mit der Kindheit verbindet, gehört zu einer fest etablierten Tradition. Sie erneuert diese Tradition, wenn sie diese Welten aufbaut, die inzwischen zu unseren modernen Kindheitsmythen gehören.

»Alle Kindheiten sind etwas Besonderes«, hat sie einmal gesagt. Ihre Erlebnisse auf dem Hof Näs außerhalb von Vimmerby waren vielleicht gar nicht so anders als die anderer Kinder. Doch man bekommt den Eindruck, dass sie und ihre drei Geschwister, zwei Mädchen und ein Junge, ungewöhnlich neugierig, aktiv und spielversessen waren: »Es war ein Wunder, dass wir uns nicht totgespielt haben.«

Diese Bewegungsfreiheit schloss Gehorsam und Anpassung nicht aus. Astrid wurde von ihrer fordernden Mutter (die vielleicht nicht fordernder war als andere Mütter in der Zeit der selbst versorgenden Haushalte) zur Arbeit in der Küche und auf den Rübenfeldern angehalten. Die Jugendjahre brachten den unvermeidlichen Aufruhr mit sich, der auch eine neue Zeit signalisierte: Das Mädchen Astrid schnitt sich die Haare kurz und wurde von den Rhythmen des Jazz eingenommen. Dass sie eine vorzügliche Tänzerin war, erscheint selbstverständlich.

Sicherlich fließen auch Augenblicke aus den Jugenderfahrungen in ihre Erzählungen ein, besonders in den Mädchenbüchern. Doch vor allem die Erlebnisse des Kindes, Spiel und Freude, Erstaunen und Belastungen, Sommerlichtungen und Winterschnee gibt Astrid Lindgren in ihren Texten wieder, die nicht nur in Vimmerby und Stockholm verstanden werden, sondern der ganzen Welt gehören: München, Moskau und Tokio sind einige der Metropolen, in denen sie die bekannteste schwedische Autorin ist. Zu Beginn der neunziger Jahre sind ihre Werke in etwa 60 Sprachen übersetzt, darunter ins Persische wie ins Zulu.

Ihre Sprache hat einen Satzrhythmus, der für Småland, die südschwedische Landschaft, aus der sie stammt, typisch ist. Im volksnahen Umfeld gediehen Anekdoten und Klatsch, bissige Zitate, grausige Berichte über Gespenster und Wichtel. Mit einer Hommage an den schwedischen Arbeiterschriftsteller Harry Martinson spricht Astrid Lindgren von den »murmelnden Mägden« ihrer Kindheit, die Stoffe und Erzählungen beitrugen. In der Umgebung der Kinder Ericsson gab es viele Leute, die etwas zu erzählen hatten, von Amerikaträumen und davon, wie es früher »in den Tagen der Armut« gewesen war.

Astrid Lindgrens Elternhaus in Vimmerby

Auch in der Familie gab es gute Erzähler. In ihrer Biografie über Astrid Lindgren nennt Margareta Strömstedt eine Reihe von Beispielen dafür, wie besonders der Erzählstil des Vaters seine Spuren in der Sprache der Tochter hinterließ, dieser Astrid, die einen so auffälligen Sinn für schlagfertige Antworten hatte. In mehr oder weniger starker Bearbeitung sind Redeweisen aus der Welt ihrer Kindheit in ihre Erzählungen eingeflossen.

Dennoch sollte man sich davor hüten, Astrid Lindgren allzu sehr

15

auf das Småländische festzulegen. Sie schreibt in einer Welttradition, die es in der Kinderliteratur noch eher gibt als in der Erwachsenenliteratur. Und wenn sie auch im Grunde ihres Herzens immer Småland treu geblieben ist, so wohnt sie doch seit vielen Jahren in Stockholm und hat einen Sommersitz in Roslagen, an der Küste nördlich von Stockholm, was auch in ihren Büchern Spuren hinterlässt. Kinder, wo sie auch leben mögen, lieben ihre Erzählungen. Das deutet darauf hin, dass die Domänen der Seelen sich trotzdem gleichen. Und um diese Seelenwelten geht es in Lindgrens Büchern. Räume, Länder – und Küchen – symbolisieren unser aller Häuser und Landschaften im Guten wie im Bösen. Nicht nur »die Insel der grünen Wiesen«, sondern auch »das Land Außerhalb«, nicht nur das »Kirschtal«, sondern auch »Karmanjaka« gehören zu ihrem Universum.

Diese Welten verfügen über ihre eigenen Zeichen. Doch gilt dies auch für den Wald und das Land, die Stadt und die Schären, das Inselgebiet vor Stockholm, in ihren realistischeren Büchern. Astrid Lindgrens Verhältnis zur Natur würde eine eigene Studie beanspruchen. Die Autorin scheut sich nicht, ihre Begeisterung für die Natur an ihre kindlichen Leser weiterzugeben. Wer schreibt so lyrisch über eine Kuhwiese wie sie oder lässt die Apfelblüten so unbeschreiblich niederschweben. Mehr als an die Menschen ihrer Kindheit erinnert sie sich an die Naturerlebnisse. Eine Umfrage in der Zeitschrift *Hemmets Veckotidning* (1950, H. 26) über »Mein schönstes Kindheitserlebnis« beantwortet sie, indem sie von Ausflügen zu den Schlüsselblumen und Wanderungen zu den Leberblümchen im Frühling erzählt, davon, wie sie mit ihrer Schwester einen ganzen Tag lang in einem grünen Frühlingsgraben saß, in dem goldgelbes Milzkraut wuchs, und wie alle ihre Kindheitserinnerungen ihr »voller Blumen« erscheinen. Sie erzählt auch von einer glücklich beschwingten Wanderung nach einem Auftritt in einem Theaterstück: »In allen Gärten standen Apfelbäume in voller Blüte. Und was für eine Blüte! So reich habe ich nie Obstbäume blühen sehen. Weder davor noch danach habe ich den Frühlingsduft so gespürt wie damals.«

16

Traditionalistin und Neuschöpferin

Doch Literatur entsteht auch aus Literatur. Mit Nachdruck bestätigt Astrid Lindgren, welch starke Spuren die Kindheitslektüre hinterlässt und mit welcher Intensität Kinder lesen. In ihrem Essay »Es begann in Kristins Küche« im Band *Das entschwundene Land* erzählt sie, wie sie die ganze lange Reihe von Sagen und Geschichten gelesen hat;

> vom Trojanischen Krieg bis zu *Robinson Crusoe* und *Onkel Toms Hütte*, dazu alles, was ich von Jules Verne ergattern konnte, ferner *Die Erzählungen des Feldschers* und Ingemanns historische Romane, *Der Graf von Monte Christo*, *Die drei Musketiere*, *Der letzte Mohikaner*, *Das Dschungelbuch*, *Die Schweden und ihre Häuptlinge*, *Die Schatzinsel*, *Tom Sawyer* und *Huckleberry Finn* – schau an, welch stattliche Liste alter Klassiker!

Dann folgt eine Aufzählung »all dieser wunderbaren Mädchenbücher«. Hier kommen Mädchen vor, die »einem plötzlich so nahe standen, wie Wesen aus Fleisch und Blut!« Pollyanna und Katy und Sarah, vor allem aber *Anne auf Avonlea*,

> oh, du Unvergessliche, auf ewig fährst du im Einspänner neben Matthew Cuthbert unter Avonleas blühenden Apfelbäumen! Wie ich mit diesem Mädchen gelebt habe! Einen ganzen Sommer lang spielte ich mit meinen Schwestern *Anne auf Avonlea* in dem großen Sägemehlhaufen oben bei der Sägemühle: Ich war Diana Barry und die Dunggrube hinter dem Kuhstall war die dunkel spiegelnde Woge.

Einige Szenen prägten sich besonders intensiv in der Erinnerung ein; der Schnee, der über Ura Kaipa in der Steinzeitnacht in Verner von Heidenstams *Die Schweden und ihre Häuptlinge* fiel, der fiel erneut während des schrecklichen Unwetters in Lönneberga, bei dem Michel versucht Alfred zum Arzt zu schleppen. Die Eindrücke aus *Anne auf Avonlea* finden wir in einer ganzen Reihe von Lindgrens Büchern wieder, bis hin zu *Die Brüder Löwenherz*, wo Krümels Begeisterung für das Kirschtal ebenso stark entbrennt wie Annes Glück über die Schönheit des Tales von Avonlea. Andere Figuren, über die man lachen oder weinen konnte, und darauf kam es an, waren Jim Hawkins, der Held der *Schatzinsel*, Tom Sawyer oder Onkel Tom. Doch einer stand ihr am nächsten: Huck Finn. »Vielleicht bleibt mir am längsten und eindringlichsten die Erinnerung an meine langsame Fahrt den Mississippi hinunter auf dem Floß, das Huckleberry Finn gehörte.«

Nicht alles, was sie las, waren anerkannt gute Bücher, beeilt sie sich festzustellen, es gab auch Populärliteratur, die sie gefangen nahm. Die erwachsene Astrid Lindgren wurde eine Allesleserin, für die vor allem Lyrik sehr viel bedeuten sollte. Gustaf Fröding und Verner von Heidenstam, Pär Lagerkvist, Erik Blomberg, Harry Martinson und Edith Södergran haben Spuren in ihrem Werk hinterlassen. Allusionen und Zitate aus Lyrik und Volksdichtung sind in ihrem Werk enthalten, besonders in *Madita* und in *Ferien auf Saltkrokan*. Der unpraktische, aber sympathische Melcher ergeht sich bisweilen, ganz wie es einem Autor gebührt, in Versen, die die Essenz des Sommers einfangen. In Bezug auf moderne Prosa verspürte sie eine besondere Affinität zu den Autoren der dreißiger Jahre: Jan Fridegård, Ivar Lo-Johansson, Moa Martinson und Harry Martinson.[3] Von den modernen Jugendbuchautoren bewunderte sie vor allem Lisa Tetzner – eine Bewunderung, die bald zu einer gegenseitigen wurde[4] – und das unübertroffene Kinderbuch war für sie *Pu der Bär* von A.A. Milne.[5]

Manche Lektüre hat ihr besonders viel bedeutet. Der Einfluss der *Bibel* auf ihr Werk, nicht zuletzt auf die Sprache, ist beträchtlich. Knut Hamsuns *Hunger* hinterließ in *Pippi Langstrumpf* Spuren und Erich Maria Remarques *Im Westen nichts Neues* legte den Grundstein für ihre Abscheu vor Gewalt. Die *Kati*-Bücher, die sie nach dem Zweiten Weltkrieg schrieb, um über die offene Welt zu informieren, borden über vor literarischen Anspielungen. Dass die *Divina Commedia* in *Kati in Italien* eine Rolle spielt, ist nicht so erstaunlich, doch Einflüsse von Dante sind auch in *Mio, mein Mio* noch spürbar.[6]

Wenn ich nun Astrid Lindgrens Belesenheit so stark hervorgehoben habe, geschieht dies nicht in der Absicht, Einflüsse in ihren Büchern nachzuweisen. Was ich betonen möchte, ist, dass ihre Bücher in hohem Maße auf literarischen Strukturen aufgebaut sind. Das intertextuelle Verhältnis zur Tradition ist in ihrer Genrewahl besonders

Illustration von Stina Beck-Friis zum Märchen vom Riesen Bam-
Bam und der Fee Viribunda, das auf Astrid Lindgren als Kind gro-
ßen Eindruck machte. Dieses Märchen von 1908 antizipiert auf eine
bemerkenswerte Weise Mio, mein Mio. *Hier gibt es das Motiv der*
geraubten Kinder, des Prinzen und seines Vaters, der Melodie des
Hirtenjungen auf der Rohrpfeife, die Idylle im Land Pamphylien.
Doch die Befreiung geschieht hier durch eine gute Fee – bei Astrid
Lindgren hingegen wird die Großtat von den Kindern selbst voll-
bracht.

deutlich. Dass sie viele Märchen gelesen hat, steht außer Frage. Sie hat erwähnt, dass das Märchen von »Prinz Hut unter der Erde« für ihr Fantasieleben besonders wichtig war. Das erste Märchen, das sie hörte – da war sie fünf Jahre alt –, handelte vom Riesen Bam-Bam und der Fee Viribunda. Als sie es bei Edit, der Tochter des Kuhknechts, zu hören bekam, öffnete sich ihr eine neue, Schwindel erregende Welt.[7] Astrid Lindgren verwendet das Märchen als Instrument bei der Menschenschilderung, als Mittel, einen magischen Sog in der Erzählung zu erzeugen. In diesem Bereich wirkt Astrid Lindgren erneuernd. Das Kunstmärchen war in Schweden zu einer abgenutzten Schablone verkommen, als sie es mit neuem Leben erfüllte.

Auch andere Genres, die brachlagen, greift sie auf und aktualisiert sie wider Erwarten.[8] Der Krimi für Kinder, die Lausbubengeschichte und der Räuberroman sind Beispiele von Gattungen, die ausgeschlachtet schienen, bevor Lindgren sich von ihnen herausfordern ließ. Ihr gelingt eine wirkliche Erneuerung, als sie das Lausbubengenre mit der Volkserzählung legiert. Hiermit beziehe ich mich natürlich auf *Michel aus Lönneberga*.

Das Lustbetonte in Astrid Lindgrens Erzählungen hängt sicher mit ihrer Fähigkeit zusammen, diese fest in einem Genre zu verankern und gleichzeitig die Konventionen zu sprengen. Sie arbeitet sowohl traditionalistisch als auch normenbrechend. *Pippi Langstrumpf* ist wohl dasjenige ihrer Bücher, das den überkommenen Code am frechsten herausfordert. Dennoch stammt es aus altbekannten Strukturen und gleichzeitig zwinkert sie Elsa Beskow zu.

Die Brüder Löwenherz sind ein weiteres Beispiel dafür, wie Lindgren gegen den Strom schwimmt. Sie schrieb das Buch in einer Zeit, als Anpassung an Wirklichkeit fast die Kunst zerstörte. Unsere moderne Kulturrevolution, wie Ingmar Bergman sie nannte, konnte den Traum von Nangijala kaum tolerieren. Was nicht allen auffiel, war die Aktualität des Buches, sein Appell an die damalige Zeit. *Ronja Räubertochter* führt diese Linie weiter.

Die Empörung über die beschnittene Freiheit bewirkt eine Art Verzweiflung, die dem schriftstellerischen Werk neue Sprengkraft verleiht. Wenn Astrid Lindgren Leben und Natur gegen Versteinerung und Gewalt stellt, wächst sie als Dichterin. In den Erzählungen, in denen sie die

Wirklichkeit durchleuchtet und sich der Vision hingibt, erreicht sie ihre stärkste Wirkung. Doch sie beherrscht auch das Leichte und Verspielte. Ihr Register ist auffallend breit. Oft führt sie ein Motiv auf unterschiedlichen Stilebenen aus, wobei sie in der Komödie, der Rittersage und der Alltagsschilderung gleichermaßen zu Hause ist. Sie arbeitet gern mit Stilbrüchen und Transponierungen von Stimmungen und Themen. In den *Kalle-Blomquist*-Krimis verbinden sich beispielsweise die Realität des Verbrechens mit den Ritterspielen der Fantasie. Und das Spiel, das ist zentral in diesem Œuvre. Das Spiel und das Lachen.

Die *Blomquist*-Krimis sind ihr erster großer Erfolg, da sie früh für das Radio bearbeitet und mit Begeisterung aufgenommen wurden. Am meisten erreicht sie als Autorin meiner Meinung nach in zwei völlig unterschiedlichen Genres wie der Farce und der fantastischen Erzählung. In den *Michel*- und in den *Karlsson*-Büchern, in *Mio, mein Mio*, den *Brüdern Löwenherz* und in *Ronja Räubertochter* hat sie die verschiedenen Seiten ihres Temperaments entwickelt: das sprühend Dreiste, das Kecke und Burleske, die beflügelte Fantasie. Sie besitzt die Gabe des Scherzes und hat doch ausgeprägt lyrische Erzählungen geschrieben, in denen »die Trauer wie ein Wind über die Seiten streicht«.[9] Sie ist der Wildfang, der Lagerfeuer liebt.

Das Kind

Zusammen mit dem Kind entdeckt Astrid Lindgren die Welt. Das Kind wird oft als der Morgen des Lebens gesehen – und morgens können alle das Dasein als neu und besonders erleben. Am stärksten kommt das in Ronjas unverfälschter Begegnung mit dem Wald zum Ausdruck.

Die Menschenkenntnis, die ich habe, muss durch mein enorm großes Interesse an Menschen entstanden sein und bei den Menschen sind die Kinder für mich das Interessanteste und diejenigen, zu denen ich die größte Nähe empfinde. Ich glaube deshalb, dass ich eine Intuition dafür habe, was Kinder fühlen und denken, schrieb Astrid Lindgren 1975 in einem Brief an den Norweger Arvid Benn Johansen, der eine so genannte »Hovedoppgave«, eine Abschlussarbeit an der Universität, über *Mio, mein Mio* geschrieben hatte.[10] Sie geht auch auf ihre Intentionen ein: »(...) wenn es etwas gibt, das ich mit meinen Büchern *will*, dann ist es, Erwachsene und Kinder einander näher zu bringen und eine ›humane‹ Einstellung bei den Kindern, möglicherweise sogar bei den Erwachsenen, zu erreichen, wenn sie denn meine Bücher lesen«.

Sie polemisiert gegen die Tendenz, Erwachsene immer negativ darzustellen.

> Es gibt heutzutage so viele Autoren, die versuchen sich bei den Kindern einzuschmeicheln, indem sie ihre Partei ergreifen und sie mehr oder weniger gegen alle Erwachsenen aufhetzen. Das halte ich für furchtbar schädlich, denn kein Kind kann gefühlsmäßig glücklich werden, ohne eine befriedigende Beziehung zu wenigstens einem Erwachsenen zu haben.

Astrid Lindgren ist eine der wenigen schwedischen Autoren der letzten Zeit, die Figuren geschaffen hat, die wir zu kennen meinen. Pippi, Ronja, Michel, Mio – alle leben sie ihr eigenes Leben. Auch die Orte, an die sie gebunden sind, die Villa Kunterbunt, die Mattisburg, der Tischlerschuppen und das Land der Ferne gehören zu unserem geistigen Erbe.

Lindgrens Sprache ist uns auch in Fleisch und Blut übergegangen. Wir taufen unsere Kinder nicht nur auf die Namen von Ronja, Tjorven und Ida, sondern auch von Alfred und Lina. Dialoge und Ausdrücke aus ihrer sprachlichen Welt liegen in Schweden in der Luft: »Karlsson – der beste Karlsson der Welt«, »das stört keinen großen Geist«, »jetzt kommt mein Frühlingsschrei«. Politiker und Journalisten spielen auf Michel oder Pippi an und alle verstehen, wer gemeint ist. Als Ingvar Carlsson, der ehemalige schwedische Staatsminister, die Sowjetunion besuchte, war er bereits durch *Karlsson vom Dach* eingeführt; »wo ich auch hinkomme«, so drückte er es aus, »ist Astrid Lindgren schon vor mir da.« Etwas fröhlicher sind die Schweden wohl insgesamt geworden, weil diese Sprache in ihnen singt. Doch auch mit Begriffen wie Ritter Kato und Sunnanäng bringt Astrid Lindgren Bewegung in die Sprache.

Man kann Lindgrens Redensarten auch benutzen, um Politikern auf die Finger zu schauen. »Wiesu tut er su?« hieß die Überschrift eines Artikels in der Zeitschrift *Vi*, 1991 über den damaligen Außenminister Andersson. Im Herbst des Jahres 1991 wurde Olof Johansson, der Parteivorsitzende der konservativen Center-Partei, als ein Streichemacher à la Michel beschrieben: »Fürchterlicher Olof«, lautete die Überschrift des Artikels und alle verstanden sofort, dass dies nur eine leichte Verballhornung von Vater Antons schwedischem Spruch »förgrömmade unge« über seinen Sprössling war (in der deutschen Übersetzung heißt es etwas milder »Lümmel, du«). Solange Astrid Lindgren noch lebt, kann wohl kein Politiker den Schweden etwas vormachen. Die Politiker erinnern sich dann mit einem Schaudern an die Geschichte von der Hexe Pomperipossa, die Lindgren 1976 in der Zeitung *Expressen* veröffentlichte.[11] Darin griff sie das schwedische Steuersystem an, das sie zwang, mehr als 100 % Steuern zu bezahlen. Gunnar Sträng, der damalige Finanzminister, äußerte energisch, dass Astrid Lindgren bei ihren Leisten bleiben und sich nicht in die Politik einmischen solle. Doch sie beharrte auf ihrer Kritik. In einem erneuten Artikel desselben Jahres richtete sie ihre Kritik allgemeiner gegen die sozialdemokratische Regierungspolitik. Sie war selbst seit den dreißiger Jahren Sozialdemokratin gewesen; jetzt forderte sie die Schweden auf, die staatstragende Partei nicht länger zu wählen. Natürlich verlor die Regierung noch im selben Jahr die Wahlen.

Zu ihrem achtzigsten Geburtstag, der mit großem Aufwand im Fernsehen gefeiert wurde, war alles vergessen; als Geschenk des Staatsministers bekam sie ein Tierschutzgesetz. Ihr Engagement für die Rechte der Tiere hat auch in anderen Ländern für Aufsehen gesorgt, nicht zuletzt in den USA. Tiere spielen in ihren Büchern eine wichtige Rolle, Kinder und Tiere gehören dort zusammen; auffällig ist vor allem Lindgrens intensives Verhältnis zu Pferden und Hunden.

Doch die Kinder stehen im Mittelpunkt, auch dann, wenn sie manchmal weniger als Individuen, sondern mehr als Prototypen für bestimmte Einstellungen fungieren. *Pippi Langstrumpf* wird als Messlatte dafür verwendet, wie weit die Gleichberechtigung der Frauen fortgeschritten ist. In einer Serie der Zeitung *Svenska Dagbladet* über das Phänomen des Sündenbocks auf der so genannten »Heute-Seite« im Frühjahr 1990 wurde sie als Beispiel für eine Person genannt, die nicht mit Schuldgefühlen belastet ist. So wird Astrid Lindgren zum Kulturbarometer.

Auch andere von Lindgrens Figuren können, wie lebendig und echt sie sich auch gebärden mögen, als Metaphern für unterschiedliche Lebenseinstellungen betrachtet werden. Das Kind steht für Spiel, Freiheit, Leichtigkeit, Kreativität, doch auch für Ausgeliefertsein und Machtlosigkeit. Astrid Lindgren beschäftigt sich früh mit dem gekränkten Kind. Das Buch *Mio, mein Mio*, in dem sie den Weg eines gequälten Kindes zu Identität und Lebensweisheit schildert, erschien erstaunlicherweise bereits in den fünfziger Jahren.

Es ist, als würde die Nähe zum Kind Astrid Lindgren inspirieren. Mit den Augen eines Kindes zeigt sie uns die Welt aufs Neue. Sie erinnert sich genau, wie es sich »im Kinderland, dem geheimen und wilden« – wie sie es in *Ferien auf Saltkrokan* nennt – anfühlte, aussah und roch, und sie nimmt die fundamentale Aufgabe auf sich, dies wiederzugeben. Dabei geht sie vom Kind aus, was bedeutet, dass das Dasein offener wird. Die großen wie die kleinen Fragen des Lebens können zur Sprache kommen. Kinder lesen die Welt mit offenem Sinn; in der Kindheit, im Reich der Möglichkeiten, ist das Leben noch randvoll mit Erwartung.

Dass sie über und für Kinder schreibt, bedeutet natürlich nicht, dass sie zum Kind wird, wenn sie schreibt. Sie setzt ihre ganze Sensibilität ein, wenn sie über Kinder schreibt, oder vielmehr, sie verwendet ihre doppelten Erkenntnisse: Die Erinnerung daran, wie es ist, Kind zu sein, wird mit dem Erfahrungsbereich des erwachsenen Menschen kombiniert. Nun ist zwar der Unterschied zwischen Kindern und Erwachsenen wahrlich nicht besonders groß; letztendlich sind es nur einige Jahrzehnte, die die Generationen voneinander trennen. Doch Astrid Lindgren weiß die Möglichkeiten zu altersspezifischer Komik und Spannung zu nutzen.

Deshalb ist sie zielgerichteter in ihren Intentionen, als man manchmal glauben könnte. Einige ihrer Erzählungen, wie beispielsweise die *Bullerbü*-Bücher, richten sich an kleinere Kinder, andere hingegen, wie *Die Brüder Löwenherz* und *Ronja Räubertochter*, sind für bedeutend ältere Kinder gedacht. Die letztgenannten Bücher im Kindergarten zum Vorlesen zu verwenden, wäre natürlich verfehlt. Lindgrens Späße sind auf natürliche Art altersspezifisch. Die Lönneberga-Epik beinhaltet aber auch geistreiche Bemerkungen, die nur ich zu würdigen weiß, wenn ich meinen Enkelkindern vorlese. Doch es gibt auch genügend, was wir gemeinsam lustig finden – und manches, was die kleinen Kinder genießen und wofür ich vielleicht kein Sensorium mehr habe. Das Einzigartige bei Astrid Lindgren ist nun einmal, wie gesagt, dass sie als Erwachsene ein absolutes Gespür für die Reaktionsweisen des Kindes hat.

»Nein, ich will nicht für Erwachsene schreiben. Ich will für Leser schreiben, die noch Wunder erfinden können. Kinder erfinden Wunder, wenn sie lesen«, erklärt sie. Für Astrid Lindgren besitzen die kindlichen Leser exakt dieselben Möglichkeiten wie das kreative Kind in ihren Erzählungen, die Fähigkeit, spielerisch leicht die Grenzen der Wirklichkeit zu überschreiten.[12] Genau diese Fähigkeit hat Ingmar Bergman in seiner Autobiografie *Laterna Magica* als die Voraussetzung von Kindheit beschrieben: »sich zwischen Magie und Haferbrei ungehindert zu bewegen; zwischen grenzenlosem Entsetzen und überschäumender Freude«. In Astrid Lindgrens Werk dürfen die ans Bett gefesselten Kinder sich die größten Wunder ausdenken, absolut schwindelerregende Reisen, die bei den Lesern eine Schwerelosigkeit in der Seele hervorrufen.

Unheimlich und herrlich

Das Material über Astrid Lindgren ist sehr umfassend. Artikel, Aufsätze und Interviews findet man viele, überwältigend viele sogar. Doch es gibt wenig größere Arbeiten zu ihrem Werk. Dies war für mich ein Anlass, einen Überblick zu versuchen.

Es ist nicht gerade leicht, der Vielfalt gerecht zu werden, die ihr Werk aufweist: Scherz und Idylle, mythischer Sog, Spannung und

Ernst, Lyrisches und Melodramatisches. All dies entspricht den Grundelementen unseres Daseins. Wie mild schimmert nicht das Kirschtal in unseren Herzen, wie schrecklich erhebt sich nicht das Karmanjaka unserer Angst! Das Leben ist »so unheimlich und herrlich«, wie es in *Pippi Langstrumpf* heißt.

Astrid Lindgren ist eine Dichterin der Gegensätze, die sich frei zwischen dem Alltäglichen und dem Universellen bewegt; sie spannt, um den Schriftsteller Artur Lundkvist zu travestieren, die Wäscheleine des Dichtens zwischen dem Abenteuer und dem Kirschbaum auf und arbeitet mit klaren Kontrasten zwischen Gut und Böse, Weiß und Schwarz, Trauer und Freude. Die ganz großen Gefühle, die ihre Erzählungen tragen, haben ein besonderes Heimatrecht in der Welt der Kinder. Dorthin gehören auch die hell durchleuchteten Augenblicke, die Epiphanien, die ihre Erzählungen illuminieren. Die Augenblicke, in denen das Lebensgefühl gesteigert wird und die eine Art Einsicht vermitteln, ein Staunen: »Wunder«, »wundersam«, »merkwürdig« und »unglaublich« gehören zu den Schlüsselbegriffen in ihrer Dichtung, ähnlich wie bei Selma Lagerlöf.

Diese »Intensivaugenblicke« hängen augenscheinlich mit der künstlerischen Inspiration zusammen. Sie hat beschrieben, welch umwälzendes Ereignis es für sie war, zum ersten Mal ein Märchen zu hören, dort in der Küche bei Kristin. Deshalb ist es nicht verwunderlich, dass die Küche in ihren Erzählungen das Zentrum der Fantasie bildet.

Astrid Lindgren weiß auch, wie sie eine Geschichte erzählen muss, damit sie Eindruck hinterlässt. Mit der Zeit wird sie immer souveräner darin, eine Erzählung einzuleiten, Spannung aufzubauen und auf den Punkt zu bringen. Sie schlägt die Leser sowohl in der Komik als auch im Ernst in ihren Bann. Vielleicht ist ihr Stil im Grunde genommen eher dramatisch als episch, mit ihrem Gespür für schlagfertige Antworten entwickelt sie sich zu einer Meisterin des witzigen Dialogs. Man denke etwa an Madita und ihre kleine Schwester! Ihr Werk enthält auch geheimnisvolle Strukturen, »Urszenen«, die ihre Sensibilität zeigen. Hierzu gehören das Balancieren in großer Höhe wie waghalsige und lebensgefährliche Sprünge: Madita, die auf dem Schuppendach balanciert, Lina, die auf Michels Betreiben vom Scheunendach springt, um ihren schmerzenden Zahn loszuwerden,

Ronja, die Birk zum Springen über den Höllenschlund herausfordert, der Sprung hinab nach Nangilima. Margareta Strömstedt begreift dieses Thema als Fasziniertsein vom Tod. Astrid Lindgren hat auch eine Neigung zu dunklen Zimmern, Dachkammern, in denen Kinder gefangen gehalten werden und um Hilfe rufen, ein Schreck, der in starkem Kontrast zum munteren Übermut steht, den es auch in ihren Texten gibt.

Generell sucht sie gern Gebiete außerhalb von Ordnung und Ruhe auf. Sicherlich hat niemand wie sie liebliche Idyllen und die Geborgenheit der Kinder im Familienschoß vor dem Kamin bei Weihnachtsfeiern geschildert; oder wie sie von schimmernden Tagen berichtet, die vor Lust und Behagen überquellen, Tage überstrahlt von Freude. Doch schneller als der Wind führt sie uns hinweg zum Unsicheren und Irrationalen, zu Risikobereitschaft und Gefahren. Sie kennt auch die Versteinerung und den eiskalten Windzug vom Waschhaus mit seinen Gespenstern. Ein grausiges Motiv wie die Entführung kehrt immer wieder, zuletzt in *Madita und Pims* (1976, dt. 1976), wo ein geisteskranker Mann der Familie das Baby stiehlt. In der Furcht des Kindes kommt unser aller Angst zum Ausdruck.

Astrid Lindgren arbeitet in verschiedenen Tonarten, transponiert ihre Motive vom Narrenspiegel der Farce zur Trauerstimmung des Melodrams – oder umgekehrt. In »Wo kommen nur die Einfälle her?« erklärt sie, dass die Fantasiefigur Herr Lilienstengel aus der Novelle »Im Land der Dämmerung« mehrere Jahre später als Karlsson vom Dach wieder aufersteht. Diese Art von Dialog zwischen ihren Erzählungen ist nicht ungewöhnlich.

Der Wechsel zwischen hell und dunkel, der Umsturz, die Metamorphose, die das Dasein sowohl konkretisiert als auch ausweitet, gibt ihren besten Büchern eine fast rhythmische Intensität. Die Bewegung und der Ausbruch, sei es der Umzug nach Herzhausen oder die Reise zum Land in der Ferne, schafft eine besondere Dynamik von Lust und Schmerz.[13] Dies werde ich in den folgenden Kapiteln näher untersuchen.

In den Studien zu Astrid Lindgrens Büchern, die ich nun vorstellen werde, versuche ich Eintönigkeit zu vermeiden. Wenn ich Komposition und Genrewahl, nicht zuletzt ihre »Um-Schreibungen« von traditionellen Themen behandle, will ich die Abwechslung im Werk hervorheben. Ich werde auch auf die sprachlichen Neuschöpfungen und die Bewusstheit in der künstlerischen Arbeit hinweisen. Astrid Lindgrens Texte wirken spontan, mit einer mündlichen Verve im Rhythmus, doch das Gewebe der Sprache ist oft reich an Stilisierungen und Formeln, bis hinein in die phonetischen Details. Die verbale Sprengkraft hat mit den Jahren noch zugenommen.

Astrid Lindgren hat etwa 35 Bücher geschrieben, wobei ich Filmmanuskripte und Bilderbücher nicht mitrechne, und ich glaube, die Leser werden dankbar sein, dass ich hier keine komplette Untersuchung ihres Gesamtwerks anstrebe. Ich folge den Werken auch nicht chronologisch, unter anderem weil Astrid Lindgren ihre Projekte oft »abwechselnd bearbeitet«. Aus Gründen der Übersichtlichkeit habe ich dieses Buch in vier Abschnitte unterteilt: »Abenteuer und Apfelblüte«, »Von Bullerbü nach Saltkrokan«, »Humor und Farce« und schließlich »Wirklichkeit und Vision«. Dabei tue ich den Texten sicherlich Gewalt an, denn natürlich fließt der Humor in fast allen ihren Werken und natürlich kommen in allen Büchern Abenteuer vor.

Doch ich habe mich auf den Grundton konzentriert, als ich die *Pippi Langstrumpf-*, *Karlsson-* und *Michel*-Bücher als Beispiele für Astrid Lindgrens geistreichen, scherzhaften Stil und *Mio, mein Mio*, *Die Brüder Löwenherz* und *Ronja Räubertochter* als die vornehmsten Beispiele für das Fantastische und Visionäre gewählt habe.

Unter der Überschrift »Abenteuer und Apfelblüte« behandele ich die Erzählungen, die die Grenzen der Wirklichkeit nicht überschreiten, wo der Handlungsort die Kleinstadt oder das Land ist und in denen der Schwerpunkt auf den alltäglichen Sensationen liegt, wenngleich es auch in diesen Büchern um Ausbrüche aus dem Stillstand geht. Diese Bücher, inklusive der *Blomquist*-Krimis, werden eher summarisch abgehandelt.

Bei anderen Werken werde ich stärker in die Tiefe gehen, vor allem bei *Mio, mein Mio*. Diese *Divina Commedia* der Kinderliteratur hat mir immer am meisten am Herzen gelegen und ich verlange den Lesern einige Geduld ab, indem ich sehr ausführlich darüber schreibe.

Meine Hoffnung ist, dass diese Studie auch die Stilmittel und die Intentionen der Autorin allgemein beleuchten wird.

Astrid Lindgren erzählt für Kinder – im Übrigen auch für Erwachsene – »etwas über die Bedingungen des Lebens und darüber, wie schwierig es sein kann, ein Mensch zu sein«. So schlicht beschreibt sie dies selbst, doch es gibt kaum etwas Wichtigeres.

Abenteuer
und
Apfelblüte

»Was ihre Fantasie einfängt, das verstehen sie sofort. Sie kommen ja selbst aus einer Welt, an die wir Erwachsenen uns kaum noch erinnern. Diese Welt ist erfüllt von toten Gegenständen, die von Glocken der Blumen sprechen, die klingen und tönen. In Wirklichkeit kümmern sich Kinder sehr wenig um die älteren Menschen. Die Gestalten der Erwachsenen gleiten wie Schatten an ihnen vorbei, weniger wirklich als ihre Puppen oder die Natur, die sie umgibt.«

Dieses Zitat stammt nicht von Astrid Lindgren, sondern aus Agnes von Krusenstjernas Roman *Die blaue Gardine* (*Den blå rullgardinen*, Schweden 1930), in dem sie die Kindheit Angela von Pahlens beschreibt. Hier wird in klaren Bildern eine Einsicht in die ganz eigene, in sich geschlossene, magische Welt der Kinder vermittelt, die sich auch auf Astrid Lindgrens Werk übertragen lässt. Die Faszination, die von der eigenen Welt der Kinder ausgeht, scheint sie nicht loszulassen.

Diese Welt der Kinder steht auch im Zentrum der Bücher, die ich im Folgenden zusammengestellt habe. Die Bücher verlassen die Grenzen der so genannten Wirklichkeit nicht, wenngleich das Abenteuer nie weit entfernt ist. Die meisten von ihnen beinhalten zudem eine Dimension, die ich im Titel dieses Kapitels »Apfelblüte« bereits angedeutet habe, nämlich den Blick auf die Natur und das Schöne im Leben. Diese Dimension, die mit Inspiration und einer Steigerung des Lebensgefühls zu tun hat, nennt Astrid Lindgren »Seligkeiten«.

Die Geschichten sind an einige wenige, klar definierte Handlungsorte gebunden. Wenn wir davon absehen, dass Lindgren in einigen Werken Abstecher nach Paris, Rom und Stockholm unternimmt, spielt die Handlung entweder auf dem Land oder in der Kleinstadt. Lindgren ist in beiden Lebensbereichen gleichermaßen zu Hause, nutzt sie jedoch für unterschiedliche fiktive Zielsetzungen.[1] Sie konkretisiert jeweils geschickt den Schauplatz, ohne ihre Leser mit langen Beschreibungen zu ermüden.

Indem sie sich für diese beiden Räume entscheidet, orientiert sich Astrid Lindgren an zwei wesentlichen Entwicklungssträngen in der schwedischen Literatur. In Bezug auf das Landleben gibt es so viele Vorläufer, dass ich darauf verzichten möchte, Parallelen aufzuzeigen. Innerhalb der Kinderliteratur dominiert das Landleben deutlich, zumindest in älteren Büchern, wobei einige Modelle als eine Art nationalen Erbes im schwedischen Bewusstsein verankert sind. Ich denke dabei an Klassiker wie Laura Fitinghoffs *En liten verld bland fjällen* (Eine kleine Welt im Gebirge, nicht ins Deutsche übersetzt) oder ihr 1934 übersetztes *7 Heimatlose,* an Anna Maria Roos' *Sörgården,* (Südhof, nicht ins Deutsche übersetzt) und Selma Lagerlöfs *Nils Holgersson.* Die Kleinstadt wurde in Schweden durch Birger Sjöbergs *Das gesprengte Quartett* (dt. 1924), Ludvig Nordströms *Öbacka*-Schilderungen, Hjalmar Bergmans Erzählungen aus Wadköping (dt. 1935) und viele andere Bücher näher gebracht. In Astrid Lindgrens frühen Geschichten überwiegt das Landleben, aber im Debütbuch *Britt-Mari erleichtert ihr Herz* heißt der Ort schlicht »Småstad«, also »Kleinstadt«.

Auf der Spur des Mädchenbuchs

In ihrer Erinnerung habe es »all diese wunderbaren Mädchenbücher« gegeben, schreibt Astrid Lindgren in ihrem Essay »In Kristins Küche fing alles an«, auf den ich bereits hingewiesen habe.

> Da war Hetty, der irische Wildfang, und Polly, die Krone aller Mädchen aus England, ferner Pollyanna und Katy, ganz zu schweigen von Sarah, dem Mädchen mit den Diamantengruben, die so unsäglich arm wurde und frierend in ihrer Bodenkammer hockte, bis Ram Dass mit Suppe und warmen Decken zu ihr über das Dach geklettert kam.

Am Schluss ihres Essays huldigt sie *Anne auf Avonlea* von Lucy Montgomery, eine Liebeserklärung, die ich in der Einleitung zu diesem Buch bereits zitiert habe. Da Astrid Lindgren das Mädchenbuchgenre aus eigener Leseerfahrung gut kennt, erstaunt es nicht, dass sie sich, wenn sie über Mädchen im Teenageralter schreibt, in noch höherem Maße als sonst auf die entsprechende literarische Tradition bezieht.

Das Mädchenbuchgenre ist stark an Regeln gebunden und die Erwartungen an die verwendeten Konventionen treten schon mit dem Buchumschlag auf. In einem nicht veröffentlichten Aufsatz mit dem bezeichnenden Titel »Wenn der Richtige kommt« (»När den rätte kommer«) untersucht Gunilla Domellöf das schwedische Mädchenbuch der dreißiger Jahre, einer Blütezeit des Genres: Im Jahre 1939 erschienen nicht weniger als vierzehn Mädchenbücher, die meisten davon beim Verlag B. Wahlström. Die Titel bestätigen fast ausnahmslos die Normen der Zeit. Gunilla Domellöf stellt fest, »dass die Mädchenbücher einen fest zementierten Widerstand gegen jegliche Veränderung leisten. Jeder Wildfang und Wirbelwind, jedes Trotzköpfchen und burschikose Mädchen wird demselben Ziel zugeführt«, nämlich in den sicheren Hafen der Ehe und der Anpassung. Dennoch bietet das Mädchenbuch innerhalb dieser Grenzen Raum für Reflexionen über Moral und Verantwortung, einige Bezüge zum großen Genre des Entwicklungsromans lassen sich durchaus erkennen.[2]

In den vierziger Jahren gab es noch keinen Widerstand gegen das Mädchenbuch als solches; dass man Jungen und Mädchen mit unterschiedlicher Literatur zu versehen hatte, galt noch als Selbstverständlichkeit. Der Zweite Weltkrieg bewirkte zudem, dass man die Einhaltung von Normen und Prinzipien ängstlich überwachte. Wie schon so häufig zuvor, beunruhigte man sich in Schweden über die Verworfenheit der Jugend, und der Begriff des so genannten »Tanzboden-Elends« wurde geprägt. Es erregte einiges Aufsehen, als Pastor Grände in Halland, im südwestlichen Schweden, auf eine Tanzfläche stieg und der jazzverrückten Jugend eine flammende Rede hielt.

Britt-Mari

Mit ihrem Debütbuch *Britt-Mari erleichtert ihr Herz* (1944, dt. 1954) erfüllte Astrid Lindgren im Großen und Ganzen die Erwartungen der Zeit, wenngleich die Konventionen durch den lebendigen und leichten Ton der Erzählung teilweise außer Kraft gesetzt wurden. Ihre Heldin ist selbstständiger, als man es zumindest in der schwedischen Mädchenbuchtradition erwarten würde. Sie entspricht eher dem burschikosen Mädchentypus des englischen Mädchenbuchs.

Das Buch erhielt bei einem Preisausschreiben des Verlags Rabén & Sjögren, bei dem das beste Mädchenbuch gekürt werden sollte, den zweiten Preis. Der Preis war für Lindgren, die am Beginn ihrer Karriere als Autorin stand, enorm wichtig. Er bestätigte, dass sie schreiben konnte, und ermunterte sie in einer Weise wie wesentlich bedeutendere Auszeichnungen dann vermutlich nicht mehr: »So sehr gefreut wie an diesem Herbstabend, als ich den Preis bekam, habe ich mich wohl später nie wieder.« Sie tanzte zu Hause förmlich durch die Wohnung.[3]

In der Verlagsanzeige wurde gefordert, das gewünschte Mädchenbuch solle »die Liebe zu Heim und Familie sowie Ernsthaftigkeit und Verantwortungsgefühl gegenüber dem anderen Geschlecht« fördern.[4]

Die Formulierung spiegelt die Angst der Kriegszeit vor der Auflösung von Sitte und Moral wider und zeigt, welches Gewicht man dem Kampf dagegen beimaß. Trotzdem wirken diese Vorschläge beinahe rührend, wie ein letzter Versuch, die Veränderungen der Normen aufzuhalten, die sich bereits abzeichneten und die in der Jugendliteratur bald deutliche Spuren hinterlassen sollten.

Astrid Lindgrens Debütbuch zeigt, wie geschmeidig sie in das Mädchenbuchgenre hineingleitet. *Britt-Mari* hat berühmte Paten. Wie bei Jean Websters *Daddy Langbein*, das auch als eines von Britt-Maris Lieblingsbüchern erwähnt wird, handelt es sich um einen Briefroman, in dem nur die Briefe der Heldin wiedergegeben werden.[5] Die Fiktion erhält also fast Tagebuchcharakter. Britt-Mari wohnt in »Kleinstadt« und korrespondiert mit einem Mädchen in Stockholm. Den Jahreszeiten folgend erzählt die Briefschreiberin, was in der Familie, in der Schule und in der kleinen Gemeinde passiert, die in scharfem Kontrast zur gefährlichen, lärmenden Hauptstadt steht. Zum ersten Mal zeichnet Astrid Lindgren jenes Kleinstadtbild, das später in einer Reihe ihrer Bücher eine aktive Rolle als Handlungsort spielen sollte, nicht zuletzt in den *Kalle-Blomquist*-Kriminalgeschichten und in *Madita*: das sich schlängelnde Flüsschen, die Hauptstraße, die kleinen Nebenstraßen und die Armenviertel am Rande der Stadt.

Die Liebe zum Heim sollte laut dem Preisausschreiben eines der Themen des Buches sein. Die Schilderung der etwas schlampigen Familie in der leicht verfallenen Villa erfüllte alle diesbezüglichen Anforderungen. »Die Familie in *Britt-Mari erleichtert ihr Herz* gehört zu der Sorte charmant bohemehafter Familien, die in den amerikanischen Filmkomödien der vierziger Jahre vorkamen«, schreibt Margareta Strömstedt. Erstaunlicherweise treten gerade bei der Mutter die bohemischen Züge am stärksten hervor. Der Vater ist die Stütze der Familie; mit seinem soliden Beruf als Schuldirektor fungiert er zugleich als moralische Richtschnur, mit den Kleinigkeiten des Haushalts allerdings beschäftigt er sich nicht gerade intensiv. Dies übernimmt die älteste Tochter Majken, die an Meg in Alcotts *Unga Kvinnor* erinnert; sie ist nett, häuslich und in jeder Hinsicht vortrefflich. Außerdem gibt es noch drei weitere Geschwister, vor allem den Bruder, der seiner großen Schwester hinterherspioniert. Dieser Figur gewinnt Astrid Lindgren ein gehöriges Maß an Komik ab. Eine solche Figur taucht ähnlich in *Rasmus, Pontus und der Schwertschlucker*, in *Karlsson vom Dach* und in *Ferien auf Saltkrokan* wieder auf.

Indirekt entsteht aus den Briefen auch ein Bild von Britt-Mari: geistreich, lebhaft, nicht ohne berufliche Pläne. Das Buch beginnt damit, dass sie eine alte Schreibmaschine geschenkt bekommt und überlegt, Journalistin zu werden. Doch natürlich hat sie vor allem Liebeskummer – ohne Liebeskummer kommt man im Mädchenbuchgenre nicht aus. Der altbekannten Schablone entsprechend, versucht auch in Lindgrens Roman ein gefährlicher Verführer mit der Heldin zu flirten. Er kommt selbstverständlich aus der gefährlichen Hauptstadt und wird von dem tüchtigen zukünftigen Ingenieur Bertil abserviert; Bertil sollte ein ordentlicher Junge damals heißen und Ingenieur war das passende Berufsziel für ihn. Britt-Mari ist die verkörperte Unschuld, sieht man davon ab, dass sie einmal der Versuchung erliegt, mit dem »Verführer« Stig ein Stück Torte zu verzehren. Alles wird gut und die standesgemäße Hochzeit mit Bertil wird bereits in der Oberstufe des Gymnasiums geplant.

Nun ja, so sahen sicherlich viele Mädchenträume in den vierziger Jahren aus. Im Großen und Ganzen erfüllte *Britt-Mari erleichtert ihr Herz* die Moralvorstellungen und Erwartungen des Verlags und der Zeit, doch Astrid Lindgren lockert immerhin die verlangte Ernsthaftigkeit und das Verantwortungsgefühl mit spielerischer, quicklebendiger Leichtigkeit auf.

Das Buch erschien mitten im Weltkrieg und eine Ahnung von der Unruhe der Zeit ist in das Kapitel über die jüdische Mutter und ihre Kinder eingeflossen. Diese Schilderung dient jedoch eher dazu, das Bild von der glücklichen, geborgenen Familie Hagström zu untermauern. Wie die meisten Mädchenbücher ist *Britt-Mari* kaum realitätsorientiert. Man merkt nichts von den Jugenderfahrungen der Autorin, wie sie durch Margareta Strömstedt in ihrer Biografie offen gelegt werden: die rebellische, kurzhaarige Jazzenthusiastin bricht aus dem Zuhause der Kindheit in Vimmerby aus und lebt als arme Büroangestellte und allein erziehende Mutter in Stockholm. Doch in ihrem lebendigen Stil bleibt die Autorin sich treu. Ihr Stil schließt dabei

lyrische Schilderungen von Naturstimmungen und Sonnenaufgängen ebenso ein wie eine perlende Ironie, die aus der Erzählung bisweilen die Parodie eines Mädchenbuches macht.

Als die Jury des Wettbewerbs die verschlossenen Umschläge mit den Namen der Autoren öffnen sollte, waren die Erwartungen hoch. Konnte es sich bei der Autorin von *Britt-Mari* womöglich um

»Bang«, eine bekannte Kritikerin und Journalistin, handeln? Der Verlag befand sich in einer Krise: Ein bekannter Autor hätte den Verkauf angekurbelt. Hans Rabéns enttäuschter Kommentar, als sich die Wahrheit abzeichnete, ist klassisch geworden: »Eine gewöhnliche Hausfrau aus der Dalagatan in Stockholm! Schade.«[6] Er konnte ja nicht ahnen, dass diese Frau noch etwas Explosives auf Lager hatte, denn am Anfang aller Dinge war *Ur-Pippi*, die erste, bislang unveröffentlichte Version von *Pippi Langstrumpf*.

Kerstin und ich

Die vierziger Jahre waren für Astrid Lindgren wie ein aufgestauter Fluss, der sich nun parallel in mehrere Furchen ergießt. Außer *Pippi Langstrumpf* publizierte sie 1945 ein kleines Kriminalstück für Kinder, *Hauptsache, man ist gesund,* und noch ein weiteres Mädchenbuch, *Kerstin und ich* (dt. 1953). In diesem Buch greift sie auf Erinnerungen und Erfahrungen zurück, die sie mit dem Leben auf dem Lande und dem Bauernhof verbindet, doch es geht ihr nicht um Dokumentationen, wie sie später im realistischen Jugendbuch üblich werden.

Kerstin und ich, so Margareta Strömstedt, ist von småländischer Arbeitsmoral durchsäuert: Das grundlegende Thema ist die Freude an der Arbeit. Das Spiel mit der Erotik ist ziemlich leidenschaftslos wie in den meisten Mädchenbüchern. Die Nähe zu den Tieren, der Natur, den »einfachen« Menschen belebt das Buch, wenngleich es, wie Strömstedt kommentiert, bisweilen einem Lehrbuch für Landwirtschaft und Viehzucht gleicht. Der Stier heißt übrigens bereits in dieser Geschichte Adam Engelbrecht.

Wie oft bei Astrid Lindgren setzt die Erzählung mit einem Aus- und Aufbruch ein. Eine Familie zieht von der Stadt aufs Land, um einen kleinen, ererbten Gutshof in Besitz zu nehmen. Der Hof ist ziemlich heruntergekommen, wird jedoch schnell (unglaubwürdig schnell) zum äußerst gemütlichen Heim. Ein verfallener Ort, der zum Paradies des Lebens wird, ist auch das Thema in *Ferien auf Saltkrokan* in der Idylle des Schärengartens, einem Inselgebiet vor Stockholm. Der warmherzige, gutmütige, aber etwas lächerliche Vater in

Kerstin und ich nimmt im Grunde »unser aller Melcher« aus Saltkrokan vorweg. Die Mutter ist wie auch sonst häufig bei Lindgren die Kluge und Bestimmende, hier ist sie sogar ein wahres Wunder an Effektivität, in *Ferien auf Saltkrokan* hingegen kommt keine solche Mutter vor.

Der Gutshof ist im Mädchenbuch der dreißiger und vierziger Jahre ein begehrenswertes Traumziel. *Kerstin und ich* spielt zudem auf die berühmten jungen Eichhörnchen an, Frauen also, die sich den Männern in *Gösta Berling* (Selma Lagerlöf) an den Hals werfen. Sowohl im Mädchenbuch als auch in den Filmen der Zeit wird den Frauen eine besondere Aura zuteil, wenn sie auf einem Gutshof residieren. Doch Astrid Lindgren bleibt immer mit beiden Beinen auf dem Boden, sie verwendet ihre Erkenntnisse aus der Landwirtschaft, um etwas Handfesteres zu erzählen als die gewöhnlichen »Mädchen-auf-dem-Bauernhof«-Geschichten. Besonders die Schilderung der kaum erträglichen Mühsal beim Rübenverziehen scheint auf eigener Erfahrung zu gründen. Die strenge Arbeitsmoral, die Lindgrens Mutter den Kindern eingeimpft hatte – etwa: »Nur vorwärts, bloß nicht stehen bleiben« –, wird im Buch dem Aufseher des Hofes, Johann, in den Mund gelegt. Doch in diesem Text gibt es, wie Strömstedt nachweist, auch das Irrationale, das »eigensinnig« Persönliche, »eine Mischung aus Humor und Verrücktheit« – und die Poesie.

Kerstin und ich ist, wie auch die anderen Mädchenbücher Astrid Lindgrens, in der Ich-Form geschrieben. Dieses Erzähler-Ich erinnert recht deutlich an Astrid Lindgren selbst oder besser gesagt an das Bild, das wir von ihr haben: empfindsam für Nuancen in Natur und Atmosphäre, ausgelassen fröhlich und traurig in starkem Wechsel. Mit beiden Beinen im Leben und nicht auf den Mund gefallen. Wir lernen allerdings eher einen bestimmten Mädchentypus kennen als eine individuelle Person. Das gilt auch für die drei *Kati*-Bücher.

Kati

Die *Kati*-Trilogie verfolgt vor allem ein didaktisches Ziel.[7] Nach dem Krieg, als die Grenzen wieder offen standen, war es wichtig, über die Welt außerhalb Schwedens zu berichten. Vor allem junge Menschen, die nie im Ausland gewesen waren, hatten einen Nachholbedarf. Die junge Stockholmerin Kati begibt sich nach Amerika (1950, dt. 1952), nach Italien (1952, dt. 1953) und nach Paris (1954, dt. 1954). Dennoch wird den traditionellen Eichen im Park des Djurgården und der blauen Abenddämmerung in Stockholm lyrischer Tribut gezollt. In den internationalen Metropolen werden die Leser vor allem über kulturelle Erscheinungen informiert. Die Autorin geht nicht nur mit Hinweisen auf Kunst und Architektur, sondern auch mit Zitaten und literarischen Anspielungen verschwenderisch um: Im Italien-Buch ist beispielsweise, wie schon erwähnt, Dantes *Divina Commedia* Katis ständige Begleiterin. Das Paris-Buch lässt die Erinnerung an François Villon, Anatole France, Madame de Sévigné und viele andere wach werden, doch auch Hinweise für Touristen auf Hüte und Parfüms werden vermittelt.

All diese Details werden mit einer lebendig und unterhaltsam erzählten Liebesgeschichte voll überraschender Wendungen vermengt. Der geistreiche Tonfall erinnert an Elin Wägners Jungmädchenromane *Die Liga der Kontorfräulein* und *Pennskaftet*. In beiden Fällen geht es um arme Büroangestellte mit Wohnungsproblemen und schmalem Geldbeutel. So war auch die Wirklichkeit Astrid Lindgrens, die als arme Bürohilfe in Stockholm zur Untermiete wohnte. Sowohl die Läuseschachtel, in der sie die erlegten Wanzen als Geschenk für die Vermieterin sammelte, als auch die Palme, die zeittypische Zierpflanze, finden sich in *Kati in Italien* wieder.

Vor allem aber geht es bei Astrid Lindgren um einen Aufbruch. Die Schilderung dessen, wie sich Kati aus ihrem armseligen Dasein zu Hause losreißt, hin zum Leben in der großen Welt, wird von einer Lebensbejahung getragen, die so angespannt ist, dass sie manchmal in Todesbewusstsein umschlägt. Einen starken Eindruck hinterlässt die todesverachtende Kletterpartie, die Kati über die Hausdächer unternimmt, um in die Wohnung zu gelangen, in der das Gulasch auf dem Gasherd kocht, während der Schlüssel außer Reichweite ist. Diese Szene ist spannender als alle anderen von Lindgren beschriebenen Kletteraktionen am Abgrund, vielleicht gerade weil die Szene so wirklichkeitsgetreu ist. Und tatsächlich hat Astrid Lindgren einmal eine solche Gulaschrettungsaktion durchgeführt.[8]

Im dritten Teil der Trilogie, *Kati in Paris*, ist die Heldin bei der obligatorischen Heirat angelangt. Damit gleitet das Buch in eine althergebrachte Strömung; dem jungen Mädchen werden vor ihrem wichtigen Schritt noch einige Lebensregeln mit auf den Weg gegeben. Zum Ritual gehört, dass die Mutter oder eine andere erfahrene Verwandte diese Lehren weitergibt. Der fiktive Brief *Einige Worte an meine liebe Tochter, falls ich eine hätte* (1798, dt. 1857) der schwedischen Autorin Anna Maria Lenngren gehört auch zu dieser Tradition. Immerhin darf Kati die Lebensregeln selbst herausfinden, da sie nun einmal allein in der Welt steht. Vertrauen, freundliches Benehmen und Treue sieht sie als die Fundamente der Ehe an.

Kati in Paris deutet auf eine geübte Autorin hin, die geschickt

Schwedischer (1950) und deutscher Umschlag (1955)
von Kati in Italien

verschiedene Saiten anschlägt. Die pointierte Dialogführung gewährt erotischen Untertönen mehr Raum als in den früheren Büchern. Raum für poetische Stimmungen ist vorhanden: Flüsse »kümmern sich nur um das Ewige«, denkt Kati, als sie überlegt, was die Seine so alles erlebt hat. Der Unterton von Angst, der Gedanke an den Tod, der dann und wann anklingt, erinnert an *Mio, mein Mio*, ein Buch, das im nächsten Jahr erschien.

Das Ende von *Kati in Paris* preist die Mutterschaft in einer für Astrid Lindgren einzigartigen Koda. Sie bildet den Abschluss von Katis Ausbruch aus dem Alltag. An ihren neugeborenen Sohn hält sie einen Monolog voll schmerzlichen Glücks, wehmütig, übervoll von Sehnsucht nach dem Kind, das sich allzu bald von den Eltern loslösen und in eine eigene Welt fliehen wird. Ein ziemlich eigenartiges Thema in Zusammenhang mit einem Neugeborenen! Doch das Kind bekommt auch all das Herrliche zu hören, das das Leben bietet: »Hier gibt es so viel Merkwürdiges, warte nur, dann wirst du es sehen.« Der Text wäre nicht von Astrid Lindgren, wenn nicht vor allem die Natur für dieses Besondere, Merkwürdige stünde – »blühende Apfelbäume und kleine, stille Seen und große, weite Meere und Sterne in der Nacht und blaue Frühlingsabende und Wälder«.

Hiermit klingt ein Thema an, das Astrid Lindgren in ihrer folgenden Dichtung weiterentwickeln und vertiefen wird, bis hin zur besessenen Verbundenheit mit dem Wald in *Ronja Räubertochter*. *Kati in Paris* schließt mit einem Credo, in dem Lindgren, nicht untypisch für diese Periode ihres Schaffens, auf Lyrik anspielt. Sie lässt sich von einer Strophe aus Erik Blombergs Gedicht »Människans hem« (»Heim des Menschen«) aus dem Lyrikband *Jorden* inspirieren:

Ackergrund, Humus und Dunkel,
warum liebe ich die?
– Die Sterne wandern in der Ferne.
Die Erde ist des Menschen Heim.

Erik Blombergs Glaube an das Leben leitet sich also von dem Gedanken her, dass das Leben auf Erden keines Himmels bedarf. Astrid

Lindgren hingegen – oder zumindest Kati – ruft Gott an: »Mein Kind, die Erde ist die Heimat der Menschen, und es ist eine wunderbare Heimat. Möge das Leben nie so hart gegen dich sein, dass du es nicht verstehst. Gott schütze dich, mein Sohn«.

Die Blomquist-Krimis

Die Bücher über Kalle Blomquist und seine Kumpane in »Kleinköping« unterscheiden sich drastisch von den Mädchenbüchern, am meisten vielleicht in Bezug auf das Tempo. Astrid Lindgren hat eine Vorliebe für Springinsfelde und hier geht es um ungestüme Jagden und Fluchten vor rücksichtslosen Dieben. Sie habe keine Erwachsenenkrimis nachahmen wollen, sagt sie, sie lese überhaupt keine Kriminalromane.[9] Stattdessen hat sie versucht, sich in die Lebenswelt der Kindheit zurückzuversetzen, um daraus ihre Abenteuergeschichten zu entwickeln.

Drei Krimis für Kinder konnten so entstehen – Astrid Lindgren schreibt selten mehr als drei Bücher über dasselbe Thema. Nicht zuletzt deshalb schmuggelt sie gern Elemente aus dem Kriminalroman in andere Erzählungen hinein, wobei sie das Persönliche bei den Ganoven reduziert und sie zu typenhaften, eher komischen Kumpanen macht. In diese Reihe gehören Donner-Karlsson und Blom in den *Pippi*-Büchern, Fille und Rulle in der *Karlsson*-Trilogie, Lif und Liander in *Rasmus und der Landstreicher*, schließlich noch Alfredo und sein Diebesfreund in *Rasmus, Pontus und der Schwertschlucker*. Darin erkennt man ohne weiteres das roboterhafte Pärchen aus Komikfilmen mit Kombinationen wie *Pat und Patachon* oder *Dick und Doof* wieder.

In den *Blomquist*-Krimis findet sich allerdings nichts von dieser gemütlichen Komik, die Figuren wie Blom und Donner-Karlsson begleitet. Hier geht es härter zu. Einiges deutet darauf hin, dass Astrid Lindgren keinen Unterschied zwischen Gespenstern, Dieben und Mördern macht, für sie gehört dies alles in die Welt der Anekdoten und der Lügengeschichten, zum schrecklich Gruseligen, das eine offensichtliche Anziehungskraft auf sie ausübt. »Erzähl von Gespenstern und Mördern und vom Krieg«, bettelt die kleine Lisabet genusssüchtig, als sie und ihre Schwester Madita gut zugedeckt in ihrem schönen Kinderzimmer auf Birkenlund liegen. In Astrid Lindgrens eigenem Leben erzählte ihre Großmutter Ida den Kindern auf dem Hof Näs Gruselgeschichten. Die unheimlichste dieser Geschichten, *Rupp Rüpel, das grausigste Gespenst aus Småland*, erschien im Jahre 1985 als Bilderbuch.

Doch die *Blomquist*-Krimis, die zur ersten, ungeheuer produktiven Phase in Astrid Lindgrens Schaffen gehören, repräsentieren eine modernere Textgattung. Der erste Teil, *Meisterdetektiv Blomquist*, erschien 1946 in Schweden und erhielt zusammen mit Åke Holmbergs *Das Haus der Schatten* in einem Preisausschreiben eine Auszeichnung als bester Krimi für Kinder. Astrid Lindgren nahm damit zum letzten Mal an dieser Art Preisausschreiben teil. Der zweite Teil, *Kalle Blomquist lebt gefährlich*, erschien in Schweden 1951 und der dritte Teil, *Kalle Blomquist, Eva-Lotta und Rasmus*, 1953 (dt. 1950, 1951, 1954). *Kalle Blomquist* wurde bald auch im Radio gesendet und gelangte zu derartiger Beliebtheit, dass er Kinder zu Detektivspielen, zur so genannten »Blomquisterei«, inspirierte.

In diesen Büchern baut Astrid Lindgren eine spannende Intrige auf, die das Buch mit einer durchgängigen, vorwärts treibenden Handlung versieht – dies war eine Schule, die auch in den souverän komponierten, eher ideologisch ausgerichteten Büchern *Mio, mein Mio* und *Die Brüder Löwenherz* Spuren hinterließ.

Ritterspiele

In den *Blomquist*-Krimis spielen die Kinder wilde Spiele ganz nach dem Vorbild der Abenteuerfilme. Das Repertoire im Kino beeinflusst die Kinder, wenn sie sich in der so genannten »Prärie«, der Gegend draußen vor der kleinen idyllischen Stadt, austoben. Der Name spielt auf Indianer- und Abenteuerbücher an und deutet darauf hin, dass die Kinder ein eigenes Revier beherrschen, in dem alles möglich erscheint:

Hier lebte man Goldgräberleben in Alaska, streitbare Musketiere lieferten sich heftige Duelle, Lagerfeuer wurden in den felsigen Bergen entzündet, im afrikanischen Busch wurden Löwen geschossen, edle Ritter sprengten auf ihren stolzen Rossen heran, raue Chicagogangster erhoben ohne Erbarmen ihre Maschinenpistolen – alles hing davon ab, welcher Film gerade im Kino der Stadt zu sehen war.

Diese Spiele verwandeln sich in grimmigen Ernst, wenn das Verbrechen seinen Schatten auf die ruhige Kleinstadt wirft. Eine Gruppe Kinder im Alter von dreizehn bis vierzehn Jahren verbringt die Sommerferien damit, Ritterspiele nach dem Vorbild der englischen Rosenkriege im 15. Jahrhundert zu spielen. Kalle, Anders und Eva-Lotta, die Ritter der Weißen Rose, kämpfen heiße Schlachten gegen die Ritter der Roten Rose, Sixten, Benka und Jonte. Sie leben ein »wildes und glückliches Leben« ohne Einmischung der Eltern, oder vielmehr: Sie winden sich aus allen Fragen und Befürchtungen heraus und finden sich trotzdem pünktlich und voller Appetit zu den Mahlzeiten ein.

Die sechs Kinder, die im täglichen Leben gute Freunde sind, haben sich im Spiel in zwei Lager aufgeteilt, die sich lustvoll bekämpfen, nicht zuletzt mit wutentbrannten Schmähreden wie »widerliche Läusepudel« oder »Hohlköpfe«. Lindgren hat eine ganze Reihe von Kraftausdrücken auf Lager, die nicht zu verachten sind. Wir haben hier eine Vorstudie zum Kampf und den in blutigem Ernst herausgeschleuderten Beschimpfungen zwischen den Raubeinen in *Ronja Räubertochter* vor uns.

Doch hier geht es nicht um Räuber, sondern um Ritter. Die Kinder bezwingen die schläfrige Kleinstadtstimmung, indem sie die Stadt mit gespielter Feindschaft aufladen. Wie wahre Gralsritter beten sie einen Talisman an, den sie schützen, behalten und immer wieder zurückerobern müssen. Dabei handelt es sich um einen eigentümlich geformten Stein, den Großmummrich, für den die Mitglieder beider Banden fast bereit sind, ihr Leben zu opfern. Es handelt sich um »wilde Treibjagden durch Straßen und Gassen ..., gefährliche Aufträge, heimliche Befehle und spannende Schleichwege in dunklen Nächten«.

Die ausgeklügelten Anweisungen, die die Rosen sich jeweils hinterlassen, damit der Großmummrich wieder aufgespürt werden kann, führen dazu, dass die sprachliche Gewandtheit bei den Streitigkeiten ungeheuer wichtig ist. Der magische Stein wird erst im zweiten Teil der

Trilogie, in *Kalle Blomquist lebt gefährlich*, in die Handlung eingeführt. Er gleicht »einem nachdenklichen kleinen Mann, der ähnlich
wie ein Buddha dasaß und seinen Nabel betrachtete«. Der Kampf
zwischen den rivalisierenden Ritterbanden läuft darauf hinaus, den
Stein zu erobern, ihn an einem heimlichen Ort zu verstecken und
einen verschlüsselten Hinweis auf das Versteck zu hinterlassen. Eine
komische, parodistische Wirkung erhält das Ganze durch den souverän durchgeführten Vergleich mit den anspornenden Vorbildern, den
erbitterten Kämpfen im mittelalterlichen England zwischen den Häusern York (die Weiße Rose) und Lancaster (die Rote Rose):

> Es klingt unglaubhaft, dass einem kleinen Stein so große Bedeutung
> beigemessen wurde. Aber warum sollten die Roten Rosen ihren Groß-
> mummrich nicht ebenso lieben wie beispielsweise die Schotten ihren
> Krönungsstein und genauso in Aufruhr geraten, wenn die Weißen ihn
> voller Tücke entwendet hatten, wie die Schotten, als die Engländer den
> Krönungsstein nach Westminster Abbey gebracht hatten?

Diesen erbitterten Kampf um den Thron schildert Shakespeare in
seinem Drama *Heinrich VI.* Jetzt »herrscht Streit zwischen der Weißen und der Roten Rose und tausend und abertausend von Seelen
werden in den Tod gehen – hinein in die Nacht des Todes«, lauten die
Schlüsselworte in den *Blomquist*-Krimis, eine Formel, die an die Eröffnungsszene in *Heinrich VI.* anknüpft:

> Wird zwischen roter Rose und der weißen
> In Tod und Todesnacht tausend Seelen reißen.

Die Formel »tausend und abertausend Seelen« verweist auf die »tausend und abertausend Jahre«, die durch *Mio, mein Mio* widerhallen,
ein Buch, in dem die Ritterabenteuer als Märchen geschildert werden.
Dies ist nicht das einzige Element in den Kriminalgeschichten, das auf
dieses glänzende Buch vorausweist. Die feierliche Sprache, wie »du
Tapferer«, »das Gastmahl der Väter«, die den ritterlichen Stil imitiert
und zugleich einen Teil der Komik in den Büchern ausmacht, wird in
Mio, mein Mio zur tragenden Stilebene transponiert. Das Spiel in den
Blomquist-Krimis bezieht seine Intensität in hohem Maße aus der

sprachlichen Virtuosität, nicht zuletzt der Räubersprache, von der die Kinder in Notlagen Gebrauch machen können. Gespielte Gefahr und echte Gefahr, mit diesen Ebenen spielt das Buch, und dies führt zu köstlichen Stilbrüchen, zum Beispiel dazu, dass die »edlen Krieger« die »heißesten Gefechte« unterbrechen müssen, um »Fleischklößchen und Rhabarberkompott« zu essen (Teil 2).

In den *Blomquist*-Krimis wird die Atmosphäre voller Schwung, Sonne und guter Laune in den waghalsigsten Abenteuern der Rosen bis auf die Höhen des Übermuts getrieben. Auf gespenstische Art und Weise erstarrt ihre Lebensfreude zu Grimassen des Entsetzens, als das Spiel auf fast absurde Weise in die »Realität« des Verbrechens übergeht und wir in die Außenbereiche des Lebens geführt werden.

In einem interessanten Aufsatz deutet Eva M. Löfgren die *Blomquist*-Krimis in archetypischer Terminologie auf der Basis von Northrop Fryes theoretischem Modell.[10] Sie hält es für bezeichnend, dass die Ganoven von außen kommen, sie sind Fremde, die die gewohnte Welt bedrohen. Die Helden hingegen, und hier dürfen wir sie Helden nennen, stammen aus einer »höheren Welt«. Auf einer symbolischen Ebene repräsentieren die »Rosen« die romantische, unschuldige Phase der Kindheit, während die Erwachsenen, »sowohl Schurken als auch Eltern und Polizisten«, laut Fryes Terminologie einer »Komödienwelt« angehören.

Im ritualisierten Spiel des Kampfes erscheinen die Kinder als romantische Ritter, von der Wirklichkeit, in der Eltern und Polizisten schuften und Schurken ihre desperaten Aktionen ausführen, weit entfernt. Der Krieg der Rosen dient als Gobelin, als Hintergrund, für die Kriminalintrige jedes Buches:

> Die Kriminalhandlung ist die Komödienhandlung, die Intrige der Erwachsenen, in die die Kinder – und damit die romantische Welt – eingreifen, um das Böse zu bekämpfen, das in der Gestalt von Schurken die Idylle bedroht. Diese romantische Welt ist eine ideale Welt, wobei die ganze Komödienhandlung danach strebt, sie wieder herzustellen.

Die mittelalterliche Rittersage, die Astrid Lindgren so gern verwendet, wenn sie über das Fantasieren von Kindern berichtet, betrachtet

Frye als den Urtypus der romantischen Welt, die Phase des Abenteuers, der Suche und des Drachentötens. Wenn man die *Blomquist*-Krimis in diesem Licht betrachtet, sind sie mehr als parodistische Imitationen von Erwachsenenkrimis. Der latente Ernst verweist auf *Mio, mein Mio* und *Die Brüder Löwenherz*, wo die Ritterwelt der Märchen einen tieferen Inhalt erhält.

Das Verbrechen

Krimis für Kinder waren kein aktuelles Genre, als Astrid Lindgren sich der Sache annahm. Ein großes Vorbild existierte allerdings: Erich Kästners berühmtes Buch *Emil und die Detektive*, in dem ebenfalls eine Kinderbande im Zentrum steht.

Mark Twain verwendet das Kriminalmotiv in *Tom Sawyer* und in Arthur Ransomes Büchern aus den zwanziger und dreißiger Jahren über die Schwalben und die Amazonen kommen immerhin eine zweigeteilte Bande, ernste Rollenspiele und kriegerische Elemente vor. Zu einer Nachfolgerin auf etwas schlichterem Niveau wurde Enid Blyton mit ihren Bandenschilderungen in den *Fünf-Freunde*-Büchern und anderen ihrer Serien, aber Fantasiespiele und doppelte Handlungsebenen finden wir bei ihr wohl kaum.

An Vorbildern herrscht also kein Mangel, aber in der schwedischen Tradition sieht es in Bezug auf Krimis für Kinder mager aus. Kalle Blomquist, der Meisterdetektiv selbst, sieht sich als Kollege der berühmten Privatdetektive aus den klassischen Erwachsenenkrimis: »Hercule Poirot, Lord Peter Wimsey und der Unterzeichnete – ja, wir werden nicht zulassen, dass das Verbrechen die Oberhand gewinnt« (Teil 1). Dieselben komisch-ironischen Stilmittel verwendet die Autorin, wenn sie Kalle mit seinem kriminaltechnischen Wissen herumstolzieren lässt, das sie sich selbst verschafft hat, als sie in den dreißiger Jahren als Stenotypistin bei Harry Söderman, einem Dozenten der Kriminologie, arbeitete.[11]

Doch die Komik geht in plötzlichen Ernst über, wenn Kalles Träume von der Rolle des genialen Problemlösers mit der Wirklichkeit konfrontiert werden. Doch manchmal sind Kinder eben doch Kinder:

Kalle wird zu einem normalen ängstlichen Jungen, aber mit Wissen und Spürsinn, die er sich durch die Detektivspiele erworben hat. Im Spiel haben sich die Kinder Schnelligkeit und Scharfsinn angeeignet und diese Fähigkeiten feiern in den Geschichten Triumphe. Wahrscheinlich faszinieren sie auch deshalb die Leser noch immer. Trotz aller Grausamkeiten betonen die Bücher wie immer bei Astrid Lindgren das Lebhafte und Spielerische. Das Tempo hingegen ist hitziger und die Risiken, auch im Spiel, sind größer als in ihren anderen Büchern. Vor allem denke ich an den atemberaubenden Balanceakt Eva-Lottas über dem Abgrund (Teil 3), als sie Anders vor dem Absturz rettet, eine Szene, die später wieder vorkommt, wenn Ronja Birk aus dem Höllenschlund zieht. Durch das Kriminalmotiv werden die Geschwindigkeit und die Gefahr verstärkt. Das Verbrechen eröffnet dauernd neue Abgründe und verwandelt jeden Schritt, jedes Gespräch und jede Handlung zu entscheidenden, schicksalsschweren Gesten.

In den *Blomquist*-Krimis scheut Astrid Lindgren vor der groben Kriminalität nicht zurück. Man könnte sich darüber wundern, doch ihre Intention ist vermutlich: Wenn es schon um Verbrechen geht, dann auch richtige Verbrechen. Mit Samthandschuhen kommt man in einem Genre, das die Leser zum Schaudern bringen will, nicht weiter.

Astrid Lindgren beweist Geschick darin, das Schreckliche zu steigern. Die Stimmung in der Kleinstadt ist ahnungslos und friedlich; die Stadt ist sich des lauernden Bösen nicht bewusst und bietet einen effektvollen Hintergrund für die dunklen Gangsterfilme, die im Verlauf der Geschichte aufgerollt werden. Das erste Buch beginnt so sonnig und idyllisch, dass der Verbrecher wie eine optische Täuschung wirkt. Eigentlich geht es um einen Juwelenraub, doch es kommt auch zu einer Morddrohung. Ziemlich eigenartig ist es, dass der Gauner, »Onkel Einar«, der bei der Familie Lisander wohnt, ein Cousin von Eva-Lottas netter Mutter ist. Seine wahre Natur wird entlarvt, als er Eva-Lottas Katze quält.

Im zweiten Teil, *Kalle Blomquist lebt gefährlich*, bricht Astrid Lindgren die ungeschriebene Regel, nach der in Krimis für Kinder keine Morde vorkommen dürfen, und der dritte Teil, *Kalle Blomquist, Eva-Lotta und Rasmus*, besteht aus einer gruseligen Geschichte über Erpressung und Entführung. Der Krimi verlässt den kühlen, unbeteiligten Ton, den wir mit dem Genre normalerweise verbinden, und setzt die Kinder widerwärtigen Erlebnissen aus. Eva-Lotta landet in einem wahren Inferno, das in starkem Kontrast zu ihrem gemütlichen Dasein unter dem Schutz ihres Vaters, einem Bäcker von Zimtwecken, steht. Die Ritterspiele der Kinder mit ausgedachten Gefahren, Verfolgungsjagden und Fluchtversuchen bereiten auf die schwerwiegenden Übergriffe vor. Diese raffinierte Disposition der Handlung ist im dritten Teil besonders ausgearbeitet, wo das todesverachtende Balancieren auf der Burgruine die Detektivgeschichte vorbereitet.

Die Szenarien des Schreckens

In den *Blomquist*-Krimis arbeitet Astrid Lindgren häufig mit für sie typischen Motiven, wie ich bereits einleitend erwähnt habe; Leute werden gefangen genommen und auf Dachböden, in Kellern oder anderen gefängnisartigen Räumen eingeschlossen.

Die Schlossruine, etwas außerhalb der Stadt gelegen, dient sowohl als Diebeshöhle als auch als Kerkerloch.

> Der vergrabene Schrein mit den Juwelen und die Inschriften auf den Wänden erinnern an die *Schatzinsel* und andere Seeräubergeschichten. Die Flucht der Kinder vor den gewalttätigen Schurken durch dunkle Gänge in die Freiheit scheint hingegen mit der Wanderung von Tom und Becky durch die Höhle in *Tom Sawyer* verwandt zu sein,

schreibt Eva Löfgren. *Tom Sawyer* gehörte übrigens zu den Leseerlebnissen in Astrid Lindgrens Kindheit.

In den Krimis, schreibt Löfgren weiter, kommen auch viele »Türme«, hoch gelegene Räume für Gefangenschaft und Verteidigung, vor. Im Krieg der Rosen handelt es sich um Gefangennahme und Ausbrechen im Spiel, was wie Imitationen von wirklichen Fallen und Rettungen wirkt. Die Spiele verwandeln sich in furchtbaren Ernst, sobald in der Erzählung das Moment der Detektivgeschichte überwiegt. Dies gilt besonders für *Kalle Blomquist, Eva-Lotta und Ras-*

mus, den letzten Teil, der in einem dunkleren Ton gehalten ist als die früheren Kriminalgeschichten. Paniksituationen mit Verfolgungen und Kletteraktionen, Eingesperrtsein und Fallen, bei denen die Kinder wie gefangene Ratten wirken, nehmen *Mio, mein Mio* vorweg. Das reinste Chicago sei in ihr eigenes »Kleinköping« verlegt worden, heißt es mit einem Hinweis auf den amerikanischen Gangsterfilm. Das Gefühl der Unwirklichkeit wird so unterstrichen, was das Schreckempfinden gleichermaßen dämpft und verstärkt. »Vielleicht sind wir nur 'n paar Jungen in einem Buch«, reflektieren die Mitglieder der »Weißen Rose« in einem für Astrid Lindgren typischen Nonsensstil. »Dann bist du ein Druckfehler und ich bereue, dass ich dich jemals erfunden habe«, so scherzt Kalle Blomquist auf einer unerwarteten Metaebene mit seiner eigenen Authentizität.

Das Thema des Schreckens nimmt zu, wenn das Drama im selben Buch auf eine Insel in den Schärengarten verlegt wird, einem Sommerparadies, das in scharfen Kontrast zu den schändlichen Verbrechen gestellt wird, die dort begangen werden. Bei so viel Grausamkeiten fügt die Erzählerin einen beruhigenden Vorbehalt ein: »Sie hatten die beneidenswerte Fähigkeit junger Gemüter, einen Schock hatten sie nicht abbekommen«, erklärt sie. Sie beschreibt auch einen der Ganoven, Nicke, als ein im Grunde genommen liebes Naturkind.

Obwohl letztendlich Kalle Blomquist die Rolle eines wahren Drachentöters zugewiesen bekommt, weil er das Flugzeug sabotiert, mit dem der Ganove, Ingenieur Peters, sich mitsamt dem entführten Rasmus absetzen wollte, so erscheint doch Eva-Lotta als die wahre Heldin. In ihrem »knabenhaften kleinen Amazonenkörper« finden sich traditionelle und mythologische Züge, betont Eva Löfgren. Eva-Lottas Ahnfrauen sind die weiblichen Ritter, die unter den gleichen Bedingungen kämpfen wie männliche Ritter und die sowohl in der bildenden Kunst als auch in der Literatur überliefert sind. Löfgren nennt frühe, großartige Schwestern, wie Bradamante in Ariostos *Der rasende Roland* (1532), Clorinda in *Das befreite Jerusalem* von Tasso (1581) und Britomart in Spensers *The Faerie Queene* (1590–1593). Man kann bis zu Jeanne d'Arc und den Amazonen der griechischen Mythologie zurückgehen, um Vorbilder zu finden.

Wenngleich Eva-Lotta zur Bande gehört, nimmt sie doch nicht unter den gleichen Bedingungen teil wie die Jungen. Heimlich wird sie von ihnen bewundert. Kalle hat schon entschieden, dass sie ihn heiraten soll. Es gibt also erotische Untertöne und die Unterschiede zwischen den Geschlechtern sind wie immer bei Lindgren deutlich markiert. Trotzdem leidet die Amazone Eva-Lotta schwere Qualen, als sie sich eine Zeit lang bemüht, »weiblicher« zu werden – dieselbe große Anstrengung offenbar, die es auch Pippi Langstrumpf kostet, eine feine Dame zu werden.

Eva-Lotta ist auch eine Prinzessin, wenn wir weiterhin mit mythologischen Termini arbeiten wollen. Vor allem sie gerät bei den ganzen Abenteuern der Bande in Gefahr, sie muss gerettet und befreit werden. Ihr ist es erlaubt, in eine Flut von Tränen auszubrechen oder süße kleine Kinder zu lieben. Sie wird eine Ersatzmutter für Rasmus, den kleinen unerschrockenen Jungen; außerdem verteilt sie großzügig Essen und Zimtwecken an ihre Mitkämpfer, erfüllt also dieselbe Rolle, die ihre Schwester Ronja gegenüber Birk einnimmt. Womöglich handelt es sich hier auch um ein Selbstporträt. Astrid Lindgren war einmal eine Eva-Lotta, leicht und schmal und beweglich, die bei den wilden Spielen der Kindheit mit den Jungen in Wald und Feld herumtobte.

Im letzten *Blomquist*-Band, *Kalle Blomquist, Eva-Lotta und Rasmus*, gibt es einen eiskalten Schmerz, der auf *Mio, mein Mio* verweist. Nicht nur die Stilmittel, die ich erwähnt habe, sondern auch das Hauptmotiv an sich, die Entführung, sind zentral für das Buch über Mio, obwohl es eigentlich eine mythische Heldensage und eine fantastische Erzählung zugleich ist.

Doch Astrid Lindgren bereitete es Schwierigkeiten, die Muster der Kriminalerzählung wieder abzulegen. Ihr großes Vorbild war Mark Twain. In den *Blomquist*-Krimis grenzen die Spiele der Kinder an eine Welt der Dunkelheit, die ähnlich wie in *Tom Sawyer* voller Gewalt und Verbrechen ist.[12] In ihren Büchern, die sie Ende der fünfziger Jahre schreibt, verwendet sie auch weiterhin kriminalistische Elemente zur Spannungssteigerung. Doch hier bezieht Astrid Lindgren ihre Geschichten vor allem aus der Welt ihrer eigenen Erfahrungen.

Auf der Wanderschaft

»Die Landstreicher waren ein Teil meiner Kindheit«, schreibt Astrid Lindgren in ihrem Essay »Das entschwundene Land«:

> Auf unserem Heuboden übernachteten ständig Landstreicher. In der Dämmerung kamen sie an die Küchentür und handelten ein wenig Milch und Brot ein und wir starrten sie an, man stelle sich vor: Es gab Leute, die nirgends wohnten, die immer nur gingen und gingen! Die meisten von ihnen waren still und harmlos, manche vergnügt und redselig und ein paar reizbar und streitsüchtig, und sie jagten uns einen Todesschrecken ein, wenn sie ihr Messer zogen. Mit den Landstreichern wehte ein Hauch von Abenteuer in unsere bäuerliche Welt.

Diese Erfahrung setzte sie in »Gute Nacht, Herr Landstreicher!«, einer der Erzählungen in *Sammelaugust*, um. Einige Kinder, die allein zu Hause sind, wurden ermahnt, Landstreichern nicht die Tür zu öffnen; sie erleben »einen Hauch vom Abenteuer«, als der einfallsreiche Wanderer in ihre Küche eintritt und sie mit seinen unterhaltsamen Künsten verzaubert. Die Schilderung, als er gierig das gute Weihnachtsessen verschlingt, das die Kinder ihm auftischen, ist ein Vorspiel für das große Aufräumen in Michels Katthult.

Der Landstreicher verschwindet einsam hinaus in den dunklen Winterabend und in die rührende Komik der Erzählung mischt sich Mitgefühl. Sogar der Apfelbaum, sonst ein Sinnbild für Freude in diesem Gesamtwerk, trägt zur düsteren Stimmung bei: »Die Zweige des Apfelbaums spreizten sich schwarz und traurig in den Himmel. Der Weg dehnte sich wie ein unendliches Band und verschwand irgendwo, wo nichts mehr zu sehen war.«

Im Jahre 1956 gab Astrid Lindgren einen richtigen Landstreicherroman heraus, *Rasmus und der Landstreicher*.[13] Hier herrscht eine völlig andere Stimmung als in »Gute Nacht, Herr Landstreicher!«; es ist Sommer, das Wasser glitzert und meistens ist es herrlich zu wandern. Doch das Buch ist auch eine klassische Weglaufgeschichte; das überreiche Mitgefühl gilt diesmal dem neunjährigen Rasmus, der aus dem Waisenhaus von Västerhaga wegläuft, einem Prototyp des Zwangs und der Tristesse. Er flieht, um sich einen Vater und ein Zuhause zu suchen.

Rasmus besitzt nicht Pippis souveräne Fähigkeit, den sozialen Einrichtungen zu entkommen, doch seine Fantasie und Entschlusskraft reichen weit. Er weiß, dass er keine Chance hat, als Ziehkind bei den Ehepaaren aufgenommen zu werden, die von Zeit zu Zeit das Waisenhaus aufsuchen; bittere Erfahrung hat ihn gelehrt, dass sie nur kleine Mädchen mit Locken haben wollen. Es kommt also darauf an, irgendjemanden draußen in der Welt zu finden, der sich einen Jungen mit glattem Haar wünscht, gerade ihn haben möchte. Hier, ebenso wie in *Mio, mein Mio*, zu dem es viele Berührungspunkte gibt, ist das Identitätsgefühl äußerst bedroht. Rasmus kämpft um sein Leben, nicht nur darum, dem tristen Alltag im Waisenhaus zu entkommen, als er in einer hellen Sommernacht allen Mut zusammennimmt und aufbricht.

Wie Bo Vilhelm Olsson in *Mio, mein Mio* ist Rasmus ein einsamer, auf sich gestellter Junge, der einen Vater sucht. Doch die Suche verläuft hier in einer Wirklichkeit, die an die schwedischen Arbeiterromane der dreißiger und vierziger Jahre erinnert. Zunächst denkt man dabei an Harry Martinsons großen Landstreicherroman *Der Weg nach Glockenreich* (1948, dt. 1953). Der Landstreicher Paradies-Oskar, »Zaunkönig Gottes«, mit dem Rasmus mitziehen darf, erinnert etwas an Martinsons Bolle, meint Lorentz Larson: »Der schwedische Vagabund der Landstraße, der inzwischen aus unserem wohl geordneten, weiß getünchten Wohlfahrtsstaat verschwunden ist, hat in diesen beiden literarischen Figuren ein Denkmal erhalten«, fasst er zusammen.[14]

Rasmus und Oskar hungern zusammen und erleben Augenblicke wundervoller Freiheit und seligen Glücks in der Sonnenglut des Waldhügels, in der sie Milch und Butterbrote genießen. Das Vagabundenthema gibt seiner Autorin Gelegenheit zu überbordenden Naturerlebnissen. »Bis ins Mark hinein« erlebt Rasmus, wie das Heu pikt, wie die Kälte ihn mit den Zähnen klappern lässt, wie es ist, mit der Nase

Rasmus und der Landstreicher *wurde zweimal verfilmt.
Das erste Mal mit Åke Grönberg, dann mit Allan Edwall
in der Rolle als Paradies-Oskar.*

voll duftendem Feldthymian einzuschlafen. Natürlich zünden die
Landstreicher auch ihr Lagerfeuer an, »wie die Indianer«, vor allem
um die Mücken zu verscheuchen und nasse Hosen zu trocknen. Die
Landstreicherromane sind eher realistisch als romantisch, dennoch
steht auch hier das Feuer symbolisch für das Wichtigste: die Gemeinschaft zwischen dem großen und dem kleinen Landstreicher, das Vertrauen, das immer weiter wächst und letztlich auf Oskars Sensibilität,
seinem wahrhaft väterlichen Verständnis und Respekt für den Jungen
beruht, der sich ihm angeschlossen hat. Rasmus' Freude über die
Freiheit verbindet sich allmählich mit Geborgenheit.

Doch die Idylle wird bald, wie oft bei Astrid Lindgren, durch eine
reißerische Krimihandlung zerstört, die schon deshalb um einiges
spannender ist, weil die Landstreicher doppelt gejagt werden, von der
Ordnungsmacht und von den Gaunern, Lif und Liander. Rasmus
wird, wie Bo Vilhelm Olsson, polizeilich gesucht und befürchtet ins

Bilder: Archiv Svensk Filmindustri

Waisenhaus zurückgebracht zu werden. Oskar wird des Diebstahls verdächtigt. Die verschiedenen Szenenwechsel des Dramas spielen sich in der Kleinstadt ab, die zu einem regelrechten »Ninive« geworden ist, und in einem Dorf auf dem Lande, gruselig öde, verlassen von armen Schweden, die einst ausgewandert sind. Das Modell für dieses Dorf kann Astrid Lindgren in *Der Weg nach Glockenreich* vorgefunden haben. Im Kapitel »Die Schnupftabak-Kate« schildert Martinson die Stimmung in einem verlassenen Ort, der noch von den Spuren des Verfalls nach dem Aufbruch der Amerikafahrer geprägt ist.

Das Verbrechen verlegt Astrid Lindgren meist in grausige abgelegene Gegenden und hier im verlassenen Dorf spielt sich eine ihrer atemberaubenden Katz-und-Maus-Jagden zwischen dem Kind und den bewaffneten Dieben ab. Rasmus hat eine solche Angst, dass sein Herz pocht, doch inmitten der Gefahr empfindet er die »wildeste Abenteuerlust«.

59

Zwischen Astrid Lindgrens Büchern spinnen sich viele Fäden. *Rasmus und der Landstreicher* bildet eine Art Brücke von *Mio, mein Mio* zu *Die Brüder Löwenherz*. Die Hauptfigur nimmt Krümel voraus, indem er seine Angst überwindet und voller Zuneigung Oskar zu Hilfe kommt, die Räuber belauscht und allen Mut der Welt entwickelt, um mit dem Menschen zusammen sein zu können, an den er sein Herz gehängt hat. Das Vertrauen zwischen den beiden Landstreichern vertieft sich weiter, weil die Anstrengungen sie zusammenschweißen. Rasmus bewundert Oskar grenzenlos und dennoch ist die Schnelligkeit, die leichte Beweglichkeit des Kindes wie immer bei Astrid Lindgren ein Vorteil, der Berge versetzt. Durch alle Fertigkeiten und Tricks, die er sich im Waisenhaus angeeignet hat, kann Rasmus sich und Oskar aus der Gefahr retten.

Dass die Landstreicher außerhalb der Gesellschaft stehen, erzeugt die Spannung im Buch, abgesehen davon, dass der freiheitsliebende Oskar kein echter Landstreicher ist. Die Attribute »Gottes Zaunkönig« und »Paradies«-Oskar deuten an, dass er eine ähnlich lebenspendende Rolle wie die aus dem Alltag entführenden Fantasiefiguren bei Lindgren übernimmt. Doch hier bleiben wir mit beiden Füßen auf der Erde. Oskar ist in Wirklichkeit ein tüchtiger Häusler. Die beiden Landstreicher befinden sich auf derselben Wellenlänge, nicht zuletzt, wenn sie für ihr täglich Brot singen und spielen.[15] Astrid Lindgren amüsiert sich königlich, wenn sie, mit leichter Hand, so genannte Skillingtryck-Balladen und Bänkellieder in die Darstellung einfließen lässt, mit denen sie so vertraut ist: »Kreuz auf Idas Grab«, »Die Löwenbraut«, »Jeder Wald hat wohl seine Quelle« oder die »Älvsborgsweise«. In der lieblichsten und bedeutungsvollsten Szene des Buches denken sich die Landstreicher zusammen einen neuen Text aus. Sie werden von Rasmus' Traum inspiriert und denken sich daraufhin die Nonsensverse über die Katze aus, die Hering und Kartoffeln isst. Doch eigentlich zeigt die Szene vor allem das Einverständnis zwischen den beiden, die sich auf dem Weg begegnet sind. Oskar und Rasmus sind schlicht und einfach verwandte Seelen. Deshalb wird das Ende ebenso folgerichtig wie herzzerreißend.

Gerade als sich Rasmus' Traum erfüllt – ein reicher Bauer und seine freundliche Frau wollen ihm ein Zuhause schenken und dazu alles, was er sich nur wünschen kann –, sieht er voller Klarheit: Oskar ist der richtige Vater für ihn und ihm muss er durch dick und dünn folgen. Und dann gibt es sie auch: die Hütte am See, Oskars und Martinas graue Häuslerhütte, in der Rasmus sein Zuhause findet. Ähnlich wie bei Fitinghoffs *7 Heimatlose* kommt es nicht darauf an, wie vornehm das Haus ist, das seine Tür dem auf sich gestellten Kind öffnet. Dies ist eine erbauliche Quintessenz. Doch wir liefern uns ihr auf Gedeih und Verderb aus, weil das Ganze so schön und psychologisch glaubwürdig ist. In der gemütlichen, abgenutzten Küche des Landstreichers, wo sonst, entscheidet sich Rasmus' Zukunft. Dort gibt es ein besonderes Zuhausegefühl und dort mag man Jungen mit glatten Haaren. Auf einer anderen Ebene als der in *Mio, mein Mio*, im Zeichen des alten Armeleute-Schwedens, wird dasselbe Thema behandelt: wie die Wünschelrute die Kinder auf den richtigen Weg bringt.

Lasst die Gefangenen frei

Im darauf folgenden Jahr, 1957, erschien *Rasmus, Pontus und der Schwertschlucker* – ein neuer Rasmus steht hier im Mittelpunkt, ohne dass es eine Verbindung zu den vorausgegangenen Figuren desselben Namens gäbe.[16] Auch dieses Buch ist von Astrid Lindgrens Kindheitserlebnissen inspiriert; hier ist es das Volksfest auf dem Markt, das Chaos und Gefahr Tor und Tür öffnet auf dem lebhaften Frühlingsmarkt des Läusemarkts mit Kirmes und Feuerschluckern, effektvoll kontrastiert mit der Idylle der Kleinstadt, wo diesmal die Apfelbäume besonders schön blühen. Die Stadt heißt Västanvik, doch wie sonst ist auch sie von der Vorlage Vimmerby abgepaust.

In diesem Buch vermittelt Astrid Lindgren mehr Kleinstadtstimmung als in den *Blomquist*-Krimis. Die Beschreibungen bereiten die *Madita*-Bücher vor, der Begriff Läusemarkt weist ziemlich eindeutig auf Läuse-Mia voraus. Die alten Teile Västanviks, die einem Außenstehenden so idyllisch erscheinen mögen, beinhalten sowohl Elendsviertel als auch Möglichkeiten zu dunklen Geschäften. In diesem Teil der Stadt ist Pontus zu Hause. Seine ärmliche Umgebung (mit einer allein stehenden Mutter) hebt sich merklich vom gemütlichen Heim in der alten Villa ab, in der sein bester Freund Rasmus wohnt.

Doch im Mittelpunkt steht der Läusemarkt, seit mehr als dreihundert Jahren der Marktplatz der Stadt Västanvik. Er hat viele Schlägereien mit angesehen, ob es nun wilde Zigeunerschlachten mit Messern waren oder gewöhnliche Prügeleien zwischen betrunkenen Bauernknechten, die zum Jahrmarkt gekommen waren, um sich in ihrer schlichten Weise zu vergnügen. Doch dies sind nur Kleinigkeiten im Vergleich dazu, was sich diesmal ereignet. Denn es handelt sich um etwas, »was der Läusemarkt noch nie erlebt hat. Bösewichte und Satansweiber, Kinder und Hunde in wildem Handgemenge unter den Fliederbüschen ... so etwas bekommt der Läusemarkt nur alle dreihundert Jahre einmal zu sehen, und auch dann nicht mal.«

Der Markt mit Rummelplatz, Karussellen und Auftritten gehört zu den selbstverständlichen Spielplätzen der Kinderbuchtradition, wir erinnern uns an Elsa Beskows *Petter och Lotta på äventyr* (Petter und Lottas Abenteuer), wo die Kinder auf dem Markt landen und Abenteuer erleben können, von denen sie nicht einmal geträumt haben. Pippi Langstrumpf bricht über den Markt herein und Michel macht dort einige seiner berühmtesten Streiche.

Ihre Sachkenntnis über Märkte bezieht Astrid Lindgren aus eigenen Erlebnissen. Im Essay »Das entschwundene Land« erzählt sie:

> Da strömten die Bauern von ihren Höfen ringsrum herbei und alle Mägde und Knechte hatten frei und schlenderten im Gewimmel umher, und das taten wir Kinder auch. Da kamen herumreisende Schausteller mit ihren Tiermenagerien und Schießbuden und Karussells in die Stadt und mit ihnen die aufregenden Geheimnisse der unbekannten Welt draußen. Hatte man nie zuvor etwas anderes gesehen als Pferde, Kühe und Schweine und es wurde einem plötzlich eine Riesenschlange gezeigt, die angeblich ›siebzig Jahre alt und janze vier Meter lang‹ war, da fühlte man sich wahrlich ›auf des Lebens Wogenkamm‹.

Auf einer seiner Wellen reiten zu dürfen, danach sehnt sich das Zweiergespann Rasmus und Pontus heiß und innig.

Die Einleitung des Buches ist ein Beweis für die Virtuosität der Autorin. Unter all den meisterlichen Einleitungen, die sie geschaffen hat, ist diese eine der gewandtesten. Der Einstieg ist wie häufig ein Aufbruch, hier jedoch nicht als Flucht, sondern humoristisch angelegt. Ein netter Rektor gibt der Schule an einem herrlichen Maitag (als gerade Markttag ist) einige Stunden frei. »Lassen wir also die Gefangenen frei – es ist Frühling«, lautet das Motto nach Birger Sjöbergs bekannter Mahnung. Rasmus und Pontus stürzen sich benommen und glücklich hinaus ins Abenteuer zum Jahrmarkt, der einen unwiderstehlichen Sog ausübt.

Lindgren schildert häufig Jungenfreundschaften, doch nie so ausdrucksvoll wie hier, von Krümel und Jonathan einmal abgesehen. Ansonsten geht es bei *Rasmus, Pontus und der Schwertschlucker* um mehrere Menschen. Im Zentrum steht eine Polizistenfamilie mit Mutter, Vater, der sechzehnjährigen Prick, blond mit Pferdeschwanz, dem elfjährigen Rasmus sowie dem Hund Toker, der allmählich zu einer Hauptfigur wird. Dass das unschuldige, nette Tier entführt wird und schließlich zurückkehrt, gibt der Handlung etwas Herzzerreißendes. Aufgelockert wird dieses Drama durch Pricks Lovestory, die von Seufzern und Missverständnissen begleitet und vom Bruder Rasmus samt Freund beobachtet wird. Eines von Astrid Lindgrens komischen Lieblingsthemen wird hier der dramatischen Diebstahlsgeschichte gegenübergestellt.

Wie die *Blomquist*-Krimis lebt auch *Rasmus, Pontus und der Schwertschlucker* vom Gegensatz zwischen der Gesellschaftsordnung der kleinen Gemeinde und dem Chaos, das das Verbrechen mit sich bringt. Grausamkeit und Humor mischen sich, als der Feuerschlucker und Dieb Alfredo Rasmus, Pontus und Toker gefangen nimmt und sie mit Kraftausdrücken wie »verdammte kleine Lümmeljungs« und »Schmeißfliegen« traktiert. Sein Wortschwall erinnert nicht nur an Pippis Mundwerk, sondern verweist bereits auf *Ronja Räubertochter*.

Unter anderem unterhält er seine Gefangenen mit der Pferdemarktgeschichte, die Astrid Lindgren in *Das entschwundene Land* als Beispiel für ihr Repertoire an småländischem Humor angibt. Hier wird sie über die »kleine Mammi« des Schwertschluckers, einer phänomenalen Rosstäuscherin, erzählt: »Es gab kein Gaul, und ob er noch so alt und ausgedient wäre, dass sie dem nicht ein bisschen Arsenik reintrichtern konnte, und dann wurde der so munter und zappelig, bis sie der verkauft hatte«, prahlt Alfredo. Auf einem Markt gelingt es ihr, ein derartiges Pferd loszuwerden, und als sie einige Tage später den Bauern trifft, den sie übers Ohr gehauen hat, fragt sie höflich: »Na, wie geht es die Mähre?« Die Antwort, die bei Astrid Lindgren in der Erinnerung haften geblieben ist, war unbezahlbar: »O ja, danke«, sagt der Bauer, »sie kann jetzt jeden Tag ein paar Stunden aufsitzen«. Der hinterhältige Alfredo erscheint also als ein deftiger und launiger Erzähler, der mit den Jungen Katz und Maus spielt. Durch die Karikatur erscheint sein Verhalten weniger zynisch oder betont sein Schwadronieren die Grausamkeit eher noch? Das bleibt offen. Der Erzähler gibt jedenfalls eine etwas überhebliche Erklärung für Alfredos Handeln; er sei ein Kleinkind, heißt es. Implizit: Die Menschen, die nicht zu Erwachsenen heranreifen, werden anderen gefährlich?

Das grotesk Gruselige kommt wie sonst auch bei Astrid Lindgren dadurch zu seinem Recht, dass es mit einer Art gruseliger Einöde kombiniert wird. Außerhalb der Stadtgrenzen endet die Zivilisation, dort gibt es ein unbewohntes, abgelegenes Haus und einen Keller, in dem die Kinder und der Hund eingesperrt werden und in echte Gefahr geraten. Die Aggressivität schlägt sich auch in der Bildsprache nieder. Wie oft bei Lindgren handelt es sich um Tiermetaphorik: »wie ein gereiztes Nashorn«, »wütend wie Spinnen« oder »wie Ratten in der Falle«. Ungewöhnlicher ist der kräftige Realismus in der Schilderung des tristen Wohnwagenmilieus beim Jahrmarkt.

Doch die lyrischen Elemente, ja, die Anspielungen auf die Ankunft des Frühlings fehlen auch in diesem Buch nicht, und die Apfelblüten im Traumgarten werden auf suggestive Weise akzentuiert, wahre Gegenbilder zur rohen Handlung. »Joachims Garten sah fast aus wie ein Traumgarten, genauso, als ob ihn jemand träumte ... Vielleicht war er es selber?«, heißt es mit einem metaliterarischen Ton, der auf die *Brüder Löwenherz* verweist und die Leser darauf aufmerksam macht, dass dies eben eine Erzählung ist.

Auch literarische Allusionen finden Eingang in das Buch. Birger Sjöberg habe ich bereits erwähnt. Rasmus liest, wie sich das gehört, ein Indianerbuch – die Jungen bei Astrid Lindgren denken gern an Indianerspiele. Den Hinweis »Es ist genau wie im Kino« findet man bei ihr nicht nur in diesem Text, sondern auch ansonsten häufig. Diese Parallele liefert auch das Alibi für komische Tortenschlachten; die Sahnetorte, mit der Alfredo die Jungen trösten will, bekommt er mitten ins Gesicht. Das ist nicht nur für die Jungen, sondern auch für die Leser eine Wohltat.

Große Spannung wird in *Rasmus, Pontus und der Schwertschlucker* vor allem durch das Anschleichen erzeugt, was nachts stattfindet, ohne dass Eltern oder Lehrer die geringste Ahnung davon haben. Im Tageslicht steuert der Code der gepflegten Ordnung den Schuljungen und Familiensohn, doch außerhalb herrscht das wilde Abenteuerleben. Natürlich kommen die Jungen den Dieben auf die Spur und nicht etwa der Vater und Polizist, der im Übrigen sehr positiv geschildert wird. Der Schluss handelt davon, wie die Verbrecher eingelocht werden, eine ironische und wirkungsvolle Antithese zum beschwingten »Lasst die Gefangenen frei« der Einleitung.

Von Bullerbü
nach
Saltkrokan

Ein Bullerbü-Kind zu sein

Doch zurück zu den vierziger Jahren. Als Astrid Lindgren mit *Pippi Langstrumpf* an dem Wettbewerb beim Verlag Rabén & Sjögren teilnahm, diesmal um das beste Kinderbuch, lieferte sie noch ein weiteres Manuskript ab: *Wir Kinder aus Bullerbü* (dt. 1954). Es wurde vom Verlag angenommen und erschien 1947. Die Fortsetzung *Mehr von uns Kindern aus Bullerbü* erschien 1949 (dt. 1955) und der dritte Teil *Immer lustig in Bullerbü* 1952 (dt. 1956).

Astrid Lindgren erprobt eine kühne Erzähltechnik, indem sie die Erzählung einem kleinen Mädchen in den Mund legt, der siebenjährigen Lisa, die im letzten Teil schließlich neun ist. Der Erzählton ist direkt, vertraulich und vertrauensvoll. »Ich heiße Lisa«, sagt sie mit einer Autorität, die sie zu einer wichtigen Person macht – als Erzählerin stärkt sie die weibliche Geschlechterrolle ebenso effektiv wie Pippi. Manchmal treten komische Effekte ein, wenn das kleine Mädchen ahnungslos und altklug seine Umgebung kommentiert. Die Sprache ahmt nicht das Idiom einer Siebenjährigen nach, doch die emotionalen Umschwünge, Eifer, Freude, manchmal Verdruss, tragen die Erzählung rhythmisch vorwärts. Man bekomme den Eindruck, so Solveig Hedberg in einem vielseitigen Aufsatz zu Sprache und Werten in den *Bullerbü*-Büchern, »einer niemals endenden Reihe von intensiven Erlebnissen«.

Die Erzählung spiegelt gleichermaßen ein erlebendes und ein erzählendes Ich; manchmal scheint Lisa fast atemlos aus einem Abenteuer zu kommen. Dann wiederum berichtet sie von etwas bereits Vergangenem. Die Ich-Erzählung begrenzt den Horizont eines Buches: Nichts kann vermittelt werden, was außerhalb der eigenen Erfahrungen liegt (abgesehen davon, dass man eine andere Figur als Vermittlerin hinzuziehen kann). Diese Konzentration ist zugleich eine Stärke. Wenn das Ich lustvoll schildert, was es zusammen mit den Freunden vorhat, dann erscheint das als nahe und wichtig. Wird eine erweiterte Perspektive notwendig, so bezieht Lisa die Erfahrungen vom Vater oder Großvater ein. Doch vor allem gibt sie die Gespräche der Kinder wieder, dort finden wir den Puls der Erzählung. Für sie ist auch alles spannend, was der große Bruder Lasse sagt: Er weiß so viel und ergreift so viele aufregende Initiativen.

Mit *Wir Kinder aus Bullerbü* beginnt Astrid Lindgren die Sorte Erzählung zu verwenden, die sie in mehreren anderen Büchern weiterführt und mit der sie ein kleines Kinderkollektiv in Zusammenspiel, Spiel und Konfrontationen zeigt, vor allem ihre mehr oder minder geheimen Vorhaben fernab vom wachsamen Blick der Erwachsenen. Die *Bullerbü*-Bücher sind eher Wir-Bücher als Ich-Bücher. Zwischen Lisa und den anderen Kindern, für die sie als Sprachrohr fungiert, gibt es kaum einen Filter.

Alle Kinder werden sorgfältig mit Namen, Wohnort und Familienzugehörigkeit vorgestellt, doch besonders individualisiert sind sie nicht. Die Leser erhalten viel Raum, sich zu identifizieren und eigene Figuren zu schaffen. Außer Lasse gibt es in Bullerbü noch zwei Jungen: Bosse, Lisas zweiten Bruder, und Ole, den Sonderling und Einzelgänger, der schließlich einen Hund und eine kleine Schwester bekommt. Zwei weitere Mädchen wohnen in Bullerbü: die Schwestern Inga und Britta. Ohne dass es direkt herausgestellt wird, versteht man, dass Inga Lisas engste Freundin ist. Britta bleibt etwas außen vor und wird manchmal aufgezogen.

Obwohl Lisa durchgehend die Erzählerrolle behält, dominiert Lasse (für den Astrid Lindgrens Bruder Gunnar das Vorbild lieferte) das Geschehen als selbstverständlicher Anführer der Bande, der sich ständig neue Sachen einfallen lässt und damit angibt, wie viel er sich traut. Er ist mit anderen souveränen Figuren Lindgrens verwandt. Wie Pippi, Karlsson und Michel lädt er »dank seiner starken Persönlichkeit« das Leben mit »Bedeutung und Handlung« auf, hebt Solveig Hedberg hervor. Mit »freundlicher Ironie« wird geschildert, wie auch er manchmal Nieten zieht und in die Klemme gerät, in das Eisloch fällt und von den anderen gerettet werden muss.

Das Idyll als Kindheitsmythos

Die Erzählungen über Bullerbü sind nicht konkret an Ort oder Zeit gebunden. Wo es eigentlich liegt, haben sich nicht zuletzt Kinder im Ausland gefragt. Viele würden gern dorthin ziehen. Zur Umgebung mit den drei Häusern »Südhof, Mittelhof und Nordhof«, die so dicht beieinander liegen und zur Kommunikation einladen, hat sich Astrid Lindgren vom Kindheitshaus ihres Vaters in Sevedstorp inspirieren lassen, doch die Spielwelt der Bücher stammt aus ihren eigenen frühen Erinnerungen.

Zugleich sind die Ereignisse nach einer bestimmten literarischen Tradition angeordnet und organisiert, in der das Eigenleben von Kindern in einer geborgenen Umgebung nach dem Wechsel der Jahreszeiten geschildert wird. Astrid Lindgren zielt auf Begebenheiten, die in der Welt der Kinder wichtig sind: Schulbeginn, Sommerferien, Krebsessen, Geburtstag, Weihnachten und andere Feiern. Ein frühes Buch, das auf einem ähnlichen Rhythmus basiert, ist Laura Fitinghoffs *En liten verld bland fjällen*, ein Klassiker des Genres. Die Umgebung in der *Bullerbü*-Fiktion reproduziert also nicht unmittelbar Astrid Lindgrens eigene Kindheitswelt.

Die Bezeichnung Bullerbü ist natürlich – wie bei der Villa Kunterbunt und der Krachmacherstraße – ein symbolischer Name (übersetzt etwa Polterdorf o.Ä.), ein Zeichen für das freie Spiel, Krach und Radau, was die Autorin immer mit einer guten Kindheit verbindet. Ein antiidyllischer Name, der ein Abstandnehmen vom allzu Braven in Erzählungen für Kinder signalisiert, abgesehen davon, dass in diesem Dorf nicht besonders viel Lärm gemacht wird.

In Bezug auf die Zeit gibt es Anzeichen, die auf Astrid Lindgrens eigene Kindheit hinweisen, auf die Jahre zwischen 1910 und 1920 in einer ländlichen Umgebung, die es so kaum noch gibt. Die Tiere streifen in den Hainen umher und Autos gibt es zwar, aber sie sind selten. Die Kinder lesen und gehen in eine kleine Dorfschule, man fährt mit dem Pferdefuhrwerk zu den Festen; doch die Zeit ist unbestimmt, es könnte sich auch in den dreißiger oder vierziger Jahren abspielen, wie Margareta Strömstedt vermutet.

In den *Bullerbü*-Büchern geht es um die Reinkultur der Idylle und die Suprematie der Kinderwelt. Die Kinder halten Einzug in die moderne Literatur und beanspruchen einen Platz in unserem Bewusstsein. Das zentrale Thema in den Büchern ist »Spaß zu haben«, ein Begriff, der schon fast manisch betont wird. Spaß haben: Das klingt einfach, doch man sollte darüber nachdenken. Fast nichts ist schwieriger, als anderen Menschen zu vermitteln, wie es ist, Spaß zu haben, sodass sich das gleiche Lustgefühl beim Zuhörer einstellt. Die Ereignisse selbst sind, oberflächlich betrachtet, unbedeutend. Sie entfalten ihre Wirkung durch ihren antidramatischen, doch für Kinder bedeutungsvollen und dramatischen Inhalt. Ein lockerer Zahn, eine Lehrerin, die verschläft, ein Frühlingsaugenblick im Graben; diese Dinge sind in der alltäglichen Welt wichtig. Wie diese Welt entsteht, das ist vielleicht das Allerwichtigste, und das versuchen Psychologen uns beizubringen.

In der *Bullerbü*-Trilogie geht es um allgemein gültige Erfahrungen von Kindern, an denen die Leser teilhaben und die sie mit eigenen Erfahrungen ergänzen können. Hauptgegenstand ist das Spiel, »die Spielwelt, die es immer gegeben hat und die es in Augenhöhe der Kinder immer noch gibt (...). Wenn man als Erwachsener die *Bullerbü*-Bücher liest, wird man an ein sinnliches Dasein erinnert, das man völlig vergessen hat, eine ganze Spielkultur«, schreibt Margareta Strömstedt.

Die Kinder in Bullerbü spielen mit allen konkreten Möglichkeiten, die die Umgebung bietet, sie spielen mit Erzählungen und Märchen und sie spielen mit der Sprache. Die Aufzählung »wir spielten und wir spielten und wir spielten« führt die alles überragende Bedeutung des Spiels vor Augen; mit dem Spiel als Mittel probieren die Kinder ihre Umwelt aus und stellen sie auf die Probe, wie es wenige Kinder in der Kinderliteratur zuvor getan haben. Gunvor Johansson, die Astrid Lindgren und Elsa Beskow verglichen hat, zählt immerhin sechzehn unterschiedliche Spiele auf, die zu den Ritualen der Bullerbü-Kinder gehören.[1]

Obwohl Astrid Lindgren sich mit den *Bullerbü*-Büchern in eine literarische Tradition begibt, setzt sie darin zugleich neue Akzente. Sie hebt das Positive in dem Leben hervor, das die Kinder in der ländlichen Welt entfalten, und zeigt, wie sie für sich und füreinander Verantwortung übernehmen. Die Arbeit ist ein Teil dieser Gemeinschaft, doch auch das Rübenjäten wird in dieser Art Erzählung zu etwas Lustigem, denn das Thema der Erzählung ist, dass alles lustig sein soll. Die Idylle wird zum Synonym für den Kindheitsmythos selbst.

Wie sonst auch zeigt Astrid Lindgren uns diese Bilder ohne erhobenen Zeigefinger. Doch zweifelsohne beinhalten die Bilder eine Botschaft. Dies wird besonders dann deutlich, wenn sie ihr Augenmerk auf die Denkweise von Kindern und ihr Fantasieren in Relation zu den Konventionen der Erwachsenen richtet. Kinder brechen das Gewöhnliche auf. Natürlich ist es lustiger, sich auf einem Zaun entlang fortzubewegen als auf dem Weg – Erwachsene, die bestimmt haben, dass man unbedingt auf dem Weg gehen muss, sind aus Sicht der Kinder Menschen, die in einer anderen Welt leben. Die Kinder nehmen größere Risiken auf sich und setzen sich größeren Gefahren aus, als die Eltern ahnen. Im dritten Teil, *Immer lustig in Bullerbü*, suchen die Kinder die Felsen in Nordamerika auf und klettern auf den äußersten Kanten der Felsen umher, eine Übung, die für Astrid Lindgren typisch ist und die letztlich für das Einüben des Erwachsenenlebens steht.

Die Kinder trauen sich, diese Risiken auf sich zu nehmen, weil sie in einer geborgenen und liebevollen Welt aufwachsen. Die Eltern sind in der *Bullerbü*-Fiktion zwar Hintergrundfiguren, doch sie sind stark präsent. Sie prägen durch ihre Lebensweise und durch ihre Fürsorglichkeit das Leben der Kinder. Ein Beispiel dafür liefert die Erzählung, wie die Väter und Kinder zusammen Krebse fangen, Hütten bauen und sich um das Feuer scharen, »das leuchtete und sich im Wasser spiegelte, sodass es aussah, als brenne der See«.

Einige wenige Schatten betonen die Idylle. Das Todesmotiv wird im Zusammenhang mit dem Großvater angedeutet und die Boshaftigkeit wird vom elenden Schuhmacher – der »Nett« heißt – verkörpert, der Krieg rumort im Hintergrund. Diese schwarzen Linien geben dem Hellen Konturen. Hier hält uns Astrid Lindgren mehr denn je einen Spiegel des guten Lebens vor, in dem alles harmoniert, die Eltern anwesend sind und die Geburtstage den Höhepunkt des Daseins bilden.

Keine verlorene Kindheit

In einem interessanten Aufsatz über den Kindheitsmythos in den *Bullerbü*-Büchern betont der deutsche Kinderbuchforscher Hans Ritte allgemein gültige und bewusste Züge in den Erzählungen. Er wendet sich dagegen, dass man die Texte schlicht und ergreifend als Wiedergabe von Astrid Lindgrens Kindheitserinnerungen einstuft. Tatsächlich handelt es sich nicht um die Rekonstruktion einer verlorenen Kindheit. Bereits aus dem ausgesprochen selektiven Auswahlprinzip, das den Stoff prägt, wird dies deutlich. Einige Ereignisse werden aufgenommen, andere ausgeschlossen: Tod, sexuelle Bedürfnisse, körperliches und seelisches Unbehagen sowie tief gehende Kinder-Eltern-Konflikte werden tabuisiert. Das Ziel sei es, ein poetisches Bild einer »heilen Welt« zu vermitteln.

Die *Bullerbü*-Trilogie vermittele vor allem eine Kinderperspektive mit modernen Vorzeichen, meint Ritte. Er vergleicht Astrid Lindgren mit Lucy Sprague Mitchell, die einen neuen Erzählstil begründete, der an den psychischen Bedürfnissen von Kindern orientiert war. Ihr bahnbrechendes Buch *Here and now story book* (1921) wurde 1939 ins Schwedische übersetzt. Sprague Mitchell befürwortet moderne Märchen, die Ideen und Vorstellungen der Kinder aufnehmen: Das Wichtigste ist, »dass wir Erwachsenen in Hinsicht auf Inhalt und Form ehrlich versuchen, den selbst gewählten Richtlinien der Kinder zu folgen, gerade *hier und jetzt*. Dann spielt es keine Rolle, ob das Ganze in den Augen der Erwachsenen etwas merkwürdig wirkt«. Mitchell meint, man solle in einer Erzählung von »den eigenen Erfahrungen der Kinder ausgehen«. Sie betont, das »Bekannte und Unmittelbare« sei das Wichtige und Kinder fänden das Ungewöhnliche nicht interessant, bevor sie nicht das Gewöhnliche richtig kennten. Sie schätzten den Humor und den Witz in Erzählungen über das Fremde erst dann, wenn sie sich in ihrer eigenen Umgebung zu Hause fühlten.

Sehr fruchtbar ist der Vergleich mit Sprague Mitchell vielleicht nicht, da traditionelle Märchen oft in Astrid Lindgrens Spiel mit den Texten einfließen. Hans Ritte benutzt die Parallele jedoch vor allem dazu, das bewusste Einsetzen der stilistischen Mittel und die aktuelle Kinderpsychologie in den *Bullerbü*-Büchern zu unterstreichen, unabhängig davon, ob Astrid Lindgren direkt »Eindrücke« von Sprague Mitchell übernommen hat. In gewisser Polemik gegenüber Strömstedt betont er, Astrid Lindgren sei eine Autorin ihrer Zeit, die ihre Ideen vom kreativen und spielenden Kind aus einer modernen Sichtweise heraus umsetze. Dem stehe nicht entgegen, dass Lindgren die Vermischung von Wirklichkeit und Fantasie gefördert hat, indem sie ihre eigene Kindheit als nahezu austauschbar mit der Bullerbü-Welt dargestellt hat.[2] »Wir waren also vier Geschwister, Gunnar, Astrid, Stina und Ingegerd, und wir lebten in Näs ein glückliches Bullerbü-Leben, im Großen und Ganzen wie die Kinder in den Bullerbü-Büchern.«[3]

Das stilistische Gespür

Auch das stilistische Gespür Lindgrens belegt, so Ritte, dass es nicht ausreicht, Bullerbü als einen Reflex aus der Kindheit der Autorin zu verstehen. Selbstverständlich hat sie einen großen Teil ihres Stoffes daraus bezogen, doch sie arbeitet in ihrer Darstellung, daran erinnert Ritte, auch mit einer Reihe von literarischen Verweisen. Die Erzählung von der Schneefestung erinnert an die Geschichte des finnisch-schwedischen Autors Topelius über die Belagerung Hjelteborgs; das Kinderlied »Mary had a little lamb« ist zur Erzählung von Lisa und dem Lamm umgesetzt; das schwedische Lied über ein Kind, das in einem Goldwagen fährt, durchsetzt den Text über die kleine Kerstin, um nur einige Beispiele zu nennen. Der Stoff ist auch nach bestimmten Prinzipien organisiert. Ritte unterstreicht besonders die elegant durchgeführte Dreizahl, die sich mit den drei Häusern bereits in der zentralen Szene der Erzählung offenbart.

Wie die künstlerisch durchgearbeitete Form ihren Inhalt erzeugt, zeigt auch Solveig Hedberg in ihrem Aufsatz über die Sprache der *Bullerbü*-Bücher. Sie weist insbesondere darauf hin, wie Rhythmus und Wiederholung fast filmisch das Glück beim Spielen veranschaulichen. Die Kinder sind mit den gängigen Spielsachen ausgestattet, wie Puppen, Zinnsoldaten, Mensch-ärgere-dich-nicht; doch diese spielen, verglichen mit den Möglichkeiten, die die konkrete Umgebung bietet, eine eher unwichtige Rolle: Papier, Stift, Schachteln, Schnüre, vor allem Schnüre … Hedberg zitiert Lisas zufriedene Entdeckung der Möglichkeiten, die die Schnur bietet: »Ich hatte eine lange, lange Schnur in der Tasche. Als ich sie in meiner Tasche entdeckte und sie hervorzog und sah, wie lang sie war, überlegte ich, ob wir etwas Lustiges damit machen könnten.«

Die Wiederholung ist bei Astrid Lindgren immer eine wichtige Stilfigur. In den *Bullerbü*-Büchern wird sie manchmal in schlichter Wiederholung eines einzelnen Wortes vorgenommen: »Wir beschlossen, dass wir nie, nie, niemals den Jungen oder irgendjemand anderem von dieser Walderdbeerenstelle erzählen wollten. (…) Aber ganz, ganz, *ganz* in echt bist du nur mein Großvater.« »Im letzten Beispiel wird die Wiederholung durch eine Kursivierung verstärkt, man kann die bittende Stimme förmlich hören«, schreibt Solveig Hedberg. Sie betont auch, wie Lindgrens Gebrauch des verstärkenden Adverbs »so« die Sprache naiver macht und emotional auflädt: »Wir gingen eine lange, lange Zeit auf dem Zaun, und das war so lustig.« Der Ausruf »oh«, Lisas spezifischer Gefühlsausdruck, schafft eine ähnliche rhythmische Intensität: »Oh, wie gern habe ich Kerstin!« »Oh, ich hätte so gern (…).« »Oh, das war wohl Glück, dass (…).«

Obwohl der Stil in den *Bullerbü*-Büchern so einheitlich wirkt, enthält er sowohl Variation als auch Bewegung.

Das Wichtige dabei ist selbstverständlich die Erzählweise bei den einzelnen Episoden. Ereignisse, die aus rationaler Sicht wenig bedeutungsvoll sind, werden manchmal zu Augenblicken knisternder Intensität, in denen wir an einem ursprünglichen Erlebnis teilhaben. Das Ziel der Erzähltechnik ist Deutlichkeit und Schlichtheit, doch der Text enthält auch eine unterschwellige Kompliziertheit, oft einen ironischen Ton. Dadurch werden die Episoden in mild didaktische Beispiele verwandelt.

Die Erzählung »Inga und ich machen Menschen glücklich« ist für die *Bullerbü*-Bücher eher untypisch, da sich die Satire gegen die gedankenlose Erziehungsmoral der Erwachsenen richtet. Die Lehrerin in der Schule gibt neunmalkluge Hinweise, wie die Schüler vorgehen sollen, um andere zu erfreuen. Als die Kinder in ihrer handfesten Art die Lehren in die Tat umsetzen, endet das Ganze mit Enttäuschungen. Sie versuchen der alten Kristin etwas vorzusingen und Kristin kann es nicht ertragen. Oskar, der Blumen bekommt, wird wütend – ist er vielleicht innerlich schon tot? – und wirft die Blumen auf den Misthaufen. Die Generalisierungen der Erwachsenen werden, wenn sie sich an Kinder richten, in einem Zerrspiegel entlarvt. Die Konfrontation zwischen Ideal und Wirklichkeit wird auch auf einer komischen Ebene elegant formuliert, wenn sich Lisas und Ingas Traum, auf die kleine Kerstin aufzupassen, erfüllt. Sie sehen schnell ein, dass es kein Kinderspiel ist, sich um Kinder zu kümmern. Bereits kleine Kinder können beißen.

Wenngleich der Stoff in einfachen Sätzen vermittelt wird, ist der psychologische Inhalt der *Bullerbü*-Bücher oft raffiniert. Die Spannung zwischen dem Sinn der Kinder für Realität und der Leichtigkeit, mit der sie fantasieren, bewirkt Stilbrüche, in denen auch ihre Gefühle deutlich werden. Die Episoden über den Wassergeist und den Froschprinzen (ein Motiv, das Astrid Lindgren liebt) zeigen, wie die Kinder die poetischen und glanzvollen Worte genießen, abgesehen davon, dass die Erzählung von der Stoßrichtung her eigentlich scherzhaft parodistisch ist.

Bisweilen entsteht eine Wechselwirkung zwischen »Lisas kindersprachlicher Matrix und dem nuancierten Bewusstsein der erwachsenen Autorin davon, was in einem kindlichen Gemüt vorgeht«, schreibt Solveig Hedberg. Doch das Kind benutzt auch Wendungen aus der Erwachsenensprache, um besonders unbändige Gefühle wie Irritation oder Stolz hervorzuheben. Als Lisa den ersten Zuckerkuchen ihres Lebens gebacken hat, kann sie ihren Stolz kaum vor ihren Freunden verbergen. Sie sagt: »Liebe Kinder, das ist doch keine Kunst! Das kann doch wohl jeder Mensch.« Hedberg kommentiert: »Keine Wendung der Kindersprache hätte diese feine Regung des kindlichen Gemüts so exakt zum Ausdruck bringen können« wie diese psychologisch treffsichere Wendung aus der Erwachsenensprache.

Hedberg beschreibt auch Astrid Lindgrens Fähigkeit Worte und Ausdrücke im weiteren Verlauf des Texts in ihrem Inhalt zunehmend zu vertiefen. Sie weist beispielsweise darauf hin, dass der wiederholte Seufzer des Großvaters »Ach ja, jajaja« ein Todesbewusstsein einschließt, das einen wehmütigen und ruhevollen Hintergrund für das gegenwartsorientierte Leben der Kinder bietet. Beim Großvater kommen sie zur Ruhe (obwohl sie selbst glauben ihn zu besuchen, um ihn aufzuheitern); von dieser Leben-Tod-Polarität ist das *Ronja*-Buch noch deutlicher geprägt. Hedberg verdeutlicht auch, wie Lasse den Seufzer des Großvaters nachahmt, als er aus dem Eisloch gerettet ist. »Ach ja, jajaja, es ist ja doch ein Glück, dass man nicht betrunken ist.« Der einfache Begriff »Ach ja, jajaja« konzentriert »die ganze Perspektive auf das Dasein. Leben und Tod im selben Wort.«

Ilon Wiklands Illustration zu Immer lustig in Bullerbü

Lotta und die Krachmacherstraße

Die Kinder aus der Krachmacherstraße (1957, dt. 1957) stellt wie die *Bullerbü*-Bücher die Spielwelt der Kinder in den Mittelpunkt. Auch hier erzählt ein Mädchen, Mia-Maria, aus der Ich-Perspektive; sie ist die Älteste von drei Kindern. Doch die zentrale Figur ist die Kleinste von ihnen, Lotta. Wo sie ist, geschieht das Unerwartete, ob man nun zu Hause ist oder auf einem Ausflug. Die Episoden enden meist mit ihren ruhigen, unverfälschten Kommentaren über die Verrücktheiten, die sie erlebt hat; Verrücktheit zumindest aus der Sicht der Erwachsenen. Noch konsequenter als zuvor lässt Astrid Lindgren die eigene Erlebniswelt der Kinder dominieren; man könnte dieses Buch als Studie über die Sprachentwicklung und Kommunikation von Kindern verwenden.

In *Die Kinder aus der Krachmacherstraße* geht es nicht um Landkinder, die in einer offenen Welt der Tiere und der Natur leben. Die Kinder leben in einer »bürgerlichen« städtischen Umgebung, so modern, dass die Familie ihre Ausflüge mit dem Auto macht.

Lotta zieht um (1961, dt. 1962) handelt von einer einzigen Episode aus Lottas Leben, ihrer Konfrontation mit der Mutter und ihrem Umzug in Tante Bergs Rumpelkammer. Diese Geschichte ist psychologisch treffsicher, ein wahres Psychodrama, in dem eine halsstarrige Fünfjährige aus einer Umgebung aufbricht, die kein Verständnis für sie hat. Der Stoff hat seinen Ursprung tief in Astrid Lindgrens eigener Kindheitswelt, nach dem zu urteilen, was sie Margareta Strömstedt berichtet hat. Selbst ist sie zum Plumpsklo gezogen, als sie sich bei einer Gelegenheit besonders benachteiligt fühlte, voller süßer Rachegefühle angesichts dessen, wie die Familie sie vermissen würde. Die Auflösung war enttäuschend, niemandem war eigentlich aufgefallen, dass sie weggelaufen war.[4] Umso einfühlsamer wird die Rückkehr behandelt, als sie das Erlebnis in Fiktion umsetzt. Das Thema nimmt sie bereits in der kleinen Geschichte »Pelle zieht um« aus dem Sammelband *Sammelaugust und andere Kinder* auf. In *Lotta zieht um* ist das Thema durch zusätzliche Szenenwechsel, eine größere Anzahl beteiligter Personen und zusätzliche psychologische Ebenen ausgebaut, bis hin zum großen Finale, der Versöhnung, die die Selbstachtung des Kindes bewahrt und bestärkt.

Auf *Lotta zieht um* folgen eine Reihe Bilderbücher mit derselben kleinen selbstsicheren Person im Mittelpunkt: *Na klar, Lotta kann Rad fahren, Lotta kann fast alles, Natürlich ist Lotta ein fröhliches Kind* – und hier können wir verfolgen, wie Lotta von der Illustratorin Ilon Wikland zu einem Kind der Zeit mit Stirnband und Overall umgewandelt worden ist.

Nun zu einem anderen Lindgren-Mädchen mit starker Durchsetzungskraft.

Madita und die Kleinstadt

Madicken (1960, dt. *Madita*, 1961) heißt so nach Astrid Lindgrens Kindheitsfreundin Anne-Marie aus Vimmerby, die das Abenteuer in sich trug. In der Villa, in der sie wohnte, roch es nach Zigarren, ein Duft von Bürgerlichkeit, der für Astrid völlig neu war.[5] Etwas von dieser Stimmung umgibt die Hauptfigur (die eigentlich Margareta heißt) in der Villa Birkenlund, wo sie mit Mutter, Vater, der kleinen Schwester Lisabet und der Hausangestellten Alva wohnt.

Die Umgebung ist auch hier kleinstädtisch und den zeitlichen Rahmen bildet der Erste Weltkrieg, der sich in den Schlagzeilen der Zeitung in der kleinen Stadt widerspiegelt, bei der Maditas Vater als Journalist arbeitet. Neu in dieser Kleinstadtschilderung Astrid Lindgrens ist die Betonung der Klassenunterschiede. Das Elendsviertel, das in *Rasmus, Pontus und der Schwertschlucker* gezeichnet wurde, tritt hier in Kontrast zur vornehmen Familie in Birkenlund mit Hausangestellter und Extrahilfe für die Wäsche.

Die Kleinstadt ist etwas völlig anderes als die ländliche *Bullerbü*-Umgebung, doch in der Ferne gibt es den Bauernhof Apekullen mit den freundlichen und verlässlichen Karlssons, bei denen Madita und ihre kleine Schwester den Kuhstall besuchen und in der Pferdekutsche fahren dürfen. Dank der Entdeckerlust und dem Vertrauen der Hauptfigur in ihre Umgebung werden schrittweise mehr und mehr Figuren eingeführt.

Der Vater fördert diese Offenheit, denn er wünscht, dass seine Mädchen auch Menschen sehen und kennen lernen sollen, die nicht auf der Sonnenseite des Lebens leben. Dieses Erziehungsprogramm zu akzeptieren ist für die Mutter nicht leicht, die als empfindlich und eher nervös geschildert wird. Doch was die Kinder vor der Mutter verbergen, können sie Alva anvertrauen.

Madita ist im selben Alter wie Lisa in Bullerbü, doch das Buch ist in der dritten Person erzählt und vom Genre her eher als Familienroman einzuordnen. Dies geht bereits aus der Präsentation des Heims in der Einleitung hervor:

> In dem großen roten Haus unten am Fluss, da wohnt Madita. Dort wohnen auch Mama und Papa und die kleine Schwester Elisabet, ein schwarzer Pudel, der Sasso heißt, und das Kätzchen Gosan. Und dann noch Alva. Madita und Elisabet wohnen im Kinderzimmer, Gosan vor dem Herd in der Küche. Mama aber wohnt beinah überall im Haus und Papa auch, wenn er nicht gerade in der Stadt ist und für seine Zeitung schreibt, damit die Leute dort etwas zu lesen haben.

Das Zentrum der Villa ist das Kinderzimmer, in dem sich Madita und Lisabet aufhalten. Der Begriff »Kinderzimmer« ist eher bürgerlich und indiziert eine andere Sorte Erzählung als die *Bullerbü*-Fiktion: ein Kinderzimmer, in dem die große und die kleine Schwester so vertrauensvoll miteinander umgehen, gibt es in der Vorstellungswelt Bullerbüs nicht.

In den Spielen und Gesprächen von Madita und Lisabet findet das heimliche Spiel zwischen Kindern statt, das Astrid Lindgren so gut darstellen kann. Die Wortschöpfungen, die Logik der Kinder, die sie wie keine andere wiedergibt, finden in manchen komischen Wendungen ihren Ausdruck, nicht zuletzt in den Deutungen der biblischen Geschichten. Es ist fraglich, ob man jemals einem so treffsicher eingefangenen Dialog zwischen kleinen Kindern folgen durfte, lieblich und doch nicht süß, manchmal kommen auch Kontroversen, Eifersucht oder richtig harte Auseinandersetzungen vor. Lisabet hat etwas von einem Clown, einem Sekundanten, der zwar die große Schwester nachahmt, doch auch bissig sein kann, eine Persönlichkeit, die an Lotta aus der Krachmacherstraße erinnert.

Wie häufig bei Astrid Lindgren ist die Erzählung in Episoden strukturiert, die mit den Jahreszeiten zusammenhängen. Sie konzentriert sich auf die Ereignisse, die für Madita wichtig sind: Schulanfang, Teilnahme an einem Ausflug, Weihnachten, Geburtstag. Den Höhepunkt bildet die Vorfreude auf Weihnachten, doch das Buch mündet in eine poetische Frühlingsstimmung. Dieselbe Jahreszeit gibt

*Madita und Pim*s eine noch stärkere Dynamik; diese Fortsetzung erschien erst 1976 in Schweden. Auch dieser Teil spielt mit Jahreszeiten und Feiern unterschiedlicher Art, er beginnt und schließt mit einem prasselnden Maifeuer. Weihnachten erhält auch eine besondere Bedeutung durch die Geburt der kleinen Kajsa: Genau wie in *Die Wichtelkinder* von Elsa Beskow bürgt die Geburt dafür, dass neue, für Kinder schöne Situationen entstehen werden: eine Art »Das-Leben-geht-weiter«-Szenario, das mit dem Strom von Episoden in der Erzählung übereinstimmt.

Die Erzähltechnik in den *Madita*-Büchern steht in der Mädchenbuchtradition, wo starke Gefühle ebenfalls im Mittelpunkt stehen. Madita erlebt Höhen und Tiefen bei ihren spontanen und intensiven Reaktionen: wilde Trauer, als sie nicht am Schulausflug teilnehmen darf, glückliche Aufregung über den ersten Schnee, der herrliche Schauder am Weihnachtsmorgen, abgrundtiefe Verzweiflung, als sie glaubt, dass Lisabet verschwunden ist. Wir kommen den Urgefühlen des Kindes – und des Menschen – näher, wie sie auch in der Körpersprache ausgedrückt werden. Zugleich wächst Madita immer mehr in die klassische Mädchenbuchrolle hinein, zu einer »Krone unter den Mädchen«, mit dem Herzen auf dem rechten Fleck, geistesgegenwärtig und entschlossen.

In der Familie überwiegt die Geborgenheit, doch außerhalb des Zuhauses herrscht eine andere Wirklichkeit. Das soziale Leben in der Kleinstadt wird auf eine andere Art und Weise in den Mittelpunkt gestellt als in den *Blomquist*-Krimis und in *Rasmus, Pontus und der Schwertschlucker*, wo es nur als Kulisse für eine spannende Handlung dient. Durch Maditas große Augen gesehen entfaltet die Kleinstadtatmosphäre ein Eigenleben. Astrid Lindgren hat – endlich, wenn man so will – die Verbrechergeschichten auf sich beruhen lassen und lässt die Personen und Ereignisse innerhalb des Schutzbereichs der kleinen Stadt für sich sprechen.

Die Interaktion zwischen Madita und der Umwelt schafft die Dynamik in einem Leben, das sonst womöglich allzu »brav« ausgefallen wäre. Das Zuhause Birkenlund wirkt gepflegt, fast wie frisch gebügelt (allein schon der Name!) und erinnert an Carl Larssons Bilder. Im

Gegensatz dazu steht Nilssons Hütte, wobei die Küche wie üblich den Mittelpunkt bildet. Papa Nilsson mit seiner ritterlichen Blumensprache ist ein Alkoholiker und Lebenslügner, der auf dem Sofa liegt und sich damit beschäftigt, »das Leben in ihm« zu erfühlen, während seine Frau und der Sohn Abbe sich für das tägliche Brot abrackern. Abbe spielt in Maditas Leben eine wichtige Rolle. Er ist eine von Astrid Lindgrens fesselndsten Nebenfiguren, ausweichend, fast hinterhältig, wenn er Madita ärgert und sie an der Nase herumführt. Die Szene, in der er sie dazu bringt, nachts im Waschhaus das Gespenst zu treffen, das die vertraute Umgebung gruselig verwandelt, geht über die Grenzen des Scherzes hinaus. Abbe genießt es augenscheinlich, das Mädchen furchtbar zu erschrecken. Handelt es sich dabei um eine Art Rache für die Kindheit auf der Sonnenseite des Lebens, die er nie hat erleben dürfen? Andererseits rettet derselbe Abbe Madita und Lisabet vor dem Ertrinken im Fluss.

Bei der Familie Nilsson blickt Madita – und mit ihr die Leser – in eine Welt der Unruhe, ein Chaos, das der Idylle eine Perspektive verleiht. Dasselbe bewirken auch die Konfrontationen mit Läuse-Mia und ihrer kleinen Schwester, zwei Mädchen, die unter gänzlich anderen Bedingungen leben als die Journalistentöchter. Heiße Kämpfe spielen sich zwischen Läuse-Mia und Madita ab, die in Wettstreit darüber treten, wer sich am meisten traut und wer am höchsten klettert.

Die Spiele sind gefährlicher als in den *Bullerbü*-Büchern. Als Madita und Lisabet »Moses im Schilf« spielen, ertrinken sie fast im »Schlundloch«. Noch katastrophaler wird ihr Spiel »Josef im Brunnen«: Madita ist kein bisschen besser als Josefs Brüder, als sie Lisabet an den nächstbesten Sklavenhändler verkauft, der natürlich niemand anderer ist als Abbe. Zugleich gehören diese naiven Bibeltravestien zu den komischen Höhepunkten der Erzählung, übertroffen lediglich durch die Episode, in der Lisabet sich eine Erbse in die Nase steckt, ein humoristischer Klassiker der schwedischen Literatur, der auch in einer separaten illustrierten Ausgabe erschienen ist.

Madita wird als »Wildkatze« beschrieben, sie ist nicht rund und kuschelig, sondern beweglich und gelenkig wie Lindgrens Amazonenmädchen zu sein pflegen: »An Madita ist nichts weich und sanft und

Ilon Wiklands Illustration von Madita auf dem Dach der Schule

niedlich. Aber sie hat ein liebes, sonnengebräuntes Gesicht, blaue Augen und dichtes, braunes Haar. Und rank und schlank ist sie und geschmeidig wie eine Katze.«

Unübertroffen souverän ist sie beim Klettern auf Häusern. Dass sie vom Dach des Holzschuppens fällt und sich eine Gehirnerschütterung zuzieht, hält sie nicht davon ab, in *Madita und Pims* eine enorm waghalsige Kletteraktion auf dem Schuldach zu unternehmen.

In diesem Buch sind der Realismus und die sozialen Probleme deutlicher spürbar als im ersten *Madita*-Buch. Margareta Strömstedt meint, dass die »gesellschaftsbezogene« Einstellung der sechziger und siebziger Jahre Astrid Lindgren beeinflusst habe, die den Stoff wieder aufnahm, nachdem sie die Bestellung für einen Film über Madita erhalten hatte. Sie begann damals, sich wieder mit den Kleinstadtfiguren zu beschäftigen, und verwendete in der Erzählung die radikalen Gefühlsschilderungen, die ohnehin ihr Markenzeichen waren. Das Buch lag 1976 fertig vor, also im selben Jahr, in dem sich die so genannte Pomperipossa-Affäre abspielte.

Madita und Pims wurde in Bezug auf die sozialen Konflikte deutlicher, als man es bei Astrid Lindgren gewöhnt ist.[6] Als der Vater, der »Oberklassensozialist«, die Honoratioren der Stadt auf dem Herbstball provoziert, wird die gestrenge Bürgermeistersfrau samt ihrem armen Mann von der Lindgren'schen Satire auseinander genommen.

Läuse-Mia und ihre Situation kommen in der Darstellung zu ihrem vollen Recht, doch die Sonnenscheingeschichte, in der sie und Madita zu besten Freundinnen werden, erscheint etwas aufgesetzt. Die Familie Nilsson erscheint hier als ein Sozialfall anderer Art als im vorausgegangenen *Madita*-Buch. Im Kapitel mit der Überschrift »Die Hilflosigkeit der Armut. Was ist das?« wird die tragikomisch-makabre Geschichte von der Mutter Nilsson erzählt, die versucht ihren toten Körper an den Arzt zu verkaufen, um das Haus der Familie vor der Pfändung zu retten.

Die dunkle Seite der Kleinstadt ist in *Madita und Pims* generell stark akzentuiert. Einen Abgrund von Schmerz beinhaltet die Geschichte über den geistesgestörten Lindkvist, der kleine Kinder raubt. Die Szene, in der er Kajsa im Arm hält und Madita sie schließlich mit einiger List retten kann, ist so erschütternd, dass sie die Idylle zunichte macht. Das Buch endet dann auch folgerichtig damit, dass der Frühlingsregen das Maifeuer löscht.

Saltkrokan

Bei Astrid Lindgren geht es, das habe ich in der Einleitung betont, oft um Ausbrüche aus dem Alltag, was nicht nur für die Fantasybücher gilt. In *Ferien auf Saltkrokan* (1962, dt. 1965) zieht eine Stockholmer Familie hinaus ins Sommerland, auf eine wunderbare Insel, von Astrid Lindgrens eigener Sommerumgebung in Roslagen (nordöstlich von Stockholm) inspiriert.[7] Die Schärenerzählung ist randvoll von Licht und Düften, dem Tuckern von Fischerbooten, unverdorbenen Bewohnern der Schären und den Späßen der Einheimischen mit den unbeholfenen Sommergästen. Astrid Lindgren wagt sich mitten in das denkbar Schwedischste hinein und zugleich greift sie ein äußerst abgenutztes Motiv auf. Sie zeigt den Glanz der Sommerferien gleichermaßen mit Exaltiertheit und Humor.

Dieses Buch hat die Schweden vor allem durch die Verfilmung erreicht. Das Buch selbst mit seinen komischen Tortenschlachten und seinen lustigen Szenen, in denen sich Erwachsene lächerlich machen, verweist auch bisweilen auf Filmisches – was bei dieser Autorin nicht ungewöhnlich ist: »Es war wie in einem Film«, als Melcher Melcherson, der Vater in der Urlaubsfamilie, die Idylle erheitert, weil er ins Wasser fällt.

Es ist inzwischen schwierig geworden, den Onkel Melcher der Erzählung von Torsten Lilliecrona zu trennen, der seine Rolle so rührend komisch spielt – eine frühe, sympathische, »weiche« Männerrolle. Ständig wird er von Tjorven, dem selbstherrlichen Kind, auf die Probe gestellt, das überall auftaucht, beobachtet, kommentiert und ständig die Frage »Weißt du was« stellt. Tjorven fällt als eine der Kinderfiguren Astrid Lindgrens auf, die stärker individualisierte Züge hat.

Mit Sicherheit steht sie auch im Zentrum des Buches – oder ist Bootsmann das Zentrum, der riesige Hund, der uns alle durchschaut? Die Perspektive liegt jedoch vor allem bei der großen Schwester Malin, die ein Tagebuch über die Erlebnisse der Familie auf Saltkrokan führt. Hier wird uns das anvertraut, was zur Tagebuchform gehört, Berichte über Gefühle und Erlebnisse im verfallenen Schreinerhaus, das die Sommergäste lieben wie das Paradies auf Erden. Malin ist neunzehn Jahre alt und übernimmt die Mutterrolle für ihre Brüder – und Melcher –, die Mutter der Familie ist gestorben. Malins Liebesgeschichte wächst in Einklang mit dem naturlyrischen Thema der Erzählung und erhält ihre Würze durch das Spionieren und die Angst der Brüder, sie zu verlieren.

Vorher haben wir eine derartig nette Familie mit genuinem Zusammenhalt wohl nur in Astrid Lindgrens Debütbuch *Britt-Mari erleichtert ihr Herz* kennen gelernt. Wie dort steht die Familie im Mittelpunkt und die Liebesgeschichte bildet eher ein Nebenmotiv. Doch *Ferien auf Saltkrokan* ist auf eine andere Weise mehrstimmig. Hier wird eine ganze kleine Gemeinde aktiviert: die nette Familie, die den Laden betreibt, Stina und ihr Großvater, der Volksschullehrer Björn und einige andere, die die Sommergäste zwar in ihre Gemeinschaft aufnehmen, sie aber aus humoristischer Distanz betrachten.

Diese idyllische Welt ist wie alle Paradiese bedroht. Das Schreinerhaus gleitet zum Schluss fast aus den Händen der Familie Melcherson. Doch dieses Buch ist derartig überstrahlt von Sonne und Sommersäuseln, dass alle Komplikationen aufgelöst werden, auch die Trauer, als Pelles Kaninchen von einem Fuchs getötet wird. In dieses Buch hat Astrid Lindgren im Übrigen eine ganze Reihe von Tieren eingebracht, sogar einen zahmen Seehund, den Tjorven mit ins Bett nimmt.

Wie üblich gibt es ein eigenes Leben der Kinder außerhalb des Reviers der Erwachsenen. Mit dem Meer ist nicht zu spaßen, der Nebel hüllt die Welt in einen Dunst und macht es unmöglich, sich auf See zu orientieren. Doch das Licht ist nicht weit entfernt. Das Lagerfeuer leuchtet in der Nachfolge des Topos aus dem Abenteuerbuch: Die Kinder entzündeten ihr Feuer »auf einem geschützten Felshang und sie setzten sich drum herum und in ihrem Blut spürten sie sämtliche Indianer und Neusiedler und Pelztierjäger und Steinzeitmenschen, die um Lagerfeuer gesessen haben, seit das Menschengeschlecht auf dieser

Erde lebt«. Hier bekommen wir einen Vorgeschmack von dem Glück, das Krümel verspürt, als er sein Feuer hoch oben in den felsigen Bergen entzündet. Doch womöglich überwiegt der Eindruck, dass eher Astrid Lindgrens Vorliebe für eine literarische Abenteuertradition die Assoziationen lenkt als die natürliche Fantasie der Kinder.

Der Stil fließt gefühlvoller als sonst bei Lindgren. Sie hat es sich gegönnt, ohne allzu viel Selbstbeherrschung zu schreiben, in stetem Strom von Sommerinspiration und Entzücken angesichts von Sonnenuntergängen, Blumenwiesen und dem Glucksen der Wellen, die ans Ufer schlagen. Sie erlaubt sich einen Überschwang an »Erde und Gras und rauschendem Regen und Sternenhimmel«, diesen »Seligkeiten«. Der Gedanke, dass das Leben schon »eine besondere Sache« ist, klingt als sorgloser Akkord mit.

Ferien auf Saltkrokan ist das Buch der starken Mädchen. Als Melcher daran scheitert, gelingt der vortrefflichen Malin das Beefsteak; sie repräsentiert eine Art von Mütterlichkeit, die Ellen Key sicherlich geschätzt hätte.[8] Die beiden Mädchen in der frühen Pubertät, die auf die Jungennamen Teddy und Freddy hören, necken sich mit den Jungen im Schreinerhaus, die nicht gerade mit Angeln und Rudern aufgewachsen sind. Dann gibt es noch die souveräne Tjorven und die kleine Stina, die gerade in einem Alter ist, wo sie gern alles nachahmt. Sie ist auch nicht gerade von Pappe, jedenfalls hat sie ihren Großvater fest im Griff.

Wie in mehreren anderen der »realistischen« Bücher ruft sich die Autorin direkt in Erinnerung, indem sie die Figuren deutlich und didaktisch kommentiert. Das kann folgendermaßen klingen:

Zwischen Melcher und Tjorven war eine Freundschaft entstanden, wie man sie bisweilen zwischen einem Kind und einem Erwachsenen antrifft, eine Freundschaft zwischen zwei Ebenbürtigen, die vollkommen aufrichtig miteinander sind und das gleiche Recht haben zu sagen, was sie denken. Melcher hatte genügend von einem Kind in sich und Tjorven genügend von etwas anderem, nicht gerade etwas Erwachsenem, aber eine merkwürdige innere Kraft, die es ermöglichte, dass sie tatsächlich als Ebenbürtige oder jedenfalls als beinahe Ebenbürtige miteinander umgehen konnten.

Hier eine Erwachsenenreflexion über diese eigentümlichen Kinder, die nicht vor dem eiskalten Junibad zurückschrecken: »Nur junge Toren von zwölf, dreizehn Jahren stürzen sich freiwillig in ein so bitterkaltes Nass. Aber genau solche jungen Toren waren sie ja und sie starben nicht daran, im Gegenteil, sie lebten und sie glühten.«

Diese Methode, die Figuren aus einem gewissen Abstand zu betrachten, kommt nur in den »realistischen« Büchern vor, sie ist in der Stilwelt der Fantasybücher undenkbar, in der alles distanziert und die Welt auf eine andere Art in sich geschlossen ist.

Ferien auf Saltkrokan strahlt nicht nur Naturfreude aus, sondern es gibt auch eine Freude am Wort, die sich in verrückten Dialogen und Wortschlachten äußert, einem sprachlichen Feuerwerk, bei dem die Antworten in einem einzigen pulsierenden Redefluss hin- und herfliegen wie Bumerangs. Die Ausdrucksweise der Kinder wird gebrochen mit der aphoristischen, poetisch ausschmückenden Sprache des Vaters und Autors. Pelle und Tjorven fungieren als nüchtern erstaunte Sparringspartner in den Gesprächsduellen, in denen absurde Elemente nicht fehlen. Es wird davon gesprochen, die Füße zu waschen, wenn es eigentlich darum ging, Fenster zu putzen. Melcher klettert aufs Dach, um die Eule aus dem Schornstein zu holen, weil Tjorven erzählt hatte, dass eine Eule einmal in einem Schornstein stecken geblieben war. Eigentlich hatte sie damit sagen wollen, Malin drohe womöglich ein Bräutigam. Fantasie, Anekdoten und die Wirklichkeit gehen eine nonsensbetonte Verbindung ein, während Melcher sich in einer liebevollen Umgebung kichernder Kinder ungeschickt anstellt. Die Zärtlichkeit atmende Atmosphäre verschmilzt mit Sommersäuseln, Meereswind und Verspieltheit.

Die Poesie ist bei Astrid Lindgren nie weit entfernt und die Zitate verstärken die herrliche Stimmung. Das Zitat aus Verner von Heidenstams schönem Gedicht »Paradisets timma« (Die Stunde des Paradies') gibt für das ganze Buch den Ton vor und der Psalm »Nähme ich Flügel der Morgenröte, machte ich mir eine Wohnung zuäußerst im Meer« steht als schöner Schlussakkord.

Doch nun zur komischen Urkraft.

Humor und Farce

Pippi Langstrumpf

1945 braust *Pippi Langstrumpf* (dt. 1949) in die schwedische Literatur hinein. Das wilde Mädchen verlangte noch zwei Bände, *Pippi Langstrumpf geht an Bord* (1946, dt. 1950) und *Pippi Langstrumpf in Taka-Tuka-Land* (1948, dt. 1951).

Pippi bringt einen Hauch der sieben Meere und exotischer Welten, mythenumwobener Abenteuerstädte wie Rio, Surabaya und Hongkong mit. Was hat sie nicht alles erlebt: sich mit einem schwarzen Negerboxer in San Francisco herumgeschlagen, eine Seemannskneipe in Singapur ausgeräumt und sogar mit einer Boaschlange in Indien ist sie fertig geworden. Diese Erlebnisse schaffen einen absurden, jenseits des Idylls liegenden Hintergrund für die kleine Stadt, wo Pippi an Land geht, und machen ihre Wettkämpfe mit Polizisten und Gaunern zu kleinen Fischen.

Kapitän Langstrumpf, ihr Vater, ist in den Wellen verschwunden, doch die Besatzung seines Schiffs hat Pippi an einem Ort an Land gesetzt, wo der Vater ihr vorsorglich ein Zuhause besorgt hat. Das Haus, das Villa Kunterbunt heißt, liegt am Rande der »kleinen, kleinen Stadt«. Die an Elsa Beskow erinnernde Aufzählung indiziert, dass Astrid Lindgren an eine Tradition von Idylle und Miniatur anknüpft. Hier führt sie Pippi Langstrumpf ein.

Pippi als Chaos

Die Story beginnt an dem Tag, an dem die Nachbarskinder Thomas und Annika – sie sehnen sich heftig nach einem Spielkameraden – durch die verfallene Gartentür in den Garten treten, der ebenso verwahrlost die Villa Kunterbunt umgibt. Hier geschieht eine Initiation, die daran erinnert, wie in Elsa Beskows *Tante Grün und Tante Braun und Tante Lila* die Kinder zu den Tanten hineinkommen dürfen und mit Pfefferkuchen bewirtet werden. In beiden Fällen bedeutet dies, ins Paradies hineingelassen zu werden. Doch während es bei Beskow darauf ankommt, Zäune und Schlösser zu überwinden, ist Pippis Umgebung offen, großzügig und durcheinander.

Ein Detail zeigt deutlich, wie Lindgren die *Pippi*-Welt im Dialog mit Beskow aufbaut, sodass ich es hier einfach erwähnen muss. Auf dem Grundstück der Tanten steht ein Birnbaum, der die Gören der Stadt anlockt. Onkel Blau bewacht ihn. Brave Kinder werden fast zeremoniell in den Garten eingelassen und Tante Grün, die gute Fee des Gartens, eine regelrechte Fruchtgöttin, lädt sie zu Birnen ein. In *Pippi Langstrumpf* sitzen die Kinder auf der Gartentür zur Villa Kunterbunt und spucken nachlässig Kerngehäuse in die Gegend. Im Paradies zu sein bedeutet in der *Pippi*-Trilogie, das Gute ohne Überwachung durch Erwachsene zu genießen, eine geradezu herausfordernde Freiheit.

Der Unterschied spiegelt eine veränderte Sicht auf das Kind im Verlauf des 20. Jahrhunderts wider. Bei Beskow ist alles schmuck und von Erwachsenen gelenkt – in Pippis Haus und Garten herrscht Chaos oder, sagen wir, eine andere Ordnung, eine Chaos-Ordnung nach dem Geschmack der Kinder.[1]

Die Villa Kunterbunt deutet bereits das Chaotische an, ist die Dekonstruktion eines berühmten Heims aus der klassischen Kinderbuchtradition: das ruhige, gepflegte Green Gables, wo die elternlose Anne ihre Kindheit verbringt. Astrid Lindgren hat selbst berichtet, wie sie Lucy Maud Montgomerys Buch *Anne auf Avonlea* in die Spiele ihrer Kindheit einbrachte.[2] Die Villa Kunterbunt macht ihrem Namen alle Ehre. Da steht das Pferd, der kleine Onkel, auf der Veranda, der Wagenradhut wird im Holzschuppen gefunden, Pippi malt auf die Tapete und schläft mit den Füßen auf dem Kopfkissen. Das Attentat auf die Ordnung erreicht komische Höhepunkte in den Szenen, in denen sie Haushaltstätigkeiten verdreht – auf dem Fußboden backt, den Pfannkuchenteig mit der Badebürste schlägt, auf den Scheuerbürsten Schlittschuh fährt. Viel von der Komik des Buches besteht genau in dieser Verdrehung des Referenziellen.

In der Küche – und die Küche ist wie bereits erwähnt immer ein Zentrum bei Astrid Lindgren – kann Pippi hemmungslos ihre großen

Gesten und unkonventionellen Methoden entwickeln. Doch ihr »Chaos« wird auch mit den Institutionen und Gepflogenheiten der Gesellschaft konfrontiert. Wie das außerirdische Wesen in der heutigen Abenteuerliteratur den Kontrast zur Erde herstellt, verfremdet und verdeutlicht Pippi das soziale Leben in der Umgebung, wo sie mit ihrem Affen, ihrem Pferd und ihrem Koffer voller Goldstücke an Land geht.

Die Komik sprudelt in den Szenen, wo sie als Novizin in der Kleinstadt mit bemerkenswerten Erscheinungen konfrontiert ist, wie Polizisten, Schule, Zirkus, Markt und Dieben. Dass eine normale Ortschaft in Schweden so eigentümlich wirken kann! Besonders amüsant ist es, wenn Pippi unsere Höflichkeitsregeln und Erziehungscodes als sonderbare Riten erscheinen lässt. Sie weiß nicht, dass Kinder Erwachsenen zuhören sollen – Kinder will man sehen, aber nicht hören – und nicht zuerst von der Torte nehmen dürfen. Schließlich ist sie ein Naturwesen, das unter Seeleuten in exotischen Breitengraden gelebt hat und durch den eigenwilligen Matrosen Fridolf notdürftig in Lesen und Schreiben unterrichtet wurde. Die Kluft zwischen diesem Naturzustand und dem guten Ton führt zu ausgelassenen Schilderungsmöglichkeiten.

Pippi nimmt Form an

Wie viele Klassiker der Kinderliteratur ist *Pippi Langstrumpf* in enger Kommunikation mit einem Gegenüber entstanden. Das Ganze nahm bereits 1941 seinen Anfang. Astrid Lindgrens Tochter Karin lag mit einer Lungenentzündung im Bett und wollte Geschichten über jemanden hören, der Pippi Langstrumpf hieß,

> ein Name, der ihr gerade in diesem Augenblick durch ihren fieberheißen Kopf geschossen war. Ich tat ihr den Gefallen und dachte mir ein närrisches Mädchen aus, das zu dem Namen passen konnte, und musste bald entdecken, dass uns eine Pippi ins Haus geschneit war, die wir nicht wieder loswerden konnten.

Bei einem solchen Namen konnten die Geschichten nur wild werden. 1944 bekam Karin das Manuskript zu *Pippi Langstrumpf* zu ihrem zehnten Geburtstag. Inzwischen hatte die Mutter ihre Kinder und deren Freunde schon eine ganze Weile mit Anekdoten über Pippi unterhalten. Doch dass sie wirklich niedergeschrieben wurden, lag daran, dass Astrid Lindgren eines Tages ihren Fuß übel verstauchte und gezwungen war einige Wochen lang strikt Ruhe zu halten – ein unnatürlicher Zustand für diese bewegungsfreudige Person. Also liegt es ganz am Wetter, dass diese Astrid Lindgren Autorin wurde, sagt sie selbst auf ihre unnachahmlich nüchtern-lustige Art: »Hätte es an einem bestimmten Märztag 1944 in Stockholm nicht geschneit, wäre es wohl nie dazu gekommen.«[3]

Das maschinenschriftliche Manuskript von 1944 – das Ulla Lundqvist untersucht und *Ur-Pippi* genannt hat – ist erhalten. Illustriert wird es mit einem Bild der Hauptfigur, das Astrid Lindgren selbst gezeichnet hat. Das Bild unterscheidet sich stark von den *Pippi Langstrumpf*-Illustrationen, an die wir gewöhnt sind. Astrid Lindgrens eigene kolorierte Zeichnung zeigt ein großes, dünnes Mädchen unbestimmten Alters mit großem Mund und einem breiten Lächeln. Sie trägt ein kurzes Kleid in Rot-Blau, ungefähr so aufgeteilt, wie man es auf Bildern von den Gauklern vergangener Zeiten sehen kann. Sie steht in einer Tanzpose und hat enorme Schuhe an, doppelt so lang wie ihre Füße, erfahren wir im Text. Im gedruckten Buch lesen wir außerdem die Erklärung zu den zu großen Schuhen: Ihr Vater wollte, dass sie etwas zum Hineinwachsen habe – ältere Leser erinnern sich an diesen Kommentar, wenn neue Schuhe für die Kinder nötig wurden.

Das Bild zeigt bereits das herausfordernd Andersartige an Pippi.

Sie ist keine gewöhnliche Kinderbuchheldin. Erinnert sie nicht an Chaplin?

Die Kluft zwischen *Ur-Pippi* und dem endgültigen Buch ist groß. Der Text in der ursprünglichen Version enthält viel Nonsens. Er ist absurd und voller Verrücktheiten, so zum Beispiel wenn Pippi Volkslieder und Schlager travestiert. Die folgende Strophe singt sie, als sie als Seiltänzerin auftritt und ein Schlingel einen Apfelgriebs nach ihr wirft. Pippi wirft ihn zurück und ruft dabei heiser:

Als sie auf dem Seil langtrippelt
quietschvergnügt und aufgerippelt
sieht man Apfelgriebse sausen
aus 'ner Schar von jungen Lausen.

Der Intertext ist Elvira Madigan, ein bekanntes Bänkellied. Rhythmen und Zitate aus allen erdenklichen Texten gleiten immer spielerisch leicht in Astrid Lindgrens dichterisches Netz hinein, allerdings nicht immer so scherzhaft verzerrt wie hier. Die folgende Wahnsinns-Strophe, die die weitere Zirkusvorführung begleitet, spielt auf Esaias Tegnérs *Die Frithiofssage* und auf einen damals aktuellen schwedischen Schlager an:

Schön ist's, zu schaukeln auf blauer See
doch schöner, wie ich hier schaukle, hehe!
Nüsse schaukeln am liebsten am Weihnachtsbaum
doch so was kümmert Klein-Pippi kaum.

Auf dem Höhepunkt der Zirkusszene, als Pippi ihre Kräfte mit dem starken Adolf misst, ermuntert sie ihren Gegner mit der in Schweden bekannten Aufforderung Sandels an Sven Duva: »Gut, gut, mein kecker Knabe, halte noch eine Weile durch.« Doch dieses Zitat wurde bereits im Manuskript gestrichen und durch eine kinderfreundlichere Allusion ersetzt, ein Zitat aus *Pu der Bär*: »Dideldibum und dideldidei«. Im folgenden Kinderreim, der ein bekanntes schwedisches Kinderlied parodiert, findet sich eine beschwingte Veräppelung der Schule:

Komm, steh auf von deiner Schulbank
wir hopsen lieber drauf entlang
wir hängen uns an die Lampe, huch
und schmeißen weg das Lesebuch.

Alle Nonsensverse wurden beim Druck gestrichen. In *Pippi Langstrumpf* gibt es eigentlich nur eine einzige Gesangsparodie und zwar auf das in Schweden bekannte Lied »In den sonnigen Tagen des Sommers«, doch dieser Umschreibung fehlen die provozierenden Züge gänzlich.

Die *Ur-Pippi* verdeutlicht, dass Astrid Lindgren ursprünglich mit dem Absurden konform ging, das sich Mitte der vierziger Jahre bemerkbar machte, nicht nur in der Erwachsenenliteratur und in der Kunst, sondern auch in Texten für Kinder. Sven Hemmels Nonsensbuch *Karlchen Kugelrund, Entdeckungsreisender* (dt. 1952) ist ein Ausdruck dieser Strömung, ein anderer ist Lennart Hellsings *Katten blåser i silverhorn* (Die Katze bläst ins Silberhorn). Auch diese Bücher erschienen in Schweden 1945.

Der Humor in *Ur-Pippi* ist derber und provozierender als im fertigen Buch. Sicherlich bleibt ein großer Teil Nonsens erhalten, besonders in Pippis Anekdoten und Antworten, doch so kühn wie das ursprüngliche Manuskript wurde der gedruckte Text nicht. Astrid Lindgren schickte *Ur-Pippi* 1944 an den Verlag Bonniers und das Manuskript wurde – offenbar nach einigem Zögern auf Verlagsseite – abgelehnt. Der Text, der 1945 das Preisausschreiben beim Verlag Rabén & Sjögren gewann, war eine stark umgearbeitete Variante, in der Astrid Lindgren einige Anklänge von Kinder- und Volkshumor getilgt hatte, die der *Ur-Pippi* Würze verliehen hatten. In der denkwürdigen Feuersbrunstszene am Ende des ersten Teils, in der Pippi zwei kleine Kinder rettet, fehlt der Nachttopf, der in der ursprünglichen Version so dramatisch zu Bruch ging. Die Veräppelung der Schule wurde in der gedruckten Darstellung zugleich ausgeweitet und abgemildert.[4]

Auch die Pippi-Figur selbst hat sich im fertigen Buch verändert. In der *Ur-Pippi* ist sie eine Nonsensfigur, die familiär nicht so »verankert« ist wie in der gedruckten Version. Erst dort werden Vater und Mutter eingeführt – abgesehen davon, dass die Mutter ein Engel und der Vater in den Tiefen des Ozeans verschwunden ist. Pippi kommuniziert dennoch vertraut mit der Mutter in ihrem Himmel und ist gewiss, dass der Vater sich an ein Ufer gerettet hat und Negerkönig mit einer Goldkrone auf dem Kopf geworden ist – damit hat sie selbst den Rang einer Negerprinzessin. Die Erzählung macht sich zweifelsohne über alle sentimentalen Bücher mit elternlosen Kindern und verschwundenen Vätern lustig, wie sie in der Kinderbuchtradition häufig vorkommen. Auch das Familienszenario stimmt mit dem komischen Prinzip überein, das die Erzählung dominiert. Denn bei Pippi ist der Witz nun gerade, dass sie selbst über die Prinzipien ihrer Erziehung entscheidet: Die Ermahnung, dass Kinder abends ins Bett gehen sollen, übernimmt sie selbst – ein Verhalten, das bei kleinen Lesern Jubel auslöst.

Ebenfalls erst im fertigen Buch erscheint Pippi als gute Heldin, die Stärke und Macht einsetzt, um den Schwachen zu helfen. Ursprünglich war sie ein böses Mädchen, das Erwachsene verhöhnt. Astrid Lindgren selbst präsentierte sie als einen kleinen »Uebermenschen« (auf Deutsch), als sie 1944 das Manuskript bei Bonniers einschickte.[5] Ulla Lundqvist, die diesen Brief zitiert, gibt eine Reihe von Beispielen dafür, wie Pippis Benehmen im gedruckten Text abgeschwächt wird. Besonders bei einem Kapitel wie »Pippi geht in die Schule« ist dies auffallend. In der *Ur-Pippi* legt sie ihren roten Kopf auf die Tischplatte und befiehlt der Lehrerin: »Weck mich, wenn du fertig ermahnt hast«. Im Buch heißt es: »Ich bitte sehr um Verzeihung«, sagte Pippi bedauernd. »Das wusste ich nicht. Ich werde es nicht wieder tun.« Eine anpassungsbereite Antwort. So wird sie eher zu einem »unschuldigen Naturkind«, meint Ulla Lundqvist (1979, S. 112).

Doch bei Pippi kann man nie sicher sein, wann sie ergeben *spielt*. Was sie wirklich denkt, erfahren wir nicht. Oder, wie Thomas die Sache sieht: »Das weiß man nicht. Bei Pippi weiß man eigentlich nie was.« Die Frage stellt sich, ob Pippi im Naturkind nicht eine ihrer erfolgreicheren Rollen kreiert; hierzu siehe auch unten zu Pippis Masken.

Die *Pippi Langstrumpf*, die die schwedische Kinderliteratur revolutionierte, erscheint also als frisierte Version einer ursprünglich stärker nonsensbetonten Pippi, die keineswegs nett war – eben die *Ur-Pippi*, die Gerhard Bonnier seinerzeit ablehnte. Doch obwohl Pippi in der gedruckten Version im Vergleich zur ursprünglichen Textform einiges an Urkraft einbüßte, behielt sie dennoch ausreichend von ihrer wilden Souveränität, um die Welt herauszufordern und die heimlichen Träume der Kinder zu verwirklichen.

Der hintere Buchdeckel der ersten Auflage von *Pippi Langstrumpf* in Schweden enthält eine unbezahlbare Reklame, die das Subversive der Hauptfigur verschleiert: Pippi Langstrumpf »macht, was andere

Kinder nicht dürfen, doch sie tut dies auf eine so lustige und unschuldige Weise, dass sowohl Kinder als auch Erwachsene von Pippi entzückt sein müssen«. Dieser Versuch, Pippi zu entwaffnen, zeigt, dass man in den vierziger Jahren die Dynamik fürchtete – welche Kräfte konnte Astrid Lindgren dadurch möglicherweise entfesseln? In den heute Vierzig- oder Fünfzigjährigen sehen wir die Resultate ihres Einflusses. Ihr Vorbild sei Pippi Langstrumpf, sagt die dänische Autorin Suzanne Brøgger – als ob irgendjemand daran zweifeln würde.

Feine Dame oder Seeräuber? Pippis Masken

In *Pippi Langstrumpf* von 1945 erhalten wir eine eingehende Beschreibung von Pippis Aussehen. Sie erfolgt aus der Perspektive der Autorin und unterstreicht das Grotesk-Lustige in ihrem Aussehen:

> Ihr Haar hatte dieselbe Farbe wie eine Möhre und war in zwei feste Zöpfe geflochten, die vom Kopf abstanden. Ihre Nase hatte dieselbe Form wie eine ganz kleine Kartoffel und war völlig von Sommersprossen übersät. Unter der Nase saß ein wirklich riesig breiter Mund mit gesunden weißen Zähnen. Ihr Kleid war sehr komisch. Pippi hatte es selbst genäht. Es war wunderschön gelb; aber weil der Stoff nicht gereicht hatte, war es zu kurz, und so guckte eine blaue Hose mit weißen Punkten darunter hervor. An ihren langen dünnen Beinen hatte sie ein Paar lange Strümpfe, einen geringelten und einen schwarzen. Und dann trug sie ein Paar schwarze Schuhe, die genau doppelt so groß waren wie ihre Füße. Die Schuhe hatte ihr Vater in Südamerika gekauft, damit sie etwas hätte, in das sie hineinwachsen könnte, und Pippi wollte niemals andere haben.

Hier sollen wir *über* Pippi lachen, sonst lachen wir in der Regel *mit* ihr. Die clownartige Erscheinung karikiert die Heldin im Rahmen einer literarischen Tradition, in der das Schlimmste, was ihr widerfahren konnte, Sommersprossen und rote Haare waren. Im Mädchenbuch wird diese Verdammung gern mit der Rolle des Aschenputtels in Verbindung gebracht, was ein Trauma bei der Heldin und ein Mitleidssyndrom bei den Lesern bewirkt. Wir leiden mit den kleinen

Ingrid Vang Nymans Illustration von Pippi

Mädchen mit, die von der Natur so stiefmütterlich behandelt wurden. Doch es pflegt gut auszugehen: Das Aschenputtel wird in eine Prinzessin verwandelt – und das Haar zu einem Schmuck, der zunehmend goldener wird. Hierdurch wird die Zukunft gesichert: Die Mädchenbuchheldin gewinnt schließlich »den Richtigen«.

Dieses Klischee nimmt Astrid Lindgren auf und verwendet es mit ungebremster Ironie erneut. Wo Anne auf Avonlea sich als Kind sicher ist, dass ihre Haarfarbe ihr Leben zerstören wird, strahlt Pippi vor Selbstzufriedenheit. Sich selbst mögen, das durfte man in den vierziger Jahren noch nicht. Doch Pippi liebt es, gesehen und gehört zu werden. Sie findet sich selbst bezaubernd, ein Echo aus *Anne auf Avonlea*, das sich durch eine parodistisch romantische Sprache auszeichnet, wobei der hingerissene Seufzer »bezaubernd« das Schlüsselwort ist. Als sich der Sommersprossenvorrat außerdem durch die Sonne der Südsee (*Pippi in Taka-Tuka-Land*) vergrößert, ist Pippi in ihren eigenen Augen unwiderstehlich. Befreit erklingt ihr klares Nein zur auffordernden, hinterhältigen Frage im Schaufenster des Parfümgeschäfts: »Leiden Sie an Sommersprossen?« – denn Pippi mag ihre Sommersprossen.

Pippi ist expansiv und kreativ. In ihrer Welt gibt es die Vorstellung von einer festgelegten Ordnung nicht. Alle Grenzen sind dazu da, auf die Probe gestellt und überschritten zu werden. Sicherlich gibt es Risiken – aber … in ihrer Risikobereitschaft erhält Pippi ihre große feministische Bedeutung. Als Novizin in der neuen Stadt betrachtet sie alles ohne Scheuklappen und feste Gewohnheiten. Sie kommt von den großen Meeren – so weit weg von einem einschränkenden Mädchenideal wie überhaupt denkbar. Das Mädchen in der älteren Kinderliteratur arbeitete hart daran, sich zu beschränken, alle Ecken und Kanten, alle großräumigen Gesten wegzuschleifen. Das große Ziel, dem alle nacheiferten, war ladylike zu sein – als Kind, ohne Einblick ins Englische, sprach ich das Wort buchstäblich aus und trauerte heimlich, weil so etwas über meine Fähigkeiten ging. Ich nehme an, dass Astrid Lindgren ähnlich empfunden, ihre Pippi in Verzweiflung und Protest gegen das Ideal der feinen Dame geschaffen und ebenfalls die Verlockung des Ladylike-Seins empfunden hat. Denn Pippi lässt fortgeschrittene Pläne, eine richtig feine Dame zu werden, erahnen. Dann holt sie den großen Wagenradhut von der Holzkiste und schmückt sich wollüstig. Auf dem Weg zum Kaffeekränzchen bei Thomas und Annika sieht sie fast wie eine moderne Punkkönigin aus:[6]

Das rote Haar trug sie wegen des besonderen Anlasses offen und es lag wie eine Löwenmähne um ihre Schultern. Ihren Mund hatte sie mit einem Rotstift knallrot gemalt und die Augenbrauen hatte sie sich mit

Ruß geschwärzt, sodass sie beinahe gefährlich aussah. Auch ihre Fingernägel hatte sie mit Rotstift bemalt und auf ihren Schuhen hatte sie große grüne Schleifen befestigt.

Doch Pippi nimmt viele Rollen ein. Diese wechseln je nach ihrer Einstellung zu den sozialen Mustern der kleinen Stadt und erscheinen auch als Experimente mit traditionellen Typen: der Slapstickfigur im Film, dem Komödianten à la Chaplin, dem charmanten Herrn, dem Seeräuber und, wie erwähnt, der feinen Dame. Pippi beinhaltet auf postmoderne Weise viele Figuren. Sie ist, was Milan Kundera in seinem Buch *Die Romankunst* ein »Experiment-Ich« nennt. Ihre Masken sprengen auch die Geschlechterkonventionen. Wenn sie in *Pippi Langstrumpf geht an Bord* in quasihöfliche Formeln wie »charmang« oder lockere Sprüche wie »Willkommen in meiner bescheidenen Wohnung« ausbricht, spielt sie Adonis und galanter Herr wie im übelsten Dreißiger-Jahre-Film.

Pippis Spiel mit Rollen hat zu zahlreichen Deutungsversuchen geführt. In ihrem Buch *Historien om et »påhit«* (Die Geschichte eines Einfalls, 1975) vergleicht Ellen Buttenschøn sie mit dem Schelm der Volksdichtung und des pikaresken Romans – oder mit dem Hofnarren älterer Zeiten, der es wagt, unter seiner Maske bittere Wahrheiten zu servieren und die Stereotypien und all das Verborgene zu entlarven, in denen der Hof erstarrt ist. Zirkus und Jahrmarkt, wo Pippi ihre größten Triumphe feiert, sind von jeher volkstümliche Foren, auf denen man mit der Gesellschaft Scherze treiben und sie auf unterhaltsame Weise demaskieren konnte. Wie der Clown hat Pippi die wichtige Rolle übernommen zu unterhalten und die Lächerlichkeiten der Gesellschaft vorzuführen. Doch in Bezug auf die Freunde, die Villenkinder in der Kleinstadt, ist ihre Aufgabe eher idyllisch, meint Buttenschøn. Pippi nimmt sie und die Leser mit »in das Gelobte Land mitten im Alltag – ein Wunschtraumland, wo die Freiheit unbegrenzt und das Spiel das dominierende Element ist«. Dies ist herausfordernder, als Buttenschøn anzunehmen bereit ist. In Spiel und Freiheit gibt es Kräfte, die auch das Traumland in Frage stellen.

Göre oder fremdes Kind?

Wie verhält sich Pippi zu traditionellen Gören wie Mark Twains *Tom Sawyer* und Ester Blenda Nordströms *En rackarunge* (Eine Göre) – in Letzterem agiert im Übrigen ein Mädchen als Lausbube.

Als wahre Streichespielerin kann man Pippilotta Viktualia Rollgardina Pfefferminz Efraimstochter Langstrumpf kaum betrachten – wie die Mitglieder des schwedischen Königshauses trägt sie viele stattliche Namen, sie ist schließlich auch Königstochter. Sie zieht – wie Tom Sawyer – das Chaos an, doch ihre Sabotage der Ordnung ist anders als in den klassischen Lausbubenpossen. Trotz ihres prachtvollen Namens ist Pippi eher eine Wilde mit großen Gesten, die in einer statischen kleinen Welt gelandet ist. Dieser Kontrast bildet die Voraussetzung für die Konfrontationen zwischen ihr und der Umgebung. Doch der Aufenthalt in der kleinen Stadt ist eigentlich nur als eine Unterbrechung der Seeräuberkarriere gedacht. Wie alle richtigen Seeleute sehnt sich Pippi nach der Freiheit der großen weiten Welt zurück – für sie gibt es nichts Schöneres, als dem Brausen des Meeres zu lauschen.

Der Gegensatz zwischen Pippi und der Umgebung gilt also eher dem Kontrast Naturkind-Zivilisation als Göre kontra Gesellschaft und Familie, umso mehr, als Pippi gar keine Familie hat, gegen die sie aufmucken kann.

Dass das Kind und die Natur zusammengehören, ist eine Idee, die man oft mit Rousseau verbindet. Nicht umsonst spielt sein Lieblingsbuch *Robinson Crusoe* als Modell und Allusion eine Rolle in *Pippi Langstrumpf*, abgesehen davon, dass Lindgren (sprich: Pippi) sich recht schnippisch gegenüber dem Vorbild verhält (vgl. das Kapitel »Pippi erleidet Schiffbruch« in *Pippi geht an Bord*).

Beim Thema »Naturkind trifft auf die Zivilisation« treibt die Komik neue Blüten. Wenn Pippi an den kulturellen Manifestationen der kleinen Stadt teilhat, geraten die Dinge in Bewegung. Dass ein Theater oder Zirkus gewissen Gesetzen gehorcht, ist dem Mädchen von den sieben Meeren beispielsweise überhaupt nicht bewusst. Im Theaterzelt versetzt sie sich in das Melodrama hinein, als wäre es real, weint laut über das traurige Schicksal der Heldin und wirft zum Schluss den Schurken von der Bühne. Die Kollision von Naturmensch und Kultur ist ein dankbarer Stoff, der häufig in der Literatur verwendet wird. Ein Beispiel ist Tove Janssons *Sturm im Mumintal* (dt. 1955), wo die Muminfamilie erschüttert und verwundert die Kulissenwelt des Theaters als »echt« erlebt.

Doch vielleicht kann man Pippis Unfähigkeit, die Grenzen zwischen Welt und Bühne zu unterscheiden, aus einer anderen Perspektive sehen. Für Pippi ist das Leben selbst eine Bühne, sie tritt immer wie ein Straßenkünstler auf, bereit, ihre Umwelt mit dramatischen Auftritten zu unterhalten, manchmal mit ganzen Shows; sie macht das ganze Leben zu einem unaufhörlichen Spiel. Eva-Maria Metcalf, die diese Sehweise in ihrem Aufsatz »Tall tale and Spectacle in Pippi Longstocking« (1990, S. 133) propagiert, zeigt, wie wenig Interesse Pippi daran hat, sich den Zirkus anzusehen, bis sie selbst die Arena übernimmt und bemerkenswertere Kunststücke vorführt als sonst irgendjemand.

Kraft ihrer ursprünglichen, von Zivilisation und Elterndruck unverdorbenen Persönlichkeit erscheint Pippi als eine Projektion des Wunschtraums aller wohlanständigen Annikas und Thomasse. Zugleich haben diese Spielkameraden die Aufgabe, zur aparten Figur zu passen. Damit sie zu Pippi einen Kontrast bilden, werden sie als ordentlich gekämmt und adrett dargestellt, etwas roboterhaft, aber dennoch mit dem natürlichen Bedürfnis des Kindes ausgestattet, nicht nur Krocket zu spielen; dass sie als kleine Erwachsene fungieren sollten, scheint mir eine nicht so überzeugende Deutung zu sein.

Thomas und Annika sekundieren Pippi und machen immer mit, doch manchmal markieren sie die Grenze zum Fantastischen, indem sie mit den Schultern zucken und »äh« sagen. So reduziert sich die Erzählung selbst und macht Pippi zu einem Teil des Trios, zu einer neunjährigen Spielkameradin – Vang Nyman hat sie eher etwas kleiner als die anderen Kinder gezeichnet. Pippi verkörpert den Traum vom vollkommenen und perfekten Spielkameraden, sie repräsentiert das Abenteuer in der Welt der Kinder – wie später Karlsson als Spielkamerad für Lillebror, allen Unterschieden zum Trotz.

Dass es sowohl Illustratorin als auch Autorin gelingt, diese Kameradenrolle konkret und glaubwürdig zu machen, ist eine echte Meisterleistung. Denn im Grunde ist Pippi ein fremdes Kind, eine mythische Figur mit übernatürlicher Stärke und anderen dämonischen Eigenschaften, wie sie ein gewöhnliches Kind nie besitzt.[7] Abgesehen davon, dass sie Polizisten an der Nase herumführt und Pferde hochhebt, kann sie Phantomsprünge machen und Eier mitsamt Schale essen. Sie sei eine Hexe, schlug seinerzeit Stig Ahlgren vor.[8]

Eher hat Pippi mit ihren unterschiedlichen Verkörperungen auch die Aufgabe, die Realität zu sabotieren. Sie verursacht Schrecken und gleicht dennoch manchmal einer Heiligen. Wie das Jesuskind in Lagerlöfs *Christuslegenden* schockiert sie ihre Umgebung, wenn sie die Naturgesetze außer Kraft setzt. Sie bändigt den aus dem Zirkus entlaufenen Tiger, als sei er eine Katze, und rettet durch einen unmöglichen Balanceakt auf dem höchsten Haus der Stadt kleine Kinder vor dem Verbrennen. Die Legende als Genre steht Lindgren nicht fern: In *Mio, mein Mio* und noch stärker in *Sonnenau* gestaltet sie das Wunder. Doch Pippi steht vor allem für eine elementare Kraft, die sich jenseits von Gut und Böse entwickelt, gerade in der Brandszene im vorletzten Kapitel des ersten Teils. Während die Leute atemlos den Balanceakt betrachten, hören sie sie ekstatisch singen »Es brennt ein Feuer« – eine parodistische Attacke auf einen melodramatischen Film aus den Kriegsjahren. Ulla Lundqvist beschreibt ihren Auftritt als »eine Art ›Danse macabre‹, hexenhaft, fast grotesk«, das Lied erhalte »einen Zug von primitiver Beschwörung« (Lundqvist 1979, S. 121).

> Je weiter sie sang, desto wilder tanzte sie, und viele auf dem Marktplatz schlossen vor Schreck die Augen, weil sie glaubten, dass Pippi herunterfallen würde. Aus dem Fenster der Dachstube schlugen große Flammen und in ihrem Feuerschein konnten sie Pippi ganz deutlich sehen. Sie hob die Arme gegen den Abendhimmel, und während ein Funkenregen über ihr niederging, schrie sie laut: »So ein lustiges, lustiges, lustiges Feuer!«

Im Schlusskapitel erreicht das Grenzüberschreiten seinen Höhepunkt, als Pippi voller wilder Räuberpläne ihren Geburtstag damit feiert, scharfe Schüsse auf die Gespenster auf dem Dachboden abzugeben. Hier erscheint sie eher als diabolisch. Wirklich satanisch sieht Pippi auch auf Vang Nymans absurdem Bild aus, als sie das große

Porträt der feinen Dame mit Hut auf die Tapete malt. In der Hand hält sie eine Ratte. Ist Pippi womöglich ein Monster?

Einige Wissenschaftler haben Pippi mit dem »alien child« verglichen, dem fremden Kind aus der fantastischen Erzählung, einer Figur, die die Wirklichkeit mit ihren wundersamen Fähigkeiten sabotiert. Ellen Buttenschøn bringt Pippi mit E.T.A. Hoffmanns *Das fremde Kind* zusammen und meint, dass beide Ausdruck desselben romantischen Trends seien, nämlich dem, das Kind als Medium »revolutionär pädagogischer Freiheitsgedanken« zu sehen.[9]

Laut Göte Klingberg ist Peter Pan Pippis nächster Verwandter; er hat im Zweikampf einen Seeräuberkapitän besiegt und ist ihr also an Stärke ebenbürtig. Dass weder Peter Pan noch Pippi erwachsen werden wollen, ist auch ein Bindeglied zwischen ihnen (vgl. Klingberg 1979, S. 133f.). Beide repräsentieren das ewige Kind im Abenteuerland. Pippi will nicht »gruß« werden und Hühneraugen und »Kumminalsteuern« bekommen. Zusammen mit Thomas und Annika schluckt sie die Krummeluspille, durch die sie im Kinderzustand bleiben will. Nur nebenbei bemerkt, sieht diese Pille einer Erbse verdächtig ähnlich – bei Astrid Lindgren gibt es also eine realistische Rückversicherung. Doch man soll von einer Pippi nicht erwarten, dass sie konsequent wäre. Paradoxerweise bereitet sie sich mit Eifer und Ernst auf die Zukunft vor. Soll sie »Eine Wirklich Feine Dame« werden oder darauf setzen, kompetente Seeräuberin zu werden? Das Problem entwickelt sich zu einem ausgelassenen Spiel mit den Geschlechterrollen. Wenn das Männliche und das Weibliche extrem auf die Spitze getrieben werden, macht dies den sozialen Code lächerlich.

Am lächerlichsten wirkt die feine Dame. Viele Opfer werden dem abgefordert, der diesem Ideal gerecht werden will. Man darf nicht in der Nase bohren und es ist fraglich, ob der Magen knurren darf. Für Pippi wird dies zu viel. Besser ist es dann schon, halbtags als Negerprinzessin auf der Taka-Tuka-Insel zu fungieren, wo ihr Vater König ist, obwohl sie sich dann jeden Abend schwarz polieren lassen muss (und dann ist sie tatsächlich viel feiner als die feine Dame). Die andere Hälfte der Zeit wird sie ihren Dienst als Seeräuberin versehen. Auch die mädchenhafte Annika wird von dieser verlockenden Berufswahl mitgerissen – durchaus ein Bruch mit den Geschlechterrollen! Pippis erster Vorschlag, dass Annika beim Abenteuer mitkommen und das Klavier abstauben könne, hatte vielleicht allzu abschreckend gewirkt.

Doch wie lassen sich die Zukunftsaussichten mit dem Mythos der ewigen Kindheit vereinbaren? Nun, im letzten Kapitel im dritten Teil wird entschieden, dass Pippi eine Art Kinderseeräuberin wird, der Plan läuft also auf eine Dekonstruktion der erwachsenen Seeräuberrolle hinaus. Die Diskussionen über Pippis Zukunft karikieren sämtliche neunmalklugen Pläne für den jungen Menschen aus bester Familie. Eines von Astrid Lindgrens ersten Geboten, das des Selbstwerts der Kindheit, wird durch Pippis Problematisieren ihrer zukünftigen Rolle ironisch und elegant abgewandelt.

Wie verhält sich Pippi nun zum Nonsensklassiker schlechthin, *Alice im Wunderland*? Astrid Lindgren las das Buch in den vierziger Jahren ihrer Tochter Karin vor, die einen besonderen Sinn für Alice und Nonsens hatte. Lewis Carroll war in Schweden zudem in der Kulturdebatte des Jahrzehnts aktuell, unter anderem durch Knut Jaenssons Essay »Alice im Wunderland« in *BLM,* 1944, H. 9. In den Jahren 1943–1947 erschienen in Schweden nicht weniger als vier Neuübersetzungen von *Alice*, ein Maßstab für den Einfluss des Buches zu dieser Zeit. Wie Lewis Carroll lässt Astrid Lindgren ein Mädchen mit der Welt in Kollision geraten, sie »lesen« und deuten. Sicherlich haben Pippi und Alice einiges gemeinsam, doch Ulla Lundqvist trifft den Nagel auf den Kopf, wenn sie Pippi als auf den Kopf gestellte Alice beschreibt. Bei Astrid Lindgren steht das Kind für das Absurde, während die Welt um es herum »normal« ist.[10]

Carrolls Hauptfigur, die die Erwachsenenmoral gut internalisiert hat, wird hingegen mit einer irrationalen, oft gespenstisch absurden Welt konfrontiert. Der Kontrast zwischen dem Wirklichen und dem Fantastischen ist bei Astrid Lindgren generell weniger auffällig als in der englischen Fantasy-Tradition. Besonders deutlich wird dies, wenn man *Pippi Langstrumpf* mit Klassikern wie *Peter Pan* und *Mary Poppins* vergleicht. Pippi ist nicht so mystisch, auch wenn ihr Verhältnis zu den normalen Kindern ähnlich geartet ist. Wie ein Kindermädchen à la Mary Poppins wacht sie über ihre Freunde und erschreckt sie in ausreichendem Maß, um die Ausflüge zu beleben. Im Südseeabenteuer im dritten Teil entreißt sie Thomas in letzter Minute einem hungrigen Hai – und weint hinterher vor Gemütsbewegung. Niemand kann liebevoller zu ihren Kindern sein als Pippi, bezeugt Frau Settergren, die Mutter von Thomas und Annika.

Pippi auf der Szene der Erzählung

In den *Pippi*-Büchern wechseln die Szenen sich ständig ab, wie es auch für Komödien typisch ist. Die Szenen sind apart und dennoch zugleich in gewöhnliche Komödiensituationen eingebettet. Lindgren spielt mit den im Kinderbuch gängigen Vergnügungen und baut so Struktur auf: Zirkus, Jahrmarkt, Robinsonade, Ausflug, Entdeckungsreise, Schatzsuche, Tortenfest. Allesamt markieren sie Ausflüge vom Alltag.

Erst durch Pippis Technik, die Szenen in Richtung auf die filmische Farce oder das absurde Theater hin zu verdrehen, werden diese amüsant.[11] Sie verändert die Wirklichkeit, und wenn es auch nur darum geht, den Morgenspaziergang rückwärts zu beginnen oder auf dem Kopf stehend mit den Polizisten Konversation zu pflegen. Der Schulausflug verwandelt sich in Pippis Gesellschaft zu einer Begegnung mit dem Ungeheuer des Waldes; der Ausflug zur idyllischen Insel wird zu einem Robinson-Abenteuer voller Strapazen und wilder Tiere – in einer Umgebung, in der normalerweise bestenfalls eine Wühlmaus auftaucht.

Pippi ist auch ausgesprochen theatralisch. Sie nutzt jede Gelegenheit aufzutreten und sich und die Umgebung zu unterhalten. Die Leser warten die ganze Zeit darauf, dass sich wieder etwas auf der Bühne der Erzählung abspielt. Als Annika und Thomas krank werden und im Bett bleiben müssen, klettert Pippi auf eine Leiter und spielt vor ihrem Fenster halsbrecherische »lustige Theaterstücke«. Ihre Fähigkeit Rollen zu wechseln, scheint unendlich, da Begrenzung und Knauserei für Pippi unbekannte Begriffe sind. Für sie geht es nicht um Saft *oder* Kakao, sondern »Schaft *und* Kakao«, nicht um einen kleinen Pfefferkuchen beim Fest, sondern eine Hand voll Kekse. Achtzehn Kilo Bonbons werden im Bonbonladen eingekauft. Wir erleben ein Bonbonessen, wie man es »noch nie vorher in der kleinen Stadt gesehen hatte«, heißt es mit einer Formulierung, die auf die Präsentation der kulinarischen Ausschweifungen in der *Michel*-Trilogie vorausweist. Das lustvolle Bonbonessen kulminiert in einem karnevalesken Umzug: Jedes Kind bekommt eine Tonpfeife und unter mächtigem Lärm zieht die Prozession die Hauptstraße mit ihrem Kopfsteinpflaster in der kleinen Stadt entlang. Hier melden sich die Kinder lauthals zu Wort, wie niemals zuvor in der schwedischen Literatur. Dass die Polizei eingreift, verleiht dem munteren Übermut eher zusätzliche Würze.

Denn erst durch die Kollision mit Regeln und Verboten erhält Pippis Fantasie und Lebenslust ihre Sprengkraft. Dies wird im Kapitel mit der unschuldigen Überschrift »Pippi geht in die Schule« deutlich. Von der Aussicht angelockt, Weihnachtsferien zu bekommen – und das Begehren lenkt Pippi –, besucht sie Thomas' und Annikas Klasse. Für die arme Lehrerin wird es ein erinnerungsreicher Tag, als Pippi mit ihrem »Hallo, komme ich gerade richtig zur Plutimikation?« ins Klassenzimmer stürmt. Durch Pippi als Sprachrohr macht sich Astrid Lindgren über die mechanische, kontrollierende Fragemethode lustig. Wir werden mit gängigen Witzen über Rechenaufgaben verwöhnt, wie der Frage, wie viele Äpfel Lisa und Axel zusammen haben. So treibt Pippi ihre Possen: »Und dann kannst du mir gleich auch noch sagen, warum Lisa Bauchschmerzen kriegt und Anton noch mehr Bauchschmerzen und wessen Schuld das ist und wo sie die Äpfel geklaut haben.« Diese unschuldigen, geradezu banalen Scherze amüsieren kleine Kinder maßlos und demonstrieren zugleich Pippis Weigerung vom Dasein zu abstrahieren. Sie besitzt stattdessen die Weisheit des Naturkindes und Fähigkeiten aus einem Dasein, das ihr konkrete Lehren geboten hatte. Sie ist in Lissabon und im Kongo gewesen und braucht Geografie nicht auf der Schulbank durchzuackern, noch weniger auf mechanisch überprüfende Fragen zu antworten. Auf einer komischen Ebene verkörpert sie das Ideal der Wissensaneignung, das Rousseau in *Emile* befürwortet. Mit Pippi als genuiner Perspektive verstehen wir, dass die Routinen in der Schule steif und primitiv wirken und einer Veränderung bedürfen.

Doch vermutlich gibt es in Schweden genügend Leute, die meinen, dass wir heute die Früchte jener Auflösung ernten, die über das Klassenzimmer hereinbricht, als Pippi bei jener unvergesslichen Gelegenheit die Schule beehrt. Jedenfalls muss ihr Einbruch in die Regelwelt der Schule in den vierziger Jahren deutlich aufregender spürbar gewesen sein als heute – sie würde beispielsweise kaum ermahnt werden, weil sie die Lehrerin duzt. Das Chaos, das Pippi verursacht, verdeutlicht, wie eng die Grenzen der Schule sind. Jedenfalls ist für Pippi nicht genug Raum. Als die Kinder Papier zugeteilt bekommen um zu zeichnen, benötigt sie den ganzen Fußboden für ihre Kreativität. Die großen Gesten sind es denn auch, die im Schulabenteuer ihre Ehre retten. Denn die Kinder betrachten sie mit vor Neid offenem Mund, als sie von den Schulen in Argentinien erzählt, wo die Osterferien drei Tage nach den Weihnachtsferien anfangen und die Hauptbeschäftigung der Klasse das Essen von Bonbons ist. Ein Genuss ohne Grenzen, da ein direktes Rohr von der Bonbonfabrik in die Schule führt »und da kommen den ganzen Tag Bonbons raus und die Kinder haben genug damit zu tun, sie aufzuessen.«

Pippi, die Stärkste auf der Welt

Wenn Pippi wie ein Musketier ihren großen Hut schwenkt und auf dem Pferd von der Schule wegsprengt, symbolisiert sie den Traum von der Freiheit an sich. Sie verkörpert auch den Traum von Stärke und Macht. Ihre übernatürlichen Kräfte setzt das »stärkste Mädchen der Welt« jedoch nur ein, wenn ihre eigene oder die Integrität anderer bedroht ist. Dass ein Kind stärker als ein Erwachsener ist, ist ein Motiv mit mythischen Vorläufern. Doch hier stehen wir vor einem anderen Phänomen: Ein kleines Mädchen führt lästige Mannsbilder an der Nase herum und verfrachtet Unterdrücker in die Bäume hinauf – genussvolle Episoden für Mädchen aller Altersstufen. Denkwürdig ist auch das thrillerhafte Katz- und Mausspiel mit den Polizisten, die sie ins Kinderheim bringen sollen in dem Kapitel »Pippi spielt Fangen mit Polizisten«. Sie werden zum Schluss auf die Straße vor der Villa Kunterbunt geworfen und erhalten ein (wenn auch etwas angebranntes) Pfefferkuchenherz zum Trost. Donner-Karlsson

Die Polizisten jagen Pippi über das Dach der Villa Kunterbunt.
Illustration von Rolf Rettich.

und Blom, die versuchen ihre Goldstücke zu stehlen, landen auf dem Schrank.

Alle diesen Gesten werden im Zeichen des komischen Übermuts entwickelt, so wenn Pippi die Diebe durch Schottischtanzen, Butterbrot und Goldstücke entwaffnet. Richtig in ihrem Element ist Pippi, wenn sie angeberische Erwachsene zurechtstutzt. Ein prächtiges Beispiel finden wir im Kapitel über den »Spikulanten«, den »feinen Herrn«, der den dritten Teil der *Pippi*-Reihe einleitet. Er will die Villa Kunterbunt kaufen um sie abzureißen. Wie ein begossener Pudel zieht er zurechtgestutzt von dannen, um nie wieder in »die kleine, kleine Stadt« zurückzukehren.

Das Weltbild einer ganzen Reihe anderer Erwachsener wird ebenfalls durch die Begegnung mit Pippi erschüttert. Der Tierquäler Blomsterlund darf sechsmal in die Luft fliegen und erleben, wie Pippi sein Pferd in den Stall trägt, nachdem sie seine Peitsche zerbrochen hat. Ein anderer Schuft, der nach der Luftzirkusmethode behandelt wird, ist Laban, der die Besucher des Jahrmarkts terrorisiert. Hierzu zählt auch der geschäftige Mann, der mit seinem Schießvermögen angibt und es unbedingt demonstrieren will. Nicht er, sondern Pippi trifft natürlich ins Schwarze. In diesen Fällen wird Pippi provoziert. Doch sie kann auch selbst die Initiative ergreifen, so als sie den Zirkusdirektor fast um den Verstand bringt, indem sie völlig die Szene dominiert, den Starken Adolf niederstreckt und nie zuvor geschaute Kunststücke auf dem Seil und dem Pferderücken vollführt.

Am schlechtesten ergeht es dennoch denen, die Pippis Mundwerk ausgesetzt sind, den irritierten oder verwirrten Verkäufern und dem Apotheker, den sie attackiert, um »Medusin« zu erhalten. Der Begriff deckt sich nicht mit »Medizin«, da sie genauso gegen schlimme Füße helfen soll wie gegen Bauchschmerzen. Der verständnislose Apotheker gerät immer mehr in Wut, während ihn die bei dieser Gelegenheit ungewöhnlich sanfte Pippi provoziert. Möglicherweise kann man die Episode als Ergänzung zur ironischen Präsentation der mechanischen Pädagogik im Schulkapitel sehen: Sobald ein Kind Eigeninitiative ergreift, blitzt es bei den Erwachsenen kalt ab – jedenfalls birgt diese Szene mehr, als dass das Kind aufmüpfig und nervtötend ist. Man kann diese Episode auch als Variante des klassischen Gegensatzes zwischen einem wutentbrannten Menschen und seinem stoisch gelassenen Gegenüber lesen.

Im Kapitel mit Pippi und dem Denksport im dritten Teil attackiert Pippi auf drastische Weise unnatürliche Disziplin und soziale Unterdrückung. Wie ein Don Quichotte kommt sie sofort benachteiligten Kindern zu Hilfe. Sie werden vom reichen Fräulein Rosenblom (man beachte wieder die sarkastische Namensgebung) gequält, das jedes Jahr die Kinder der kleinen Stadt seiner Kontrolle und erniedrigenden Wohltätigkeit ausliefert. Sie teilt Geld und Bonbons aus, doch nur an die »besonders artigen und fleißigen Kinder«. Die ärmsten erhalten Unterwäsche und unappetitliche Suppe. Der Preis des Ganzen ist ein Ordnungsdrill, der die Kinder der Stadt in Angst und Schrecken versetzt. Sie werden in einer Reihe aufgestellt, damit sie auf einfältige Fragen antworten, wobei eine Schreibhilfe bei den Antworten Protokoll führt. »Schreiben Sie mir das ja auf!«, schreit Rosenblom erregt, als Pippi »sehkranck« auf ihre höchst individuelle Weise buchstabiert.

Das Kapitel enthält komische Details, doch die Atmosphäre wird zunehmend kafkaesk. Die Schreiber, diese Lakaien des Fräulein Rosenblom, verweisen auf die roboterhaften Späher in *Mio, mein Mio*, die mechanisch als verlängerte Arme des Diktators fungieren. Fräulein Rosenblom ist Lindgrens erster böser Machtmensch.

Doch Pippi nimmt auch einer Diktatorin den Wind aus den Segeln, wenn sie hereinplatzt und den Drill stört, der noch am ehesten an eine Gerichtsverhandlung erinnert. An dieser Stelle brüllt sie und sorgt noch stärker als sonst für Chaos: »In welcher Reihe soll man stehen, wenn man keine vierzehn Geschwister hat, von denen dreizehn kleine unartige Jungen sind?« Sie wird sofort in die Gruppe der sich schämenden und weinenden Kinder verwiesen, die weder Geld noch Bonbons erhalten. Bald wendet sie mit ihrem eigenen Quiz, das den Terror durch Fräulein Rosenblom parodiert, das Elend zum Triumph. Unsinnsfragen und Unsinnsantworten lösen einander fortlaufend so ab, dass Wettbewerbe aller Art eigentlich längst überholt sein müssten: »Nenn mir jemand, der gestorben ist« – »Die alte Frau Petterson in Nr. 57.« – »Weißt du noch jemand?« – »Karl XII.!«, flüstert Pippi und alle Kinder rufen im Chor: »Die alte Frau Petterson in Nr. 57 und Karl XII.« Diese Szenen wirken, als nähmen sie die Unterhaltungsshows der fünfziger Jahre gleichsam in embryonalem Stadium vorweg.

Das Quiz endet damit, dass Pippi jedes Kind mit Bonbons und Goldmünzen versieht, wodurch sie nicht nur den Leibchen und wollenen rosa Unterhosen, sondern auch der Graupensuppe entkommen sind.

Die aggressive Satire im Kapitel über Fräulein Rosenblom greift Bevormundung und Machtvollkommenheit an und richtet ihren Stachel zugleich gegen die Wertschätzung, die »artigen und fleißigen« Kindern in früheren Zeiten zuteil wurde. Pippi bewahrt die Integrität der Kinder und ihr Recht, in ihrer Fantasie und ihrem Selbstwertgefühl nicht beschnitten zu werden sowie seelentötendem militärischem Drill entgehen zu können.

Die komische Entlarvung der Macht erinnert an »Des Kaisers neue Kleider«, wo ein Kind die Feigheit und Verlogenheit der Erwachsenen aufdeckt. Der Witz in H.C. Andersens Märchen liegt darin, wie Torben Brostrøm in seinem Buch *Folkeeventyrets moderne genbrug* (Die moderne Wiederverwendung des Volksmärchens) zeigt, dass gerade das Kind und das Naive das Falsche entlarven und die Obrigkeit entmachten.[12] In *Pippi Langstrumpf* deckt das Kind wiederholt die Betrügereien der Erwachsenen auf und opponiert mit einer Flut von Unerzogenheiten dagegen, beispielsweise als Pippi mit Thomas und Annika von Laden zu Laden zieht und nach »Spunk« fragt. Alle Verkäufer erhalten den Schein aufrecht, niemand gibt das mangelnde Fachwissen zu – lieber zustimmen und so tun als ob.

Pippi als Herausforderung

Das Kind in einer literarischen Erzählung wird immer auf eine bestimmte Weise *benutzt* – wie ein Vorwand oder eine Metapher für eine Lebenseinstellung, ein Programm, ein Konzept. Wofür steht nun Pippi, dieses »merkwürdigste« aller Mädchen?

Wohl nicht zufällig wurde diese Figur zu einer Zeit, in der Disziplin

117

und Uniformität gefordert wurden, während des Zweiten Weltkriegs, geschaffen. In *Pippi Langstrumpf* geschieht die Revolte, der Ruf nach Freiheit, vor dem Hintergrund von Angst und Stiefelgetrampel. Der deutsche Kinderbuchwissenschaftler Klaus Doderer betrachtet die exzentrische Pippi Langstrumpf als Antwort auf Hitlers Barbarei:

> ... als die Autorin in dem von Krieg, faschistischem Weltmachtsstreben und grausamster Vernichtung und Zerstörung von Menschen und Städten umgebenen Schweden 1944 ihre Pippi Langstrumpf schuf, geriet ihr sicher nicht von ungefähr gerade eine solche Figur, die als Inkarnation von Freiheit, Ungebundenheit, Menschlichkeit gelten kann, ein Superkind zugleich, das keinen Mangel ökonomischer Art kennt, Gutes tut, Fröhlichkeit verbreitet.

Dennoch ist Pippi Langstrumpf für Doderer nur eine Kompensationserscheinung. »Nur gelegentlich lockert sie die bürgerliche Gesellschaftsordnung etwas auf«, schreibt er:

> Die Villa Kunterbunt ist wie eine Insel jenseits der verwalteten, eingeschränkten, regelmäßig funktionierenden und damit auch vorausberechenbaren Welt. Dieser Entwurf von totaler Freiheit kompensierte reale Enge und insofern konnten deutsche Kinder nach dem Zweiten Weltkrieg froh sein, ein solches »Lehrstück« über ein ganz anderes Leben, als sie es gewohnt waren, kennen zu lernen.

Das Leben in der Villa Kunterbunt ist eine Utopie, eine Clownerie, ein Zirkusstück jenseits des Bereichs, in dem die eher irdischen Kinder leben. Diese Utopie, »die man aus den Fenstern der Kleinstadt beobachten kann, wird von Astrid Lindgren plastisch und handfest ausgemalt«, meint Doderer.[13]

Doch damit richtet er das Fernrohr in die falsche Richtung. Er betrachtet die Villa Kunterbunt als von der Welt abgetrennt und sieht nicht, dass *das Zentrum dort ist, wo sich Pippi befindet* – obwohl ihr Haus am Rande des kleinen Ortes liegt. Von der Villa Kunterbunt aus ist der Scheinwerfer auf die Welt gerichtet – von Pippi und ihrer Umgebung geht auch die unberechenbare Kraft aus. Es reicht nicht aus, Pippi als Figur zu beschreiben, die eine beschnittene Wirklichkeit kompensiere. Sicherlich ist sie eine Katalysatorin für Gesellschaftskritik. Doch mit ihrer Stärke und ihrem Wortschwall steht sie vor allem für einen Aufruhr gegen die Regelwelt, der nicht dadurch geringer wird, dass er mit komischen Mitteln erreicht wird.

In der Regel hat man *Pippi Langstrumpf* zu brav und zu eindimensional gelesen – ein Kinderbuch könne doch wohl um Gottes willen nicht so viel subversives Material enthalten. Ulla Lundqvist zeigt hingegen in *Århundradets barn*, dass die *Pippi*-Fiktion durchaus veraltete Denkmuster in Bezug auf Kinder angreift. Sie setzt die radikalen Ideen um, die in Schweden in den dreißiger Jahren vor allem durch die Freiheitspädagogik A.S. Neills heimisch und dann durch den Zweiten Weltkrieg wieder gebremst wurden. Astrid Lindgren selbst hat auf Bertrand Russells Ideen über die Machtträume von Kindern hingewiesen.[14] Auf einer komischen Ebene verkörpert Pippi den Machttraum der Kinder, wenn sie respektlos den Erziehungscode zertrümmert. Nicht nur das Ackern in der Schule bekommt einiges ab. Das Dogma, dass Kinder um jeden Preis die Wahrheit sagen, zu festen Zeiten ins Bett gehen und ihren Brei aufessen müssen, nicht essen dürfen, bevor sie aufgefordert werden, und vor allem nicht lügen oder angeben dürfen, dies wird durch Pippis moralisierende Anekdoten komisch beleuchtet und widerlegt – moralisierend also in einem ganz neuen Wortsinn. Die Gesetze der Etikette versteht sie als Kriecherei – oder »Kriescherei«, wie es in ihrer ausdrucksvollen Aussprache heißt.

Ist Pippi Anarchistin? Nun, Ingrid Arvidsson bescheinigt dem Text einen »hinreißenden Anarchismus«, wie sie es in ihrem Aufsatz über die vierziger Jahre in der Kinderstube nennt, in der Zeitschrift *Bonniers litterära magasin*, 1949, H. 7. Sie ist allerdings der Ansicht, Anarchie und die Mechanismen des Ungehorsams würden in den *Pippi*-Büchern »eher lächerlich gemacht als verherrlicht«. Doch im Grunde ist es nicht Pippis Ungehorsam, der lächerlich wird, sondern der Anspruch der Erwachsenen, die Wahrheit gepachtet zu haben, wenn sie in Wirklichkeit ständig Konventionen wiederholen und sie als Zeigefinger verwenden. Die Kommandoerziehung des Fräulein Rosenblom wird nicht nur als lächerlich, sondern auch als gefährlich, ja faschistoid dargestellt. In diesem Zusammenhang hat Pippis Lebenseinstellung auch heute eine symbolische Funktion.

Doch haben wir uns heute nicht weit von *Pippi Langstrumpf* als Kinderlektüre entfernt? Das Buch richtet sich immerhin an Kinder und wird für sie vermarktet. Das Kind ist auch immer Ausgangspunkt und Ziel für Astrid Lindgren. Dennoch enthüllt Pippi Unterdrückung in vielen Formen, wenn sie Schiefheiten und Stereotypien aufdeckt und alles herausfordert, was das Leben trist macht und einengt. »Pippi verteidigt das Recht der Kinder gegenüber den Erwachsenen.« So fasst Astrid Lindgren gegenüber Ulla Lundqvist ihre Intentionen zusammen, die sie mit der Pippi-Figur verfolgt. Ich bin der Ansicht, dass ihre Bedeutung weitreichender ist. Sie symbolisiert den lustvoll unabhängigen Menschen schlechthin.

Die sprachliche Akrobatin

Die Zeit war reif für Crazy-Geschichten, äußerte Astrid Lindgren in Bezug auf Pippis absurdes Treiben. Am stärksten ›crazy‹ ist Pippi Langstrumpf in ihrer Sprache.[15] In ihrem verbalen Theater probiert sie alle Möglichkeiten von Scherz und Gaukelei, Parodien und Groteske aus.

In der *Pippi*-Fiktion gibt es keinen Aufruhr der Syntax. Die Sprache ist korrekt aufgebaut und die Erzählstruktur einfach, mit klaren Anweisungen für die Leser. Es ist, als hörte man Elsa Beskows mütterliche Stimme: »Am Rand der kleinen, kleinen Stadt lag ein alter verwahrloster Garten. In dem Garten stand ein altes Haus und in dem Haus wohnte Pippi Langstrumpf. Sie war neun Jahre alt und sie wohnte ganz allein da.« Dieser ruhige Erzählstil bildet den Hintergrund für die crazy-Elemente. Denn die Leser warten die ganze Zeit darauf, dass irgendetwas passiert und dadurch Pippis Wortschwall mit der hohen Stimmlage in Gang gesetzt wird. In ihren Antworten gibt es nichts Geschliffenes oder Gedämpftes. Ulla Lundqvist bemerkt in ihrer Dissertation, dass Pippi nicht »sagt«, sondern dass ihr Redeverb »schreien« ist. Die Bewegungsverben dominieren und verleihen der Erzählung ein schnelles Tempo.

Pippi spielt mit den Regeln der Sprache und den ihr innewohnenden Doppeldeutigkeiten wie auf einem Instrument. Sie nutzt sie nicht nur, um zu kommunizieren – tut sie dies überhaupt jemals? –, sondern um zu unterhalten, schließlich auch um ihre Zuhörer aufzufordern und herauszufordern. Oft lässt sich ihr Sprachspiel als Nonsens definieren. Darunter verstehe ich auch die potenzielle Kraft, die Nonsens beinhaltet. In einem scharfsinnigen Buch, *Nonsense. Aspects of intertextuality in folklore and literature*, entwickelt Susan Stewart den Gedanken, dass Nonsens eine Funktion hat, die über bloße Unterhaltung hinausgeht: Nonsens besitzt eine kritische Aktivität, die die Vorstellung von einer einheitlichen und stabilen Gesellschaft herausfordert. Das Spiel mit der Sprache ist also kein Selbstzweck. Das »play and paradox« der Sprache erschafft die Welt neu, indem es Hierarchien und Regeln aufbricht. Vor allem verdeutlicht Nonsens die Paradoxien in der normalen Sprache des »gesunden Menschenverstandes«.

Dennoch spielt Pippi mit Worten auch einfach um des Spielens willen, jongliert mit sprachlichen Begriffen und dekonstruiert sie auf fantasieanregende Weise. Die Umgebung fungiert als eine Wand, gegen die sie ihre Antworten schleudert, und gibt ihr reichlich Gelegenheit ihre Schlagfertigkeit zu demonstrieren. Die Wortspiele demonstrieren die zurechtweisende Anrede der Erwachsenen. Der Witz des Ganzen ist, dass stattdessen der Ermahnende zurechtgestutzt wird, manchmal völlig vernichtet durch das Mädchen, das nie um eine Antwort verlegen ist. Der Hintergrund für diese Lust an Worten ist selbstverständlich, dass Pippi, das Naturkind, nicht durch die Anforderungen der Schule nach verbaler Anpassung gedämpft ist.

Der Wortwitz in den *Pippi*-Büchern ist in einem amüsanten und inhaltsreichen Aufsatz von Christina Heldner über Pippi Langstrumpf als Linguistin systematisch untersucht worden.[16] Heldner lobt Lindgrens sprachliches Bewusstsein und findet sie geradezu »unübertroffen in der Kunst mit der Sprache zu spielen«. Mit einer Reihe von eleganten Beispielen demonstriert Heldner, wie das Sprachspiel sich in den *Pippi*-Büchern auf der semantischen, also der bedeutungstragenden Ebene entwickelt, wo sich die Inhalte der Worte verschieben und in Frage gestellt werden. Dieser wichtige Aspekt bei Pippis Wortverdrehungen lässt sich um die von Heldner nicht berücksichtigten morphologischen und phonetischen Normensprengungen in der *Pip-*

pi-Fiktion ergänzen. Worte wie »Surkus«, »Plutimikation« und »gruß« sind Beispiele hierfür.

Wenn Pippi auf dem Kopf steht und mit Worten spielt, wird die Welt aus einem neuen Blickwinkel gedeutet. Verdrehungen entstehen, die das Althergebrachte und Wohlbekannte aufbrechen. Pippis »Surkus« ist nun einmal etwas anderes als Zirkus. Sie denkt sich ein neues Wort wie »Spunk« aus, das die Erwachsenen verwirrt, und führt den Begriff Sachensucher ins *SAOB* ein (das Wörterbuch der Schwedischen Akademie, vergleichbar unserem *Duden*).

Pippi ist im sprachlichen Bereich genauso expansiv und kreativ wie im körperlichen. So lebhaft wie ihre Bewegungen ist auch ihre akrobatische Sprache, sowohl mündlich als auch durch das, was sie mittels ihrer Körpersprache ausdrückt. Das Lesen dieser Bücher ist »vermutlich ein ausgezeichnetes Training, um ein linguistisches Bewusstsein zu entwickeln«, betont Christina Heldner.

Die Frage nach der Art von Sprache, die Pippi vermittelt, wirft sie allerdings nicht auf. Diese sprudelnde verbale Fantasie nährt sich aus einer Rhetorik, die Astrid Lindgren mit bedingungsloser Intensität aus unterschiedlichen Bereichen bezogen hat – viele Spuren von Sprachen treffen in der *Pippi*-Reihe aufeinander. Lindgren arbeitet mit einem intertextuellen Netzwerk aus Zitaten, Allusionen, ganzen Anekdoten und nutzt doppelt Klischees, Rätsel und Kitsch in einer Weise, für die wir heute in unserer postmodernen Zeit bessere Voraussetzungen und mehr Verständnis haben als damals, als die Bücher geschrieben wurden. Der Autorin wurde damals eine vulgäre und umgangssprachliche Ausdrucksweise vorgeworfen, denn ihr Stil brach mit der Forderung der damaligen Zeit, dass Kinderbücher exemplarisch stilistisch gepflegt sein sollten.

Ulla Lundqvist zeigt, dass die *Pippi*-Bücher ihre Komik zum großen Teil aus der Erwachsenenkomik beziehen, aus der Prosa der Witzblätter, Revuen, Farcen, Feuilletonartikel, wie sie durch den Karikaturisten Albert Engström, Falstaff Fakir, dem oben erwähnten Nonsensdichter oder *Grönköpings veckoblad*, einem Witzblatt, repräsentiert werden (vgl. Lunqvist 1979, S. 127). Ein Buch, dem Astrid Lindgren große Bedeutung für die Entstehung von *Pippi Langstrumpf* beimisst, ist Knut Hamsuns *Hunger*, die »große Fackel« ihrer Jugend, das sie las, während sie arm und ausgehungert in der Großstadt lebte. Die Heldin wäre vermutlich ohne *Hunger* niemals zu einer derartig großen Lügnerin geworden, hat Lindgren betont.[17]

Doch es finden sich auch Echos aus der klassischen Kindheitslektüre in der *Pippi*-Trilogie. Bereits erwähnt wurden *Alice im Wunderland*, Montgomerys *Anne*, *Robinson Crusoe*, *Pu der Bär* und Elsa Beskow. Der sprudelnde Redefluss in *Huckleberry Finn* (s.o.) gehört zur Rhetorik, die zur *Pippi*-Sprache inspiriert hat, ebenso wie *Tom Sawyer*. Abgesehen davon, dass die Syntax kinderfreundlich einfach ist, imitiert Pippi jedoch vor allem die prahlerische Erwachsenensprache, wenn sie ausgewählte Teile aus ihrer Autobiografie präsentiert – zum Beispiel, wie es auf See zuging, als Fridolf wild herumtobte, welche Eigenheiten Großmutter hatte, was mit dem kleinen Petter geschah, als er sein Schwalbennest nicht essen wollte. Einblicke in einen reichen Erfahrungsschatz mit der ganzen Welt als Spielplatz sind nicht gerade typisch für Kindermärchen. In konzentrierter Form begegnet uns die Erwachsenenwelt in einem Zerrspiegel.

Imitationen, Dekonstruktionen, Palimpseste – so kann man mit moderner Terminologie das Sprachspiel in der *Pippi*-Trilogie definieren. Diese Echos gehören in ein Register voll überraschender Sprünge und rhetorischer Waghalsigkeiten. Die Beweglichkeit wird mit einer Treffsicherheit kombiniert, die andauernd das Gewohnte aufbricht.

Die eigenmächtige Art mit den Worten zu jonglieren, um ihre Bedeutung zu ringen, Witze zu machen und Worte zu klauben, ist Teil der Kunstfertigkeit in den Büchern. Doch dass diese stilistische Fingerfertigkeit auch ausgesprochen kinderfreundlich ist, wissen alle, die *Pippi Langstrumpf* jungen Zuhörern vorgelesen haben. Dieser Umgang mit dem Sprachmaterial scheint gut mit der eigenen Sprachlust und dem Verständnishorizont der Kinder übereinzustimmen, ihrem Bedürfnis danach, Worte zu verdrehen, zu wenden und zu probieren. Ulla Lundqvist weist in ihrer Dissertation darauf hin, wie genau diese »Transaktion mit der Sprache« mit dem übereinstimmt, was Piaget das vorlogische Stadium nennt, in dem Kinder Metaphern wörtlich deuten: Ein Kinderheim ist immer ein Heim, in dem Kinder wohnen.

Solche Witze kommen bei Kindern einer bestimmten Altersstufe gut an – kann die Kuh stierig sein und der Stier kühig – und Streuzucker, da hört man schon am Wort, dass man ihn auf dem Boden ausstreuen kann.

Die langen Monologe, Anekdoten und das Seemannsgarn sind ebenfalls so geschrieben, dass sie für Kinder leicht nachzuvollziehen sind. Pippis Rede entwickelt sich in einer Art Weiterspinnen, wo die Wahnsinnsgeschichten den kurzen Antworten der Umgebung Stichworte liefern: neugierige Fragen oder kritische Kommentare. Diese resultieren dann wieder in neuen Orgien fantastischer Behauptungen. Als beispielsweise Pippi im Schulkapitel behauptet, die Kinder in Argentinien äßen im Klassenzimmer ununterbrochen Bonbons, stellt ein Mädchen sittsam die Frage, was dann die Lehrerin mache. Die Antwort folgt prompt: Ihre Aufgabe sei es, für die Kinder die Bonbons aus dem Papier zu wickeln: »Du glaubst doch nicht etwa, dass sie das selbst machen? Bestimmt nicht. Die gehen nicht mal selbst in die Schule. Die schicken ihren Bruder.«
So sind wir auf der absurden Ebene gelandet. Die Antwort steht expressiv und triumphierend im Raum.
Ein anderes Beispiel für das Weiterspinnen ist der törichte Dialog in *Pippi in Taka-Tuka-Land* zwischen Pippi und den Gaunern über Großvaters Papagei. Der Dialog wird immer weiter hochgeschraubt, bis der Anekdote aller Unsinn abgepresst ist. Eine anspruchsvolle und dennoch deutliche Rhetorik, bei der die Leser den Szenenwechseln in der Sprache wie einem spannenden Drama folgen können.
Das Unterhaltsame wird zweifelsohne durch die Kluft zwischen verständnislosen Erwachsenen, die nicht ganz mitkommen, und Pippis wild unbändigem Wortschwall gesteigert. Im Grunde stehen die Erwachsenen außerhalb von Pippis Sprachreich. Die Kinder hingegen machen mit, sind beeindruckt und amüsiert, obwohl es Augenblicke gibt, in denen sie an der Wahrheitstreue Pippis zweifeln – und sie lügt ja auch.

Lügen und Angeben

Hinter Pippis Nonsens stecke ihre überrumpelnd ehrliche Einstellung zur Lüge, schreibt Ellen Buttenschøn in *Historien om et »påhit«* (Die Geschichte eines Einfalls). Eine verwickelte Auseinandersetzung mit der Lüge finde sich in allen drei Teilen. Die Lüge ist Bestandteil des Spiels. »Ja, Lügen ist *sehr* hässlich«, gibt Pippi zu, als sie zum ersten Mal ihre wohlerzogenen Freunde trifft und ihnen die erste Lüge aufgetischt hat, dass die Leute in Hinterindien immer auf den Händen gingen. Doch ihr Eingeständnis wird nur der Beginn einer neuen Anekdote, diesmal über das Lügen als Lebenseinstellung, eines der zahllosen Beispiele für die Philosophie der verkehrten Welt in der *Langstrumpf*-Fiktion.

> »Und übrigens«, fuhr sie fort und sie strahlte über ihr ganzes sommersprossiges Gesicht, »will ich euch sagen, dass es in Kenia keinen einzigen Menschen gibt, der die Wahrheit sagt. Sie lügen den ganzen Tag. Sie fangen früh um sieben an und hören nicht eher auf, als bis die Sonne untergegangen ist. Wenn es also passieren sollte, dass ich mal lüge, so müsst ihr versuchen, mir zu verzeihen und daran zu denken, dass es nur daran liegt, weil ich etwas zu lange in Kenia war. Wir können trotzdem Freunde sein, nicht wahr?«

Dann antwortet Thomas »Ja, klar« und weiß, dass »der Tag heute sicher keiner der langweiligen werden würde«.

Eine andere elegante Wendung der Begriffe Lüge und Wahrheit begegnet uns in der Episode mit dem Mädchen, das nach seinem Vater fragt und die wahnwitzige Geschichte über den chinesischen Peter schlucken muss, der starb, weil er das Nationalgericht Schwalbennest nicht essen wollte – einer Travestie der alten erbaulichen Geschichten wie der vom Kasper in Heinrich Hoffmanns *Struwwelpeter*, der sich weigert seine Suppe zu essen, auf drastische Art dahinsiecht und stirbt. Pippi beschließt ihre Anekdote mit der drohenden Frage an die verwirrte Zuhörerin, ob sie glaube, das Ganze sei erlogen.

»Nein, nein«, sagte das Mädchen erschrocken. »Ich will nicht gerade behaupten, dass du lügst, aber . . . « »Nicht?«, sagte Pippi. »Aber genau das tu ich. Ich lüge so, dass meine Zunge schwarz wird, hörst du das nicht? (. . .) Du musst doch merken, dass das gelogen ist. Du darfst dir doch nicht alles Mögliche von den Leuten einreden lassen!«

Hier dribbelt Pippi boshaft und machtvollkommen mit dem Wahrheitsbegriff. In der Regel sind die Scherze gutmütiger, zum Beispiel, als sie die erstaunten Negerkinder auf der Taka-Tuka-Insel mit Anekdoten über das exotische Leben in der Heimat unterhält: Weiße Kinder seien verzweifelt, wenn sie Schulferien bekommen:

»Kein Auge bleibt trocken, wenn das Schultor für den Sommer geschlossen wird. Alle Kinder ziehen nach Hause, dumpfe Trauerlieder singend, und sie bekommen einen richtigen Schluckauf vor Weinen, wenn sie daran denken, dass es mehrere Monate dauert, bis sie wieder Plutimikation haben. Ja, das ist ein Elend ohnegleichen«, sagte Pippi und seufzte tief.

»Äh«, sagen Thomas und Annika – ein Signal, das einem Schulterzucken nahe kommt. Andererseits geben sie blitzschnell Antwort, als Pippi versucht, die Vorstellung von exakten Zahlenwerten zu erschüttern: sieben mal sieben sei 102, predigt Pippi, als sie den Negerkindern den Begriff Plutimikation erklären will. Thomas und Annika korrigieren sie verdrossen, doch Pippi behält wie immer das letzte Wort: »Denkt daran, dass wir in Taka-Tuka-Land sind«, sagte Pippi. »Hier ist das Klima ganz anders und viel fruchtbarer, hier ist 7 x 7 viel mehr.«

Wie ein Dichter sprengt Pippi den berechenbaren Rechen-Rahmen der Wirklichkeit. Das fruchtbare Klima der Insel fördert das »Lügen«, das sich zu reinen Exzessen entwickelt, beispielsweise in der Geschichte, in der schwedische Kinder und ihre Lehrer miteinander in einen Spuckwettstreit treten – eine wunderbare Parodie auf den Sport in Skandinavien:

Weitspucken und Hochspucken und Spucken beim Laufen. Du solltest Thomas' und Annikas Lehrerin sehen. Passt bloß auf, die kann viel-

126

Pippi auf der Taka-Tuka-Insel.
Illustration von Rolf Rettich.

leicht spucken! Sie hat den ersten Preis bekommen für Spucken beim Laufen. Wenn die rumläuft und spuckt, dann jubelt die ganze Stadt.

Thomas und Annika antworten mit ihrem ständigen »Äh« – was sollen sie sonst sagen. Die ausgelassenste aller Anekdoten ist die Geschichte über die Papageien, die ich bereits kommentiert habe. Dort treibt Pippi das Spiel mit Lüge und Wahrheit auf die Spitze, als sie Buck und Jim, den Perlendieben auf der Taka-Tuka-Insel, Folgendes erzählt:

> »Übrigens will ich euch sagen, dass Großvater die längste Nase der Welt hat. Er hat fünf Papageien und alle fünf können nebeneinander auf seiner Nase sitzen.« Aber jetzt wurde Buck richtig böse. »Weißt du was, du rothaariges kleines Ungeheuer, du bist wahrhaftig das verlogenste Gör, das mir je begegnet ist. Schämst du dich nicht? Glaubst du wirklich, du könntest mir einreden, dass fünf Papageien in einer Reihe auf der Nase deines Großvaters sitzen können? Gib zu, dass es gelogen ist!«

Da der indignierte Zuhörer ein qualifizierter Bandit ist, erhält die Wahrheitsmoral weitere Dimensionen. Pippi tut so, als sei sie besonders niedergeschlagen, als sie ihre Sünde bekennt. »Ja«, sagte Pippi traurig. »Ja, es ist gelogen.« Die Wortgefechte setzen sich, wenngleich etwas mechanisch, fort:

> »Da kannst du mal sehen«, sagte Buck. »Hab ich es nicht gesagt?« »Es ist eine abscheuliche, furchtbare Lüge«, sagte Pippi noch trauriger. »Ja, das hab ich sofort begriffen«, sagte Buck. »Denn der fünfte Papagei«, schrie Pippi, »der fünfte Papagei muss auf einem Bein stehen.« »Geh zum Teufel«, sagte Buck.

Doch nun erhebt Annika, diese kleine Freundin von Ordnung, ihre Stimme und weist Pippi mit ihrer eigenen Logik zurecht. Recht soll Recht bleiben, auch wenn etwas Schräges dabei herauskommt. »›Pippi, du hast ja keinen Großvater‹, sagte Annika vorwurfsvoll zu Pippi. ›Nee‹, sagte Pippi fröhlich. ›Muss man denn einen haben?‹«
    Natürlich haben diese Salti mortali, dieses leichtsinnige Spiel mit Worten, unsere Erziehungscodes verändert. In einer nicht allzu weit

entfernten Zeit galt Lügen als das Schlimmste, was ein Kind tun konnte. In Kinderbüchern und Filmen wird nicht selten berichtet, wie Kinder früher für ihr Lügen bestraft wurden – einem Kind konnte sogar die Zungenspitze abgeschnitten werden, wenn es hartnäckig bei seinen Lügen blieb.

Durch die Mythomanin Pippi rechnet Astrid Lindgren mit der kinderfeindlichen Forderung nach Wahrheit ab – sie nimmt das Thema in der humoristischen Novelle »Unterm Kirschbaum« und in *Madita* wieder auf, wo die Heldin den Klassenkameraden Richard erfindet, um jemandem die Schuld in die Schuhe zu schieben, wenn etwas schief läuft. Aber niemand lügt wie Pippi. Dass sie inmitten ihres Fabulierens auch ein Wahrheitsapostel ist, stellt Ellen Buttenschøn fest. Sie betont, die Lüge werde zu einer Methode, um die Machtbalance zwischen Kindern und Erwachsenen wieder herzustellen.

Das Chaos, das Pippi mit ihren Anekdoten einführt, fordert die Erwachsenenwelt heraus und stellt deren Mythen über sich selbst in Frage. Pippi nutze jede Gelegenheit »ein alltägliches Gespräch in ein lustiges Abenteuer zu verwandeln, indem sie die Grenzen für die Benutzung von Wörtern und Ausdrücken ausdehnt«, fasst Christina Heldner in ihrem Aufsatz über Pippis Sprache zusammen. In Pippis Welt ist das Kind – in der Maske des Narren – der eigentliche Mensch. Ihre große Klappe räumt mit Klischees und Unterdrückung auf, wie als sie den feinen Herrn hinauswirft, der die Villa Kunterbunt abreißen lassen will.

> Sie fasste den feinen Herrn um seine dicke Taille und warf ihn ein paar Mal in die Luft. Dann trug sie ihn auf ausgestreckten Armen hinaus zu seinem Auto und schmiss ihn auf den Rücksitz. »Ich glaube, die Bude reißen wir ein andermal ab«, sagte sie. »Einmal in der Woche reiße ich Häuser ab. Aber freitags nie. Denn da hat man mit dem wöchentlichen Reinmachen zu tun. Deshalb mache ich es immer so, dass ich am Freitag das Haus Staub sauge, und am Samstag reiße ich es ab. Alles zu seiner Zeit.«

Da die Kritik durch das Lachen wirkt, ist es schwer, ihr etwas entgegenzusetzen; diese Ebene ist die des Spotts aus der karnevalesken Groteske.

Dies tritt uns auch in den wilden Geschichten über die Großmutter und die Hausgehilfin Malin entgegen – die Antwort auf das Herziehen der feinen Damen über ihre Dienstmädchen. Pippi sitzt auf dem Sofa und hört zu, bis sie es nicht mehr aushält:

> »Meine Großmutter hatte einmal ein Mädchen, das Malin hieß. Sie hatte Frostbeulen an den Füßen, aber sonst hatte sie keine Fehler. Das einzige Dumme war, dass sie, sobald Gäste kamen, hinlief und sie ins Bein biss. Und dann bellte sie. Oh, wie sie bellte! Man konnte es im ganzen Viertel hören. Aber das tat sie nur, weil sie spielen wollte.«

Hier speist sich der Effekt aus der mangelnden Kommunikation zwischen Erzähler und Zuhörern. Die Damen beim Kaffeeklatsch tun so, als würden sie nicht hören, was Pippi sagt (an und für sich eine Leistung), doch sie predigt völlig unbeeindruckt immer wildere Geschichten über Großmutter und Malin. Hierzu zählt auch eine Anleihe bei Albert Engströms bekannter Karikatur eines Dienstmädchens, das mit gekräuseltem Papier in den Ohren geschmückt und einem Apfel im Mund das Esszimmer betritt, um auf einer Platte das Weihnachtsschwein zu servieren.

Diese schlagfertigen Absurditäten entlarven die Machtverhältnisse im »Hühnerhof« der doch recht dörflichen Kleinstadt, wo die »Damen« schlecht über ihre Untergebenen reden – für die feine Dame hat Astrid Lindgren immer eine Vorliebe gehabt. Zugleich parodiert die Humoreske jene Art von Konversation, bei der es darauf ankommt, einander mit unangenehmen Erlebnissen zu übertreffen – mit anderen Worten eine Art umgekehrtes Angeben, worin Pippi unschlagbar ist.

Im dritten Teil der *Pippi*-Reihe gibt es auch eine Anekdote im Nonsens- und Crazy-Stil, die auf der in Schweden bekannten Fabel von der fliegenden Kuh aufbaut. Auch hier gehört die Geschichte zu einem Prahlwettstreit bei einem Kaffeeklatsch. Tante Laura, die bei Thomas' und Annikas Familie zu Besuch ist, kommt gar nicht zu Wort, wenn das Megafon Pippi einmal losgelegt hat. Das Thema sind eigentümliche Zusammentreffen und Tante Laura will gerade der Umgebung ein solches erzählen. Doch sie hat keine Chance: Das »Treffen«, das Pippi erlebt hat, übertrifft an Eigentümlichkeit bei weitem alles:

> »Ich fuhr mit dem Zug, und als der Zug in voller Fahrt war, kam eine Kuh durchs offene Fenster geflogen und am Schwanz hatte sie einen großen Reisekoffer hängen. Sie setzte sich auf die Bank mir gegenüber und fing an im Fahrplan zu blättern, um nachzusehen, wann wir in Falköping ankommen. Ich war gerade dabei, meine Butterbrote zu essen – ich hatte eine Menge Butterbrote mit Hering und Wurst drauf –, und dachte, sie hätte vielleicht Hunger, und deswegen bot ich ihr eins an. Da nahm sie ein Brot mit Hering und aß es auf.«

Tante Laura ist im Grunde genommen amüsiert. Sie spiegelt die wohlwollende Rezeption der *Pippi*-Bücher, wenn sie sich mild dem abschließenden logischen Schlenker unterwirft: »›Ja, so eine merkwürdige Kuh kann man lange suchen‹, sagte Pippi. ›Kann man sich vorstellen, dass sie ein Brot mit Hering nahm, wo ich doch genug Wurstbrote hatte!‹«

Ein Brot mit Hering, dieser Begriff verankert Pippi und ihre Sprache handfest und bäuerlich in der schwedischen Tradition, trotz der surrealistischen Dekonstruktion. Zum Ende des dritten Teils heimst Pippi definitiv den Sieg als Unterhaltungskünstlerin ein.

Mit *Pippi Langstrumpf* hat Astrid Lindgren sich ihre Sprache oder zumindest einen Teil ihrer Sprache erobert. In Pippis atemberaubenden Normbrüchen, wo gleichsam der Deckel der Sprache abhebt, spürt man die Lust der Autorin vor einem Publikum all ihre Register zu ziehen. Es ist, als hätte sie ihre Fähigkeit entdeckt sich in der Sprache von Liane zu Liane zu schwingen – Pippi ist eben doch Astrid Lindgrens Megafon.

Ob man nach Gilberts und Gubars Deutungsansatz die Heldin als Metapher für die verdrängte weibliche Autorenrolle versteht, »der Verrückten auf dem Dachboden«, möchte ich offen lassen.[18] Pippi als Über-Ich zu deuten, das alles in die humoristische Richtung wendet, um aufzumuntern und zu trösten, ist verlockend. Sicherlich gibt es eine Menge weiblicher Lust zu Unabhängigkeit, Ausbruch und Sieg in der Pippi-Figur. Ist sie womöglich Annikas Schatten – die weibliche Traumgestalt und Kompensationsfigur, die jedes Mädchen heimlich an seiner Seite hat und der es zuhört – ihr, die sich alles traut und alles kann? Diese »Pippilotta Delicatessa Windowshake Mackrelmint Efraimsdaughter Longstocking«, wie sie so großartig auf Englisch heißt!

Bewertungen von Pippi

Die Kinder der kleinen, kleinen Stadt, mit Thomas und Annika als den direkten Sprachrohren, bewundern Pippi und sind ihre treuen Fans. Wie sah das bei den Lesern und Kritikern aus?

Im Lauf der Jahre war *Pippi Langstrumpf* unterschiedlichen Urteilen ausgesetzt. Jede Zeit hat ihre eigene Pippi. Niemand hat diese Umschwünge besser zusammengefasst als Astrid Lindgren selbst: Zuerst wurde Pippi zur Revolutionärin in der Kinderstube ernannt – dann wurde sie zur Kapitalistin mit einem Koffer voll Goldmünzen.[19]

Umstritten war Pippi von Anfang an. Den Kinderbuchpreis von 1945 hätte das Buch vielleicht nicht bekommen, wenn sich nicht Elsa Olenius, Gösta Knutsson und vor allem Olle Strandberg dafür eingesetzt hätten.[20] Die Rezensionen des ersten Buches waren überwiegend positiv, doch die Kritik nahm gern die Form einer Verteidigung der Hauptfigur an: Eigentlich ist Pippi doch lieb und großmütig – ihre wilden Eigenheiten musste man sozusagen in Kauf nehmen. Die Kritik hat erst recht spät versucht, sich der ganzen Pippi anzunehmen.

Wenngleich die Kritik 1945 überwiegend positiv ausfiel, so brach das große Gewitter im Jahr darauf los. Damals schrieb John Landquist seine inzwischen berüchtigte Rezension in der Zeitung *Aftonbladet*, in der er sein Unverständnis dafür zum Ausdruck brachte, dass ein Kind eine ganze Sahnetorte verzehrt und Streuzucker auf dem Boden ausstreut (es heißt ja Streuzucker, hebt Pippi hervor). Seine Kritik bündelt sich im inzwischen berühmt gewordenen Urteil, *Pippi Langstrumpf* sei etwas Unbehagliches, das auf der Seele kratze.

Landquists Abrechnung mit dem wilden Kind ist vielleicht sogar zu viel Ruhm zuteil geworden. Er und Lindgren verstanden einander recht gut, als sie sich später in der literarischen Vereinigung »Die Neun« (einem Konkurrenzunternehmen zur schwedischen Akademie »samfundet De nio«) begegneten. Doch im Kielwasser seines Angriffs auf Pippi folgte eine Flut von Leserbriefen mit gehässigen Attacken. Ulla Lundqvist hat sicherlich Recht damit, dass John Landquists Rezension die Schleusen für bis dato zurückgehaltene Reaktionen auf das anarchistische Mädchen öffnete. Nun endlich konnten Freunde von Recht und Ordnung sich über diese ungezogene, aufmüpfige Heldin entsetzen. Man kann durchaus von einer moralischen Panik sprechen oder zumindest von einer Panik im Miniformat, wie sie Ulf Boëthius in Bezug auf die in Schweden angeprangerte Nick-Carter-Literatur untersucht hat.[21] Zusätzlich ist Pippi auch über Radio verbreitet worden, wodurch andere soziale Gruppen als die der erfahrenen Kinderbuchkäufer, nicht zuletzt wegen der starken Wirkung des Mediums, schockiert wurden. Man »muss sich fragen, was sich der Rundfunksender dabei gedacht hat, einen solchen gesellschaftsschädigenden Schund zuzulassen. (...) Gibt es denn niemanden, der diesen demoralisierenden Programmpunkt aufhalten kann.« *Aftonbladet,* 16.11.1946.

Doch die moralische Panik verebbte und die beiden folgenden Teile der *Pippi*-Reihe wurden im Großen und Ganzen positiv aufgenommen. In Bezug auf *Pippi Langstrumpf geht an Bord* bekennt jedoch Greta Bolin in der Zeitung *Svenska Dagbladet* gewisse Bedenken die Sprache betreffend. Das alte Lied, das eine kultivierte, vorbildliche Sprache für die Kinderliteratur fordert, wird hier wieder einmal angestimmt, allerdings leicht modernisiert:

> Es ist traurig, mit dem Zeigefinger zu kommen, wenn es ein so lustiges Kinderbuch wie dies hier betrifft, doch die Wahrheit muss ans Licht: Die Autorin hat ihren Stil nicht richtig gepflegt. Sie verwendet manchmal umgangssprachliche Ausdrücke, die an der Grenze zum Vulgären liegen, und so etwas passt nicht in ein gutes Kinderbuch. (*Svenska Dagbladet,* 9.11.1946)

Der Rezensentin ist nicht klar, dass der selbstherrliche Stil ein Teil der Textintention ist. Pippi *ist* ihre Sprache. Lennart Hellsing lobt Astrid Lindgren als die Erneuerin der Kinderliteratur, nähert sich jedoch Bolins Meinung, wenn er das allzu Burleske in der *Pippi*-Fiktion beklagt: dass Papa Langstrumpf, der feurige Kapitän, mit dem Kopf

133

voran in die Holzkiste geworfen wird, ist auch für einen Hellsing zu viel.[22] Doch nach den *Langstrumpf*-Büchern sind die Groteske und die Burleske inzwischen so oft in der Kinderliteratur verwendet worden (man lese beispielsweise Hellsings *Sjörövarboken* von 1965), dass wir kaum noch über Pippis kräftiges Zupacken staunen.

In Bezug auf die spätere Rezeption von *Pippi Langstrumpf* ist das Material so umfangreich, dass ich mich hier mit wenigen Auswirkungen begnügen muss. Zunächst stellt man fest, dass das wilde Mädchen vielen Zwecken dient, und ihre aparte Erscheinung ist aus verschiedenen Blickwinkeln betrachtet worden. Man hat sich für sie aus therapeutischer und pädagogischer Sicht interessiert – welchen Einfluss hat sie auf die Kinder gehabt? Man hat sie mit ideologiekritischem Hintergrund untersucht und sie ist in zahlreichen feministischen Argumentationen als Beispiel herangezogen worden. In jüngster Zeit hat man begonnen, sie in eine allgemeinere künstlerische, mythische und postmoderne Perspektive einzugliedern.

Zur pädagogischen Funktion findet sich in Eva von Zweigbergks großer Übersicht *Barnboken i Sverige 1750–1950* ein maßgebliches Bekenntnis ohne Einschränkungen:

Astrid Lindgrens Deutung der kindlichen Spiel- und Vorstellungswelt geht unbewusst mit der Philosophie der neuen freien Pädagogik Hand in Hand. Auf dieses Buch hatte man gewartet, ein Buch über eine Fantasiefigur, die den Wunschtraum des Kindes, zu tun, was es möchte, in dem Augenblick, wo ihm etwas einfällt, repräsentiert: Verboten zu trotzen, seine Kraft und Fähigkeit zu spüren, immer Spaß zu haben. Man kann sagen, dass Pippi Langstrumpf das Sicherheitsventil der Kinder gegen den Druck des Alltags und der Autorität ist und dass dies das Geheimnis ihres unerhörten Erfolgs bei den Kindern ist, und nicht zu vergessen: der respektlose Humor und die saftige, schlagfertige Alltagssprache. (Zweigbergk 1965, S. 403)

Im Großen und Ganzen baut Ulla Lundqvists Dissertation *Århundradets barn. Fenomenet Pippi Långstrump och dess förutsättningar* (Kind des Jahrhunderts. Das Phänomen Pippi Langstrumpf und seine Voraussetzungen) von 1979 – wo bereits der Titel ihre Wertschätzung des Buches ausdrückt – auf diesem Konzept der freien Pädagogik auf, wenn sie ihre Untersuchung mit einer Darstellung der schwedischen Erziehungsdebatte einleitet. Doch Lundqvist nimmt auch andere, direkt »literarische« Fragen auf, sie diskutiert Genrezuordnung, Erzählstil, insbesondere die Funktion des Humors, und wendet den Begriff des Nonsens auf die Bücher an. Buttenschøn hingegen lässt Pippi etwas sehr verträumt und romantisch erscheinen.

Eine freudianisch-marxistische Analyse von Lindgrens Büchern,

In vielen ausländischen Ausgaben hat Pippi eine weiblichere und kokettere Gestaltung bekommen. Hier in holländischer Version.

unter anderem *Pippi Langstrumpf*, hat auch das Licht der Welt erblickt. Pippi wird hier als Kapitalistin gedeutet (die Goldstücke) und als eine Figur, die zu Anpassung und Flucht aus der Wirklichkeit anleitet, eine passivierende Figur. Ulla Lundqvist bietet einige Energie auf, um die Theorie abzuweisen: Sie behauptet ganz einfach, der Aufsatz sei unlogisch. Da Pippi außerhalb der Gesellschaft stehe, habe sie keine Möglichkeiten oder Pläne, sie zu stürzen (vgl. Lundqvist 1979, S. 131). Doch dadurch würde Pippi wirklich zahnlos, eine insulare Gestalt, die nur unter ihren eigenen Bedingungen funktioniert. Diese Ansicht widerspricht der recht gründlichen Darstellung der Satire in den *Pippi*-Büchern, die Lundqvist selbst vornimmt. Sicherlich befindet sich Pippi in Distanz zur Gesellschaft – doch aus diesem Abstand erhält ihre kritische Funktion erst die emanzipatorische Wirkung. Eine regelrechte Hinrichtung der ideologiekritischen Argumentation nimmt Inge Jonsson in der Literaturzeitschrift *Svensk Litteraturtidskrift*, 1977, H. 3–4 vor: Seiner Meinung nach handelt es sich um eine »unsensible und vernachlässigenswerte Textanalyse«, die die Literaturwissenschaft der Lächerlichkeit preisgebe.

Karlsson – ein »Lurifax«

Karlsson sei der genaue Gegensatz zu Pippi, erklärt ein Siebenjähriger: »Pippi will geben, aber Karlsson, der will bloß nehmen.« An dieser Unterscheidung ist wohl etwas dran. Vielleicht gibt es dennoch einige zusätzliche Komplikationen bei dieser Figur, die zu einem solchen Siegeszug ausgeflogen ist, nicht zuletzt über dem Gebiet, das wir früher den Ostblock genannt haben. Dass er bei den Kindern der Sowjetunion so beliebt war, hängt wohl auch damit zusammen, dass er die erste Figur Lindgrens war, die dort, bereits 1957, eingeführt wurde.[23] *Karlsson vom Dach* wurde in enormen Auflagen herausgebracht, und während Erwachsene ihn in der Regel als ein richtiges Scheusal verstanden haben, übte er auf Kinder und

Karlsson vom Dach
in russischer Bilderbuch-
version von 1975

Jugendliche eine ungeheure Anziehungskraft aus. Dies, obwohl man ihn in seiner übersetzten, transponierten Form kaum wieder erkennt – die großen Probleme, auf Russisch Synonyme für Begriffe wie »schabernacken« und »tirritieren« zu finden, kann man in einem amüsanten und aufschlussreichen Aufsatz von Staffan Skott nachlesen. *Karlsson* wurde im Osten auch deshalb so weit verbreitet, weil er auf Platte aufgenommen, im Radio vorgelesen und schnell verfilmt wurde. Nach wie vor offen ist die Frage, welche Freiheitswinde und heimlichen Gelüste Karlsson in der Unterdrückungsgesellschaft aufgewirbelt hat.

Karlsson vom Dach, der erste Teil der Trilogie über den kleinen dicken Mann mit dem Propeller auf dem Rücken, erschien in Schweden 1955, also im Jahr nach dem ernsten *Mio, mein Mio*. Vielleicht hatte die Autorin nach der Höllenfahrt im Lande Außerhalb das Bedürfnis, ein ausgelassenes Buch zu schreiben? Gewisse Berührungspunkte gibt es zwischen Lillebror und Bo Vilhelm Olsson. Lillebror wird zwar gehegt und gepflegt, aber er ist dennoch ein einsames Kind, was auch im Namen Lillebror (kleiner Bruder) zum Ausdruck kommt. Die älteren Geschwister Birger und Betty halten zusammen; er sehnt sich nach einem Hund, nach etwas, das ihm allein gehört. Stattdessen tobt Karlsson durch das offene Fenster herein.

Mit Bo Vilhelm Olsson gemeinsam hat Lillebror auch den Wohnort Stockholm, in einem Mietshaus, auf dessen Dach Karlsson sein eigenes hyperchaotisches Haus neben dem Schornstein hat. 1962 erschien in Schweden ein neuer Teil der Reihe, *Karlsson fliegt wieder*, und erst 1968 kam in Schweden der dritte Teil heraus: *Der beste Karlsson der Welt* (dt. 1956, 1963, 1969).

Ein motorisiertes Gespenst

Karlsson ist ebenso schwer einzuordnen, wie er schwer zu durchschauen ist; ich meine, rein von der Genrezugehörigkeit her. Ich habe mich entschlossen, ihn der Familie von Pippi und Michel anzugliedern, denn Karlsson ist – wie die beiden anderen Figuren auch – die treibende Kraft, der Motor für Witz und Spaß und Amüsement. In noch höherem

Karlsson vom Dach hat keine Angst, Lillebror fallen zu lassen. »*Na wennschon*«, *sagt er,* »*es gibt ja so viele Kinder. Ein Kind mehr oder weniger, das stört keinen großen Geist.*«
Illustration von Ilon Wikland.

Maße als Pippi gehört er zur Märchenwelt mit ihren Mystikussen, wie Onkel Julius sie im dritten Teil nennt. Ebenso hätte ich ihn vielleicht unter die letzte Überschrift meiner Kapiteleinteilung fassen können, »Wirklichkeit und Vision«. Doch in den *Karlsson*-Büchern werden wir nicht aus der Wirklichkeit entführt, eher wird das Wirkliche noch greifbarer. Alle Szenen mit dem Luftikus Karlsson spielen sich in und um das Haus im Stadtteil Vasastan ab. Ruhig schlendert Karlsson umher und stellt so einiges bei den Svantessons an, der Familie von Lillebror, wobei er allmählich auch für Mutter, Vater, Geschwister und Freunde sichtbar wird. An Lillebrors Geburtstag werden sie plötzlich mit einem kleinen dicken Mann konfrontiert, der bis über beide Ohren mit Sahnetorte beschmiert ist. In *Der beste Karlsson der Welt* gibt Karlsson auch der Presse Rätsel auf. Der Verdacht, dass das, was da über den Hausdächern fliegt, eine fliegende Tonne (Schwedens erstes

Flugzeug mit Düsenantrieb) sein könnte, bringt die Figur mit aktuellen Erscheinungen in Verbindung. Die *Karlsson*-Fiktion erhält eine Spannbreite von moderner Technik bis hin zu Märchen und Geistergeschichten – selbst betrachtet sich Karlsson zufrieden als »motorisiertes Gespenst«, »wild und schön und furchtbar gefährlich«.

Wie so oft habe das Ganze auch diesmal mit einem Namen begonnen, berichtet Astrid Lindgren, wenn sie versucht den Ursprung zu erklären. Ein Schuster in ihrem Heimatort wurde »Karlsson auf dem Fass« genannt (ist dies derselbe Schuster, der in den *Bullerbü*-Büchern »Nett« heißt?). Der Rhythmus dieses Namens dürfte ihr vorgeschwebt haben, als *Karlsson vom Dach* entstand. Noch spannender ist ihre Angabe, der nette Herr Lilienstengel aus der Novelle »Im Land der Dämmerung« habe neue Gestalt angenommen. Herr Lilienstengel pflegte den kranken Göran in den Arm zu nehmen und mit ihm jeden Abend zu spannenden Abenteuern über Stockholm zu schweben.

> Jahre später tauchte Herr Lilienstengel wieder auf, doch ohne mich zu fragen, hatte dieser Filou inzwischen seinen Charakter geändert, und wie gründlich! So unleidlich und hochnäsig war er geworden, dass man ihn nicht mal mit der Feuerzange hätte anfassen wollen! Er selber freilich hielt sich für einen ›schönen, grundgescheiten und gerade richtig dicken Mann in seinen besten Jahren‹. Ein netter kleiner Herr Lilienstengel war er bei Gott nicht mehr ...

In einem veränderten Kontext, nun mit humoristischen Vorzeichen, wird die entführende Gestalt aus dem »Land Das Nicht Ist«, zum »besten Karlsson der Welt« transponiert. So steht es auf dem Namensschild an seiner Tür am kleinen Haus auf dem Dach. Karlsson ist der Beste in allen Kategorien: Vor allem ist er der Beste beim »Schabernacken«. Eine geisterhafte Fantasiefigur ist er sicherlich nicht, seine Körperlichkeit ist so offensichtlich, dass er eher die Menschen zu einer Art roboterhaften »Erfindung« macht.

Schon vorher hat Astrid Lindgren ihren Fantasiefiguren ein Eigenleben verliehen. Dies trifft auf die Titelfigur in »Nils Karlsson-Däumling« (bereits dort ein Karlsson) ebenso zu wie auf Peter und Petra in

Herr Lilienstengel aus Im Land der Dämmerung.
Illustration von Ilon Wikland.

derselben Novellensammlung. Ihre Aufgabe ist es, einem einsamen traurigen Kind (gerade in der Großstadt) die Freude zurückzugeben. Das Einsamkeitsgefühl des Kindes wird aufgebrochen und es darf sich außerdem groß und beschützend fühlen. Dieses Thema ist auch in den *Karlsson*-Büchern spürbar. Lillebror freut sich auf Karlssons Besuch mit derselben Sehnsucht, die die einsamen Jungen in »Nils Karlsson-Däumling« aus *Im Wald sind keine Räuber* erfüllt. Dennoch ist das Verhältnis zum besuchenden »Mystikuss« in den *Karlsson*-Büchern ein anderes. Lillebror kann sich zwar auch als Karlssons Beschützer fühlen, besonders wenn er Angst hat, sein Freund könne als Spion und fliegende Tonne geschnappt werden, doch in der Regel stehen die Begegnungen mit Karlsson unter einem anderen Vorzeichen. Die Erzählung baut nicht wie die Novellen zuvor auf einer Symbiose zwischen der Fantasiefigur und dem Kind auf. In Lillebrors Verhältnis zu Karlsson dominiert im Gegenteil die Spannung zwischen den beiden Figuren. Der Dialog zwischen ihnen bildet die Grundsubstanz des Buches und nimmt bis zu 50 % des Textes ein, wie ein gründlicher Wissenschaftler berechnet hat. Lillebror stellt Fragen und stellt in Frage, ihm wird schwindlig und er wird mitten im Spaß unruhig. Doch Karlsson hat ein dickes Fell.

Denn er ähnelt eher dem erfindungsreich bestimmenden Spielkameraden, der wirkungsvolle Erpressung betreibt: »Dann mach ich nicht mehr mit«, wenn der Freund sich weigert. Alle Kinder erkennen sich in dieser mürrischen und ablehnenden Haltung wieder, die droht einen außerhalb des Spiels zu stellen. Doch hier handelt es sich eben nicht um einen gewöhnlichen Spielkameraden, sondern um einen, der alle Instinkte auslebt.

Ein oppositioneller Engel?

Karlsson und andere Fantasiefiguren bei Lindgren tauchen charakteristischerweise dann auf, wenn das Leben sich etwas trist und leer anfühlt. Karlsson hat Lillebror ausgewählt, der zu einer normalen Familie mit völlig normalen Gewohnheiten gehört. Diese alltägliche Routine wirft Karlsson über den Haufen. Die Dampfmaschine explodiert, eine Überschwemmung bringt man leicht zu Stande, wenn man die Badewanne überlaufen lässt, und die Gardinen in Lillebrors Zimmer verwandeln sich in schmutzige Fetzen, wenn Karlsson erst »das allerschmutzigste Stück«, Lillebror selbst, und dann die Gardinen auf seine fachkundige Art abgesaugt hat. Karlssons Einsätze führen dazu, dass Sachen zerstört, die Umgebung heruntergewirtschaftet und der Alltag sabotiert werden. Karlsson ist mit anderen Worten Chaos verursachend, und zwar auf andere Weise als Pippi Langstrumpf: Aus Pippis Chaos entsteht etwas Kreatives und Lebensbejahendes, während Karlssons »Schabernacken« und »Figurieren« und »Tirritieren« wie ein destruktiver Selbstzweck wirkt. Was will Astrid Lindgren damit sagen? Was Karlsson meint, teilt er laut und deutlich mit: »Das stört keinen großen Geist«, konstatiert er jedes Mal überheblich, wenn etwas den Bach runtergeht.

Karlsson ist »ein infantiler Erwachsener, der sich nur um sich selbst kümmert und zwischen größter Selbstzufriedenheit und Selbstmitleid schwankt«, schreibt Lars Bäckström in seinem Buch *Mannen utan väg och hans kusin Vitamin*.[24] Die Utopie, die Karlsson vermittelt, ist das Paradies der Verantwortungslosigkeit. Karlssons »Funktion für Lillebror ist es, kindlich erwachsen zu sein, ihm zu erlauben herumzutoben, zu spielen und gefährliche Dinge zu tun, wie auf dem Dachfirst entlangzugehen«. Wie ein »oppositioneller Engel« erscheine Karlsson vor diesem Hintergrund mit seiner Botschaft von »einem Paradies bereits hier auf Erden«. Ein oppositioneller Engel – das ist doch wohl niemand anders als Satan selbst, der Störenfried und Versucher, der uns auf Abwege locken will – wie ein Sintram, der in Lagerlöfs Buch *Gösta Berling* zum wilden und fröhlichen Abenteuerleben verführen will? Durch Karlsson erlangen die Kinder, meint Bäckström, »die Schuldfreiheit, die für alle Träger einer geistigen Einsicht gilt: Was in der Welt geschieht, bedeutet letzten Endes so wenig.«

Karlsson selbst ist höchst zufrieden mit seinem Ego, was aus seiner berühmten Selbstdarstellung hervorgeht: »Ein schöner und grundgescheiter und gerade richtig dicker Mann in meinen besten Jahren.« So sehen wir ihn auch mit Ilon Wiklands Augen. Die Idee zur Figur bekam sie durch einen kleinen rundlichen Mann, den sie früher einmal in »Les Halles« in Paris gesehen hatte. Sie macht ihn zu einer mystischen Figur, doch auch so konkret, dass man das Gefühl hat ihn anfassen zu können.[25] Eine Figur kennen zu lernen, die einen Propeller auf dem Rücken hat und ihn mit einem Knopf auf dem Bauch in Gang setzen kann, das übertrifft im Grunde alles – kein Wunder, dass Lillebror stolz und begeistert ist. Hinzu kommt, dass Karlsson auf dem Dach wohnt, von wo man eine Schwindel erregende Aussicht über Stockholm und das Himmelsgewölbe hat. Die Augenblicke mit dem Propellerflieger dort oben im Frühlingsabend sind ein Genuss. Das Kind erhält Raum für seine Fantasie. Das Teilen des Abenteuers und das Erleben mit einem Seelenverwandten hat bei Lindgren eine lebenserhöhende Kraft.

Schabernacken und Farce

Als Figur mit viel Tempo ist Karlsson vom Dach mit Peter Pan und John Blund, dem skandinavischen Sandmännchen und anderen fantastischen Geschöpfen verwandt, die eine nächtliche Welt von Märchen und Geheimnissen für die Kinder eröffnen. Karlsson ist nicht nur vom Raum, sondern auch von der Zeit unabhängig. Er besitzt keine Uhr, kommt, wann er will, findet sich immer »ungefähr« ein. Genauso unbekümmert unwissend ist er bezüglich der Lesekunst und darüber, was eigentlich der Fernseher für eine Büchse ist.

Diese Fremdheit in der modernen Zivilisation teilt Karlsson mit Pippi. Ihre Wahnsinnslogik setzt sich in Karlssons Monologen und Plädoyers für unterschiedliche Arten von »Tirritierungen« fort. Der Disput über die Sahnebonbons, der darin mündet, dass Karlsson sich frech auch Lillebrors Süßigkeiten einverleibt, ist ein gutes Beispiel für das komische Weiterspinnen, durch das sich auch Pippi Langstrumpf auszeichnet. Die Anekdoten voller Angeberei und Verrücktheiten kann auch Karlsson liefern – seine Großmutter steht, was ihre Exzentrizität betrifft, Pippi in nichts nach. Ich habe den Verdacht, dass Astrid Lindgren das Bedürfnis verspürte, das brave Großmutterbild in der Kinderliteratur zu torpedieren.

Die *Karlsson*-Trilogie ist ansatzweise mit traditionellen Lausbubengeschichten verwandt. Lillebror und der Propellerflieger stellen nicht gerade wenig Streiche an. Die Bücher nehmen die *Michel*-Fiktion auch insofern voraus, dass manche Streiche großen Taten gleichen. Mit ihrer besonderen Schreckenstechnik glückt es ihnen beispielsweise, Fille und Rulle unschädlich zu machen, die frechen Diebe, die bei Svantessons einbrechen und versuchen Karlsson zu fangen.

Viel Spaß hat Karlsson, als er Fräulein Bock und Onkel Julius ärgert. Sie wohnen bei Svantessons und Fräulein Bock kümmert sich um den Haushalt, während die Eltern in Urlaub sind. So sind komische Szenen schon vorprogrammiert. Die Erzählung arbeitet mit deutlichen, um nicht zu sagen groben Mitteln, wenn Karlsson ihnen mit Zahnputzsachen und anderen »Tirritierungssachen« Streiche spielt.

Die Farce bricht rücksichtslos über die Erwachsenen herein, sodass sie zu dummen Marionetten mit einigen wenigen vergrößerten, ziemlich unsympathischen Eigenschaften werden. Sie erscheinen als eine Art Schattenbilder von sich selbst. Doch hierbei handelt es sich um Personen, die einen gewissen Abstand zu Lillebror haben. Die Eltern werden mit dem etwas merkwürdigen Vorwand aus der Erzählung entfernt, dass sie an einer Kreuzfahrt teilnehmen. Damit ist die Bahn frei für ein ungehemmtes »Schabernacken«. Wie in den Wahnsinnsszenen der Farce rennen die Personen in einer ununterbrochenen Jagd hintereinander her. Die psychologische Schematisierung der Personen als einfach zurechtgehauenen Typen – der liebeskranke, gestrenge »Hausbock«, der bequeme, etwas dumme Onkel – gehört auch in die Welt der Serien, Filmkomödien und des Slapstickhumors, wo das Lächerlichmachen der Motor des Spiels ist.

In diesen Büchern, die auch ziemlich kleinen Kindern vorgelesen werden können, besteht der Streich in einem etwas schamlosen Überrumpeln, das wie ein absurder, nächtlicher Traum abläuft. In der Farce agieren die Menschen unabhängig von starken Gefühlen. Das Ziel der Handlung ist das Lachen. Natürlich lachen wir über Karlsson, über seine Frechheit, wenn er andere hereinlegt, auftaucht, sich versteckt und wieder verschwindet, über alles, was so lustig ist. Wir lachen vielleicht auch, wenn er die Schwächen und Eigenheiten der Erwachsenen entlarvt. Doch es gibt auch Gefühle in den Büchern. Karlsson ist sicherlich selbstgenügsam und unabhängig, aber er liebt Lillebror wohl trotzdem auf seine Weise.

Lillebror jedenfalls liebt Karlsson. Wahrscheinlich mag Karlsson Lillebror, weil Lillebror Karlsson liebt. Denn Karlsson steht für das Abenteuer, dafür, was für Lindgren die Essenz des Daseins ist, das ausgelassen Andere, das gewohnte Muster durchbricht – wenngleich das Resultat häufig Chaos und Verwüstung ist.[26]

Karlsson als Therapeut

Karlsson ist in seinem grenzenlosen Egoismus und seiner Selbstzufriedenheit eine ziemlich einzigartige Figur, die in erster Linie ihre eigene Begierde zufrieden stellen will. Er stopft alles in sich hinein, besonders Sahnetorte, Fleischklöße und Sahnebonbons. Karlsson ist wie ein sehr verwöhntes Kind, nur schlimmer. Wie eine gestopfte Wurst kurz vor dem Platzen verkörpert er alle unsere Unarten. Er ist habgierig, tyrannisch, angeberisch und verlogen, kurz ein »Ungeheuer«.

Ist Karlsson eine Manifestation unserer heimlichen Träume, verkörpert er, was wir verdrängen, nicht an die Oberfläche treten oder sichtbar werden lassen, ist er anders gesagt eine Manifestation unseres Unterbewussten? Wie Pippi ist Karlsson Träger unserer Abenteuerlust und Sehnsucht nach Freiheit, doch er ist auf andere Art amoralisch als Pippi. Er trägt in sich auch unseren Traum, verantwortungslos, nachlässig und rücksichtslos egoistisch sein zu dürfen, den Traum, unser Ich zu einer großen Blase aus Sahnebonbons und Limonade aufblasen zu dürfen. Der Machttraum, die Genusslust, die Fluglust, das Bedürfnis, herauszufordern und genau das zu tun, was man will, unser Wunsch, am größten, besten und schönsten zu sein – hier wird dies alles sichtbar.

In der Karlsson-Figur ist Astrid Lindgren in gewissem Sinne zur Ur-Pippi zurückgekehrt, der ursprünglichen Vision eines amoralischen Verhaltens, das mit der moralistischen Kinderbuchtradition in Konflikt gerät. Karlsson ist genauso wichtigtuerisch wie die ursprüngliche Pippi und er brilliert mit ähnlich verrückten Nonsensversen, beispielsweise dem über die fliegende Kuh. Das herausfordernde Benehmen wird von Lillebror, der bereits von der Regelwelt der Erwachsenen beherrscht ist, zum bewunderten Vorbild erhöht. In dem Mietshaus, wo er wohnt, haben Kinder sicherlich ein größeres Bedürfnis auszubrechen als im ländlichen Bullerbü. Auf dem Land ist es immer lustig, meint Astrid Lindgren sicherlich.

Beruht Karlssons Siegeszug durch die Welt darauf, dass er als Sicherheitsventil der Kinder fungiert? Werden wir selbst freier, wenn Karlsson dieses unser Begehren auf sich nimmt, zu expandieren und aufzuschwellen? Möglicherweise schon.

In einer tief gehenden Analyse von Wirklichkeit und Utopie bei Astrid Lindgren reflektiert der deutsche Kinderbuchwissenschaftler Malte Dahrendorf über den therapeutischen Effekt der *Karlsson*-Bücher.[27] Wie man Pippi als den Schatten von Thomas und Annika betrachten kann, versteht er Karlsson als den »Schatten« der braven Kinder, den Doppelgänger, der das scheue »andere Ich« verkörpert und uns an unsere verloren gegangenen Entwicklungsmöglichkeiten erinnert. Er wird zur »Sehnsuchtsfigur«, einem lebenden Bild der verlorenen Ganzheit, des nicht entfremdeten Zustands. Seine überlegenen Möglichkeiten, ebenso wie seine Unarten: Der Eigensinn und die Lust an der Zerstörung – all dies fasziniert, eben weil es zur tabuisierten, diskriminierten, nicht sanktionierten Sphäre gehört.

Eine eindeutige Antwort auf die Frage, wie Pippi Langstrumpf und Karlsson die Kinder beeinflussen, kann man natürlich nicht geben. Doch die Erfahrung zeigt, dass es wichtig ist, seinen »Schatten« zu erleben. Was man verdrängt hat, wird realer, wenn es in der Welt der Fantasie demonstriert wird. Die Komik eines verbotenen Verhaltens, das im Licht des Textes so ungeniert Gestalt annimmt, entlastet vom Druck der Wirklichkeit und macht das Dasein erträglicher.

Astrid Lindgren hat einen Beitrag zu einer neuen Kinderbuchästhetik geliefert, so beendet Dahrendorf seine Analyse. Dieser bestehe darin, dass sie nicht die unvollkommene Wirklichkeit wegerkläre, sondern Möglichkeiten zeige sie zu meistern. Wenn wir ihre Bücher lesen, fühlen wir uns nicht nur ein wenig heimischer auf der Erde, es gibt auch einen Inhalt, den man ernst nehmen sollte, eine Botschaft, die Worte beim Wort zu nehmen.

Der sprachliche Torpedo

Auf der künstlerischen Ebene fungieren Lillebrors Faxen mit Karlsson oder eher Karlssons Faxen mit Lillebror als eine Art expressionistisch dargestellter Spiele. Der Freiraum außerhalb der Kontrolle durch die Erwachsenen schafft bei Astrid Lindgren immer großartige Möglichkeiten zum Spielen. In den *Karlsson*-Büchern wird der Spaß zu Unfug und Ungehorsam aufgeblasen, bis kurz vor der Explosion. Sich zu verstecken, Gespenst zu spielen und sich mit der älteren Schwester herumzustreiten (beliebte Stoffe bei Astrid Lindgren) werden in diesen Texten zu ausgekochten Schikanen, burlesken Faxen und Freude an der Farce. Karlsson ist kein davonschleichender Lausbube, der seinen Unfug heimlich anstellt. Sein »Schabernacken« hat einen Anspruch; es wird von einem Meister der Kunst ausgeführt und erreicht manchmal absurde Höhen.

Die verbale Feurigkeit, die Antwortkomik, Verdrehungen und andersartige Worte gehören zur Herausforderung dazu. Karlsson durchbricht die Sprachbarriere, wenn er ein süßes Mädchen »Schnuckelchen« nennt und eine Hexe, nein, eine Superhexe als »Schreckse« bezeichnet. »Kuckelimuck« steht für Medizin und »Kuddelmuddel« für das von Hildur Bock zubereitete Essen, das nicht so recht nach Karlssons Geschmack ist. Die explosiven Wortzusammenstellungen, eine Spezialität Lindgrens, kommen auch hier vor: Weckentirritiering, Fleischkloßmacher. »Irritieren meinst du«, sagt Lillebror zurechtweisend, so wie Annika Pippi korrigiert, doch Karlsson liefert darauf überlegen eine noch belehrendere und gänzlich unwiderlegbare Antwort: »Tirritieren ist ungefähr dasselbe, nur noch teuflischer, das hörst du doch schon am Wort«. Ja, Karlsson steht für das Teuflische, das gewohnte Muster durchbricht – das Andersartige zu wagen lohnt sich. Das weiß Lillebror und dafür liebt er Karlsson.

In noch höherem Maße als in der *Pippi*-Trilogie erscheint die *Karlsson*-Fiktion als Karikatur und Parodie auf die erstarrten Formen der Erwachsenenwelt – die eher triste Stadtwohnung mit der stereotypen Familie liefert genau den wirkungsvoll leblosen Hintergrund, der nötig ist, um Karlssons üppig spöttische Persönlichkeit hervortreten zu lassen. Wenn er beginnt mit der »Bistole« zu schießen, öffnen die Leute im Stadtteil Vasastan ihre Fenster und man hört erregte Stimmen.

> Karlsson aber sang und wackelte mit zwei kleinen schwarzen großen Zehen im Takt dazu:
> »Knallen muss es tüchtig, und lustig will ich's ha'm,
> bosse bisse basse bisse bum fallera,
> und schabernacken will ich jeden einz'gen Tag,
> bosse bisse basse bisse bum.
> Heißa und hopsa und bum soll sein,
> und alle soll'n lieb und gut zu mir sein.
> Ho und ho und ho,
> so und so und so,
> bosse bisse basse bisse bum!«

So heißt es am Ende der *Karlsson*-Trilogie – in einer eigenartigen Mischung aus Soldatenlied und Nonsens – und witziger und herrlicher kann es kaum werden. »Doch jetzt geht's los«, überlegt Lillebror. Spätestens jetzt, wenn nicht vorher, verstehen wir, dass Karlssons Lebensappetit Lillebror Appetit aufs Leben macht.

Doch nun zu einem ganz anderen »Schabernacker«. *Karlsson vom Dach* bildet die Brücke zur *Michel*-Fiktion, in der wir eine völlig andere Umgebung kennen lernen, die Gegend, in der Astrid Lindgren ihre tiefsten Wurzeln hat, die småländische Provinz.

Michel und das Lachen

Wenn Astrid Lindgren die Frage gestellt wird, welche ihrer Figuren ihr am meisten am Herzen liege, pflegt sie »Michel« zu antworten und fügt hinzu, dass ihr die Menschen und die Umgebung in den Büchern über den småländischen Lausebengel bis ins Mark hinein vertraut sind.[28]

Michel ist der Held dreier Bücher: *Michel in der Suppenschüssel* (1963, dt. 1964), *Michel muss mehr Männchen machen* (1966, dt. 1966) und *Michel bringt die Welt in Ordnung* (1970, dt. 1970). Diese Trilogie ist ein grünender Zweig am ehrwürdigen Genrebaum des Lausbubenbuches. Doch sie ist auch eine Volkslebens- und Heimatschilderung, zu der Familientradition und -geschichte viel Stoff lieferten. Astrid Lindgrens Vater, Samuel August, hat Material zu einer Reihe der Geschichten geliefert – und ist in gewisser Weise ein Vorbild für Michel. In »Polly hilft der Großmutter« finden sich einige Erzählungen aus dem Repertoire des Vaters, »Ein småländischer Stierkämpfer» und »Sammelaugust«, das auf die Bilder aus Lönneberga vorausweist. Doch der Lausebengel, der mehr Streiche ausheckt, als das Jahr Tage hat, ist ihre eigene Schöpfung.

Das Repertoire an Streichen

Oft kam der Name zuerst, hat Astrid Lindgren in »Wo kommen nur die Einfälle her?« erklärt. Plötzlich tauchte Michel in ihrem Bewusstsein auf, wie ein Mittel,

> um einen kleinen Schreihals zum Schweigen zu bringen – ›Rat mal, was Michel in Lönneberga einmal gemacht hat?‹ Und da verstummte der Schreihals, denn natürlich wollte er unbedingt wissen, was denn dieser Michel in Lönneberga angestellt hatte. Wer dieser Michel war,

davon hatte ich selber noch keine Ahnung und es war mir lange Zeit auch ganz gleichgültig. Urplötzlich aber, ohne dass ich wusste, wie, kam Leben in den Schlingel und er fing mit seinem Unfug an und war nicht mehr zu bändigen.

Ja, dieser Junge wurde lebendig. Michel steht für das Unerwartete, das Schwindel Erregende, für ununterbrochene Vitalität, Abwechslung und Komik, wie das bei Lausebengeln nun einmal ist. Die Streiche – oder Unfug, wie die Magd Lina sie wenig respektvoll nennt – sind seine Aufgabe. Alle warten darauf, was er als Nächstes anstellt.

Das Repertoire der Streiche hält sich nah an die muntere Tradition der Lausbubenbücher. Hier gibt es komische Tortenschlachten, die anscheinend bei Kindern besonders gut ankommen – hier kommt der Trick vor, einen lockeren Zahn zu ziehen, die Maus, die die Tante erschrecken soll, und das Motiv der betrunkenen Hühner, die umhertaumeln. Natürlich trägt Astrid Lindgren auch komische Situationen aus eigener Feder und aus dem speziellen småländischen Volkshumor bei. Die Antwort, die Michel nach dem Streich gibt, als er die Lehrerin geküsst hat (wenn man dies nun als Streich betrachten will) – »das tat ich wohl in meiner Güte« –, hat sie aus einer Soldatengeschichte von Albert Engström.[29]

Michel ist auch ein leuchtendes Beispiel für Astrid Lindgrens Vorgehensweise beim Verändern einer Tradition. Im Grunde ist er kein typischer Schlingel, weder ein Extremfall wie die kleinen Teufel Max und Moritz, noch so listig wie Tom Sawyer, der es schafft, den Leuten weizumachen, er sei tot. Michel ist nicht berechnend, obwohl er manchmal sowohl etwas vom Teufel als auch von Unschuld an sich hat, wenn es ihm, mit Linas Formulierung, »passiert«. Doch wenn Michel die Maus in die Handtasche der feinen Frau Petrell steckt und Ida am Fahnenmast aufhängt, ist er ein Lausebengel im klassischen Sinne.

Der Witz der Erzählung ist oft die Unklarheit von Michels Absichten. Schüttet er seinem Vater absichtlich den Blutklößeteig über den Kopf? Hat er die Mausefalle an einem strategisch günstigen Ort platziert, um Vaters Zeh einzuklemmen? Wenn Michel die Klotür von außen zuhakt, weiß er dann, dass er damit seinen Vater einsperrt?

Dass man diese Streiche als »symbolische Kastrationshandlungen« deuten kann, meinte die Troika, die Michel damals als etwas unangenehmen Repräsentanten des »aufwärts strebenden Agrarkapitalismus« charakterisierte, als einen Streber, der eine »Position in der Erwachsenenwelt« anpeile – (wenn sie ihn wenigstens einen Bauerndieb genannt hätten, kommentiert Astrid Lindgren grimmig diese »Analyse«).[30] Heute betrachtet man den Kapitalisten vielleicht nicht mehr mit ganz so unbarmherzigen Augen, doch in der fanatischen Ideologiekritik der sechziger und siebziger Jahre gab es schlechterdings keinen Raum für die Wertschätzung von Komik oder von literarischer Äquilibristik. Die leuchtende Zukunft Michels als Gemeinderatspräsident gehört natürlich zum scherzhaften Projekt der Erzählung, umso mehr noch, als er zu diesem Zweck das Wort »Gemeinderatspräsidentenunfug« erfindet.

Meiner Meinung nach verdeutlichen Michels Einfälle vor allem das Bedürfnis des gewöhnlichen Kindes die Möglichkeiten des Lebens auszuprobieren, zu experimentieren und Grenzen zu sprengen. Er übt sich darin, den Zusammenhang von Ursache und Wirkung zu erforschen, was durch »trial and error« passiert. Die Kollision mit der Umwelt ist unausweichlich, besonders mit demjenigen, der die erziehende Rolle hat. Das Kind schärft seine Krallen und erprobt seine enorme Neugier und Willenskraft etwa ab einem Alter von fünf Jahren, dem wahrhaft genialen Alter. Michel ist bereits »stark wie ein kleiner Ochse« und stolziert mit seiner »Müsse und seiner Büsse« herum. Bei Astrid Lindgren sind diese Züge leicht mystifiziert und heroisiert mit Bezügen zur Tradition des starken Kindes, einem Herkules, einem Egil Skallagrimsson, einer Figur aus der altnordischen Sagaliteratur, Letzterer hatte leichtes Spiel mit seinem Vater Skallagrim.[31]

Eines dürfte klar sein: Astrid Lindgren ist keine teilnahmslose Autorin. Sollen es Streiche sein, dann aber bitte richtig und hundertprozentig mit handfesten Faustschlägen. Die Komik liegt genau darin, dass es donnert und knallt, wenn Michel und sein Vater aneinander geraten. Vor allem der Vater ist denn auch Zielscheibe der Streiche. Hier ergeben sich witzige Szenen, wenn der Vater sich entlarvt, wie kindisch er ist, und förmlich an primitiven Wutanfällen erstickt. Seine Ausbrüche nach den Faxen des Sohnes bilden ein Thema der Schilderung, doch Michels Zorn gehört ebenfalls dazu. Auch er ist *wütend*. Gelegentlich fühlt sich sogar die Autorin veranlasst, die Leser darüber aufzuklären, dass sich Michel und sein Vater im Grunde genommen sehr gern haben.

Vater und Sohn nehmen oft vertauschte Rollen ein. Wie in einem Mundus inversus fungiert das Kind als Erwachsener und der Erwachsene als Kind, eine Struktur, die in Literatur mit Nonsenscharakter häufig verwendet wird. Besonders witzig wird der Tausch bei der Jahrmarktszene in Vimmerby (Teil 2), bei der Michel alle Hände voll zu tun hat den Vater im Auge zu behalten, der einfach verschwindet und so einiges anstellt. Schließlich sieht er keinen Ausweg mehr, als auf eine Fahnenstange zu klettern und zu fragen, ob jemand diesen Jungen wieder erkennt, dessen »Vater weggekommen ist«. Worauf der Vater, wie immer brüllend, herbeistürzt. Doch Michel lässt sich nicht stören. Er beherrscht bald das gesamte Szenario des Markts und reitet schließlich auf dem Pferd nach Hause, das er selbst erworben hat.

So wird Michel zu einer Art Parodie des Lausbuben. Ihm ergeht es tatsächlich gerade deshalb gut, weil er gegen den Strom schwimmt und in den unkonventionellen Bahnen des Streichs denkt.[32] Auch die Strafe wird parodiert. Der Vater erreicht nichts, wenn er »brüllend« versucht, Michel zum Schweigen zu bringen – Michel schweigt nicht. Vielleicht haben die *Michel*-Filme diese Komplexität nicht ausreichend hervorgehoben, der Vater wirkt dort regelrecht bedrohlich, wenn er sein »Michel« schreit.

Nach jedem Streich wird Michel in den »Tischlerschuppen« eingesperrt, doch Astrid Lindgren scherzt bedingungslos mit dem traumatischen Motiv des Arrests. Niemand hat es gemütlicher als Michel im Tischlerschuppen. Er hat sich einen geheimen Platz eingerichtet, an dem er das, was er so braucht, versteckt, und er kann sich in aller Ruhe seinem kreativen Hobby widmen, von den Leuten im Ort Männchen zu schnitzen. Einmal weigert er sich trotzig, sein Gefängnis zu verlassen, obwohl ihn die Erwachsenen hinauslassen wollen. Für die Familie im Haus bedeutet dies eine reuevolle Nacht. Ein anderes Mal begibt sich Michel gegen den Willen seines Vaters zum Tischlerschuppen. Er geht von sich aus dorthin, wie ein Triumphator nach seinen ertragreichen »Wahnsinnsgeschäften« auf dem Jahrmarkt von Backhorva; diesen Erfolgen, die seinen Vater beinahe um den Verstand bringen.

Bei einer anderen Gelegenheit beginnt Michel in der Einsamkeit über seine Sünden nachzudenken und das Kapitel endet mit seinem entwaffnenden Gebet, das wirkt, als hätte er es aus einem Briefsteller übernommen:

>»Lieber Gott, mach, dass ich mit meinem Unfug aufhöre!
Bittet freundlich
Michel Svensson – Katthult – Lönneberga«

Der Held

Doch Michel heckt nicht nur Streiche aus. Mit dem pfiffigen Hirtenjungen aus dem Märchen, der durch seine Schläue Ehre und Reichtum erwirbt, ist er zumindest teilweise verwandt. Er wird allmählich, wie Alfred es zugleich spöttisch und bewundernd formuliert, »Viehbesitzer Michel Svensson«.

Viele andere Urteile über Michel treffen während seines wilden Treibens aufeinander. »Michel ist ein lieber kleiner Junge«, fasst die Mutter in ahnungslos liebevoller Wertschätzung ihres Sohnes zusammen, in deutlichem Kontrast zum unveränderlichen »Lümmel, du«, einer Formel, die von Linas »einen Bengel wie den hab ich noch nie gesehen« begleitet wird – so seufzt übrigens auch Tante Polly über Tom Sawyer. Der Erzähler beschreibt ihn mit bestimmten Formeln. Michel wird als durchtrieben, gelegentlich als gerissen bezeichnet – ein homerischer Reflex scheint in Konstellationen wie »der schwierige Junge« oder »der verständige Junge« auf, wobei man nicht weiß, wie viel Ironie in der Beurteilung »Der Junge hat ein gutes Herz« steckt.

Wir können leicht versucht sein zu glauben, Michel sei ein »lieber kleiner Junge«, wenn wir erfahren, dass er mit seinen sanften blauen Augen, rosigen Backen und hellem wolligen Haar einem Engel gleicht; er sehe aus wie ein Weihnachtsengel, heißt es am Schluss des dritten Buches – wie ein Sammelbildchen!, souffliert Ulf Boëthius.[33]

Auch hier wird seine Beschreibung durch stehende Epitheta deutlich vor Augen geführt und Michel wird umso komischer, wenn sich seine teuflischen Einfälle mit seiner frommen Erscheinung brechen.

Aus gutem Grund nimmt man an, dass Michel wie das Kind im Märchen die Träume vieler Kinder von Macht und Mut widerspiegelt – darin ist er ein wahrer Bruder von Pippi Langstrumpf (obwohl man sie nie in den Tischlerschuppen steckt). Die Heldeneigenschaften werden im Nachhinein deutlich. Im ersten Teil ist Michel noch ein Fünfjähriger, der in kindliche Abenteuer hineinstolpert und sich mit der kleinen Schwester und der Katze herumstreitet. Doch bereits jetzt stolziert er mit seinen Attributen wie ein echter homerischer Held herum: der hässlichen Mütze und der Holzbüchse, die Alfred geschnitzt hat. An dieser Stelle muss man Björn Berg, den ausgezeichneten Illustrator der *Michel*-Bücher, zitieren. In einem Interview in der Zeitschrift *Barn och kultur*, 1987, H. 5, einem Astrid-Lindgren-Sonderheft, berichtet er, dass er die »Büsse«-Bilder bewusst zurückgehalten und sich stattdessen auf die »Müsse« konzentriert habe.

Erst im dritten Teil, in *Michel bringt die Welt in Ordnung*, erhält Michel die wahrhaft heroischen Dimensionen. Wenn er auf seinem eigenen Pferd Einzug auf der großen Auktion in Backhorva hält, versetzt er die Volksmenge in Angst und Schrecken: »Wenn der Katthult-Junge kommt – ist es wohl besser, gleich nach Hause zu fahren!« Beim Streit, der später zwischen betrunkenen Knechten aufflammt, reitet er mit hoch erhobenem Brotschieber mitten hinein, um wie ein zweiter Don Quichotte seinen bedrohten Begleiter zu retten: Alfred liegt im Knechthaufen ganz unten. Michel gleicht einem Ritter, der sich »mit hoch erhobener Lanze ins Kampfgewühl stürzt«, heißt es komisch feierlich, bevor das Wasserspritzen beginnt. Durchtrieben wie immer kommt Michel auf die Idee, mit Hilfe der auf der Auktion ersteigerten Feuerspritze die Schlägerei zu beenden.

Im letzten Kapitel der Trilogie entwickelt sich Michel zu etwas Größerem als einem komischen Helden. Hier vollbringt er die Heldentat, den Knecht vor dem Tod durch Blutvergiftung zu retten. Die Schilderung, wie Michel Alfred todesverachtend im scheußlichsten Schneesturm zum Doktor bringt, ordnet die Erzählung dem heroischen Muster unter, das »die Gesetze der Farce überwindet«, schreibt Margareta Strömstedt. Andererseits: Der normale Zustand auf Katthult wird schnell wieder hergestellt, als der immer hilfsbereite Michel versucht, seinen kränkelnden Vater zu kurieren, indem er ihm einen etwas sehr heißen Topfdeckel auf den schmerzenden Bauch legt. Wie erwartet führt dies zu einem unheimlichen Gebrüll des Vaters, doch diesmal siegt die Mutter über den Tischlerschuppen: Mit einem herrlichen Grützwurstschmaus wird Michels – vom Doktor in Mariannelund stark gelobte – Tat gefeiert.

Ländliches Leben und Farce

Der Hof Katthult, der einer Idylle gleicht, einem *Südhof* (vgl. wiederum Anna-Maria Roos), ist Michels Operationsbasis. Er ist ein Teil der Kernfamilie Svensson, einem Haushalt mit traditioneller Arbeitsverteilung in der Agrargesellschaft: Vater Anton kümmert sich um die Arbeit draußen und Mutter Alma um das Essen – die Namen beinhalten wohl einen augenzwinkernden Gruß an Vater Anders und Mutter Anna im oben erwähnten Buch. Die Magd Lina melkt, wäscht ab und scheuert, der Knecht Alfred pflügt, fährt Mist aus und kümmert sich um Pferde und Ochsen. Krösa-Maja, die Hilfe bei der großen Wäsche und den Weihnachtsvorbereitungen, spielt eine nicht unwichtige Rolle als Vermittlerin von Anekdoten, Gespenstergeschichten und anderen herrlich fantasieanregenden Geschichten, denen Michel und seine kleine Schwester Ida mit gespitzten Ohren lauschen. Sie ist auch die sich am Unglück berauschende Kassandra der Trilogie, die das Neueste über Michels schauerliche Schandtaten an die sensationslüsternen Einwohner von Lönneberga weiterträgt. Wie einmal, als Michel und die Haustiere von den vergorenen Kirschen schwer betrunken sind: »Achachach, die armen Svenssons auf Katthult, Michel, dieses Unglück, hat sich voll gesoffen und alle Hühner erschlagen, achachach!« Diese Menschen arbeiten im Selbstversorgungshaushalt zusammen, doch sie schaffen auch ein derb-komisches Niveau mit Kabbeleien und Gereiztheiten. Lina hegt einen Groll gegen Michel, seit er versucht hat, ihren schmerzenden Backenzahn auf seine Weise zu heilen. Die Bäuerin ist der Magd etwas überlegen;

156

zwischen Mann und Frau kommt es zum einen oder anderen Wortwechsel. Diese Spannungen begleiten die Streitigkeiten zwischen Michel und seinem Vater, den wahren Entladungen der Familie, die andererseits ihren tröstlichen Gegenpol in der Freundschaft zwischen Michel und dem Knecht erhalten, einer Zuneigung, die nur von der Eifersucht der Magd gestört wird.

Volkstreiben auf der Auktion in Backhorva.
Illustration von Björn Berg.

Abgesehen von den Hauptfiguren wimmelt es von Nebenfiguren aus der Welt außerhalb von Katthult. Der Doktor in Mariannelund, die »feine« Frau Petrell in Vimmerby, die armen alten Leute im Armenhaus, die bärtige Dame und der Dieb Rabe beim Reservistenfest in Hultsfred, die hitzigen Knechte bei der Auktion in Backhorva, der Pferdehändler in Vimmerby, der Krakstorper, Bullte aus Bo, der Bastefaller und der Pfannkuchenbauer: Die Namen klingen nach einer Parodie des ländlichen Lebens und ihre Träger werden allesamt mehr oder minder dramatisch und komisch in Michels Streiche verwickelt. Die Erzählerin hantiert mit ihnen wie mit Marionetten oder Puppen, schreibt Ulf Boëthius treffend, doch er bemerkt nicht, wie viel Farbe und Kraft sie der Welt verleihen, in der Michel agiert. Astrid Lindgren füllt eine ganze Provinz mit Figuren und Komik. In noch höherem Maße als in den *Pippi*-Büchern kann man Bachtins Begriff vom Chronotop des volkstümlichen Jahrmarktes auf die *Michel*-Trilogie übertragen, was sich auch in Björn Bergs üppigen Gruppenbildern widerspiegelt.[34]

Die Personen auf der Katthult-Bühne zeigen einige wenige, in Reinkultur vorhandene konstante Züge: Dort finden sich der geizige Vater, die dumme, aber bauernschlaue und heiratslustige Magd, die prätentiöse oder die klatschsüchtige reizbare alte Frau, der gutmütige Knecht, der versucht, sich der Heiratspläne der Magd zu erwehren. Auch Michel hat typenhafte Züge, die aus den Stereotypien der Lausbubengeschichte stammen. Andererseits wird er als lebende Gestalt mit breit gefächertem Repertoire geschildert, eine plastische Figur mit Herz und Hirn, um die herum die anderen sich als Statisten, Sekundanten oder Gegner gruppieren.

Die komischen Elemente werden zur Farce verdichtet, einem Genre, »wo die Handlung überwiegend aus situationskomischen Verwicklungen besteht, die aus der lächerlichen Unwissenheit oder Dummheit der auftretenden Personen entstehen«, wie es so zuverlässig im *Svenskt litteraturlexikon*, einem schwedischen Literaturlexikon, heißt. Volksnahe Familienkonflikte, in denen es nicht zuletzt um Geld geht – und darum geht es hier –, gehören zu dieser Tradition. In der Farce gibt es einen harten Kern von Rücksichtslosigkeit, von Schwung, Leben und wildem Tempo, was subtile Gefühle nicht zulässt. Wut wie Lachen finden sich in diesem Genre mit seinem desillusionierten Menschenbild. Die karikaturhaften Übertreibungen in Personenzeichnung und Situationskomik der *Michel*-Trilogie, die in Bergs Illustrationen ihre visualisierte »Fortsetzung« erhalten, nähern die Erzählung an die Burleske an. Sie lässt sich auch als modernes Epos beschreiben, in dem die Volkslebens- und Lausebengelthemen in eine absurde Richtung umgeschrieben werden.

Dennoch wird nicht alles im Zeichen der grausamen Farce geschildert. Wir kommen auch diesen Menschen näher, die sich auf ihrem Stückchen Ackerland abrackern und schuften, der Magd, die auf dem Küchensofa schläft und in aller Frühe herausmuss um zu melken, den Knechten, für die eine handfeste Schlägerei das einzig Schöne ist, was ihnen das Leben etwas vergoldet. Dennoch will Astrid Lindgren hier nicht das Armeleute-Schweden darstellen. Die Familie Svensson lebt recht gut. Die Leser lernen die Kleinbauern im Alltag und auf Festen kennen und erfahren, wie es im Selbstversorgungshaushalt zuging, als man Käsekuchen und Blutklößeteig herstellte, zu Weihnachten das Schwein schlachtete, und auch wie man sich früher amüsierte.

Die Burleske gedeiht vor allem beim Thema des Festessens und den karnevalesken Luftsprüngen bei den kollektiven Ereignissen. Im kulinarischen Übermut und der sündigen Frivolität des Kirschengebräus werden die wahren Gelüste der Menschen entlarvt.[35] Wenige Bücher bauen auf einer solchen Reihe von Festen auf wie die *Michel*-Bücher. Katthult steht im Zentrum, wenn es um das Schmausen geht, das weiß man sogar bis hin nach Vimmerby: »Kirchenschmaus und Krebsessen und Käsekuchenfest und all die anderen Festessen, wo man Wurst und Rippchen und Kalbsrouladen und Fleischklößchen, Omeletts und Aal in Gelee und noch vieles andere mehr bekam.« »Und noch vieles andere mehr« – welch nonchalanter Übermut liegt nicht in diesem abschließenden Schlenker der Aufzählung.

Die Wollust beim Essen ist die offensichtlichste Seite der Ausgelassenheit in der Erzählung. In ihren Kindheitserinnerungen betont Astrid Lindgren, dass sie und die Geschwister sich darüber wunderten, wie die Erwachsenen beim Weihnachtsfestessen ununterbrochen aßen; dieses Staunen hat sie zu einer expressiven Komik verdichtet, die an Michel gebunden ist. Michel und die Feste gleichen einander aus und kommunizieren miteinander. Das Festessen ist dazu da, um den Streichen ihre explosive Wirkung zu verleihen, und Michel ist dazu da, um den Festessen ihre unerwartete, ungeheuerliche Wendung zu geben, die dann im Volksmund weiterlebt.

Die Katthultfeste werden durch die größeren Ereignisse, den Jahrmarkt, die Auktion und nicht zuletzt das große Reservistenfest auf der großen Wiese von Hultsfred, wo Michel ein ungewöhnlich »lustiges Leben führte«, erweitert und verstärkt. Denn die breit angelegten

Szenen mit Orgien in vollem Gang verleihen den Streichen erst den richtigen Schwung.

Die Kommunikation zwischen Michel und der Umwelt geht in zwei Richtungen. Mit der Suppenschüssel über dem Kopf fährt er zum Doktor nach Mariannelund; er führt, wie erwähnt, auf der Festwiese von Hultsfred ein lustiges Leben, bringt Leben in die Viehmesse in Vimmerby und spielt bei der Auktion in Backhorva eine Hauptrolle. Doch es gibt auch die umgekehrte Bewegung vom Umland in Richtung Katthult. Die großen Festessen, zu denen die Leute herbeiströmen, um Mutter Almas gutes Essen zu genießen, bieten, wie bereits erwähnt, besondere Möglichkeiten für Michels Unternehmungen.

Jeder Teil der Trilogie hat seinen Mittelpunkt in einer großen Verlustierung, zu der sich alles trifft. Im ersten Teil dominiert das Reservistenfest, im zweiten Teil der Jahrmarkt und im dritten die Auktion, bei der Michel so gute »Wahnsinnsgeschäfte« macht. Doch das große Wurstessen auf Katthult ist auch ein echter Höhepunkt – oder hätte es werden können, wenn Michel das Fest nicht sabotiert hätte. Im zweiten Teil feiert der Bürgermeister sich selbst mit Geburtstagsfest und Feuerwerk – was natürlich wegen Michels Anwesenheit ganz andere Auswirkungen hat als geplant. Denn auch Michel erzeugt Chaos. In der Welt, in der Erwachsene Pläne machen, sich vergnügen, einander hereinlegen und berechnend handeln, fungiert er als beunruhigendes, umstürzlerisches Element, das zugleich eine Satire auf die Gesellschaft und ihre Institutionen auslöst. Man denke etwa an die Gesellschaftskritik, die sich hinter der Episode mit dem großen Aufräumen verbirgt, wo Michel die ausgehungerten Alten aus dem Armenhaus nach Katthult transportiert und sie mit den Delikatessen verwöhnt, die Michels Mutter natürlich für etwas ganz anderes, nämlich für die offizielle »Repräsentation« reserviert hatte, mit der sie gewöhnlich Ehre einlegt. Auf ähnliche Weise sabotiert Michel im dritten Teil die schöne Fassade, die der Kirchkaffee den Katthulteinwohnern geboten hätte. Doch Michels Mutter hat viel Rückgrat. Sie zieht selbst mit ihrem Michel zum Guttemplertreffen, um nach dem großen Besäufnisfest Abbitte zu leisten – zu diesem Zeitpunkt ist Katthult in den Augen der Gemeindebewohner nicht viel wert und Michels Aktien stehen extrem schlecht.

Die explosiven Streiche

Michail Bachtins Thesen über die Ästhetik des Lachens lassen sich auf die *Michel*-Fiktion besser als auf alle anderen schwedischen Prosawerke anwenden. Die Verbindung der Komik mit kollektiven Manifestationen, volkstümlichen Ereignissen wie Jahrmärkten und Glaubensbefragungsfestessen sind natürlich nichts Neues. Doch die Geschichte einer Region auf den Streichen eines Kindes aufzubauen, das ist schon etwas anderes. Småland wurde von Nils Holgersson stiefmütterlich behandelt, hier erhält es seine Ehrenrettung.

Doch in welcher Zeit bewegen wir uns? Wann genau sich Michel in den småländischen Arenen austobt, erfahren wir natürlich nicht, es handelt sich nun einmal um Anekdoten. Die aus Märchen und Epik vertrauten Formeln »damals«, »früher« geben das Wesentliche an: den Abstand von der Gegenwart. Wir werden in eine Epoche versetzt, in der es viele arme Kinder gab, wo man mit Ochsen pflügte, mit der Pferdekutsche fuhr und wo es furchtbare Armenhäuser gab. Der Unterschied zu unserer Zeit wird durch Bemerkungen markiert wie: »denn zu der Zeit, als Michel klein war, gab es Mägde und Knechte in Lönneberga und überall«.

Die kulturelle Situierung des Textes wird durch die Illustrationen zusätzlich verdeutlicht. Björn Bergs Bilder geben manchmal Hinweise darauf, in welcher Zeit wir uns befinden. Ein Porträt des damaligen schwedischen Königs schmückt einen Raum im ersten Teil. Petroleumlampen werden abgebildet und kommen auch im Text vor. Die Kleidermode wird auch mal im Text beschrieben, doch umso offensichtlicher in den Illustrationen visualisiert: wir bekommen die feine Frau Petrell aus Vimmerby mit ihren Straußenfedern und ihrem ganzen »Bausch« ebenso wie Herrn und Frau Svensson in Arbeits- und Sonntagskleidung zu sehen.

Wenngleich Samuel August, Astrid Lindgrens Vater, Stoff für die *Michel*-Bücher geliefert hat, verweist der zeitliche Rahmen nicht eindeutig auf seine Kindheit in den 1870er bis 1880er Jahren zurück, eher handelt es sich um Astrid Lindgrens eigene Kindheit zu Beginn des zwanzigsten Jahrhunderts. Einige übergreifende Ereignisse ermöglichen es, die Schilderung als Geschichtsschreibung aufzufassen:

Es wird auf die Emigration angespielt, neulich habe es in Amerika ein furchtbares Erdbeben gegeben – das große Erdbeben in San Francisco war 1906.

Doch vor allem erregen sich die Menschen voller Spannung wegen des großen Kometen. In Schweden erwartete man den Halleyschen Kometen im Jahr 1910 und der etwas kitzelnde Schrecken erzeugt die Dynamik im langen Kapitel über den Jahrmarkt in Vimmerby im zweiten Teil der Trilogie; eine Stimmung, die zu Streichen anregt. Erdbeben und »Kometereien« fungieren natürlich auch als Metaphern für Michels wildes Treiben. Lina schlägt sogar einen gerechten Tausch vor, sie plant den Amerikanern zu schreiben: »Hier habt ihr Michel, schickt mir dieses Erdbeben her« – ihrer Meinung nach kommensurable Größen. In den Büchern über Lönneberga geht es vor allem um *Michel*-Zeit, ein Lausbuben-Chronotop, um in Bachtins Terminologie zu sprechen, und nicht um historische Exaktheit, wenngleich Astrid Lindgren sicherlich mit der kulturhistorischen Atmosphäre nicht nachlässig umgeht.

In Bezug auf den Raum verhält sich die Sache anders. Die Umgebung verlangte nach einem hohen Maß an Authentizität, einer Illusion von greifbarer Wirklichkeit, die den Anekdoten inmitten der unwahrscheinlichen Farce ihre Aura unverfälschter Wirklichkeit garantiert. Deshalb treffen wir nicht nur Leute aus Lönneberga, Mariannelund, Hultsfred und Vimmerby, sondern auch aus einer Reihe anderer Orte, die ihren festen Platz auf der Landkarte haben.

In der Gesellschaft, in der Michel der Held ist, herrschen die alten Hierarchien: die hochnäsige Frau Petrell ist wirklich »fein«, der Pfarrer, der Bürgermeister und andere Angehörige der Obrigkeit haben ihre besonderen Rollen. Übertriebene Ehrerbietung wird ihnen nicht zuteil. Alle beobachten sich gegenseitig, Ironie und Scherze gedeihen im Kielwasser des Klatsches. Das Karikaturistische wird durch die Holzskulpturen visualisiert, mit denen Michel die Honoratioren der Gesellschaft porträtiert – dass die Karikatur bereits die Wirklichkeit abbildet, wird daran deutlich, dass der Pastor in Michels Darstellung so genau abgebildet ist, dass Michels Mutter das Kunstwerk schnell in der Erde vergräbt.

Auf der humoristischen Ebene, auf der sich das Projekt Michel entwickelt, geht es nicht um tragische Konflikte. Die Gegensätze heben zu keiner Zeit die tragende Rolle der Komik auf. Hingegen bleibt ausreichend Raum für die konkrete Wirklichkeit. Die Lönneberga-Welt ist zwar eine Idylle, doch eine agrikulturelle Idylle, die viel realistischer ist als die der *Bullerbü*-Bücher, erst recht als die pastorale »Insel der grünen Wiesen« in *Mio, mein Mio*. Die Geschichten über *Michel* scheuen sich nicht vor naturalistischen Details. Wir erfahren von der Sau, die ihre Ferkel totbeißt, und davon, wie Michel in der Morgendämmerung den Schrei des Schlachtschweins hört. Wir nehmen an dem Durcheinander von »Dreck und Schmutz, Läusen und Hunger und Elend« teil, das wir bereits aus *Klingt meine Linde* (1959, dt. 1960) kennen, wo das Armenhaus und dessen schreckliche Wächterin Pompadulla beschrieben werden.

Diese Missstände werden in diesem andersartigen Genre, zu dem die *Michel*-Trilogie gehört, allerdings anders gewichtet. Hier fehlt der elegische Tonfall der Novellen in *Klingt meine Linde*, der die Schilderungen der Menschen »in den Tagen der Armut« durchsäuert. Die Erzählung über das Fest am zweiten Weihnachtstag in Katthult, wo die armen alten Leute sich beim großen Aufräumen über Mutter Almas Weihnachtsessen hermachen, dienen vor allem dem Hauptziel des Buches: einen von Michels grandioseren Streichen zu erzählen. Man ahnt trotzdem die soziale Empörung hinter der Schilderung der ausgemergelten Alten und ihrer schrecklichen Wächterin Maduskan – die ihre wohlverdiente Strafe erhält, als sie in der Wolfsgrube landet. Bei Albert Engström, der sich auch für das småländische Armenhaus interessiert hat, heißt sie bezeichnenderweise Regentan (Regentin).

Die Geschichte vom berühmten »großen Aufräumen« tariert Mitgefühl und Komik geschickt gegeneinander aus. Astrid Lindgrens Methode, das Streiche produzierende Kind mit den alten Leuten in Beziehung zu setzen, macht diese zu Kindern, die durch das bevorstehende Abenteuer aufgemuntert werden. Die »armen Alten« mit den deftig fantasieanregenden Namen erinnern eher an Zwerge aus einem Märchen, die einen Ausflug machen, wenn Michel sie auf die Schlittenfahrt nach Katthult mitnimmt. Die Schilderung des eigentlichen Festes ist einer der grotesken Höhepunkte der *Michel*-Fiktion. Auf anderthalb Seiten (wir bewegen uns hier im zweiten Teil, *Michel muss mehr Männchen machen*) wird das ganze Essen aufgezählt, das Michel und Ida aus der Speisekammer holen und auf dem Küchentisch platzieren. Die Aufzählung ist in Tabellenform, sodass man auch grafisch einen Eindruck von all den Herrlichkeiten erhält, die aufeinander gestapelt werden, und schließt mit einem denkbar absurden Schweine-Syndrom: »Einem kleinen, im Ganzen gebratenen Spanferkel, mit weißem Kandiszucker garniert.«

Dort stand:
eine Schüssel mit Blutklößen,
eine Schüssel mit Schweinswürsten,
eine Schüssel mit Sülze,
eine Schüssel mit Leberpastete,
eine Schüssel mit Knackwürsten,
eine Schüssel mit Fleischklößen,
eine Schüssel mit Kalbskoteletts,
eine Schüssel mit gepökelten Schweinerippchen,
eine Schüssel mit kalter Bratwurst,
eine Schüssel mit frischer Leberwurst,
eine Schüssel mit Heringssalat,
eine Schüssel mit Rauchfleisch,
eine Schüssel mit leicht gesalzener Ochsenzunge,
eine Schüssel mit Rosinen-Grützwurst,
eine Platte mit dem großen Weihnachtsschinken,
eine Platte mit dem großen Weihnachtskäse,
ein Korb mit Weißbrot,
eine Schüssel mit Sirupbrot,
ein Korb mit feinem Roggenbrot,
eine Kanne Fruchtsaft,
eine Kanne Milch,
eine Schüssel mit Buchweizengrütze,
eine Platte mit Käsekuchen,
eine Schale mit Backpflaumen,
eine Platte mit Apfelkuchen,
eine Schüssel mit Schlagsahne,
eine Schale mit Erdbeerkompott,
eine Schale mit Ingwerbirnen
und

ein kleines, im Ganzen gebratenes Spanferkel, mit weißem Kandiszucker garniert.

Diese Szene, in der sich die Alten »wie ein Rudel Raubtiere« auf Rippchen und Ochsenzunge stürzen, ist eine schreckliche Farce der Körperlichkeit, wo es knackt und knuspert und wo geschmatzt und geschlürft wird. Doch den Hintergrund zu diesem Abgrundsfest bildet trotz allem die großartige Geste des Kindes, die Armen zum Essen einzuladen. Michel ist sich seiner Sache ganz sicher: Diejenigen, für die das Essen gedacht war, sind »schon dick genug«.

Die Hungernden zu sättigen ist ein bei Lindgren immer wieder vorkommendes Motiv, hier hat sie sich eine richtige Einladungsorgie in einer Geste gegönnt, die eher an eine Großtat als an einen Streich erinnert – allerdings nicht in Mutter Svenssons Augen: Das blaue Schreibheft, in dem sie über Michels Streiche Buch führt, ist auf dem Blatt von Tränen fleckig, wo sie schreibt: »Sicher ist er eigentlich fromm, der Junge, obwohl ich manchmal glaube, er ist zu verrückt.«

Michel und die Gemeinde

Die Bühne für Michels Streiche ist von vornherein sehr breit, da die ganze Gemeinde, manchmal sogar ganz Småland, ihn im Auge hat. Zwischen Michel und der Gemeinde findet eine Art Kampf statt, in dem offen ist, wer den Kürzeren zieht. Doch die Regel, dass der Lausebengel mit seinen Possen triumphiert, wird nicht nur im Verhältnis zum einfältigen und ehrenhaften Vater, sondern auch in Bezug auf die klatschsüchtige und unzufriedene Gemeinde angewendet. Für diese Entwicklung wird bereits im ersten Teil der Grundstein gelegt, wo sich andeutet, dass der eigensinnige Junge zu gegebener Zeit schon noch »der beste Mann in ganz Lönneberga« werde. Mit dem Scherz, dass Michel der zukünftige Gemeinderatspräsident ist, spielt die Schilderung dann und wann, besonders wenn Michel in die Klemme gerät und die öffentliche Meinung gegen sich hat.

Die öffentliche Meinung ist nicht gerade gnädig: Alle kennen »den schrecklichen kleinen Jungen der Katthulter« – »ganz Lönneberga hielt den Atem an, als Michel in die Schule kam«. Die Streiche erhalten ihren glanzvollen Rahmen, ihren besonderen Resonanzboden durch dieses angespannte Verhältnis zur Umwelt. Dass die ganze Gemeinde Michel kontrolliert und den Atem anhält bei dem Gedanken daran, was er sich als Nächstes vornehmen wird, vergrößert die Großtaten des Katthult-Jungen zu episch-heroischen Sensationen. Die Folgen werden als Echo von der Gemeinde und von Småland wiedergegeben. Als Michel Lina erschreckt, schreit sie so laut, dass es »in ganz Lönneberga« zu hören ist. Über die ganze Gemeinde hört man das »Brüllen« des Vaters, als ihm der Blutklößeteig über den Kopf läuft. Dass Michel »das eigensinnigste Kind in ganz Lönneberga und in ganz Småland« ist, daran besteht kein Zweifel. Er ist in jeder Hinsicht einzigartig.

Am liebsten will Michel über »ganz Lönneberga« bestimmen, doch die Bewohner wehren sich tapfer. Der Gegensatz zwischen der Hauptperson und der Gemeinde wird in der Anekdote auf die Spitze des Crazy-Stils getrieben, in der die Leute Geld sammeln, um Michel die Fahrt nach Amerika zu finanzieren – ein Scherz mit einer gewissen Verankerung in der Lokalgeschichte. Das Resultat ist, dass die Mutter, immer ein Fan ihres Sohnes, das Geld wegwirft, »dass es über ganz Lönneberga flog«, während Lina die unbezahlbare Bemerkung macht: »Wir müssen ja auch ein bisschen an die Amerikaner denken. Die haben uns doch nichts Böses getan. Weshalb also sollten wir ihnen Michel auf den Hals hetzen?«

Die ländliche Gegend liefert besondere Voraussetzungen für ein erfindungsreiches und kreatives Kind. Michel hat Vorläufer in Pippi und Madita, doch erst durch die Interaktion von Volksleben und wildem Kind erhält Michel seine Eigenart. Für diese Art der Legierung hat Astrid Lindgren in Ester Blenda Nordström eine Vorgängerin, deren Ann-Mari das Landleben in jenem Buch aufmischt, das schlicht *Jenny Frechdachs* heißt.

Die Streiche in den *Michel*-Büchern werden explosiv, eben weil sie den gleichförmigen Trott des Bauernlebens unterbrechen. Ihren besonderen Charakter erhalten sie außerdem durch die Psychologie »der Umkehrung«, wie Astrid Lindgren sie verwendet. Das Kind erscheint als der unverfälschte, kluge Mensch, der über die geizigen, kurzsichtigen und sozial eitlen Erwachsenen siegt. Man denke nur an die Szene, in der Michel mit einem Tier fertig wird, an dem die Erwachsenen längst gescheitert sind, weil er es wie ein menschliches Wesen behandelt – hierin ist er sich sicherlich mit der Autorin einig. Die Vorhaben werden mit der bejahenden Grundeinstellung geschildert, die wir bereits aus *Pippi Langstrumpf* kennen.

Dass Michel im Schlusskapitel des letzten Teils Alfred vor dem sicheren Tod rettet, macht ihn zum Helden der ganzen Gegend. Die Überschrift spricht für sich: »Als Michel eine Heldentat vollbrachte, dass ganz Lönneberga jubelte und alle seine Streiche vergessen und vergeben wurden«. Die Heldentat, den Knecht im Schneesturm zum Arzt nach Mariannelund zu bringen, hat nicht die geringste Ähnlichkeit mit einem Streich, wenngleich das Pferd Lukas, das die schwere Fuhre zieht, es als Wahnsinn ohnegleichen empfindet. Nach dieser Tat des Katthult-Jungen sehen wir ein – oder zumindest Michels Mutter –, dass Katthults angeknackstes Ansehen wieder hergestellt und Mutter Almas Ehre gerettet ist. Die komische Zukunftsperspektive mit Michel als der zukünftigen Größe der Gemeinde ist nicht völlig unrealistisch. Doch dass es ein Gemeinderatspräsident nach Michels Geschmack wird, dürfte auch klar sein. Er denkt sofort darüber nach, was ein solcher Gemeinderatspräsident alles für Streiche anstellen kann – und hier kichert Astrid Lindgren und zwinkert einem zu, nicht nur den Kindern.

Die lange Reihe von Holzmännchen

Die Streiche verleihen der Erzählung ein schnelles Tempo und Freiheit. Michel »passieren« eine Reihe von erstaunlichen Situationen. Das episodische Element ist bei Astrid Lindgren immer wichtig. Doch nirgends sonst entwickelt sie mit so unerschrockener Vitalität eine Kette komischer Ereignisse, bei der der eine Vorfall mit dem anderen verkettet ist.

Mit demselben Geschick, mit dem die Autorin einzelne Szenen aufbaut, die für sich sprechen, erzeugt sie überlegen Zusammenhang und thematische Einheit. Die unterschiedlichen Situationen werden in

Kapiteln mit deutlichen, erhellenden Überschriften zusammengehalten, wie »Als Michel den Kopf in die Suppenschüssel steckte« oder »Als Michel die kleine Ida an der Fahnenstange hochzog«. Staffan Björck führt in seinem Buch *Romanens formvärld* (Die Formwelt des Romans) die erzählende Überschrift auf *Don Quichotte* oder noch weiter zurück und zeigt, wie sie im bürgerlichen Roman des 19. Jahrhunderts aufblüht.[36]

In modernerer Prosa werden solche Überschriften beispielsweise in August Strindbergs Roman *Die Hemsöer*, Vilhelm Mobergs *Kamerad Wacker. Roman eines schwedischen Bauernsoldaten* und im schwedischen Roman während des ersten Jahrzehnts des 20. Jahrhunderts verwendet. Die »eigentliche Heimat« der erzählenden Überschrift ist »der komische Roman«, stellt Björck fest, was gut auf die *Michel*-Trilogie anwendbar ist. Die Überschriften erzeugen Geheimnisvolles und geben doch zugleich Auskunft über den Inhalt des Kapitels. In der *Michel*-Trilogie sind die Überschriften anfangs recht schlicht und werden erst nach und nach immer ausgelassener und verzwickter, wie das folgende Lockmittel im dritten Teil: »Als Michel drei tapfere Versuche machte, Linas Backenzahn zu ziehen, und danach Klein-Ida ganz blau anmalte«. Man kann dies mit einer der Überschriften in *Die Hemsöer* vergleichen, etwa der des dritten Kapitels: »Der Knecht spielt seinen Trumpf aus und wird Herr im Hause, duckt die jungen Hähne und – tritt seine Hühner selbst«. In den *Michel*-Büchern wecken die Titel dieselbe muntere Erwartung dessen, was da kommen wird. Dies gilt auch für eine eher allgemein gehaltene Überschrift wie: »Einige Tage aus Michels Leben, an denen er zum Teil allen möglichen Kleinunfug machte, zum Teil aber auch gute Sachen«.

Die Kapitel der *Michel*-Bücher sind auffallend lang, länger als in jedem anderen Buch Astrid Lindgrens. Das letzte Kapitel im zweiten Teil nimmt 60 Seiten ein und macht damit mehr als ein Drittel des Buches aus. Die Trilogie setzt also recht ausdauernde Leser oder Zuhörer voraus, die voller Freude neuen Manövern der Hauptfigur entgegensehen. Wie sind nun diese Kapitel aufgebaut?

Häufig verwendet Astrid Lindgren, wie auch hier, Wiederholungen und Formeln, die Rhythmus und wieder erkennbare Muster erzeugen. Hierzu zählt der wiederkehrende parodistische Einschlag, wenn der Vater Michel in den Tischlerschuppen schickt. Die Strafe bildet den Epilog zu jedem Streich und wird ab dem zweiten Teil noch »lustiger« durch die feste Formel, dass die Mutter mit Michel »wegrennt«, während der Vater seinen Wutausbruch bekommt. Die Komik kulminiert in Michels kreativem Sieg, wenn er seine Männchen schnitzt und es ihm an seinem Verbannungsort allmählich gelingt, die ganzen Honoratioren zu versammeln, zurechtgehauen und von ihm selbst unschädlich gemacht. Wie ein neuer Döderhultare (ein bekannter schwedischer Schnitzkünstler) fängt er sie in Karikaturen mit ihren Charakteristika ein. Der Sieg der Kunst über die Wirklichkeit – oder die Rache an der Wirklichkeit?

Ein anderes strukturbildendes Element in der *Michel*-Fiktion ist die epische Dreierregel. Die Kapitel bauen in der Regel auf drei in sich abgeschlossenen Episoden auf. Bereits für das erste Kapitel des ersten Buches »Als Michel den Kopf in die Suppenschüssel steckte« gilt diese Regel; es erhält seinen Rhythmus durch folgende Abschnitte: 1) Michel bleibt in der Suppenschüssel stecken; 2) Michel verschluckt eine kleine Münze; 3) die Schüssel landet erneut auf seinem Kopf. Hier kann man kaum von Streichen reden. Michel gerät unabsichtlich (?) in die Klemme. Doch im zweiten Kapitel blüht die Streiche-Fantasie, auch hier im Rhythmus der Dreizahl: 1) Michel zieht Ida an der Fahnenstange hoch; 2) er flieht aus dem Tischlerschuppen und 3) stopft eine Maus in Frau Petrells Tasche.

Das erste Kapitel im zweiten Teil der *Michel*-Reihe »Als Michel Blutklößeteig über seinen Vater ausgoss und sein hundertstes Männchen schnitzte« baut ebenfalls auf diesem Dreierrhythmus auf. Zuerst landet der Zeh des Vaters in der Mausefalle, die Michel aufgestellt hat, dann fliegt ihm der Blutklößeteig in die Augen, dann landet auch noch der Kartoffelpufferteig dort – die reinste komische Tortenschlacht, für die Astrid Lindgren eine heitere Schwäche hat.

Im dritten Teil wird die Dreizahl bereits in einer der Kapitelüberschriften eingeführt: »Als Michel drei tapfere Versuche machte, Linas Backenzahn zu ziehen, und danach Klein-Ida ganz blau anmalte«. Das Kapitel über die Auktion im selben Teil verwendet den Dreierschritt auf eine Weise, die sich dem Volksmärchen annähert. Wie beim Dummerjan im Volksmärchen und bei H.C. Andersen verschafft sich Michel drei anscheinend unnütze Dinge, die im Handlungsverlauf für reichlich Ausbeute sorgen.

Das Prinzip der Dreizahl ist eigentlich nur ein Teil der thematischen Rhythmisierung, die die *Michel*-Reihe auszeichnet und wodurch die Bücher zu mehr werden als einer bloßen Sammlung von Anekdoten über ein lustiges und herausforderndes Kind. Das verbindende Thema ist wie immer komisch, doch es kann auch andere Werte enthalten, wie Klugheit und heroisches Verhalten – Michel wird immer schlauer und mutiger im selben Maße, wie er wächst und immer durchtriebener wird. Im dritten Teil steht der Schulbeginn bevor und er ist bereits ein abgefeimter Streichemacher, wobei er zugleich eine Unternehmungslust großen Stils erkennen lässt.

Doch nun zu einigen Beispielen dafür, wie die Thematik des Buches die Erzählung strukturiert.

Die Wurst und andere Themen

Die allererste Erzählung, die über Michel und die Suppenschüssel, baut auf dem Thema der bäuerlichen Sparsamkeit auf. Das Kapitel spielt mit den komischen Rechenaufgaben, die durch Michels Missgeschicke erst so richtig in Schwung kommen, bis zu dem Punkt, wo das Geldstück in Michels Magen landet. Allmählich verstehen wir, dass auch Michel nicht aus der Art schlägt. Seine Verschlagenheit, wenn es darum geht, sich in allen Situationen Einkünfte zu verschaffen, gibt zu vielen Scherzen Anlass.

Das zweite Kapitel des ersten Teils thematisiert die entgegengesetzte Seite der Bauernfamilie: die Spendierlust, wenn man zum Fest rüstet. In Katthult liegt ein Fest in der Luft und da wird nicht geknausert, abgesehen davon, dass Vater Anton einen (natürlich zum Scheitern verurteilten) Versuch unternimmt, die Ehefrau zu überreden, die Fleischklößchen kleiner zu machen. Wollust und Schlemmerei siegen in köstlichen Aufzählungen aller Leckereien, die es gibt. Das Allerbeste ist die Wurst, Mutter Almas besonders leckere Weihnachtswurst –

Frau Petrell kommt extra aus Vimmerby, nur um diese Wurst zu probieren.

Die Anspielungen auf die wunderbare Wurst durchziehen das ganze Kapitel und werden in die Handlung integriert, bis die Wurstdelikatesse als genuines Dingsymbol erscheint. Die Wurst-Orgie soll den besonderen Höhepunkt der Glaubensbefragung bilden, doch Michel macht alle Pläne zunichte und die Gäste (vermutlich besonders Frau Petrell) haben das Nachsehen. Der Höhepunkt des Festes wird ein völlig anderer als geplant. Als die wunderbare Wurst aus der Vorratskammer geholt werden soll, findet man stattdessen Michel, der dort, voll gestopft mit Wurst, auf dem Regalbrett schläft. Dennoch ist der Fund ein glückliches Ereignis, da Michel vorher verschwunden war, weshalb alle während des Festessens wie die Verrückten nach ihm gesucht und ihn bereits tot gewähnt hatten. Die Freude wird in der drolligen Pointe des Erzählers zusammengefasst: »Kaum zu glauben, dass ein kleiner wieder gefundener Junge, der mit Wurst voll gestopft ist, so viele Menschen glücklich machen kann.« Das Fest auf Katthult wird also letzten Endes doch noch zu einem geglückten Ereignis.

Unübertroffen wird dieses thematische Erzählen im ausgelassenen Kapitel über den Jahrmarkt in Vimmerby eingesetzt – im zweiten Teil, einer Erzählung, die überhaupt als künstlerischer Höhepunkt des Kapitels herausragt. Das Hauptthema ist Michels Kauf des Pferdes. Dass auf Katthult ein Jungpferd fehlt, wird in der Einleitung beiläufig festgestellt, wobei zugleich darauf hingewiesen wird, dass ein solches Pferd für die Svenssons unerschwinglich ist. Vorbereitet und dennoch überraschend; deutlich, doch nicht überdeutlich, bilden die Episoden eine Steigerung, bis hin zum kolossalen Triumph, als Michel sein Pferd nach Hause bringt. Zuerst wird die Entdeckung des Pferdes geschildert, dann die Enttäuschung, dass es verloren ist, und schließlich der Sieg, als das Pferd trotz allem ihm gehört und mit nach Katthult kommt.

Sicherlich heckt Michel auf dem Markt in Vimmerby Streiche aus, einige seiner spektakulärsten Taten führt er dort aus – doch er kehrt als Held nach Hause zurück, und im Folgenden bietet der Junge auf dem Rücken des Pferdes Lukas einen imponierenden Anblick.

Die Erzählung über den Pferdekauf ist zugleich mit einem anderen

Thema verflochten: dem aufgeregten Warten auf den Kometen. Alle in Småland haben Angst davor, dass er gerade am Markttag »in rasender Fahrt angesaust kommt und vielleicht die Erdkugel rammt«. Der Komet erhält dieselbe leitmotivische Funktion wie die Wurst im ersten Teil.

Die Angst wird durch eine Reihe unterschiedlicher Figuren vermittelt und gibt der Autorin die Möglichkeit zu einer breit angelegten, lustigen Schilderung des Volkslebens. Doch vor allem Michel und seine Abenteuer werden mit dem Kometen synchron geschaltet. Als Michel durch das Verandafenster hereinsaust und mitten in Frau Petrells Blaubeersuppe landet – die trotz ihrer Vornehmheit die Katthulter zu einer mageren Mahlzeit eingeladen hat –, fällt sie in Ohnmacht, weil sie glaubt, dass der Komet eingeschlagen hat. Noch größere Wirkung erzielt Michels Plan, das Geburtstagsfeuerwerk des Bürgermeisters in Schwung zu bringen. Ganz Vimmerby bebt angesichts dieses Himmelsphänomens, abgesehen von Frau Petrell, die diesmal weiß, dass Michel und nicht etwa der Komet diesen Schrecken verursacht. Die Leser nehmen wie die anderen Figuren an den Großtaten Michels Anteil – mit Bewunderung wie mit Gelächter – und alle anderen sind ebenfalls Betrachter und Teilnehmer zugleich. Die Erzählung wird urkomisch, wenn seine unterschiedlichen »Streiche und Kometereien« sich in diesem Hintergrund spiegeln. Die Frage stellt sich, ob der Komet und Michel nicht doch identisch sind; es reicht kaum aus zu behaupten, der Komet werde zum Symbol für Michels explosive Energie.

Das letzte Kapitel im zweiten Teil, »Als Michel ›Das große Aufräumen von Katthult‹ veranstaltete und die Maduskan in der Wolfsgrube fing«, fußt auch auf einer thematischen Aufladung. Worte wie Wolf, Werwolf, Wolfswinter werden zu einem Kettenglied zusammengefügt, das das Zentrum der Erzählung vorbereitet: die Wolfsgrube. Das Ganze beginnt damit, dass Michel und Ida – um die schläfrige Gemütlichkeit im herbstlichen Katthult aufzuschrecken – anfangen, unter dem Küchentisch Wölfe zu spielen. Krösa-Maja gießt Öl ins Feuer, indem sie von Wölfen und Werwölfen erzählt und davon, wie man früher Wolfsgruben baute. Michel nimmt die Anregung sofort auf und gräbt mit Alfreds Hilfe eine Wolfsgrube. Auf diese Weise ist das Wolfsthema genau wie frühere Leitmotive – die Wurst, der Komet – in die Erzählung integriert und steigert die Gespanntheit der Leser darauf, was Michel wohl als Nächstes anstellen wird.

Wie immer, wenn Michel seine Fallen aufstellt, passiert etwas völlig Unvorhergesehenes. Nicht nur um Integration in die Erzählung geht es also, sondern auch um Überraschung, und zwar eine von Lindgrens heftigsten. Der Wolf, den Michel fängt, ist die schreckliche Furcht erregende Maduskan, die Unterdrückerin der alten Leute – der symbolische Gehalt ist augenfällig.

Im dritten Teil, *Michel bringt die Welt in Ordnung*, ist das thematische Verfahren nicht so deutlich. Das Kapitel »Als Michel den Frosch in den Vesperkorb steckte und dann so Fürchterliches anstellte, dass man kaum davon reden mag« enthält dennoch diverse Anspielungen, die das Hauptereignis vorbereiten: Michels Rausch. Kirschen werden häufig erwähnt, bevor das Schreckliche passiert: dass Michel von diesen appetitlichen, aber vergorenen Beeren volltrunken wird – nicht nur er übrigens. Das große Säuferdrama auf Katthult, wo das Schwein und der Hahn die verräterischen Kirschen vernaschen, während die Hühner in Ohnmacht fallen, ist die am stärksten burleske aller *Michel*-Anekdoten. Das Chaos dringt in Katthult ein, alle sind von dieser Orgie der Orgien betroffen. Die Ordnung wird durch Buße und ein Nüchternheitsgelübde bei den Guttemplern wieder hergestellt, einem Akt, an dem auch das »Knirpsschweinchen«, die Leitfigur des Kapitels, teilnimmt – es heißt anschließend nur noch das Nüchternheitsschwein. Verrückt, wahnwitzig, ja, es stellt sich sogar die Frage, ob dies nicht der wahre Verrücktheitsbeweis der schwedischen Literatur ist, an ausgelassenen Wendungen und ironischen Untertönen unübertroffen.

Die Streiche als Geschichte

In den *Michel*-Büchern verwendet Astrid Lindgren ihre ganze unnachahmliche Schlagfertigkeit, ihre sprudelnde geistreiche Art und ihre sprachliche Energie. Sie entwickelt eine Art verbales Theater, wo sie uns vor sich her von Szene zu Szene treibt, unwiderstehlich verführt vom Lustigen. Zwischen sich und die Ereignisse hat sie einen Ich-Erzähler geschaltet, doch es ist eine andere Art von Erzähler als in ihren anderen Büchern. Nicht ein Kind, sondern ein Erwachsener führt das Wort. Ob es sich um einen männlichen oder weiblichen Erzähler handelt, lässt sich kaum herausfinden, man nimmt wohl eher eine Erzählerin an. Jedenfalls ist es jemand, der mit Lönneberga und Småland eng vertraut ist und ohne Zweifel die Familie Svensson auf Katthult besonders gut kennt, besonders gut Frau Svensson. Es handelt sich um jemanden, der Spaß an Klatsch und Sensationen hat, und dennoch einiges zurückhält, um uns Leser auf die Folter zu spannen.

Der Ich-Erzähler ist eine Konstruktion, die auf unterschiedliche Weise sein Mitwirken in der Handlung signalisiert. Dass er mit der Umgebung und den Figuren vertraut ist, bürgt für die Authentizität des Komischen, wobei der Erzähler zugleich etwas hinterlistig zu den Ereignissen Stellung nimmt. Eine große Aufgabe kommt dem Erzähler als Geschichtsschreiber zu. Über alle Vorhaben – oder Streiche –, die mit dem großen Sohn von Lönneberga zusammenhängen, wird Bericht erstattet. Astrid Lindgren parodiert die Heldensage des Epos, wenn sie den unvergleichlichen Michel, der einst Småland unsicher machte, so schildert, dass er sich im selben mythischen Nebel verliert wie manch andere Heroen der Literatur.

> In ganz Lönneberga und ganz Småland und ganz Schweden und – wer weiß – vielleicht auf der ganzen Welt hat es noch nie einen Jungen gegeben, der mehr Unfug gemacht hat als dieser Michel, der einmal vor langer Zeit auf Katthult in der Gemeinde Lönneberga in Småland lebte.

Doch der Erzähler tritt auch als die Zuverlässigkeit in Person auf, mit pedantisch genauen Datierungen für Michels Streiche, dies gehört natürlich auch zum komischen Projekt, da es an sich völlig gleichgültig ist, an welchem Datum die Streiche stattfinden. Wie vieles andere gehört das Lustige bei Astrid Lindgren mit dem Sinnlosigkeitssyndrom der Nonsenskomik zusammen. Die lange Reihe der Streiche wird wie eine Art parodistischer Geschichtsschreibung wiedergegeben. Mit Nummer und Datum dokumentiert, erhalten sie eine Aura von komisch besonderen Daten. Die Streiche werden zu einer imponierenden Zahl aufeinander gestapelt. Eine Beilage zur Trilogie schildert Michels Streich Nr. 325.[37] Der Kunstgriff, Streiche durchzunummerieren, findet sich schon beim Klassiker des Genres, bei Wilhelm Busch in seinem ungeheuerlichen Buch über Max und Moritz.

Das Spiel mit der historischen Authentizität erhält weitere komische Seiten, als wir erfahren, dass Michels Mutter Buch über die Großtaten des Sohnes führt. Mit diesem Typ von illusorischem Quellennachweis haben sich viele Autoren vergnügt, angefangen mit Cervantes, der mit dieser Methode *Don Quichotte* zu einer wichtigen historischen Person machte. Wie unglaublich wir die Streiche auch finden mögen, die Schilderung beweist schwarz auf weiß, dass sie wirklich stattgefunden haben.

Das Motiv mit den Quellenangaben wird in der *Michel*-Fiktion auf unterschiedliche parodistische Weise genutzt. Von Zeit zu Zeit (wenngleich ziemlich spärlich) erhalten wir Proben von Mutters Schreibereien, wobei die Zitate mit ihrer elend schlechten Rechtschreibung und ihren einfältigen Kommentaren dieser Heldengeschichte aus der Provinz eine besondere Würze verleihen. »Gestern war Michel artig«, schrieb sie am 27. Juni in ihr Heft. »Den ganzen Tag hat er keinen Unfug gemacht. Vielleicht lag es daran, dass er hohes Fieber hatte und er einfach keine Kraft hatte.« Diese Kommentare betonen, dass die Großtaten nicht als schlichter Lausebengel-Unfug gelesen werden sollen, sondern als großherzige und gefürchtete Unternehmungen – die Mutter schreibt nun einmal (in ihrem Heft) die Streiche mit Großbuchstaben. Währenddessen nörgelt der Vater herum, weil sie Katthults Bleistift abnutzt, sodass die Familie womöglich einen neuen kaufen muss.

Im dritten Teil jongliert die Erzählung noch wilder mit den Quellenschriften. Die blauen Schreibhefte, in denen über Michels Streiche Buch geführt wird, füllen inzwischen eine sich biegende Kommodenschublade, schon in sich ein Beweis für seine Potenz. Der Erzähler-Historiker hat von Mutter Alma – der Primärquelle – die Erlaubnis erhalten das Material zu verwenden. Das Quellenmaterial wiederum ist am Rand angefressen, da Michel einen seiner Streiche gegen eben dieses gerichtet hat. In einem Versuch, aus seinen berühmten Großtaten Kapital zu schlagen, hat er nämlich der Sonntagsschullehrerin den Vorschlag gemacht, drei der Hefte zu kaufen. »Als sie die Hefte nicht kaufen wollte, machte er Papierschiffchen daraus und ließ sie auf dem Katthultbach segeln, und danach hat keiner mehr etwas von ihnen gesehen.« Im Übrigen seien, so wird versichert, die Dokumente »noch heute in derselben alten Kommode« verwahrt. Durch dieses Gaukelspiel mit dem Quellenmaterial erhalten die beiden späteren Teile der Trilogie nicht nur einen Zuschuss an Komik, sondern auch eine größere erzähltechnische Komplexität als das erste Buch.

Bereits im ersten Teil wird jedoch der Erzähler als Referent der Streiche eingeführt. Der Ich-Erzähler sei, heißt es, ein guter Freund von Michels Mutter und habe mit ihr gewisse Absprachen getroffen, was die Berichterstattung angehe. Einiger Unfug solle nicht enthüllt werden, das sei der Mutter versprochen worden, wodurch die Illusion von Glaubwürdigkeit und eine enorme appetitanregende Wirkung erzielt wird: »Hohoho, ich muss lachen, wenn ich daran denke! Es war so, dass Michel gerade an diesem Tag … Nein, halt! *Halt!* Ich hab Michels Mama ja versprochen, niemals zu erzählen, was er am 3. November angestellt hat.«

Der engagierte Reporter

Man hat den Verdacht, dass dieser einfühlsame Erzähler Astrid Lindgren selbst ähnelt. Die Methode der Briefkommentatorin verwendet sie im Übrigen auch in ihrem Buch über die Liebe und Ehe ihrer Eltern, ebenso wie in ihrem zweiten Buch für Erwachsene: *Liv kan vara så olika. Två människoöden* (1985).

Im ersten Teil der *Michel*-Trilogie zeigt sich das Engagement des Erzählers im Hinblick auf die Handlung nur vorsichtig, doch allmählich wird der Stil immer stärker mit emotionaler Einfühlung aufgeladen, einer Art gutmütig lachender, vielleicht auch lächelnder Anteilnahme:

»Jaja, so kann es gehen!« (Teil 1)

»Und da – oh, ich zittere, wenn ich daran denke! –, da erblickte er seinen Vater! Und sein Vater erblickte ihn! Oh, oh, oh, was doch manchmal alles geschehen kann! ...« (Teil 3)

»Aber ach, was für unruhige Tage hatten sie in Katthult gehabt!« (Teil 3)

Der Erzähler kommuniziert sowohl mit den Figuren auf der Bühne der Erzählung als auch mit dem zuhörenden oder lesenden Kind. »Ratet, was ...« Wie ein lächelnder, etwas spöttischer Conférencier wendet sich der Erzähler an das »Du« des Buches und stellt Michel vor. Dies geschieht über vertrauliche Mitteilungen der Art »Nun darfst du nicht glauben, dass Michel ungezogen war. O nein, seine Mama hatte ganz Recht, wenn sie sagte, er sei ein netter kleiner Junge ...« oder »Michel war ein kleiner wilder und eigensinniger Junge, nicht etwa so brav wie du.« Zwischen dem »Du« und dem »Ich« der Erzählung wird ein intimer Kontakt hergestellt. Die Leser werden mit suggestiven Mitteln in den Bann gezogen, vor allem durch rhetorische Fragen, Ausrufe und verführerische Formeln, die Neugier wecken und die Relation Erzähler-Hauptfigur-Empfänger dramatisieren, denn im Spiel zwischen diesen Größen pulsiert die Erzählung:

Hast du schon mal was von Michel aus Lönneberga gehört, der auf dem Hof Katthult in der Gemeinde Lönneberga in Småland lebte? Etwa nicht? In Lönneberga jedenfalls – das versichere ich dir – gab es nicht einen einzigen Menschen, der den schrecklichen kleinen Jungen der Katthulter nicht kannte, diesen Michel, der mehr Unfug machte, als das Jahr Tage hat, und der den Lönnebergern solche Schrecken einjagte, dass sie Michel nach Amerika schicken wollten. (Teil 2)

Das Einverständnis mit den Lesern ist ebenso intim wie scherzhaft: »Ja, denn du hast wohl auch eine Menge Unfug gemacht, wie ich mir denken kann. Ach so, nicht? Konnte ich mich so irren?« Der Erzähler appelliert auch an das Deduktionsvermögen der Leser: »Vielleicht hast du schon gemerkt, dass Lina nicht ganz einverstanden war mit Michel«, und will gleichsam sicherstellen, dass beide Seiten, Leser und Erzähler, einer Meinung sind: »Alfred hatte ihm ein Gewehr aus Holz geschnitzt – nett von ihm, nicht?«

Obschon der Erzähler lustig und mitreißend sein soll, wird die pädagogische Deutlichkeit nicht vernachlässigt, sondern eher Teil der suggestiven Darstellung. Auf unterhaltsame Weise werden Wort und Gegenstand erklärt, nicht zuletzt alle Begriffe, die aus einer älteren Zeit stammen. Alte Leute im Armenhaus, Glaubensbefragung, Soldat, Exerzieren, dies alles gehört zum exotischen Leben »damals«. Informationen werden nach strikten rhetorischen Regeln wiedergegeben, wenngleich auch hier der Tonfall vertraulich ist. Vor allem wird die Belehrung nicht von oben nach unten erteilt.

> Du weißt wohl nicht, was ein Komet ist, und ich weiß es auch kaum, aber ich glaube, das ist ein Stück von einem Stern, das sich gelöst hat und abgefallen ist und das ein bisschen hierhin und dahin im Weltraum herumsaust. Du weißt sicher nicht, was es mit einem Armenhaus auf sich hatte, und darüber kannst du nur froh sein … Wenn du dir eine schäbige, kleine Hütte mit einigen Zimmern darin vorstellst und die Hütte voll mit armen, verbrauchten alten Menschen, die dort zusammen wohnen – in einem einzigen Durcheinander von Dreck und Schmutz und Läusen und Hunger und Elend, dann weißt du, wie damals diese Armen in einem Armenhaus lebten.

Solche Erklärungen sind so verteilt, dass die Leser beim Einsetzen der Handlung gut vorbereitet sind. Wenn der Knecht Alfred »seiner Militärpflicht genügen soll«, wird der Begriff erklärt, bevor die Familie auf Katthult in die Reihe der Abenteuer hineingezogen wird. »Du weißt wohl nicht, was man tut, wenn man seiner Militärpflicht genügt, aber siehst du, so nannte man das früher, wenn man Soldat wurde. Alle Knechte in Lönneberga und anderswo mussten ihrer Militärpflicht genügen und Soldaten werden.«

Die Ernährung spielt, wie erwähnt, in der Erzählung eine große Rolle und kann ebenfalls eine Erklärung in spielerischem Ton erfordern: »Du weißt vielleicht nicht, was Blutklöße sind? Das sind große schwarze Klöße mit fettem Schweinefleisch innen drin. Sie schmecken wie Blutwurst, nur anders und besser.« (Teil 2)

Der Umgang des Ich-Erzählers mit den Lesern erzeugt ein starkes Anwesenheitsgefühl. Der Dialog verläuft im Präsens, in der Gegenwart, und schlägt eine Brücke zu den Ereignissen der Vergangenheit. Eine wichtige Formel innerhalb dieser Art der Kommunikation ist folgende oft wiederkehrende Konstruktion: »Wenn du einmal an einem Jahrmarktstag in Vimmerby gewesen bist, dann weißt du, was das ist, eine Viehkoppel.« (Teil 2)

Die Nonsenskomik funktioniert auch hier, weil es nicht besonders wahrscheinlich ist, dass die Leser auf der Festwiese von Hultsfred waren oder gar auf dem Jahrmarkt von Vimmerby. Eigentlich ist das auch völlig gleichgültig. Die Funktion der Formel ist es, mittels der Spannung bei den Lesern eine Gänsehaut hervorzurufen und Anteilnahme und Miterleben zu erzeugen. Alle Sinne werden freudvoll im sinnlichen Lobpreis des schwedischen, vor allem des småländischen Sommers eingesetzt. Der Erzähler strahlt Wärme aus und gewährt großzügig Einblick in seine Gefühle.

> Wenn du auch einmal an einem frühen Sonntagmorgen im Juni in einem Wald in Småland gewesen bist, dann wirst du dich sofort erinnern, wie das ist: Du hörst den Kuckuck rufen und die Amsel flöten und du fühlst, wie weich die Kiefernnadeln unter deinen nackten Füßen sind und wie schön die Sonne deinen Nacken wärmt. Du gehst dahin und magst den Harzduft von Kiefern und Tannen und du siehst, wie weiß die Walderdbeeren auf den Lichtungen blühen. Genauso empfand es auch Michel. (Teil 3)

Die gemütliche Stimmung wird auch den Lesern vermittelt:

> Wenn du jemals an einem warmen Augusttag in der Gegend von Lönneberga bei einer Kaffeepause draußen auf dem Acker dabei gewesen bist, dann weißt du, wie schön es ist, wenn man bei einem besonnten Steinhaufen zusammensitzt, redet und Kaffee trinkt und Butterbrote isst und sich ausruht. (Teil 3)

Michel und Ida haben die Aufgabe, den Kaffeekorb zu den Erwachsenen zu tragen, doch der Erzähler erweitert die Szene zu einem allgemeinen Loblied auf die Kinder, die als Boten von zu Hause den hart arbeitenden Erwachsenen einen kurzen Augenblick der Ruhe schenken. Die Szene überwältigt den Erzähler mit Rührung im Stil der klassischen Rhetorik und der Kommentar eröffnet plötzlich die Perspektive auf die Mühsal vergangener Zeiten:

> Anmutige Boten waren sie wahrhaftig, diese Smålandkinder, wie sie mit ihren Kaffeekörben durch Wäldchen und über Wiesen auf sich schlängelnden Pfaden daherkamen, die alle bei einem kleinen mageren Ackerflecken endeten, so angefüllt mit Steinhaufen, dass man darüber weinen konnte.

Doch auf typisch Lindgren'sche Weise wird dieses Gefühl schnell gebrochen und die muntere Grundstimmung wieder aufgenommen: »Die Smålandkinder weinten natürlich nicht, denn zwischen den Steinen wuchsen viele Walderdbeeren, und Walderdbeeren mochten sie gern.«

Das verbale Theater

Der Umgang des Erzählers mit dem »Du« der Schilderung findet im Rahmen eines breit gefächerten Registers von Stimmungen und Werten statt. Auffällig ist dies in den Textabschnitten über das Armenhaus, wo der Erzähler seine Empörung und sein Mitgefühl auf die Leser überführt, die zugleich erfahren, wie effektiv die Innenfenster in früheren Tagen das Lüften verhinderten. Eine Art desperater Ironie durchsäuert den folgenden gedachten Dialog über den schlechten Geruch im Armenhaus:

> Nun sagst du vielleicht: Warum öffneten sie nicht ein Fenster und kletterten hinaus, das konnte doch nicht schwer sein? Man merkt, du hast noch nie etwas von Innenfenstern gehört. Im Winter konnte man im Armenhaus kein einziges Fenster öffnen – der Innenfenster wegen. Die waren ordentlich festgenagelt und an den Rahmen außerdem mit Papierstreifen verklebt, damit kein Wind durch die Ritzen pfeifen konnte. Aber wie lüftete man dann, fragst du vielleicht? Liebes Kind, wie kannst du so dumm fragen! Wer hat denn gesagt, dass man im Armenhaus lüftete? An solchen Verrücktheiten war niemand interessiert.

Ein Höhepunkt in *Michel muss mehr Männchen machen* ist die Schilderung der Rückkehr der Furcht erregenden Maduskan, nachdem Michel seine homerische List ausgeführt und die armen alten Leute aus ihrer Gewalt befreit hat. In einer wahren Paradenummer mit filmischer Visualität beschwört der Erzähler die schreckliche Figur herauf:

> Na, aber die Maduskan, was tat die inzwischen? Ja, davon sollst du hören. Ich wünschte, dass du sie sehen könntest, wie sie von Skorphult, von ihrer Käsekuchentour zurückkam! Sieh nur, wie sie da ankommt mit ihrem grauen Wolltuch, fett und zufrieden, und wie sie den Schlüssel hervorholt und wie sie ihn ins Schloss steckt – sie gluckst vor Vergnügen, als sie daran denkt, wie bescheiden und zahm sie jetzt sein werden, all die Armen dort drinnen. Jaja, jaja, sie sollen es endlich lernen, wer hier bestimmt: Das ist allemal sie! Und jetzt dreht sie den Schlüssel herum, jetzt steigt sie über die Schwelle, jetzt ist sie im Hausflur – aber warum ist es so still? Schlafen sie schon? Sitzen sie nur herum und lassen den Kopf hängen? Der Mond scheint durch die Fenster, jede Ecke ist hell – warum sieht sie kein lebendes Wesen? *Deshalb, weil dort niemand ist!* Nein, du Armenschreck, dort ist kein lebendes Wesen!

In diesem Zitat ist eine ungewöhlich große Anzahl an aufregenden Stilmitteln vereint. Hier finden sich rhetorische Fragen und Ausrufe, erlebte Rede, unvollständige Sätze, Kursivierung von Sätzen und letztlich auch die Apostrophierung der Figur, der Furcht erregenden Maduskan. Dass das Tempus in der Handlung zum Präsens umschlägt, erzeugt ebenfalls Dramatik und szenische Gegenwart. Der Erzähler bändigt sowohl die Figuren als auch die Leser, bei denen er davon ausgeht, dass sie mit allen Sinnen unter Hochspannung stehen.[38]

Die *Michel*-Bücher werden von einer strahlenden Stimmung getragen und wirken, als seien sie aus einer spontanen scherzhaften Laune heraus entstanden. Doch sie sind auch die Frucht von virtuoser Technik und einer künstlerisch durchgeführten Methode. Dass das Verhältnis zu den volkstümlichen Anekdoten und die ursprüngliche Sprache die Darstellung aufladen, scheint offensichtlich, obwohl

Astrid Lindgren nur phasenweise den småländischen Dialekt als besondere Würze einsetzt. Die Erzählung vermittelt die Illusion von Mündlichkeit durch Worte mit Saft und Kraft, erst recht durch die schwungvollen, aktiven Verben und die eingesprengten Redensarten. Doch die Sache mit der Mündlichkeit ist nicht so eindeutig. Oben habe ich mehrfach darauf hingewiesen, wie ausgefeilt die Rhetorik ist, die die Darstellung kennzeichnet. Der Text offenbart eine Autorin, die sehr bewusst Techniken und Stilmittel einsetzt, um den Eindruck einer direkten Kommunikation mit den Lesern zu vermitteln.

Einen neuartigen Versuch, diese Schreibweise in eine breite literarische Tradition einzugliedern, macht Ulf Boëthius in seinem Aufsatz »Konsten att göra sig rolig. Skazen i Astrid Lindgrens Emil i Lönneberga«. Der Begriff Skaz stammt aus der russischen Terminologie. In einem maschinenschriftlichen Aufsatz, in dem der Lundensische Literaturwissenschaftler Erik Zellén unterschiedliche Skaz-Theorien auf Gustaf Frödings *Räggler och paschaser* anwendet, weist er höchst unterschiedliche Ansichten darüber nach, was Skaz eigentlich sei. Eine Definition läuft darauf hinaus, dass es eine Gattungsform ist, bei der ein Erzähler »selbstständig und gleichsam unabhängig von der Kontrolle und der Kommentierung durch den Autor« auftritt. Er repräsentiert ein volkstümliches, nichtliterarisches Milieu und sein Erzählen ist von mündlicher Rede geprägt.[39]

Die in Schweden bekannteste Anwendung des Skaz-Begriffs ist die von B.M. Ejchenbaum auf Nikolaj Gogols Novelle *Der Mantel*. Bei Gogol sei das Agieren des Erzählers das Wesentliche, die eigentliche Handlung sei kaum von Bedeutung, behauptet Ejchenbaum. Bei ihm geht es um einen unterhaltenden Erzähler, der die Leser mit Anekdoten und Sprachwitz amüsiert. Boëthius geht in seiner Studie von diesem Aufsatz aus, indem er feststellt, dass *Michel in der Suppenschüssel* »wie ein Skaz konstruiert« sei, da der Erzähler vom ersten Augenblick an in den Vordergrund trete, »um uns mit seinen Anekdoten und seinen verbalen Sprüngen zu unterhalten«. Die Gegenwart der mündlichen Erzählerstimme, die ihre komischen Nummern vorführe, nicht zuletzt mit phonetischer Äquilibristik, sei zentral in *Michel in der Suppenschüssel* (Boëthius behandelt nur den ersten Teil). Das Buch sei schlicht »eine verbale Einmannshow, wo der referenzielle

Inhalt der Wörter eher aufgelöst und unterminiert wird«. In den *Michel*-Büchern fungiert laut Boëthius alles als Kulisse oder Requisit in den Händen des Erzählers. Es komme nicht darauf an, was gesagt wird, sondern, wie es gesagt wird. Das Milieu, die Exaktheit in der Datierung der Streiche, alles diene dem Ziel, Sprachwitz aufzubauen. Er beschreibt das *Michel*-Buch als eine Reihe von komischen Nummern, in denen der Erzähler die Aufmerksamkeit auf sich selbst lenkt.

Und ich hatte den Eindruck, dass der Erzähler die Aufmerksamkeit auf Michel lenkt! Es ist meines Erachtens trotz allem nicht möglich, Michel und die Handlung zu Requisiten zu reduzieren. Michel ist dennoch die Hauptperson, die sich vom stereotypen Schema der Farce löst – er läuft uns in der Erzählung förmlich entgegen (wie Björn Berg es in einem seiner Porträts des »Lausejungen« festgehalten hat). Der Erzähler und Michel sind, so wie ich es sehe, zwei kommensurable Größen, die sich im Erzählmuster gegenseitig ausgleichen.

Björn Bergs Michel kommt
uns entgegengelaufen

Boëthius' Begriff des verbalen Theaters erscheint mir zutreffend – den habe ich bereits für die Überschrift dieses Abschnitts übernommen. Doch ich meine, dass das verbale Theater auch die Handlung der Bücher einschließt. Die Streiche mit ihren dazugehörigen Gesten sind schließlich auch eine Sprache. Sicherlich werden die Streiche vom Erzähler in Szene gesetzt. Sie erhalten ihren Glanz und ihre Dramatik durch die komische Wiedergabe durch den Erzähler. Doch das Agieren der Personen, ihre Gedanken und ihre Sprache führen auch ein Eigenleben.

»Blupp«, sagte der Vater

Welche Rolle spielen also Repliken, Dialoge, erlebte Rede und ähnliche Formen, wenn die Figuren selbst in den Michel-Büchern auftreten? Dies ist eine berechtigte Frage. Manchmal erscheint das Figureninventar wie in einem Puppentheater. Der Erzähler hält die Fäden in der Hand und führt seine Figuren vor. Ihr typologischer Charakter gemäß den Bedingungen der Farce trägt zu diesem Eindruck bei.

Zu den Voraussetzungen der Farce gehört auch, dass die Gedanken der Figuren kaum zum Ausdruck kommen. Michels Zeiten in der Holzhütte, geben die nicht Anlass zu interessanten Einblicken in das Seelenleben des Kindes? Nein, im Gegenteil, das klingt dann folgendermaßen: »Nun saß er da und schnitzte an seinem hölzernen Männchen und dachte über den Unfug mit Ida nach. Das war bald geschafft, denn sehr viel dachte er nicht, und er schnitzte schnell und geübt.«

So weit, so gut – hinaus will er jedenfalls – und hier, wie bei ähnlichen Gelegenheiten, werden Michels Pläne erst in indirekter Rede als eine Art Gedankenrede wiedergegeben: »Durch das Fenster vielleicht! Das kann doch nicht so schwer sein, dachte Michel. Es war zwar hoch oben, aber er konnte gut auf den Bretterstapel klettern, der so bequem ganz dicht an der Wand lag.«

Michel denkt weiter über die Fluchtmöglichkeiten nach, doch bald gehen seine Gedanken in einen Monolog in direkter Rede über: »›Ich bin doch nicht verrückt‹, sagte Michel. – ›Geht das hier gut, dann soll

Ida meinen Hampelmann haben, das verspreche ich‹, sagte Michel, während er kroch.«

Manchmal ist es nicht einfach zu entscheiden, was fortlaufende Erzählung und was Gedankenreferat ist. Die Formen gehen ineinander über. Als Michels Vater das Glück hat, die Bezahlung beim Doktor in Mariannelund erlassen zu bekommen – nach dem Besuch mit der Suppenschüssel, die auf Michels Kopf festsaß –, wird die Erzählung vom Gefühl des Vaters gefärbt: »Was für ein wunderbarer Doktor! Und bezahlen ließ er sich diesmal auch nicht. Michels Papa war so zufrieden, dass er nur so strahlte, als sie alle drei wieder auf der Straße standen.«

Ein prächtiges Beispiel für diese »einfühlende« Methode ist auch die Szene, als der Vater vom Sohn in der Trissebude eingeschlossen wird:

Er wurde wütender und wütender. Nein, sollte er hier einsam und im Dunkeln herumsitzen, während alle anderen drinnen bei Licht und guter Laune zusammensaßen und auf seine Kosten schmausten! Nein, damit musste jetzt Schluss sein! Raus wollte er, raus! Und sei es durch die Luke! »Denn ich bin jetzt wütend«, sagte er laut und erhob sich von seinem Sitzplatz.

Dass der Dialog in der Kinderliteratur eine große Rolle spielt, davon kann man fast axiomatisch ausgehen. Studien in diesem Bereich stützen dies ebenfalls. Die deutsche Kinderbuchwissenschaftlerin Anna Krüger hat sich in ihrem Aufsatz »Bausteine des Erzählens« besonders mit Astrid Lindgrens Dialogtechnik beschäftigt. Sie beobachtet unter anderem, dass die Gespräche in einem Buch wie *Karlsson vom Dach* ganze 50 % des Textes ausmachen. In den *Michel*-Büchern liegt der Anteil der Dialoge am Text lediglich bei etwa 20 %. Dass die Gespräche zwischen den handelnden Personen so wenig Raum erhalten, bestätigt in gewisser Weise die Dominanz des Erzählers. Ich habe in meiner Berechnung also nur die Redebeiträge der Figuren berücksichtigt. Die Gespräche des Erzählers mit den Lesern sind nicht mitgezählt, ebenso wenig wie von den Figuren vorgetragene Verse und Lieder. Dass der Dialog außerdem vom ersten bis zum letzten Teil an Umfang abnimmt, ist ein

Symptom dessen, dass die *Michel*-Bücher allmählich stärker erwachsenenbetont werden – zu diesem Befund gehört auch, dass die Länge der Sätze zunimmt.

Eine andere Erklärung dafür, dass die Dialoge in der *Michel*-Epik nicht so viel Raum einnehmen, ist natürlich, dass die Erzählung sich auf das Lustige konzentriert, das passiert, wenn Michel in Fahrt ist, und nicht in erster Linie auf die Kommunikation zwischen den Figuren, die sonst bei Lindgren häufig dominiert. Doch obwohl der Dialog in den *Michel*-Büchern quantitativ gesehen weniger umfangreich ist als in anderen Büchern der Autorin, spielt er doch qualitativ eine wichtige Rolle. Die Antworten sind kernig, treffend, ironisch, manchmal wie volkstümliche Redensarten. Das Temperament der Figuren spiegelt sich in einer komischen Dialektik, die die Leser erheitert. Wie in dem leicht irritierten Gespräch zwischen Mann und Ehefrau vor dem Festessen auf Katthult, wo die Sparwut des Gatten auf die Hausfrauenehre der Frau stößt:

»Das hier wird teuer«, sagte Michels Papa. »Aber wenn schon gegessen werden soll, dann *soll* gegessen werden! Nur nicht knausern! Obwohl man die Fleischklöße ruhig etwas kleiner hätte machen können.«
»Ich mache die Fleischklöße genau richtig«, sagte Michels Mama. »Genau richtig groß, genau richtig rund und genau richtig braun.«

Wenn im dritten Teil die Vorbereitungen für das Glaubensbefragungsfestessen in vollem Gange sind, greift der Vater mit noch größerem Nachdruck ein:

»Es sind doch wohl die Bibel und der Katechismus, die wichtig sind. Aber du verlagerst es auf Fleischklöße und Käsekuchen!«
»Alles zu seiner Zeit«, sagte Michels Mama. »Katechismus zu seiner Zeit und Käsekuchen zu seiner Zeit.«

Einen witzigen Schwung haben oft Linas spitze Bemerkungen, besonders wenn sie Michels Unterfangen kommentiert. Gar nicht zu reden von dem einen Mal, als sie Katthult blamiert, indem sie auf die schlichte Frage des netten Pastors, wer unsere ersten Eltern gewesen seien, eine völlig verrückte Antwort gibt. Thor und Freya, antwortet

Lina geradeheraus, als eine gute Fürsprecherin des Heidentums in Småland.[40] Dass es sich um eine authentische Antwort handelt (wenn auch nicht von Lina) bestätigt Astrid Lindgren in »Wo kommen nur die Einfälle her?«

Der gutherzige Alfred ist eine stillere Natur. Doch wenn es um die Beziehung zwischen Michel und dem Knecht geht, reichen einige kurze, inhaltsreiche Worte: »›Du und ich, Alfred‹, sagte Michel. ›Ja, du und ich, Michel‹, sagte Alfred. ›So soll's sein!‹«

Michels Beweglichkeit sitzt ansonsten genauso sehr in den Antworten wie in den Beinen. Als die Suppenschüssel auf seinem Kopf festsitzt, gewinnt er dem sofort eine gute Seite ab: »Das ist der erste richtige Nutzen, den ich von dieser Suppenschüssel habe.« (Teil 1)

Linas Beziehung zu Michel ist eher angespannt.
Lina zieht die brave Ida vor.
Illustration von Björn Berg.

Einige Antworten erhalten den Status von Redensarten oder geflügelten Worten. »Blupp«, heißt es von Michels Vater, als er den Teig ins Gesicht bekommt, und die Kinder machen sich einen Spaß daraus, ihn nachzumachen – so erhält eine Episode im Verlauf der Handlung den Rang einer mündlichen Tradition. »›Blupp, sagte Papa im Kartoffelpufferteig‹, pflegten sie mit einem Kichern zu sagen – oder auch: ›Blupp, sagte Vater im Blutklößeteig‹ – eins von beiden passte immer.« (Teil 2)

»Blupp«, sagt im Übrigen auch die feine Frau Petrell, als Michel ihr Blaubeersuppe ins Gesicht schüttet. Dieselben ausdrucksvollen Worte äußert der Bürgermeister, als er die Sahnetorte mitten ins Gesicht bekommt.

Blupp ist ein Beispiel dafür, wie nah Astrid Lindgren sich an eine Wirklichkeit annähert, in der es laut und übermütig zugeht. Man braucht nichts anderes als diesen onomatopoetischen Ausdruck, um die aktuelle Situation einzufangen. Die lakonische Dialektik, die sich zwischen den Menschen in Lönneberga entwickelt, reicht aus, um die Eigenart der Figuren zu behaupten, und reicht auch aus, um den übereifrigen, engagierten Erzähler auszugleichen.

Nicht alles in den *Michel*-Büchern ist Theater, Schwung und Tempo. Ohne Frage treibt der Erzähler ein witziges Spiel mit Figuren und Situationen – die *Michel*-Bücher sind ein Epos der Sinnlichkeit und der Lust, expressiv umgesetzt, vor allem beim oralen Thema, dem Essen und Schlemmen. Eine Lebensfreude, die wir fühlen können, bis in die Aufgeladenheit der Wörter und die dichte Nähe der Menschen. »Lies das da, wo die Klein-Ida Lina kitzelt«, bittet mein Enkelkind.

Doch manchmal ruht sich der Erzähler aus und die Schilderung schreitet geruhsam voran, was dem Rhythmus des bäuerlichen Jahres entspricht. Obwohl die Komik den Hauptstrang ausmacht, treffen wir auf Bilder des sozialen Lebens und der Natur, ein Landschafts- und Volkslebensfresko, das nicht nur zu Gelächter einlädt. Mitten im Scherz spüren wir eine Vertrautheit mit der Gegend und eine Freundschaft mit den Menschen. Und Michel – er lebt doch wohl in unseren Herzen?

Wirklichkeit
und
Vision

Mio, mein Mio
Flaschenpost und Feuerflamme

Mio, mein Mio (1954, dt. 1955) ist ein Buch von großer Schönheit. Es wurzelt in Alltag und Tristesse und wirft uns dennoch hinaus in die Weiten des Sternenhimmels. Die Sprache ist poetisch, mit Anklängen an die modernistischen Autoren Edith Södergran und Pär Lagerkvist.

Zugleich wird die Erzählung auch von der nahen und direkten Stimme des Kindes getragen. Ein Junge erzählt etwas Unerhörtes, das er selbst erlebt hat. Man hatte ihn öffentlich gesucht: »Hat jemand im vorigen Jahr am fünfzehnten Oktober Radio gehört? Hat jemand gehört, dass man nach einem verschwundenen Jungen forschte?«

Ein nahezu krimiartiger Einstieg, der unsere Neugier wachkitzelt. Er verlegt die Erzählung in die Wirklichkeit – und in den Äther. Doch in diesen Fragen ist auch etwas Hilfloses. Wer erinnert sich schon daran, was letztes Jahr im Radio gesagt wurde? »Bo Vilhelm Olsson hat helles Haar und blaue Augen und war mit kurzen braunen Hosen, einem grauen Wollpullover und einer kleinen roten Mütze bekleidet. Mitteilungen über den Verschwundenen nimmt jede Polizeidienststelle entgegen.«

So detailliert wird eine Person in der Mediengesellschaft gekennzeichnet, wir erkennen auch die Formel am Schluss wieder. Das Bild vom Jungen in roter Mütze, grauer Strickjacke und kurzen braunen Hosen wirkt recht realistisch. Aber im Grunde genommen ist es die Bekleidung eines schwedischen Weihnachtswichtels! Der Märchenton gehört also trotz der bürokratischen Rhetorik bereits auf dieser modernen Wellenlänge zum Text. Das Märchenhafte wird allmählich verstärkt, um am Ende des Kapitels Knall auf Fall in der Flugreise zum Land der Ferne zu kulminieren. Doch die hilflose Frage, mit der uns die Suchmeldung beunruhigt, klingt noch immer in unseren Ohren.

Der verschwundene Bo Vilhelm Olsson, auch Bosse genannt, ist ein Waisenhausjunge, der bei einer Pflegefamilie im Zentrum von Stockholm, genauer gesagt in der Upplandsgatan, gelandet ist. Dort stimmt nichts. Tante Edla ermahnt, Onkel Sixten will ihn am liebsten nicht sehen müssen – es war ein Unglückstag, als der »Lümmel« ins Haus kam. Doch das Schlimmste ist, dass Tante Edla schlecht über seinen Vater redet und seine Sehnsucht danach, seine Wurzeln zu erfahren, erstickt. Seine Mutter sei tot und der Vater ein Lump, klärt sie ihn brutal auf und deshalb hasste Bo sie, heißt es deutlich und hochexplosiv.

Bo selbst ist sich sicher, dass sein Vater kein Lump ist. Er träumt jeden Abend von seinem richtigen Vater. Er weiß, dass es ihn gibt und dass er irgendwo auf ihn wartet. »Für mich ist der springende Punkt Mios Sehnsucht nach dem Vater und der Gemeinschaft mit ihm, wie auch in den *Brüdern Löwenherz* die Gemeinschaft zwischen den Brüdern zumindest eines der Hauptthemen ist«, schreibt Astrid Lindgren am 15. März 1975 an den Norweger Arvid Benn Johansen, den Autor einer Abschlussarbeit über *Mio, mein Mio*. Sie fährt fort: »Die Gefühle von Menschen, die Liebe von Menschen oder der Mangel an Liebe, die Beziehungen zwischen Kindern und Erwachsenen, das alles bedeutet mir mehr als irgendetwas anderes.« In seinem Aufsatz diskutiert Benn Johansen ausführlich den mythischen Charakter des Buches. Astrid Lindgren behauptet vorsichtig, aber bestimmt, dass das Zentrum des Buches in einem anderen Bereich liegt: bei den Gefühlen.

Das Kind, das verschwand

Die Frage nach dem Ursprung hat sowohl Psychologen als auch Erzähler immer wieder fasziniert – manchmal scheint dies der Ausgangspunkt für das Erzählen überhaupt zu sein. In der Literatur trifft man oft auf Findelkinder, die sowohl psychologisch als auch sozial ihre Ehrenrettung erhalten, wenn ihr Ursprung aufgedeckt und die Symbiose mit den Eltern wieder hergestellt wird. Hector Malots Buch

Heimatlos schildert die Abenteuer eines entwurzelten, wandernden Kindes in einer grausamen Welt. Ein Klassiker des Genres ist auch Dickens' *Oliver Twist*. Ein Findelkind aus dem früheren Armeleute-Schweden hat Astrid Lindgren ohne Anflug von Sentimentalität in ihrer Novelle »Polly hilft der Großmutter« im Band *Sammelaugust* beschrieben. Ein anderes Kind, das seine Eltern nicht kennt, wird in *Rasmus und der Landstreicher* (1956, dt. 1957), also zwei Jahre nach *Mio, mein Mio* geschildert. Hier wird erneut das Thema der Flucht und Sehnsucht nach dem Vater behandelt.

Astrid Lindgren schlägt in jedem von uns Saiten an, wenn sie Bosses Krise in das Alter um neun Jahre verlegt, die Zeit, in der man beginnt, seine Eltern in Frage zu stellen, und manche Kinder sich sogar für Findelkinder halten.[1] Oft mit dem Geburtsmythos verknüpft wird der elementare Konflikt mit dem Vater. Wie hier kann dieser zu Träumen von einem halbgottartigen Vater führen, den es irgendwo gibt und der einen bedingungslos liebt.

Die Schwärze in der Schilderung von Bos Kindheit erinnert an die Ausgeliefertheit, die die »schwarze Pädagogik« als verhängnisvoll für jeden Menschen beschrieben hat. Ein Kind, das nicht geliebt oder angenommen wird, kann schwere psychische Schäden davontragen. Das Kind verleugnet die Eltern und damit auch sich selbst, um existieren zu können – oder flieht in Träume und baut eine grandiose Fantasiewelt auf. Dies geschieht in *Mio, mein Mio*, wenn die Hauptfigur dichtet und als Schutz gegen die Trauer ihr eigenes Märchen erzählt. Das Märchen hilft dem Kind zu leben und den Mangel auszugleichen, die Verzweiflung darüber, nicht wahrgenommen zu werden. Es rettet das Kind vor der drohenden Versteinerung und wächst zu einem allgemein gültigen Mythos.

In *Mio, mein Mio* begibt sich Astrid Lindgren auf eine Weise in das Bewusstsein des Kindes hinein, wie sie dies vorher nur in einigen Novellen getan hat. Zugleich folgt sie der Methode des Märchens, wenn sie von dem »verschwundenen« Kind erzählt. Im Märchen gibt es reichlich verachtete Kinder, die zu Prinzen oder Prinzessinnen erhöht werden: In der Welt der Fantasie ist nichts unmöglich. Das erste Kapitel in *Mio, mein Mio* handelt davon, wie Bo Vilhelm Olsson zur Insel der grünen Wiesen entführt und in Prinz Mio verwandelt wird.

Wie in so vielen Volksmärchen bildet das Familienproblem den Ausgangspunkt der Handlung. Tante Edla und Onkel Sixten, diese Quälgeister, scheinen auch durch das Märchen gefiltert. Mitten in der grausamen Wirklichkeit wirken sie genauso absolut böse, wie Pflegeeltern es in klassischen Märchen zu sein pflegen.

Dazu gehört vielleicht, dass es dem Kind im Märchen »erlaubt« ist, jene Enttäuschung über seine Eltern auszuleben, die Kinder empfinden, wenn die Kleinkindzeit zu Ende ist. Für Bo sind die Pflegeeltern nur eine Tante und ein Onkel. In seinen Gedanken erzeugt er das Bild des liebevollen Vaters.

Einen Vater, wie ihn sein bester Freund Benka hat, einen, der mit seinem Sohn spricht, der mit ihm Modellflugzeuge baut und seine Körperlänge an der Küchentür misst. Einen, der großzügig ist und ihm Freiheiten zugesteht. Benka darf laut lachen und mit seinen Kleidern um sich werfen. Genauso nett ist der Vater zu den Freunden des Jungen – die Vaterliebe reicht auch für die Freunde – in grellem Kontrast zu Tante Edlas abweisendem: »Hier gibt's kein Gerenne von Gören.«

Das Bild von Benkas Familie ist aus tiefstem Neid entstanden, es beschreibt jedoch das Bedürfnis des Kindes nach vertrauter Gemeinschaft, wodurch auch eine fundamentale Geborgenheit und Freude entsteht, sehr genau. Man sollte meinen, dass diese Wünsche nicht unangemessen sind. Benka und sein Vater bilden das Modell für jenes Vater-Sohn-Verhältnis, das Bo sich für Mio ausdenkt und das Mio im Land der Ferne erleben darf. Dort gibt es kein Liebesdefizit. Oder vielmehr: Dort wird aller Mangel aufgehoben.

»Nimm mich mit«

Fest verankert in Wirklichkeit und Alltag wagt die Schilderung den Sprung hinaus in den Raum des Mythos. An einem windigen Herbsttag, nachdem Tante Edla Bo besonders oft daran erinnert hat, dass es ein Unglück war, dass er ins Haus kam, nimmt er die Abweisung wörtlich und verschwindet. Wunder und Traum sind die Reaktion auf die »schwarze Pädagogik« der Pflegeeltern. Die Fantasie steht für

Flucht, aber auch für Widerstand. Ihre Kraft erschafft die Welt neu.

Dieser Schöpfungsprozess beginnt, wie häufig, als das Leben am schwärzesten ist und das Defizit am größten. Hier geschieht die Umwandlung, an diesem besonders schlechten Tag, als die Pflegemutter Bo »kurz vor sechs« (dem magischen Zeitpunkt der Abenddämmerung) losschickt, damit er Zwieback kauft – bezeichnenderweise etwas Hartes und Trockenes. Von der freundlichen Tante Lundin im Obstgeschäft bekommt er hingegen einen roten Apfel – das Zeichen des Lebens selbst. Sie gibt ihm auch einen anderen Auftrag. Wie eine Fee aus dem Märchen vertraut sie ihm eine Karte mit einer Adresse in Goldschrift an, die er einwerfen soll. Sie ist »An den König, Land der Ferne« adressiert und enthält eine mystische Botschaft: »Er ist auf dem Weg, er, den DU so lange gesucht hast. Er reist durch Tag und Nacht und er hält in seiner Hand das Zeichen, den goldenen Apfel.« Bo »fror so eigenartig«, als er die schimmernden und rätselhaften Worte liest. Die Magie verstärkt sich, als der »goldene Apfel« zu leuchten beginnt.

Während dieser magischen Lichtblicke wird es langsam dunkel. Es ist Herbst in einer tristen und anonymen Großstadt. Als der Junge auf der Bank im Tegnérpark sitzt und zu den erleuchteten Fenstern der Mietshäuser aufblickt, ahnt er, dass dort drinnen Familien sitzen und Erbsen und Eierkuchen essen.[2] Einer, dem es so gut geht, ist sein Freund Benka, da ist sich Bosse ganz sicher. Selbst befindet er sich voller Bitterkeit außen vor.

Das Leuchten des Lichts gegen den Hintergrund der Dunkelheit bereitet auch vor, was kommen wird: sowohl die Reise zum strahlenden Land der Ferne als auch die Erlebnisse in der dunklen Welt, wo Kato, der schwarze Ritter, herrscht. Der goldene Apfel, der auf der Bank neben Bosse liegt und immer glänzender schimmert, signalisiert, dass etwas Eigenartiges geschehen wird.

In Märchen und Mythos gehören Kind und Apfel zusammen. Auf alten Gemälden sieht man manchmal einen goldenen Apfel an der Seite des Kindes. In Motiven mit Maria und dem Sohn hat das Jesuskind nicht selten einen goldenen Apfel in der Hand – ein Symbol dafür, dass das Kind die Sünde der Welt auf sich nimmt. Im Allgemeinen wird der Apfel mit Lebenskraft verbunden, vielleicht nimmt dieser auch den Baum der Erkenntnis vorweg, der Bo nicht erspart wird. Vor allem aber symbolisiert der goldene Apfel Auserwähltheit. Er ist das Zeichen für den Eintritt ins Paradies; wer den goldenen Apfel entgegennimmt, wird am Wunderbaren teilhaben.

Typisch für Astrid Lindgren ist, dass sie bekannte magische Elemente in modernen Zusammenhängen verwendet. Sie denkt sich keine besonderen Märchenrequisiten aus wie Tolkien, C.S. Lewis oder Tove Jansson, sondern nutzt die traditionelle Magie auf eine persönliche und pfiffige Weise. Wie zum Beispiel an der Textstelle im Tegnérpark, wo sie den goldenen Apfel mit dem Geist aus der Flasche kombiniert und eine gewöhnliche Bierflasche mit dem Etikett »Stockholmer Brauerei-Aktien-Gesellschaft Klasse II« als Gefängnis für den Geist fungieren lässt.[3] Mit dieser leicht komischen Modernisierung eines abgenutzten Motivs bleibt sie dicht an der Wirklichkeit – und auf der Erde neben der Bank entdeckt Bo die Flasche und befreit den eingesperrten Geist. Dessen Macht erweist sich als ebenso groß wie in *Tausendundeiner Nacht*, einem Buch, das der Junge gut kennt. Der Geist wächst sich zu einer mächtigen Gestalt aus und lässt seinen Retter ganz wie im Märchen einen Wunsch aussprechen.

Der Junge weist eine Belohnung wohlerzogen zurück – hier weicht die Erzählung von der Märchentradition ab. Doch die Wunscherfüllung bekommt schnell noch größeren Nachdruck. »Nimm mich mit! Oh, nimm mich mit!«, ruft Bosse, als er erfährt, dass der Geist in das Land der Ferne möchte. Er zeigt den goldenen Apfel vor und siehe da, das Zeichen stimmt: Bo ist genau die Person, die der Geist im Auftrag seines Königs ins Land der Ferne holen soll. So wird in Astrid Lindgrens Behandlung des Motivs vom Flaschengeist derjenige, der wünscht, auch der Erwünschte.

In dieser, wie erwähnt, umständlichen Szene lässt die Autorin sich Zeit die Fäden zusammenzuführen. Sie richtet sich auch nach der goldenen Regel, dass, je fantastischer eine Szene ist, der Realismus der Details umso stärker sein muss. Deshalb erklärt sie, auf welche Weise der Geist in die Flasche eingesperrt wurde: weil ein kleines Kind die Flasche mit einem Holzstück verschlossen habe. Diese solide Grundlage ist auch für die Situationen typisch, in denen die Autorin mit einem intensiv zuhörenden Empfänger rechnen kann.

Doch manchmal geht es auch herrlich schnell. So zum Beispiel als Bosse im Arm des Geists hinauf in den Raum hoch über dem Tegnérpark geführt wird:

> Wir waren hoch über den Wolken und wir schossen vorwärts, schneller als der Blitz und mit lauterem Getöse als der Donner. Um uns knisterten Sterne und Sonnen und Monde. Manchmal war alles schwarz wie die Nacht, manchmal so strahlend hell und weiß, dass ich die Augen schließen musste.

Aus dem Licht und der Schwärze heraus erklingt das Land der Ferne mit einer Symphonie aus Farben und Düften.[4]

Jetzt erfährt Bo, wer er eigentlich ist: Prinz Mio, Sohn des Königs im Land der Ferne, der Benkas Vater ähnelt, aber natürlich schöner ist und mit dem Attribut eines Märchenkönigs versehen ist, sein Mantel ist mit Gold und Diamanten geschmückt. Der Vater hat seinen Sohn neun Jahre lang gesucht, das heißt die gesamte Lebenszeit des Kindes (im Kinderheim hatte man vergessen, ihn vom Tod der Mutter in Kenntnis zu setzen).

Von *Mio, mein Mio* gibt es eine Verbindung zu den sentimental-religiösen Erzählungen vergangener Zeiten, in denen das auf Erden benachteiligte Kind seine Belohnung im Himmel erhält. Das Mädchen mit den Schwefelhölzern im Märchen von Hans Christian Andersen geht in den Lichtschein des Todes hinein – nachdem sie wie Bosse durchs Fenster vom Schicksal begünstigte Menschen gesehen hat. Doch bei Astrid Lindgren geht es nicht um ein Kind, das im physischen Sinne arm ist oder friert, es ist kein arbeitendes Kind, kein armer Schornsteinfegerjunge. Das Problem ist ein inneres, es geht um den Mangel an Liebe.

Wenn der Geburtsmythos zu Ende geführt ist und der Vater den Sohn trifft, wird die lebensnotwendige Gemeinschaft erzeugt, die in der Grundformel ausgedrückt ist: Mio, mein Mio, Worte, die so »weich und warm« klingen. Sie sind die Losung der Liebe und korrespondieren mit der anderen Hauptformel der Erzählung, »mein Vater, der König«. Die Szene, in der der Vater den Reisenden in die Arme schließt und ihm seinen richtigen Namen Mio gibt, hat einen feier-

197

lichen, fast sakralen Tonfall, während die Begegnung zugleich schlicht, warm und menschlich geschildert wird. Das Zentrale bei diesem Treffen ist, dass die Liebe gegenseitig ist. Der Vater hat ebenfalls vom Sohn geträumt und sich nach ihm gesehnt. Damit wird auf der Insel der grünen Wiesen alles, was in der Upplandsgatan nicht stimmte, umgedreht. Es ist bezeichnend, dass Mio bei der Begegnung mit dem König sofort triumphierend an Tante Edla denkt: Wenn sie wüsste! Der Vater ist eben kein Lump! Aus Protest und Sehnsucht denkt sich Mio das Märchen vom Vater aus.

So sieht das psychologische Muster aus, das in den Termini des Märchens die Antwort auf die »schwarze Pädagogik« gibt. Das Märchen verwandelt Bosse großzügig in einen Prinzen. Im Märchen endet die Erzählung meist damit, dass der Ausgestoßene und Unansehnlichste sein Glück findet. So endet auch das erste Kapitel des Buches, das als separate Erzählung 1950 in der Zeitschrift *Idun* gedruckt wurde. Doch Astrid Lindgren bekam Briefe von Kindern, die wissen wollten, wie es Mio im Land der Ferne erging. Also erzählte sie seine weiteren Abenteuer in der Märchenwelt.

Der Rosengarten – das Herzstück der Erzählung

Das Ganze beginnt mit dem Eintritt Mios in den Rosengarten oder, wie die Formel lautet, »der Rosengarten meines Vaters, des Königs«, dem Mittelpunkt des Kosmos, wie er im Buch beschrieben wird, und auch ein Mittelpunkt im Werk Lindgrens.

Als Mio an der Hand seines Vaters durch eine kleine Pforte in der Mauer in den wunderschönen Garten hineingeht, wird er in das eigene Reich der Liebe und der Fantasie hineingeführt. Dies geschieht im zweiten Kapitel des Buches, das eine von Astrid Lindgrens glänzendsten Erzählungen ist. In verdichteter Vision zeigt sie, wie sich das Paradies der Schönheit dem Kind offenbart. Der Rosengarten ist ein verbreitetes Motiv im Märchen und im romantischen Gedicht, ebenso wie in der Tradition der Malerei, oft als Sinnbild für das Paradies, dem ureigenen Lustgarten der Seele. Dessen Schönheit ist unvergleichlich: »Niemand kann jemals etwas so Schönes gehört oder gesehen haben wie das, was ich in meines Vaters, des Königs, Rosengarten hörte und sah.«

Wenn Astrid Lindgren ihren atemlosen Lesern das Schönste in der Welt beschreiben will, spart sie nicht an Superlativen und schönen Worten. Doch sie bezieht sich auf Alltag und Wirklichkeit, wenn sie von Bosses Besuch bei Benka und seiner Familie in deren Sommerhaus auf der Insel Vaxholm erzählt. Das unvergessliche Erlebnis wird als Hintergrund zur Lieblichkeit des Rosengartens aufgebaut. Bo durfte angeln und Spaß haben. Aber die Natur machte den stärksten Eindruck auf ihn: der rote Himmel des Sonnenuntergangs, die Heckenrosen und der Kuckuck, der rief. »Der Himmel war ganz rot und das Wasser so still. Es war die Zeit, in der die Heckenrosen blühen, und es wuchsen so viele Heckenrosen gleich hinter dem Felsen. Und weit entfernt auf der anderen Seite der Bucht rief laut ein Kuckuck.«

Dieses Erlebnis ist so wichtig, dass die Autorin die Gedanken des Kindes im Detail wiedergibt:

Ich dachte, das sei das Schönste, was es auf der Welt gäbe. Nicht der Kuckuck natürlich, den ich ja nicht sah; aber sein Ruf machte, dass alles andere noch schöner aussah, als es sonst ausgesehen hätte. Ich war nicht so dumm, dass ich davon etwas zu Benka sagte, aber ich dachte die ganze Zeit still für mich: Das hier ist sicher das Schönste, was es auf der Welt gibt.

Dass Bo seine Begeisterung nicht richtig mit Benka teilen kann, wirkt wie ein Puffer für die großen Gefühle. Die Welt des Märchens dagegen beinhaltet keine derartigen Begrenzungen. Im Rosengarten, durch den Mio zusammen mit dem Vater wandert, wird das Glück ekstatisch, wo alles schlicht vollkommen ist:

Aber damals hatte ich ja noch nicht meines Vaters, des Königs, Rosengarten gesehen. Ich hatte seine Rosen noch nicht gesehen, alle die schönen, schönen Rosen, die wie ein roter Wasserfall leuchteten, oder seine weißen Lilien, wenn sie sich im Winde wiegten. Ich hatte seine Pappeln noch nicht gesehen, die silberne Blätter hatten und die so hoch in den Himmel wuchsen, dass in ihren Spitzen Sterne brannten, wenn der Abend kam. Ich hatte seine weißen Vögel noch nicht gesehen, die durch den Rosengarten flogen, und nie zuvor hatte ich etwas gehört, was ihrem Gesang glich oder der Musik aus den Blättern der Silberpappeln.

Als romantisches Märchen bezeichnete Olle Holmberg *Mio, mein Mio*, als es erschien.[5] Sicherlich gibt es hier Signale für Romantik. Das Erlebnis des absolut Schönen, das man als das Sublime bezeichnen könnte, kommt unserer romantischen Tradition mit ihrer Vorstellung vom Schönen sehr nahe. Die Worte und Embleme, die den Rosengarten zugleich lebendig und abgelegen machen – die wogenden Rosen und die klingenden Silberpappeln, in deren Spitzen Sterne brannten –, hallen von romantischer Poesie wider: Felicias Garten in Atterboms *Die Insel der Glückseligkeit* in ein Buch für Kinder transponiert. Das ist wagemutig.

Mio, mein Mio ruft auch Kindern die ästhetische Dimension des Lebens ins Bewusstsein. Astrid Lindgren weiß, dass sie sich nicht von ihren Lesern entfernt, wenn sie diese lyrische Sprache verwendet. Der Stil mit Formeln, Superlativen und Wiederholungen ist nicht nur künstlerisch raffiniert, er entspricht auch dem Bedürfnis von Kindern nach etwas anderem als den Ausdrucksmitteln des Alltags. Sie hat selbst beschrieben, welchen Eindruck es auf sie machte, als sie als Kind einen Verwandten den Ausdruck »schneeumhüllte Bäume« verwenden hörte – eine Sprache außerhalb des Gewohnten.

Sie hat auch über die »Seligkeit dieses Heckenrosenbusches in der Ochsenwiese« berichtet, der ihr zum ersten Mal gezeigt habe, »was Schönheit ist«. Für sie gehört die Natur zu den »Seligkeitssachen« *(Ferien auf Saltkrokan)*. Dennoch romantisiert sie nicht; die Heckenrosen blühen »in der Ochsenwiese«. Für Bosse blühten sie draußen auf Vaxholm. Das Erleben der Wirklichkeit gibt seiner Fantasie Nahrung. Doch der Strahlenglanz wirkt beiderseitig. Die Rosen des Märchens verleihen den Heckenrosen Glanz – vielleicht erfreuen uns die echten rosa Heckenrosen sogar noch mehr (im Übrigen tauchen sie später in *Die Brüder Löwenherz* wieder auf). Die Heckenrosen der Region Roslagen verbleichen nicht im Vergleich mit dem Ideal, sondern erhalten eher noch stärkeren Glanz. Dies Spiel, diese Entsprechungen zwischen Fantasie und Realismus schenkt dem Erlebnis seine Kraft.

Doch der Rosengarten hat mehrere Dimensionen. Er steht nicht nur für die Schönheit, sondern auch für Liebe und Vertrauen. Mio erinnert sich an den wunderschönen Tag in Vaxholm, als er von Benka und seinem Vater eingeladen war. Vollkommen wird das Glück auf der Insel der grünen Wiesen, als er es im Rosengarten mit seinem Vater teilt. Die Düfte, das Visuelle und die Geräuscheindrücke verschmelzen zu einer poetischen Symphonie – doch die Worte der Zugehörigkeit klingen schlicht und naiv: »Ganz still stand ich und hielt die Hand meines Vaters, des Königs. Ich wollte fühlen, dass er da war. Alles war so schön, dass man einfach nicht ertragen konnte, es allein anzuschauen.«

Wichtig ist, dass all dies dem Vater gehört, es sind *seine* schönen Rosen, *seine* weißen Lilien, usw., die das Kind wie etwas vorher gänzlich Ungeahntes erlebt: »Ich hatte noch nie gesehen ...«, »Ich hatte noch nie gehört ...« Mio darf die Hand seines Vaters halten, »obwohl ich ja eigentlich zu groß dafür war«. Hier werden, wie sonst in diesem Buch, wenn es brenzlig wird, die negativen Bilder von Tante Edla und Onkel Sixten heraufbeschworen – sie haben ihn nie an der Hand gehalten. Bosse fehlte nicht nur der seelische, sondern auch der körperliche Kontakt. Doch er weiß, wie die Liebe aussieht. Sie öffnet die Sinne für das Wunderbare und macht die Schönheit bewusst und zugänglich.

Zusätzlich zu dieser Begeisterung verleiht die Schwärze dem Glück auch Tiefe. Der Trauervogel singt in der Stille der Abenddämmerung, wenn der blaue Nebel den Rosengarten einhüllt. Mio spürt, dass der Gesang ihm eine Botschaft bringt, wogegen er sich wehrt: Der Vogel sang, »sodass es wehtat«. Er kündigt das Dunkel an.

Die Phase der Wunscherfüllung

Zu Anfang bekommt Mio alles, wovon er geträumt hat. Er befindet sich in der Phase der Wunscherfüllung, wo ihm nicht nur Liebe und Geborgenheit, sondern auch Spiel und Spaß zuteil werden. Doch Astrid Lindgren wäre nicht sie selbst, wenn der seraphische Ton nicht durch das Spielerische ausgeglichen würde: Im Rosengarten spielt man auch Verstecken. Denn hier wird – Simsalabim – der ideale Spielkamerad eingeführt. Mio hat nach seinem ekstatischen Erlebnis des Sublimen gerade angefangen, Benka zu vermissen, als Jum-Jum vor ihm steht. Seine Augen ähneln Benkas, doch Jum-Jum sieht »ernster und netter« aus als der Freund aus dem Tegnérpark. Bald spielen Mio und Jum-Jum dieselben Spiele wie Bosse und Benka (wenn Benka das wüsste!). – Die Wirklichkeit liefert den Stoff für die Urbilder des Märchens.

Mio wird von Jum-Jums Familie noch freundlicher aufgenommen als zu Hause bei Benka. Er wird zu Eierkuchen und Erdbeerkompott eingeladen, gerade das, wonach er sich gesehnt hatte, als er einsam im Tegnérpark saß. Jum-Jum wohnt nicht wie Benka und Bosse in einem Mietshaus, sondern in einem kleinen weißen Haus mit Strohdach, nahe beim König und seinem Rosengarten, dennoch – und das ist wichtig – in untergeordneter Position: Jum-Jums Vater ist der Gärtner des Rosengartens. Auch seine Mutter gehört in den Zusammenhang, der zwischen Märchen und Realität geknüpft wird: Sie ähnelt Tante Lundin im Obstladen, Bosses guter Fee.

Alles ist so wunderbar, dass Mio sein Glück kaum ertragen kann. Ein Detail ist erhellend. Als die Jungen mit ihren Eierkuchen dasitzen, wird er plötzlich hysterisch ausgelassen. Er lacht und lacht. Der Vater kommt vorbei und der Sohn hört ängstlich auf zu lachen. Zu Hause in der Upplandsgatan sollte man ihn weder hören noch sehen. Doch der Vater beruhigt ihn mit zärtlichen Worten, die dennoch majestätisch klingen: »Ich liebe den Gesang der Vögel. Ich liebe die Musik aus meinen Silberpappeln. Aber mehr noch liebe ich es, meinen Sohn im Rosengarten lachen zu hören.«

Diese feierlich klingende Rhetorik – die einem in einem Kinderbuch merkwürdig vorkommen mag – ist zugleich verdeutlichend und engagiert die Leser. Es erscheint gewagt, aber keineswegs lächerlich, die feierlichen Worte in einem familienpsychologischen Zusammenhang zu sehen.

Die Freude des Kindes ist das Glück der Eltern. Zu Astrid Lindgrens wichtigsten Verdiensten gehört es, dass sie die fundamentalen Gefühle, die wir vielleicht nicht immer artikulieren, sichtbar macht. Die Lebensquelle des Familienglücks tritt auch auf diesem königlichen Niveau an die Oberfläche, wo sich der Traum vom guten Vater erfüllt. Jeden Tag geht Bosse mit dem König in den Rosengarten und sie bauen (wie Benka und sein Vater) Modellflugzeuge – in diesem Reich der fliegenden Pferde. Der Vater misst das Wachstum des Sohnes, wie Benkas Vater das mit seinem Sohn tut, auch an der Küchentür. Dies ist das einzige erwähnte Schlossinventar, Kristallsäle hingegen werden nicht genannt, weil sie in diesem Zusammenhang uninteressant sind. Stattdessen überwiegen die Geborgenheitssignale der kleinen Welt und deren Freuden mit mildem Humor, die in das Märchen hineinverpflanzt wurden. Die Wirklichkeit in der Upplandsgatan wirkt wie eine Lotleine und ermöglicht es, sich zu den Höhen des Märchens aufzuschwingen. Da ist die Küchentür wichtig. Sie ist fest in der Erfahrung des Kindes, des Erzählers, verankert und sie amüsiert und rührt die Leser zugleich.

Auch in anderer Hinsicht errichtet Bo seine Fantasiewelt auf einer Mischung aus Erleben der Wirklichkeit und Märchenlesen. Aus *Tausendundeiner Nacht* weiß er, dass das Märchen verschwenderisch sein kann. Das Pferd, die große Liebesgabe des Vaters, hat eine Goldmähne und goldene Hufe. Der Name Miramis erinnert an das orientalische Semiramis, doch das Vorbild für das Pferd stammt von Bos Erfahrungen in den Straßen Stockholms. Miramis ist ein verwandeltes Idealbild des Brauereipferdes mit dem trivialsten aller Namen, Kalle Punt, nur dass es mit allen Attributen des Märchens ausgerüstet ist; schließlich haben beide Pferde diese Augen, in denen sich ihre Seele spiegelt.

Auch hier erhellen das Übersinnliche und die Wirklichkeit sich gegenseitig. In der Upplandsgatan hat Bo das Pferd regelmäßig gefüttert und getätschelt. In der Einleitung zum Kapitel »Miramis« wird erzählt, dass er manchmal wegen des Pferdes zu spät zur Schule kam und den sarkastischen Sprüchen der Lehrerin ausgesetzt war. Irritierend war für ihn auch, dass er Kalle Punt nicht für sich allein haben durfte. Benka konkurrierte um das Interesse und hatte die schlechte Angewohnheit, das Pferd als seins zu bezeichnen – obwohl er doch seine Mutter und seinen Vater zum Liebhaben hatte. Bosse dagegen hatte doch niemanden. Die Erzählung erhellt erneut, wie schmal der Zugang zur Freude in Bosses Dasein ist.

Deshalb ist auch die Freude in der anderen Welt grenzenlos. Die Szene mit dem Kind auf dem Pferderücken als Ausdruck für Lust und Freude hat Astrid Lindgren oft gestaltet. Die Welt der Wünsche erstrahlt, wenn Jum-Jum daneben steht, hingerissen in die Hände klatscht und ruft: »Mio reitet auf Miramis, Mio reitet auf Miramis!« Endlich spielt Mio die erste Geige. Mit einer flotten Geste kann er dem Freund anbieten, hinten mit auf dem Pferd zu sitzen.

In diesem Land der erfüllten Wünsche überwinden die Pferde alle Hindernisse. Schwindel erregend ist der Ritt Mios über die Brücke des Morgenlichts, wo »das weiche Gras feucht von Tau« war und die Luft sich »so angenehm im Gesicht« anfühlt. Astrid Lindgren geht von den Sinneseindrücken aus, wenn sie das himmelsstürmende Erlebnis schildert. Seinen Biss erhält es dadurch, dass Mio ein Besucher im Land des Märchens ist, der vom Wunderbaren überrumpelt wird, und intensiviert sich, als Mio daran denkt, dass Benka dies nicht erleben darf, da er an den regnerischen, kalten Tegnérpark gebunden ist. In der Welt des Märchens sind die Gefühle stark und gewaltig. Mio empfindet Überraschung, Freude und Furcht vor all den Geheimnissen, die aufgedeckt werden. Die Dramatik der Gefühle kulminiert im Schock, als er versteht, dass Miramis »über die Wolken laufen und über Sterne springen« kann. Die Erzählung vermittelt den Urschock des Märchens – denselben, den Astrid Lindgren erlebte, als sie in der Küche des Kuhknechts ihr erstes Märchen hörte, ein Erlebnis, das sie nicht vergaß.

Doch hinter aller Euphorie liegt etwas Unruhiges und Empfindliches. Ein Schmerz, der so stark ist, dass man ihn kaum beschreiben kann, begrenzt die wunderbare Welt. In der Nacht muss die Brücke des Morgenlichts eingezogen werden, damit der Feind, der grausame

John Bauers Illustration eines fliegenden Pferdes
für das Märchen in Guldslottet *(Das Goldschloss) 1911*

Ritter Kato, sie nicht überqueren kann, erzählt Jum-Jum Mio. Der schreckliche Name wird eingeführt und die Wirkungen werden physisch wahrnehmbar. Mio »fror«, als er den Namen wiederholte, und Miramis »wieherte auf und es klang wie ein Schrei«. Doch bislang ahnen wir das Furchtbare nur: Auf eine für das Buch typische Art und Weise werden die Worte sparsam eingesetzt und die Informationen verzögert, eine Welt der Unsicherheit und des angespannten Wartens wird um Kato erzeugt.

Die ewig sommergrüne Insel der Idylle

Zunächst genießt Mio das Leben auf der grünen Insel in vollen Zügen, wo alles einer vollendeten Idylle gleicht. Frei und unbekümmert streift er in der Landschaft umher, die seit jeher das Chronotop der Pastorale kennzeichnet: weiche Hügel, Hirten, die weiße Lämmer hüten, sprudelnde Bäche. Dies ist der symbolische Raum des Volkes, außerhalb des Rosengartens mit seinen prächtigen Blumen und Bäumen mit Silberblättern. Doch auch hier ist es »schön«, »das Gras war zart und grün, Blumen leuchteten überall, da waren weiche, grüne Hügel und klare Bäche rieselten von den Hügeln und wollige weiße Lämmer weideten im Gras.«

Dass die Landschaft sehr detailliert geschildert wird, unterscheidet die Erzählung vom Märchen. Die Häufung von aufeinander abgestimmten Adjektiven – zart, weiß, weich, klar, grün – erzeugt den Code der Idylle.[6] Der Begriff »Bäche« verleiht mit seinem biblischen Anklang der Stimmung etwas Altertümliches. Die Idylle ist nicht nur arkadisch, sondern sie hat auch einen archaischen Tonfall.

Theokritos' Idyllen bilden das ursprüngliche Modell für den »locus amoenus«, der nicht nur ein »angenehmer Ort«, sondern auch das Zentrum der Güte ist: »Hier waren alle gut, nicht nur die Menschen. Alle Wälder und Wiesen und Bäche und alle grünen Haine, auch sie waren gut und wollten nichts Böses.«

Doch nicht nur die Natur, auch die ganze Schöpfung ist von einem guten Willen beseelt.[7] Die Sterne, die Sonne und der Mond haben an diesem Kosmos der guten Kräfte ihren Anteil, der auf romantische

Weise von Gefühlen erfüllt ist. Die Sterne mögen es, wenn man ihnen etwas vorspielt – wie in Atterboms *Die Insel der Glückseligkeit* –, und das Mondlicht beschwört eine ähnlich magische Stimmung herauf, als handele es sich um ein Gedicht von Edith Södergran.

In einer solchen Welt werden die Menschen nicht individualisiert. Die Erwachsenen tragen in der Regel keine Namen: Wie in der Idylle oder im Märchen werden sie nach ihren Rollen und Funktionen bezeichnet: die Weberin, die Hirten, der Schwertschmied, die Großmutter, der König. Hier werden Menschen als Typen definiert, was dazu passt, dass man von einem Kind als Erzähler einen gewissen Mangel an Nuanciertheit erwartet, aber auch dazu, dass Astrid Lindgren ihren Lesern gegenüber eine offene Haltung einnimmt; die Empfänger können die »Leerstelle« der Erzählung selbst ausfüllen und ihre eigenen Figuren erschaffen.

Auf der Insel der grünen Wiesen gibt es keine ausgesprochene Hierarchie. Die Bewohner der Idylle leben als Population in friedlicher Koexistenz und sollte der König Macht haben, so merkt man sie nicht. Über sein Schloss wird lediglich gesagt, dass es weiß ist; das Königtum drückt sich wie erwähnt, nicht in Pracht aus – abgesehen vom Rosengarten. Die Menschen in den kleinen weißen Hütten dominieren das Gesellschaftsbild. Wir werden in ein vorindustrielles Dasein eingeführt, wie es für Märchen typisch ist. Ann Swinfen führt in ihrem Buch *In defence of fantasy* genau diese Art von Gesellschaft als für die Fantasy-Tradition typisch an. Sie bezeichne vor allem Unveränderlichkeit. In der Idylle gebe es wie in der Kindheit kein Bewusstsein von linearer Zeit, deshalb diene sie so oft als eigenes Chronotop der Kindheit. Signale für Mittelalter und Ritterzeit werden angedeutet – es wird von Rittern, Schildknappen, Mänteln und Spähern gesprochen. Sie vermitteln auch besondere Stimmungen und passen gut zu den mythischen Elementen, die für die Wertegemeinschaft im Land der Ferne bürgen.

In der Darstellung der Insel der grünen Wiesen ist das Epitheton »freundlich« ein Schlüsselwort, das mit anderen Worten für das Milde und willkommen Heißende zusammenwirkt: zart und weich. Das Adjektiv »weiß« ist problematischer. Auf der Insel der grünen Wiesen ist vieles weiß: die Lämmer, die Hütten, das Schloss, die Pferde und

Vögel. Das Weiße steht für Reinheit, für das nicht Besudelte, doch auch für Distanz, eine Ahnung des Nichtlebens. Die weiße Farbe verstärkt den Zug von Idealwelt; vielleicht ist damit auch eine heimliche Trauer konnotiert.

Durch diese Idealität erhellt die Fantasiewelt wie ein Scheinwerfer die echte Welt. In den Entsprechungen zur Idylle wird die Wirklichkeit deutlich und mit scharfen Konturen herausgearbeitet. Die weißen Hütten, in denen Mio so freundlich aufgenommen und bewirtet wird, kann man als Kontrast zu den kompakten Mietshäusern der Großstadt verstehen, wo sich Bosse ausgeschlossen fühlte – ebenso wie der Tegnérpark als Antithese und Inspirationsquelle zum Rosengarten erscheint. Diese Parallelen werden nicht betont. Die Menschen werden hingegen stärker aus dem Alltag herausgehoben. Die freundlichen Menschen, die Mio in der Großstadt getroffen hat – Tante Lundin, Benka und sein Vater –, treten als schönere und bessere Doppelgänger auf oder als Urbilder zu den Figuren der echten Welt. Mio selbst fungiert im Märchen als sein eigener Zwilling, verwandelt und erhöht zu einem Prinz von Geblüt, schließlich zu einem Ritter ohne Furcht und Tadel.

Bisweilen wird der Kontrast in tendenziösen Gegenbildern verschärft. Die netten Kinder auf der Insel der grünen Wiesen bilden den Gegensatz zu gewissen bösartigen Kindern in der Upplandsgatan, Raufbolden, die »wie Wölfe kläffen«. Bosse ist ein von »Mobbing« bedrohtes Kind. Wenn Janne auftauchte, durfte Bosse nicht mitspielen. Mio erinnert sich, wie brutal er zurückgewiesen wurde: »Hau ab oder ich kleb dir eine, dass dir Hören und Sehen vergeht!« Komplizierter ist die Frage, ob Ritter Kato (wie schon behauptet wurde) als Projektion des Ziehvaters zu sehen ist. Selbst verstehe ich Kato eher als eine mythische Übersteigerung all des Negativen, das Bosse erlebt hat, eine Verdichtung des Dunklen.

Die Erzählungen, in denen Astrid Lindgren am stärksten mit dem Konzept der Idylle arbeitet, sind die *Bullerbü*-Bücher. Wie ich gezeigt habe, sind Kindheit und Idylle dort synonym, eine Vorstellung mit langer Tradition in Literatur und Kunst.

In der Kinderbuchwelt finden sich viele Beispiele für die Verbindung von Kind und Idylle. Bei Astrid Lindgren wird diese Einheit als lebensnotwendig angesehen. Bo Vilhelm Olsson, das Stadtkind, verwandelt sich, wenn er endlich, im wörtlichen Sinne, auf die Weide gelassen wird. Mio treffen wir so gut wie nie drinnen an. Bewegung, Freiheit und die Zusammengehörigkeit zwischen Tier und Kind wird in folgender Szene beschrieben, in der Mio und seine Freunde eine fröhliche Parade bilden:

> Wir mussten Nonnos Lämmer und Schafe alle mitnehmen. Und Miramis. Eine richtige Karawane wurden wir. An der Spitze gingen Jum-Jum und Nonno und ich, dann folgten alle Schafe und Lämmer und als Letzter trottete Miramis. Langsam, fast wie Kalle Punt. Wir zogen über die Hügel und bliesen auf den Flöten, während wir gingen. Die Lämmer fragten sich wohl, wohin wir gingen. Aber sicher fanden sie es lustig, denn sie sprangen die ganze Zeit munter blökend um uns herum.

So erträumen sich wohl Kinder den Spaß. Die Nähe zur Natur und zu den Tieren ist ein wichtiger Aspekt im neuen Leben der Hauptfigur. Doch noch wichtiger ist das Spiel mit Jum-Jum und den anderen Kindern. Seine Bedeutung erhält es durch deutliche Hinweise darauf, wie viel Spaß Benka immer hat. Alles, wonach sich Bosse in der echten Welt gesehnt hat und was Benka glücklich erleben durfte, das darf nun Mio erleben. Die Phase der Wunscherfüllung bedeutet zugleich Kompensation. Hatten nicht Benka und sein Vater draußen gelebt und im Freien geschlafen? Nun wird der Sommertraum erfüllt, im Zelt zu liegen. Das Glück wird vollkommen, als er zusammen mit Jum-Jum eine Hütte baut. Oder eher: Das Glück hätte vollkommen sein können, wenn er damit Benka gegenüber hätte prahlen können. Wir werden daran erinnert, dass Mio sich in der Fantasie ein Fest bereitet – sein heißer Wunsch ist zu triumphieren:

> Benka hatte mir oft erzählt, wie er Hütten baute, draußen bei ihrem Sommerhäuschen auf Vaxholm. Ich wünschte wirklich, dass ich an ihn schreiben und ihm von unserer Hütte erzählen könnte, von Jum-Jums und meiner. »Junge, Junge, was habe ich für eine großartige Hütte gebaut«, würde ich schreiben. »Junge, Junge, was habe ich doch für eine großartige Hütte gebaut hier im Land der Ferne.«

Die Idylle, einer der wichtigsten Archetypen bei Astrid Lindgren, ist bei ihr immer mit der Freiheit und dem Glück der Kinder verknüpft. Dennoch kann sie unterschiedlich aussehen. Bullerbü und die Insel der grünen Wiesen haben beide einen pastoralen Unterton, doch in Bullerbü nähern wir uns eher an eine agrikulturelle Wirklichkeit an. Lisa in Bullerbü ist im schwedischen Landleben verankert und nicht gerade in Rosengärten oder Märchenhütten zu Hause. Noch weiter in realistischer Richtung befindet sich die Katthult-Idylle und das Landleben in der *Michel*-Fiktion.

In *Mio, mein Mio* erhält das Spiel andere Vorzeichen als in der *Bullerbü*-Trilogie. Die fantastische Erzählung betont, wie wichtig es ist, Hütten zu bauen und nachts im Freien zu schlafen – überhaupt das Leben draußen an der frischen Luft, wogegen die Kinderbande in Lindgrens vorausgehendem Buch, *Kalle Blomquist, Eva-Lotta und Rasmus*, sich aus reiner Notwehr dort aufhielt. In *Mio, mein Mio* wird der Sommerferientraum in die reine Tonart des Märchens und der Idylle übersetzt, wo das Spiel vor allem zur Heilung führt. Mio auf der Insel der grünen Wiesen ist nicht »so winzig und so blass und elend«, wie Bosse es in der Upplandsgatan war – jedenfalls fand Tante Edla, dass er so war.

Das Spiel in seinem Einklang mit der Natur zeichnet sich als eine Art Erziehungsprogramm ab, ein Muster für Lebenskunst. Man erinnert sich daran, dass die Idylle von jeher mit dem Lehrgedicht verwandt ist. Im Thema des Spiels finden wir die gleiche Kombination von konkreter, zärtlicher Schilderung und didaktischem Unterton wie im Vater-Sohn-Motiv. Wenn der Traum vom guten Vater und dem fröhlichen, freien Spiel erfüllt ist, ist das Leben perfekt.

Zugleich kann dieses unvergängliche Glück vielleicht nur in der absoluten Welt des Märchens erreicht werden. Die Kinder, die zu Mios Freunden werden, scheinen merkwürdig entfernt – wie Märchenkinder. Die Namen, die einander alle durch ihre weichen Konsonanten ähneln, signalisieren ein Leben in Güte. Sie sind unschwedisch, etwas orientalisch: Jum-Jum, Jiri, Milimani, Minona-Nell, Nonno. Diese Worte bilden einen Gegensatz zu den alltäglichen Namen Bosse und Benka mit ihrer Stockholmer Färbung. Astrid Lindgren hat erklärt, dass sie die Märchennamen ausgewählt hat, weil sie weich und schön klingen und absolut wirklichkeitsfern scheinen.[8] Sie erzeugen sowohl einen mythischen Nimbus als auch einen Anschein von Distanz, der eine in der Ferne gelegene Fantasiewelt kennzeichnet.

Mythos und Heldensage

Die Idylle in Reinkultur, die in der Literatur und Kunst Fuß gefasst hat, ist oft in die Sphäre von Mythos und Heldensage eingeschrieben. Die Idylle gehört nämlich zu den verletzlichsten Lebensformen und muss ständig verteidigt werden – so wie der Bereich der Kinder immer beschützt werden muss. Traditionellerweise grenzt deshalb die Idylle an die Drohung, was natürlich auch dazu dient, die Leuchtkraft des stillen, guten Lebens im Schoß der Natur zu betonen. Auch bei Astrid Lindgren gibt es diese Spannung zwischen Idylle und Bedrohung, ja, sie ist eines ihrer produktivsten Themen.

In den *Bullerbü*-Büchern tritt die Idylle fast ungetrübt auf – einige Stränge von Schmerz verleihen ihr Konturen. In den *Blomquist*-Krimis ruft die friedliche und sonnenbeschienene Kleinstadtidylle fast automatisch ein Dunkel auf: »Diese kleine friedliche Stadt, diese strahlende Sommersonne, diese idyllische Ruhe – bah! Von einer Minute zur anderen kann sich das alles verändern. Ganz plötzlich kann das Verbrechen seinen düsteren Schatten auf uns werfen!«

In der Krimireihe ist die Idylle mehr und mehr überschattet. In *Kalle Blomquist, Eva-Lotta und Rasmus* wird die nervenkitzelnde Handlung auf eine paradiesische Insel verlegt, die für ein herrliches Sommerleben wie gemacht ist. In *Mio, mein Mio*, das im Jahr darauf erschien, wird dieses Umfeld zur Insel der grünen Wiesen verwandelt.

Eine Insel ist im Kinderbuch der Ort für Entdeckungen, Abenteuer und Freiheit. Pippi Langstrumpf haust gern auf abgelegenen Inseln, nicht zuletzt auf der abenteuerlichen Taka-Tuka-Insel, wo die Diebe auftauchen, um anschließend souverän abgewiesen zu werden. Doch auf der Sommerinsel in *Kalle Blomquist, Eva-Lotta und Rasmus* geht es um Leben und Tod. Der Ganove Ingenieur Peters hat einen kleinen Jungen geraubt, um dessen Vater unter Druck zu setzen. In *Mio, mein Mio* wird dieses Entführungsmotiv zu einem Märchen darüber abge-

211

wandelt, wie der böse Ritter Kato nachts Kinder von der Insel der grünen Wiesen stiehlt und sie in klagende Vögel verwandelt, ein Verbrechen von mythischen Dimensionen.

Das Buch über *Kalle Blomquist, Eva-Lotta und Rasmus* weist auch in anderer Hinsicht auf *Mio, mein Mio* voraus, und zwar durch die Sprache mit ihren Wiederholungen und Formeln und dem Thema der kindlichen Angst, der Banditenjagd, der Verfolgungen, der nervenzerreißenden Kletteraktionen in unwegsamem Gelände. Nach drei Krimis ist Lindgren eine Virtuosin darin geworden, allmählich Intensität aufzubauen und unerträglich spannende Szenen zu erzeugen.

Doch *Mio, mein Mio* gehört zu einem anderen Genre. Die auf ihre Art realistische Schreibweise des Krimis wird durch eine Vision ersetzt, in der die Insel draußen im Kosmos angesiedelt ist.[9] Alles Schöne, Gute und das Lächeln ist auf die Insel der grünen Wiesen konzentriert. Doch die Drohung senkt einen dunklen Vorhang vor die Lebensquelle und die Zukunft und betont zugleich das gute Leben als etwas besonders Kostbares. Kato symbolisiert die Vernichtung auf dieselbe Art wie der Drache oder die Schlange in uralten Mythen. Eine seiner Eigenschaften sind gerade die »Schlangenaugen« mit der Macht, die Umgebung zu versteinern.

Das Motiv der geraubten Kinder ist mit einem weiteren großen Mythos verbunden, und zwar dem von der fühlenden und leidenden Natur. Bereits im Rosengarten wird der Trauervogel eingeführt, der schwarze Vogel mit seinem klagenden Gesang, ein wirkungsvoller Kontrast zu den weißen Vögeln, die den Garten bevölkern und zwischen den Bäumen umherfliegen.

Die Tiere, die Astrid Lindgren am meisten am Herzen liegen, sind ansonsten hier, wie immer, die Pferde. Miramis wiehert ängstlich, als er den Namen des Bösen hört, und als das Fohlen aus dem Wald der Dunkelheit geraubt wird, weinen die weißen Pferde blutige Tränen. Lindgren arbeitet nicht mit sprechenden Tieren, doch Menschen und Pferde stehen einander, wie oft im Märchen, nahe. Hier wird eine Trauergemeinschaft erzeugt, wo besonders die Pferde die Unruhe der ganzen Schöpfung ausdrücken. Die Gegenstände, der Garten und das weiche Gras, gehören auch in diesen monistischen und animistischen Zusammenhang, der von Kato bedroht wird. Die Idylle ist belastet durch heimliche Angst und plötzliche Eruptionen des Schreckens.

In der Idylle gibt es keinen Raum für das Böse, sie ist eine weiße und grüne Welt ohne Blut und Gewalt, ohne rote und schwarze Farben, eine verletzliche Welt. Wie das wehrlose, empfindliche Leben, das Leben von Spiel und Natur, geschützt werden kann, ist bei Astrid Lindgren eine Kardinalfrage. In dieser Angelegenheit vertritt sie vor allem das Anliegen der Kinder – der Kinder, denen die Gesellschaft wie ein Koloss mit riesigen Greifarmen vorkommen kann, ein Ritter Kato.

Das Böse ist in *Mio, mein Mio* in eine eigene Welt verwiesen, das Land Außerhalb, wo Katos Felsenburg liegt. Die Idylle ist eine Folge aus dem Dualismus des Buches, was wiederum die Voraussetzung für die Konfrontation zwischen Gut und Böse ist. Auf der Insel der grünen Wiesen gibt es eine unterschwellige, vibrierende Trauer, doch sie ist machtlos und wortlos.

Doch ist dies wirklich so? Die Idylle ist zwar nicht aggressiv, doch sie leistet eine andere Art von Widerstand, indem die Natur sich mit der Kultur und ihren unbeugsamen überlieferten Beschwörungsformeln verbündet. Die Hirten am Lagerfeuer spielen »die alte Melodie« auf ihren einfachen Flöten, dieselbe, die sie seit »tausend und abertausend von Jahren« spielen – die Grundformel für Kontinuität auf der Insel der grünen Wiesen –, genau diese Melodie spielt auch im letzten Kampf gegen Kato eine Rolle. Das Lagerfeuer hat zugleich einen Symbolwert als Zeichen von Unbeugsamkeit – der Begriff wirkt hier fast als Signalwort, wie ein Gruß an die Dichtung Lagerkvists, wo so vieles vom Kampf für die lebenserhaltenden Werte handelt. Das Märchen und die Worte, die im Brunnen der Erinnerung bei Jiris Hütte sprudeln, gehören zu den Kräften, die schließlich den Tyrannen unschädlich machen.

Alle diese Figuren und Elemente dienen als Helfer und Sender für Mio, den ersehnten Helden, der nach dem Muster der Mythe ausersehen ist Kato zu vernichten. Wichtig ist dabei, dass Mio auch tatsächlich die Kennzeichen des wahren Helden trägt. Wie es sich gehört, kommt er aus weiter Ferne und wird als Fremder in das Land eingeführt. Er besitzt die Eigenschaften eines geborenen Prinzen und hat einen besonderen Glanz über der hellen Stirn. Er allein kann die Insel der grünen Wiesen aus der Umklammerung des Bösen und der Vernichtung befreien. Auf ihn konzentrieren sich die Erwartungen und die Bemühungen aller.

Mios Heldenrolle ist seit Urzeiten festgelegt: »vor tausend und abertausend Jahren«, wie es in der immer wiederkehrenden, predigt-artigen Formel heißt. Dennoch liegt die Wahl bei Mio. Die Erzählung baut auf der Spannung zwischen den Erwartungen der Umwelt, dass der Held seine Bestimmung erfüllen soll, und seiner Ahnungslosigkeit in Bezug auf diese Forderung auf. Dieses Thema, das mit immer größerem Nachdruck und immer reicheren Nuancen entwickelt wird, kommentiert Astrid Lindgren selbst in ihrem inhaltsreichen Brief an Arvid Benn Johansen aus dem Jahre 1975:

> Für mich war es selbstverständlich, dass das Ganze nicht nur vom Rosengarten und der Insel der grünen Wiesen handeln konnte; es musste noch etwas anderes geben, woran Mio seine Kräfte erproben konnte, und dies wurde der Ritter Kato, ich weiß auch nicht wie, so ist es einfach geworden.

Die Bestimmung

Aus psychotherapeutischem Blickwinkel kann man die Idylle als ein wichtiges menschliches Bedürfnis bezeichnen, einen ursprünglichen vegetativen Zustand. Das schöne Leben auf der Insel der grünen Wiesen stellt die Symbiose zwischen Kind und Welt wieder her und heilt das gestörte Kind. Ausgehend von dieser Deutung bezeichnet die Begegnung zwischen Vater und Sohn das »rebirthing« des Kindes. Die bedingungslose Liebe des Vaters ist eine psychologische Kraftquelle, die auch dann noch trägt, wenn die Idylle gesprengt wird und die notwendige Befreiung erfolgt.

Denn Mios glückliches Leben auf der Insel der grünen Wiesen ist befristet. Er muss (wie wir alle) die Sorglosigkeit der Idylle verlassen. Diese Trennung wird auf raffinierte Weise vorbereitet. Zugleich ly-risch und dramatisch wird die Initiation, der Weg in die Erwachsenenwelt, gezeichnet. Dort ist das Individuum gezwungen, seine kindliche Lust aufzugeben, nur für den Augenblick zu leben. Mio wird vor die unvermeidliche Verantwortung gestellt, vor die Aufgabe, die den Kern der Heldensage bildet. Die Sage weiß, was ihn erwartet, und verwirklicht sich unerbittlich selbst. Dies geschieht über eine Verzögerungstechnik, die eine fast unerträgliche Spannung erzeugt. Schritt für Schritt wird er dem Auftrag näher gebracht, der den zentralen Nerv der Erzählung ausmacht: die Forderung, »gegen Ritter Kato zu kämpfen«.

Das Schicksalhafte dieses Prozesses wird durch all die Vorzeichen vermittelt, die zugleich poetisch und spannungssteigernd die Handlung vorantreiben. Dem Gesang des Trauervogels im Rosengarten folgen deutlichere Zeichen. Doch Mio weigert sich, etwas anderes als die idyllischen Seiten des Märchens aufzunehmen. Der schreckliche Kindsraub berührt ihn nicht wirklich, obwohl er Erwachsene und Kinder bei den kleinen weißen Hütten trifft, wo Kato seine Untaten begangen hat. Diese Häuser säumen seinen Weg, wie das mit Märchenhäusern so ist, an denen der Held vorbeikommt; eine besondere Bedeutung kommt ihnen, wie Vladimir Propp gezeigt hat, in russischen Märchen zu.[10] Die Hütten in *Mio, mein Mio* müssen als eine Art symbolischer Stationen verstanden werden, wo die Schicksalsfäden miteinander verwoben und die Appelle an die Hauptfigur immer stärker werden.

Die Idylle ist am weißesten und mildesten in der Nähe der strohgedeckten Märchenhütte, die Mio als Bild aus seinen Märchenbüchern kennt. Dort herrschen eitel Sonnenschein und gute, hoffnungsvolle Zeichen vor, so wie Astrid Lindgren stets den Schmerz mit Geborgenheit und Freude vorbereitet. Mystisches gibt es dort dennoch: Jum-Jum ist Benkas Doppelgänger und seine Mutter, die Eierkuchen mit Erdbeerkompott anbietet – positive Elemente in der Welt Astrid Lindgrens –, ist wie erwähnt eine schönere Kopie von Tante Lundin im Obstladen, der Fee und Botin in der Großstadt.

Die Augenblicke in Jum-Jums Zuhause bilden den Ausgangspunkt und auch den Wendepunkt, bevor Mio sich bei den anderen weißen Hütten mit jedem Besuch einen Schritt weiter vom Rosengarten entfernt. Der Dialog mit dem Märchen verdichtet sich und die Atmo-

215

sphäre wird immer magischer. Von jetzt an werden nicht mehr so süße Gerichte wie Eierkuchen mit Erdbeerkompott angeboten, sondern einfachere und derbere: »Brot, das Hunger stillt, Wasser, das Durst löscht.«

Wasser und Brot sind ausgesprochen symbolgeladen, sie signalisieren Leben und Überleben, sicherlich auch den Willen zum Widerstand. Die Mahlzeit wird sinnlich und konkret geschildert, doch sie spielt zugleich auf Bilder aus dem Evangelium an – »Ich bin das Brot des Lebens ... « – die Formel bezeichnet ein feierliches Ritual, das sich in jeder Hütte wiederholt. Zuerst im Kapitel »Kümmern sich die Sterne darum, wenn man für sie Musik mach?« Darin kommt Mio zu Nonnos Zuhause, »... so ein Haus, wie es sie in Märchen gibt, ein kleines, lustiges Haus mit einem Strohdach, und davor blühten viel Flieder und Jasmin.« Durch seine Märchenlektüre in der Upplandsgatan weiß Mio, dass ein richtiges Märchenhaus oft eine alte Großmutter birgt. Nun darf er sie in der »Wirklichkeit« kennen lernen – denn in der Welt des Mythos steht paradoxerweise das Märchen für das Wirkliche. Zugleich bestätigt Nonnos Großmutter Mios Erfahrung mit Märchen: »Sie war alt und sah gleichsam etwas märchenhaft aus.« Alles stimmt also bis aufs i-Tüpfelchen mit dem idyllischen Code des Märchens überein, nicht zuletzt durch die Verbindung von Kindern und Alten.

Doch das Märchen in *Mio, mein Mio* birgt und offenbart die furchtbarsten Geheimnisse. Man traut sich nicht, laut über die Grausamkeiten zu sprechen, von denen die Flieder-Idylle heimgesucht wurde.

> »Wo sind deine Brüder?«, fragte ich.
> »Ritter Kato«, flüsterte Nonno, »der grausame Ritter Kato hat sie geraubt.«

Die schreckliche Mitteilung wird in der Natur reflektiert. Bereits die Erwähnung von Katos Namen bringt Miramis dazu zu wiehern, »als hätte ihn jemand gepeitscht«. Die Unruhe greift auf die anderen Tiere über: »Jedes Lamm lief ängstlich zu seiner Mutter und alle Schafe blökten, als sei ihre letzte Stunde gekommen.« Diese »Seufzer der

Kreatur« erinnern an archaische Vorstellungen von der Macht des Namens: nomen est omen.

Doch dies ist ein Buch für Kinder und die Schilderung hebt hervor, wie schwer es ist, das Schreckliche wirklich wahrzunehmen. Mio ist traurig »über das, was mit Nonnos Brüdern geschehen war«, doch in diesem Augenblick ist das Wichtigste für ihn das Versprechen, dass er »im Freien schlafen durfte«. Das Kind weigert sich, wie es an sich richtig ist, sich in seinem Spiel und in seiner Ausrichtung auf die helle Welt der Idylle stören zu lassen. Die Erzählung balanciert die empfindlichen Gefühle des Kindes wie auf einem Seil gegen die unbarmherzige, unausweichliche Botschaft des Märchens. Diese wird durch das Ritual vermittelt, bei dem Mio das Wasser aus der Quelle, »die Durst löscht«, und »das Brot, das Hunger stillt«, erhält. Dieses Brot, das sein Leben und das Jum-Jums im letzten Abschnitt der Handlung retten wird, wird konkret als braun und knusprig beschrieben. Doch die Szene, in der Mio Brot und Wasser empfängt, ist sakral. Diese Stimmung wird verstärkt, als er auch den roten Mantel entgegennimmt, der einem der geraubten Kinder gehört hatte. Sein Schildknappe Jum-Jum erhält einen blauen Mantel. Diese rituellen Züge bestätigen seine Bestimmung und tendieren eher in Richtung religiöser Mystik als zum Volksmärchen.

Die Verwandlung

Die nächste Etappe auf dem Weg weg vom Rosengarten wird im Kapitel »Der Brunnen, der am Abend raunt« beschrieben. Der König selbst unterstützt den Sohn in seiner Lust die Welt zu entdecken:

> »Mio, mein Mio«, sagte er, »du darfst in meinem Reich überall hingehen, wohin du willst. Du darfst auf der Insel der grünen Wiesen spielen oder in das Land auf der anderen Seite des Wassers hinter den Bergen reiten, ganz wie du willst. Du darfst reiten, so weit dich Miramis trägt, nach Osten und Westen und Süden und Norden.«

Doch nun nimmt er endlich kein Blatt mehr vor den Mund und warnt

Mio vor dem Land Außerhalb und vor Ritter Kato. Die Nennung des Namens hat erneut katastrophale Folgen: Rosen sterben ab und Blätter fallen von den Silberpappeln. Mio bekommt Angst, dennoch wählt er den Weg der Verdrängung. Unschuldig fordert er den Vater auf nicht an das Schreckliche zu denken. An dieser Stelle äußert der König die wehmütig schönen Worte: »Eine kurze Zeit noch will ich nicht an Ritter Kato denken. Eine kurze Zeit noch sollst du Flöte spielen und im Rosengarten Hütten bauen.«

Die Worte erinnern daran, dass Mios sorglose Zeit begrenzt ist. Schritt für Schritt entfernt er sich nun vom König und vom Schloss. Als er und Jum-Jum auf Miramis über die Brücke des Morgenlichts dahinsprengen, landen sie in einer unbekannten Gegend, dem »Land auf der anderen Seite des Wassers und hinter den Bergen«. Dort liegt Jiris Zuhause, auch dies »gerade so ein Haus, wie es sie in Märchen gibt«. Die Stimmung bei dieser dritten Station des Märchens ist besonders freundlich und herzlich. Jiri und seine Geschwister nehmen die Gäste freudig auf. Die Freundlichkeit dieser Kinder ruft die Erinnerung daran wach, wie er in der Großstadt zurückgewiesen wurde, vor allem vom starken, brutalen Janne.

Diese wichtige dunkle Wahrheit bildet den Hintergrund sowohl für die Märchenstimmung als auch den deutlich spürbaren Kontakt mit dem Bösen, den Mio erlebt, als er den Löffel im Gras findet. Er hat Jiris Schwester gehört, einem der Kinder, die von Kato geraubt worden waren. Diesmal ist die Nennung des Namens tödlich: »Als er den Namen aussprach, wurde um uns her die Luft kalt wie Eis. Die große Sonnenblume, die im Garten stand, welkte und starb und viele Schmetterlinge verloren ihre Flügel und konnten nie mehr fliegen.«

Mio bekommt Angst, doch auch diesmal wird er nicht ernsthaft berührt. Er weist die Vorzeichen von sich, bis das Märchen ihn unerbittlich in seinen Zauberkreis zieht. Dies geschieht durch die Konfrontation mit dem alten Brunnen, der in einer verdichteten Märchenstimmung präsentiert wird:

Man kann nicht erklären, warum ein Haus aussieht wie aus einem Märchen, ob es an der Luft liegt oder ob es an den alten Bäumen liegt, die um das Haus herum stehen, oder liegt es an den Blumen im Garten, die so märchenhaft duften, oder liegt es vielleicht an irgendetwas ganz anderem? Im Hof vor Jiris Haus stand ein alter runder Brunnen. Ich glaube beinahe, es war der Brunnen, der machte, dass Jiris Haus aussah wie ein Haus aus einem Märchen. Denn solche alte Brunnen gibt es heutzutage nicht mehr; jedenfalls hatte ich vorher niemals einen gesehen.

Der Brunnen dient nicht nur dazu, Atmosphäre zu erzeugen. Er erweist sich als die Urquelle des Märchens und als Füllhorn. Aus seiner Tiefe dringt kein Wasser, sondern »vergessene Märchen und Lieder, die es vor langer Zeit einmal auf der Welt gegeben hat und die längst vergessen sind«. Der Brunnen, der abends Märchen flüstert, ist eine poetischere, vielleicht biblische Variante des brodelnden Kessels aus dem Märchen, von dem Tolkien spricht, dem Gebräu, aus dem alle Mythen hervorgehen.[11] Man kann auch an Harry Martinsons »Mima« in *Aniara* denken. In der Symbolsprache der Psychologie dient der Brunnen als Zeichen für das Unbewusste, und wenn wir mit Jung'scher Terminologie argumentieren wollen, könnten wir an das kollektive Bewusstsein denken.

Der Kontakt mit dem Rauschen des Märchens wird durch eine verdichtet mystische Dämmerung hergestellt – von anderer Art als das Dunkel im herbstlich tristen Tegnérpark. Die Konturen verwischen und alles wird dunkel, grau und »wunderlich«, ein bedeutungstragendes Wort in diesem Kapitel.

In dieser mystischen Stimmung taucht bei Mio besonders ein Satz aus dem Raunen des Märchenbrunnens wieder auf: »Es war einmal ein Königssohn, der war unterwegs und ritt im Mondschein.« Das klingt wie die Einleitung eines Märchens und Mio denkt, als er auf Miramis reitet: »Das hätte ja fast ich sein können! Ich war doch ein Königssohn.« Mio beginnt zu fühlen, dass das Märchen einen Appell an ihn richtet.

Im nächsten Kapitel, »Er ritt durch den Wald der Dunkelheit«, folgt die völlige Identifikation mit dem Text des Märchens. Wie immer vor wichtigen Entscheidungen ruft die Erzählung das Gegenbild der Wirklichkeit auf – der Film zoomt wieder Tante Edla ein, die herumgenörgelt hat, wenn er über Büchern saß und nicht »wie andere Kinder« draußen sein wollte. Nun ist er ständig draußen und ist sonnengebräunt und kräftig. Doch er darf auch am Märchen teilhaben!

Man stelle sich vor, Tante Edla wüsste, dass er Märchen hören darf, so viel er will, sogar draußen!

Die Mystik wird ausgehend von der Alltagserfahrung verdichtet und die Wirklichkeit in Bezug auf die Fantasie geschildert: Dass Mio die Bilder des Märchens annimmt, liegt daran, dass Bosse darauf verzichten musste. Die bittere Erinnerung an die Upplandsgatan ist vielleicht eine Abrechnung mit der ablehnenden Einstellung gegenüber dem Fantasievollen, die in unserer didaktischen Erziehungstradition nicht ungewöhnlich war.

Wie auch immer: Auf einer metafiktiven Ebene, durch eine Auseinandersetzung mit dem Märchen, wächst Mio nun in seine Heldenrolle hinein. Er wiederholt die suggestive Märcheneinleitung, die der Brunnen ihm zugeflüstert hatte. Doch er fügt etwas hinzu, worin eine direkte Anspielung auf ihn selbst enthalten ist: »Es war einmal ein Königssohn, der war unterwegs und ritt im Mondschein. Er ritt durch den Wald der Dunkelheit ...« Noch weiß er nicht, was die Worte bedeuten. Er spürt nur, dass das Märchen ihn auffordert:

> Ich hatte das Gefühl, als hätte der Brunnen gerade mit diesem Märchen etwas Besonderes gemeint: dass ich der Königssohn sei, der durch den Wald der Dunkelheit geritten war, und dass ich es noch einmal tun müsste. Dass der Brunnen einen ganzen Abend nur für mich geraunt und gesungen hatte, um mich daran zu erinnern, was ich tun musste.

Der Prinz des Märchens reitet andauernd durch den Wald. Dieses archetypische Muster offenbart Mio, dass er der Sohn des Königs ist (man beachte die feierliche Ausdrucksweise), der einst durch den Wald der Dunkelheit geritten ist, und dass er diese Reise nochmals antreten muss. Mios Reise hinein in das Märchen ist eine schicksalhafte Wiederholung, die mit einer unabweisbaren Bestimmung verknüpft ist. Doch vielleicht kann man das Motiv mit dem »Brunnen, der am Abend raunt« auch so deuten, dass er selbst die Worte für das Raunen des Brunnens erzeugt.

Nun endlich hat Mio ernsthaft Kontakt zum Märchen bekommen. Er spürt einen einladenden Zwang, es zu rekapitulieren, sich damit auseinander zu setzen, es auszufüllen. Die Spannung zwischen Mio und der Umgebung bleibt weiter bestehen. Mio ist ein Ignorant, unwissend über seinen Auftrag im Kampf zwischen Gut und Böse. Er weiß mit anderen Worten immer noch nicht, wer er ist. Doch nun hat er seinen Dialog mit dem Märchen aufgenommen. Die nächste Phase in Mios Entwicklung ist die Einweihung in seinen Auftrag.

Die Einweihung

Hierzu begibt er sich, wie es das Märchen gebietet, in den Wald der Dunkelheit, eine Keimzelle für Mystik und Urkraft, des Zentrum des Unterbewussten, wenn wir uns in der Vegetation der Tiefenpsychologie bewegen.[12] Hier findet Mios Initiation statt.

Die Konstruktion, bei der die Hauptfigur sich in die Heldensage hineinbegibt, die sie selbst erzählt, ist der komplizierteste Aspekt der Erzählstruktur. Diese raffinierte Technik steigert die Mystik und bricht zugleich die Illusion. Das Buch wird zum Metamärchen mit der Aufgabe sich selbst zu beschreiben.

Die Reise zum Wald der Dunkelheit bedeutet auch, dass sich Mio von seinem Vater trennen muss. An diesem Punkt des Märchens ist der König identisch mit dem »Sender«, dem die wichtige Aufgabe zukommt, seinen Sohn in die Welt hinauszuschicken. Die Trennung ist notwendig, aber schmerzhaft. Als Mio den Vater im Rosengarten aufsucht, um die Erlaubnis einzuholen, wegzuziehen, wird der König bleich und betrübt. Er weiß, welche Strapazen bevorstehen, doch er hält den Sohn nicht zurück.

Der Aufbruch erfolgt schnell und plötzlich, der Verknappungsmethode des Märchens entsprechend. Als Mio auf seinem fliegenden Pferd von dannen zieht, bleibt der Vater allein im Rosengarten zurück. Dort wartet er getreulich, als der Sohn von seiner großen Tat zurückkommt.

Mios gesamte Umgebung ist nun voller banger Erwartung auf den Helden, der seit »tausend und abertausend von Jahren« ausersehen ist. Im Wald der Dunkelheit, wohin Mio sich begibt, herrscht eine dichte Stimmung, geschaffen vom Mondlicht, den wiehernden weißen Pferden und der Dunkelheit, die Mensch und Natur auf eine friedliche Art und Weise umschließt (im Unterschied zum Schrecken einjagenden Dunkel in Katos Welt).

Wie oft, lässt Lindgren die Erzählung hoffnungsvoll anfangen, bevor sie die Leser in das Schwarze hineinführt. Die Schilderung des Waldes der Dunkelheit ist ein neuer lyrischer Höhepunkt, der sowohl auf Edith Södergrans Dichtung als auch auf Sapphos berühmtes Mondgedicht mit seiner Stimmung des Wartens anspielt.

> Der Wald der Dunkelheit hatte ein Geheimnis. Ein großes und seltsames Geheimnis, das fühlte ich, aber vielleicht hatte der Mond einen Schleier darüber gebreitet, sodass ich nichts erfuhr. Noch nicht. Es säuselte in den Bäumen, sie flüsterten von dem Geheimnis, aber ich konnte es nicht verstehen. Die Bäume standen still und schimmerten im Mondschein und kannten das Geheimnis, aber ich kannte es nicht.

Mios Ahnungslosigkeit wird immer augenfälliger, ja, so provozierend, dass Jum-Jum fast verärgert wirkt. »Du weißt so wenig, Mio«, lautet Jum-Jums Refrain, wenn er dem Freund erklärt, dass alle wissen, was passieren wird, außer dem Helden selbst. Im neuen Land ist die Hauptfigur so etwas wie ein Dummerjan, betont Benn Johansen. Mio ist das Objekt der Fürsorge wie der Informationen im ablaufenden Lernprozess. Er ist in seiner Einsicht so weit gelangt, dass er weiß, wer Kato ist, und er spürt die Wirkung der bösen Macht. Schon wenn er den verhassten Namen ausspricht, entsteht eine Zerstörung, die einem Erdbeben gleicht. »Da zitterte Miramis, als fröre er, und große Felsblöcke lösten sich von der Bergwand und rollten krachend in das Tal hinunter.«

Doch nicht einmal diese erschütternden Reaktionen führen Mio näher an seinen Auftrag heran. Das schiebt die Erzählung auf und hält so die Spannung auf dem Siedepunkt. Erst in der Hütte der Weberin, der vierten und letzten Station vor dem Eintritt in Katos schwarze Welt, kommt es zur Entscheidung.

Die Hütte wird auf dieselbe Weise beschrieben wie die anderen Häuser, doch knapper und direkter, als »so ein kleines weißes Märchenhaus mit einem Strohdach«. Die Blumenattribute gibt es auch hier, und zwar als Apfelblüten, die Astrid Lindgren in ihrer Jugend so stark erlebt hatte und die auch mythisch aufgeladen sind. Ein Zusammenhang erstreckt sich vielleicht bis hin zu Tante Lundins Apfel im ersten Kapitel der Erzählung. In der mythischen Tradition sind Äpfel und Apfelbäume besonders mit der Heldensage verknüpft. Nun wird es für Mio brenzlig: Denn wie lieblich auch die weißen Apfelblüten die Hütte der Weberin einbetten, so wohnt dort doch der Schmerz wie in den anderen weißen Hütten auch. Hier kulminiert die Trauer geradezu. Denn hier gibt es keine spielenden Kinder wie bei den früheren Häusern. Kato hat das einzige Kind der Weberin geraubt, Milimani.

Die Weberin selbst steht der Mythe näher als die anderen Figuren des Buches. Sie gleicht einer Norne in der nordischen Mythologie – oder einer Märchenhexe mit der Gabe der Zauberei –, wenn sie unter Beschwörungen Mios Mantel mit dem Unsichtbarkeitsstoff füttert, der schließlich sowohl ihn als auch Milimani zurück ins Leben retten wird. Ihre Trauer wird mit derber Lakonie in dunklen, altnordisch stilisierten Versen ausgedrückt.

Die Trauer ist nicht länger versteckt. In der naiven Bildersprache des Märchens wird geschildert, wie sich die Tränen der Weberin in Perlen verwandeln, wenn sie auf den Stoff fallen. Jetzt spricht Mio das erste Mal deutlich über Katos Bedrohung, die hier zu apokalyptischen Dimensionen gesteigert ist.

»Sag den Namen nicht«, bat ich.
»Nein, denn sonst erlischt der Mondschein«, sagte die Weberin. »Der Mondschein erlischt und die weißen Pferde weinen Blut.«

Nach allen Andeutungen und angesungenen Liedern kommt nun der Augenblick der Wahrheit. Die schwere Trauer, die die Insel der grünen Wiesen im Würgegriff hält, wird vollständig aufgeklärt. Endlich kann Mio den Klagegesang des Trauervogels deuten – und der Trauervogel ist auch hier anwesend, ein Sprachrohr für die gefangenen und zu Vögeln verwandelten Kinder:

Ich stand mitten in der Stube und hörte durch das offene Fenster, wie Trauervogel draußen sang. Schon oft hatte Trauervogel für mich im Rosengarten gesungen, aber nie hatte ich verstanden, wovon er sang. Nun wusste ich es. Er sang von all den Geraubten, von der kleinen Tochter der Weberin, von Nonnos Brüdern und Jiris Schwester und vielen, vielen anderen, die der grausame Ritter Kato gefangen und zu seiner Burg geschleppt hatte.

Deshalb trauerten sie in den kleinen Hütten auf der Insel der grünen Wiesen und im Land auf der anderen Seite des Wassers und jenseits der Berge. Sie trauerten um die Kinder, um all die Kinder, die fort waren. Sogar die weißen Pferde im Wald der Dunkelheit hatten jemanden, um den sie trauerten, und sie weinten Blut, wenn sie nur den Namen des Räubers hörten.

Nun weiß Mio »plötzlich«, warum er durch den Wald der Dunkelheit geritten ist. Die Angst, als er begreift, was von ihm verlangt wird, wird kindlich expressiv geschildert: »›Ich traue mich nicht!‹, schrie ich. ›Ich traue mich nicht! Ich traue mich nicht!‹«

Doch nun kann er sich vom Leid nicht länger abwenden: »Ich ballte die Fäuste. ›Jum-Jum‹, sagte ich, ›ich gehe jetzt. Ich gehe ins Land Außerhalb.‹« In dieser einfachen Form – die das Kinderbuch zulässt und ermöglicht – wird der lebenswichtige Entschluss veranschaulicht. Nur eine Frage bleibt Mio: Will sein Vater wirklich, dass er sich zum gefährlichen Kato begibt? Die Antwort ist unerbittlich, doch sie vibriert vor Liebe: »Er ist traurig, aber er will, dass du gehst.« Der Vater ist treu, doch er weicht vor der Forderung nicht zurück. Sein Schutz ist nicht gleichbedeutend mit Gefangenschaft. Mio muss die Symbiose mit dem Vater verlassen – laut dem Gesetz, nach dem alle Individuen in größere Zusammenhänge eingebunden sind. Es kommt darauf an, die Verantwortung auf sich zu nehmen. Um diese elementare, komplizierte Wahrheit geht es in *Mio, mein Mio*.

Die mystische Weberin in Mio, mein Mio *hat eine ebenso mystische Vorgängerin im »Märchen von der kleinen Prinzessin« von Lisa Lundh in* Guldslottet, 1913. *Illustration von Karl Hultström.*

Der Aufbruch – »Was ist das für ein grauenvolles Land«

»Sind wir bereit, Jum-Jum?«
»Ja, wir sind bereit«, sagte Jum-Jum.
Wir gingen zur Tür hinaus. Wir folgten dem Pfad zwischen den Apfel-
bäumen. Wir bestiegen Miramis. Da breitete Trauervogel seine großen
schwarzen Schwingen aus und flog den Bergen zu.

Zugleich lakonisch und poetisch wird die Abreise geschildert, die eine
Konstante des Märchens bildet. Doch auch hier ist das Buch komple-
xer als das Märchen, in dem der Held in der Regel ohne Skrupel
davonzieht, um seine Aufgabe zu erfüllen. Die Stimmung wird traurig
elegisch gezeichnet, als Mio vom Land der Ferne Abschied nimmt –
im Zeichen der weißen Blumen: »Die Apfelblüten leuchteten wie
Schnee im Mondschein. Sie leuchteten wie Schnee – vielleicht sollte
ich nie mehr so schöne weiße Apfelblüten sehen ...«
Seine Reise führt ihn in die Landschaft der Angst. Der Eingang
zum Land Außerhalb, »wo es keine Blumen gab und keine Bäume
wachsen konnten«, ist eine enge Pforte zwischen Klippenwänden.
Das Dunkel und die Schwärze, die Klippen, der leblose See, Katos
Felsenburg, all das erzeugt das Bild einer sterilen Welt, die durch die
Unterdrückung in einen Zustand der Lähmung versetzt wurde.
In dieser Landschaft liegen alptraumhafte Zonen direkt nebeneinander: der Tote Wald mit seinen leblosen Baummonstern und der
Tote See, »das einsamste schwärzeste Wasser der Welt«. Die Super-
lative kommen ebenso häufig vor wie in der Beschreibung des Ro-
sengartens, doch sie dienen nun dazu, die Idee des absolut Bösen
heraufzubeschwören, »das schwärzeste Schwarz und das dunkelste
Dunkel«. Ein Schlüsselwort ist »entsetzlich«. Der Inbegriff dieser
Schreckenswelt ist Katos Burg, wo ein Fenster wie »ein rotes und
unheimliches, entsetzliches Auge« leuchtet – dieselbe Häufung von
Adjektiven ist uns aus der Schilderung der lieblichen Umgebung auf
der Insel der grünen Wiesen bekannt.

Die Reise der Kinder von Station zu Station erinnert an eine Allegorie
John Bunyans A *Pilgrim's Progress* oder an die gefahrvollen Reisen

in Märchen, in denen die Strapazen sich allmählich steigern. Als Katos furchtbare Späher, von denen die Jungen umgeben sind, Miramis rauben, ruft Mio seinen Vater an und bittet darum, sich seinem Auftrag entziehen zu dürfen. »Hilf mir von hier fort! Ich will hier nicht länger bleiben. Ich will bei dir sein. Ich will mit Miramis wieder zur Insel der grünen Wiesen zurück.« Der ewige Traum des Menschen von der Befreiung vom Leid – der Gedanke von Gethsemane – ist hier in der direkten Sprache des Kindes ausgedrückt. Doch die Liebe des Vaters schenkt trotz des Abstands Geborgenheit. Mio meint seine Stimme in der Liebesformel »Mio, mein Mio« zu hören und überwindet die Angst. Dass er sich entwickelt und vom Stadium des Spiels entfernt hat, wird deutlich hervorgehoben: »Ich war nicht mehr der Mio, der im Rosengarten Hütten baute und auf der Insel der grünen Wiesen über die Hügel wanderte und Flöte spielte. Ich war ein Ritter, ein *guter* Ritter, nicht so einer wie Kato. Und ein Ritter muss tapfer sein und darf nicht weinen.«

Die Formulierung »Ein Ritter muss tapfer sein und darf nicht weinen« bezieht sich auf die kindliche Perspektive, in der das Märchen das Vorbild liefert, das Ideal. Das Kind erinnert sich daran, wie ein Ritter zu sein hat, und will ebenso handeln, obwohl »die Finsternis schwärzer ist als alle Finsternisse der Welt« und das Gelände immer schwieriger zu durchqueren ist. Nachdem sie ihres Pferdes beraubt wurden, müssen sich die Helden zu Fuß weiterbewegen, schließlich sind sie gezwungen zu kriechen und zu klettern. Das sterile Land Außerhalb enthält nur noch Reste von Leben, beklagenswerte, deformierte Wesen. Über dem Toten See ertönt das Klagen der Vögel – sie sind die geraubten Kinder, die auf diese grausame Art und Weise verwandelt worden sind. Dasselbe Schicksal droht Mio und Jum-Jum, sollten sie von Katos Spähern gefangen genommen werden. Doch der hungrige und verschreckte Eno, der ein Schattenleben in einer grauen Hütte lebt und den die Kinder mit ihrem Brot bewirten, wird zu ihrem Helfer: Er enthüllt, dass der Schwertschmied sich »in der tiefsten Höhle im schwärzesten Berg« befindet.

Dorthin muss Mio, um an das Schwert mit den besonderen, magischen Eigenschaften zu gelangen, die nötig sind, um das Böse zu bezwingen. Die Suche nach dem Schwert beinhaltet ein »Hinabsteigen«, wodurch der Held auf eine entscheidende Probe gestellt wird, denn plötzlich ist Jum-Jum verschwunden. Mio ist allein in dem schrecklichen Berg. Wieder legt er sich ermattet nieder, bereit aufzugeben, doch auch jetzt vermittelt die Formel »Mio, mein Mio«, der Zuruf des Vaters, ihn zu schützen. Auch dieses Mal endet die Episode in Dur: In der Tasche hat Mio die Holzflöte, die er vom Hirtenjungen Nonno bekommen hat, und er versucht »die alte Melodie« zu spielen, die er auf der Insel der grünen Wiesen gelernt hat. Hinten im dunklen Tunnel antwortet Jum-Jum mit denselben Tönen. Unter fröhlicher Flötenmusik bahnen sich die Jungen einen Weg zur Höhle des Schwertschmieds.

Der in »Ketten des Hasses« gelegte Schwertschmied hat, wie es erneut heißt, in »tausend und abertausend von Jahren«, an dem Schwert gearbeitet, damit es die richtigen Eigenschaften bekommt.[13] Wie in einer isländischen Kenning, einer Art bildlichen Umschreibung von Begriffen, wird es »Feuerflamme« genannt und der Schwertschmied selbst erinnert an Völund aus der isländischen Mythologie, den Heroen der Schmiedekunst, im Deutschen bekannt unter dem Namen Wieland der Schmied. Das Feuermotiv signalisiert Auserwähltheit und man hat in der Forschung auch im Motiv mit dem Helden, der durch das Feuer erscheint, einen Messias-Zug gesehen. Die Unterstützung durch den Helfer hat nicht dieselbe, fast mechanische Form, wie sie etwa im Volksmärchen verbreitet ist. Wir befinden uns nicht mehr in der Welt der romantischen Hütten. In dieser unwirtlichen Felsenumgebung muss der Held seinen Willen unter Beweis stellen: »Gib mir dein Schwert, damit ich gegen Ritter Kato kämpfen kann.« – Mios Aufforderung erinnert fast an einen Befehl. Daraufhin übergibt ihm der Schwertschmied mit einer feierlichen Geste das Schwert, mit dem der richtige Empfänger, der Ritter mit der hellen Stirn, der erwartete, auserwählte Prinz Mio selbst Stein schneiden kann.[14]

Nach der Szene am Brunnen ist das Heraufholen der Waffe aus der »Unterwelt«, der schwarzen Höhle des Schwertschmieds, ein weiterer großer mythischer Augenblick. Mio hat, wie Benn Johansen in seinem großen Aufsatz über das Buch betont, eine neue Phase erreicht, in der er sich zu Hass und Widerstand gegen Kato stählen muss. Das Mitgefühl mit den geraubten Kindern verwandelt sich in zielstrebige Aktivität. Mio sehnt sich nun danach, »Ritter Kato zu begegnen, auch wenn es mein Tod sein sollte«.

Die letzte Etappe in der Via dolorosa der Helden führt zu Katos Feste, »der schwärzesten Burg der Welt«, wie es in der für das Buch typischen Superlativform heißt. Nun geschieht alles schnell in einer Folge von Episoden, die demselben rhythmischen Muster von Bedrohung und Befreiung folgen. Durch ständig wiederholte Phrasen und predigtartige Formeln wird deutlich, dass Natur und Gegenstände unsichtbar und heimlich die Helden unterstützen. Kato hat »das zarte Gras« zerstört. Deshalb helfen die Erde und der Boden den Kindern. In dieser animistischen Welt macht sich der Baum hohl, sodass die kleinen Helden hineinkriechen und sich verstecken können, die Erde verbirgt sie in Höhlen, der Berg öffnet sich, sodass sie sich vor den roboterhaften Spähern schützen können, deren stereotype Schlachtrufe die Leser in Angst und Schrecken versetzen: »Sucht, sucht überall! Der Feind ist mitten unter uns.«

Alle Bedrohungen werden durch das Wunder abgewehrt. Das Wundermärchen betont sich selbst; die einleitende Formel »Dann geschah etwas Seltsames« erzeugt wieder und wieder die Erwartung des Wunderbaren. Auch der Tote See, den die Jungen durchqueren müssen, um Katos Burg zu erreichen, erweist sich als Helfer. Der Tod scheint unvermeidlich, als die Kinder im wackligen Boot des Schmieds auf wild bewegte Wellen hinausgeschleudert werden. Die Angst und die Lebensgefahr werden in der Klageformel zum Ausdruck gebracht, die in unterschiedlichen Varianten die Ausgeliefertheit der Kinder zusammenfasst: »›Wenn nur das Boot nicht so klein wäre‹, sagte Jum-Jum. ›Wenn nur der See nicht so tief wäre und die Wellen nicht so wild und wir nicht so klein und einsam.‹«

Der Seufzer der Verzweiflung, der alle diese Formeln beendet, stammt immer von Jum-Jum. »›Jetzt‹, rief Jum-Jum, ›jetzt ... O Mio, jetzt ist alles vorbei.‹« Doch auch die Wellen glätten sich.

Die unbelebte Welt hilft den Helden auch bei der letzten Probe, als sie Katos Burg bezwingen. Eine schwarze Tür in der Steinwand öffnet sich von selbst und sie landen im Zentrum der Finsternis. »Denn so finster war nie eine Finsternis, so eisig war nie eine Kälte, so boshaft war nie eine Stille wie hier in Ritter Katos Burg.« Das Inferno hat die Idylle ersetzt: Nicht der Diskurs der Wirklichkeit, sondern der des Alptraums liefert hier die Bezugspunkte.

> Im Traum bin ich manchmal durch dunkle Häuser gegangen, die ich nicht kannte. Unbekannte, dunkle, entsetzliche Häuser. Schwarze Zimmer, die mich umschlossen, bis ich nicht mehr atmen konnte, mit Fußböden, die sich gerade dort, wo ich gehen wollte, zu jähen Tiefen öffneten, mit Treppen, die zusammenstürzten und mich mitrissen. Aber kein Haus im Traum war so entsetzlich wie Ritter Katos Burg.

Zum Schluss geschieht das Furchtbare, das Generationen von Lesern erschreckt hat: Der Augenblick, als Mio auf der Burgtreppe den Halt verliert – natürlich »die höchste und dunkelste Treppe«, die die Welt je gesehen hat. Er greift nach etwas, das er für Jum-Jums Hand hält, doch stattdessen fasst er in »eine Klaue aus Eisen«. Kato hat ihn gefangen.

Die Nacht des Kampfes und der Morgen des Sieges

Endlich ist der Augenblick der Begegnung gekommen, wie es seit »tausend und abertausend von Jahren« vorausbestimmt gewesen war. Der helle Ritter steht dem schwarzen Auge in Auge gegenüber. In der dunklen Tiefe der Burg, in der Kato sich aufhält, fließt das Böse umher wie ein gefährliches, ätzendes Gift: »Und seine Bosheit kroch über uns hin wie loderndes Feuer, sie kroch über unsere Gesichter und unsere Hände und brannte in unseren Augen und wir atmeten sie in unsere Lungen, als wir Luft zu holen versuchten.«

Wollüstig erwägt Kato, ob er die Kinder in Vögel verwandeln oder ihnen Herzen aus Stein geben und sie zu seinen Sklaven und Kammerdienern machen soll – wir bekommen ein Musterbeispiel für die Palette der sadistischen Möglichkeiten des Märchens, Feinde unschädlich zu machen. Doch Kato entscheidet sich dafür, seine Gegner im »Hungerturm« verschmachten zu lassen, wofür er außergewöhnlich rigorose Vorsichtsmaßnahmen ergreift. Mios magisches Schwert wirft er in den Toten See, er verschließt die Tür zum Gefängnis der Jungen mit sieben Schlössern und stellt sieben Wächter davor ...

In einem dunklen, scheußlichen Versteck eingesperrt und in letzter Sekunde daraus gerettet zu werden, diese Dramatik findet sich, wie ich mehrfach betont habe, häufig in Astrid Lindgrens Werk. Am besten erinnern wir uns vielleicht an die grausigen Szenen der *Blomquist*-Krimis, als die Kinder eingeschlossen werden und zitternd auf Befreiung warten. In *Rasmus und der Landstreicher* und *Rasmus, Pontus und der Schwertschlucker* gibt es grässliche Episoden, in denen die Hauptfiguren auf Dachböden isoliert werden und zitternd die nächsten Schurkenstreiche des Ganoven abwarten. Doch die Gefangenschaft in Katos Burg gewinnt im Genre des Schreckens den ersten Preis. Nach all den wundersamen Rettungen während der Reise in das Land Außerhalb sind die Leser eigentlich darauf eingestellt, dass Mio und Jum-Jum es auch diesmal schaffen. Wir akzeptieren sogar das magische Phänomen, als der Löffel von Jiris Schwester aus sich selbst heraus Brot hervorbringt und die Kinder vor dem Hungertod rettet. Außerdem besteht noch eine wichtigere Möglichkeit der Rettung: der Tarnmantel, das Geschenk der Weberin. Zur Tradition des Märchens gehört, dass die magischen Geschenke den Helden überraschen sollen und ihre Funktion genau dann eintritt, wenn die Gefahr am größten ist. Auch hier entdecken die armen Kinder plötzlich, dass das Futter in Mios Mantel den Träger unsichtbar macht. Zum Schluss bekommen sie auch das Instrument für die Befreiung zurück: Die Vögel, das heißt die verzauberten Kinder, die klagend um die Burg fliegen, holen das Schwert aus dem Toten See und bringen es in gemeinsamer Anstrengung in die Zelle der Jungen. Nun steht der »Nacht des Kampfes«, der seit »tausend und abertausend von Jahren« vorausgesehen war, kein Hindernis mehr im Weg.

Dank des Tarnmantels kann Mio an seinen Wächtern vorbeigelangen, und etwas Komik lässt die Lage inzwischen zu: Als das Schwert die Tür der Zelle zerteilt, hört man einen knirschenden Laut. »Sicher war es ein böser Gedanke von Ritter Kato, der vorbeiknirschte«, glauben die Späher.

Das letzte Stück bis zum Ziel, Katos Kammer, *läuft* Mio siegesgewiss und ohne Furcht. Seine Entwicklung ist vollendet:

> Ich hatte keine Angst mehr. Noch nie hatte ich weniger Angst gehabt. Nun war ich nicht mehr der Mio, der im Rosengarten Hütten baute und auf der Insel der grünen Wiesen spielte. Ich war ein Ritter auf dem Weg zum Kampf. Und ich lief weiter, auf Ritter Katos Kammer zu.

Jetzt kommt der entscheidende Augenblick, in dem, wie in den mittelalterlichen Rittersagen, der weiße Ritter gegen den schwarzen Ritter kämpft, ein Kampf zu gleichen Bedingungen. Mio wirft den Mantel ab und tritt als »Ritter ohne Furcht« auf. Sein flammendes Schwert siegt über Katos »furchtbares Schwert«. Doch er muss nicht zum Mörder werden. Kato selbst bettelt darum, von seinem scheuernden Steinherz befreit zu werden, eine Lösung, die mit der Märchennorm bricht und die Tat auch für das Opfer zum Positiven wendet. Das Resultat, als Mio das Schwert tief in »Ritter Katos entsetzliches Herz aus Stein« stößt, ist grausig, doch unblutig: ein Haufen Steine und »eine Klaue aus Eisen«. Vielleicht wird eine Seele aus Katos gequälter und quälender Figur befreit: Ein kleiner grauer Vogel fliegt hinaus, als Mio das Fenster der Burg öffnet. Diesen Vogel soll man wohl als Katos materialisierten Geist verstehen, eine durchaus angemessene Deutung. Für dieses Motiv gibt es auch Parallelen in der Märchenliteratur, z. B. in Hans Christian Andersens »Das Mädchen, das auf das Brot trat«, wo die Seele des Mädchens in Gestalt eines grauen Vogels aus dem erstarrten Körper fliegt. Hier steht der Flug des Vogels vielleicht auch für die Befreiung des Helden.

Nach der »Nacht des Kampfes« folgt der Morgen des Sieges. Das Leben wird erneut geboren. Die Sonne scheint, der Tote See blinkt »freundlich und blau«. Zum Mythos der Heldensage gehört, dass der Sieg die gesamte Gesellschaft umfasst. Vor allem werden die Kinder wieder vereinigt, die von ihrer Vogelgestalt erlöst sind. Miramis und Jum-Jum sind auch dabei. Alle sind froh, aber die Stimmung ist eher zurückhaltend als triumphierend. Jedes Kind drückt wie in einem Seufzer der Erleichterung seine Dankbarkeit aus: »Ich bin so froh, dass wir nicht mehr verzaubert sind.« Dies ist eine der für das Buch typischen Formeln, die das Gefühl hochstilisieren und den Sieg entdramatisieren. Zugleich erhält die Erzählung einen Zug von Legende, indem geschildert wird, wie die Tochter der Weberin, die ihr Leben im Freiheitskampf geopfert hatte, vom Tod erweckt wird. Milimani liegt verbrannt am Ufer des Sees. Sie hat sich geopfert und mit ihrem Vogelkörper die Fackel des Spähers gelöscht, sodass Mio und Jum-Jum im Schutz der Dunkelheit in die Burg gelangen konnten. Das Wunder geschieht, als Mio sie in den Mantel mit dem Märchenfutter hüllt, der alle Eigenschaften der Liebe und des Lebens aus dem Land der Ferne beinhaltet: »Weicher als Apfelblüten war er, sanfter als der Nachtwind im Gras, wärmer als das rote Blut des Herzens, und es war ihre eigene Mutter, die ihn gewebt hatte.«

Milimani schlägt die Augen auf, um geheilt an der allgemeinen Freude teilzuhaben. Die Verwandlung erinnert an den Mythos vom Vogel Phönix, doch die Szene knüpft auch an die Tradition der Sage vom heiligen Georg an. Mio hat nicht nur das Ungeheuer Kato mit den Schlangenaugen und dem Steinherzen unschädlich gemacht, er hat auch die Prinzessin gerettet.

Das grüne Blatt

Der Kampf gegen Kato geht alle an. Eno und der Schwertschmied kommen über den See gerudert und in ihrer Folge neue Menschen, für die das Licht und der blaue See neue Hoffnung verkünden. In der toten Welt beginnt das Leben zu sprießen. Eno überreicht »Prinz Mio« (der Ritter hat jetzt seine Aufgabe erfüllt) ein kleines grünes Blatt, das er im Toten Wald gefunden hat. »So ein dünnes, durchsichtiges, zartes Blatt war es, dünn und zart und lichtgrün, mit feinen Adern drin.« Die Worte sind schlicht, doch die Häufung der aufeinander abgestimmten Adjektive vermittelt einen intensiven Eindruck vom Leben als etwas Zerbrechlichem und Wertvollem. Doch vor allem steht das Blatt in *Mio, mein Mio* als ein Symbol für den unbeugsamen Widerstand des Lebens gegen die Versteinerung.[15]

Das Thema wird in einer Zunkunftsvision weiterverfolgt, die an den

Steinhaufen gebunden ist, der von Katos Burg übrig geblieben ist. Nun liegt er da und stört den Eindruck von Licht und Schönheit. Doch einst wird das Leben und das Wachsen auch diese Umgebung verwandeln:

> Ich habe einmal rosafarbene Blumen gesehen, die auf Moos blühten. Sie sahen aus wie kleine Glocken und sie wuchsen in langen Ranken. Einmal werden vielleicht solche kleinen rosa Glocken in dem Moos über Ritter Katos Burg blühen. Das wird schön aussehen, glaube ich.

Hier mündet die Erzählung in eine Utopie, die anders ist als der Schönheitsrausch im Rosengarten, sie gleicht auch nicht der »natürlichen« Pracht der Heckenrosen in Vaxholm. Astrid Lindgrens Lieblingspflanzen, grünes Moos und die anspruchslose småländische Blume Linnea werden schließlich alles überwuchern, etwas zum Nachdenken für diejenigen, die meinen, dass in *Mio, mein Mio* der Kontakt zur Wirklichkeit fehle.

Im Motiv mit dem sanften Sieg der Natur über den Stein wird das ethische Thema des Buches zu Ende geführt. Heute kann einem dabei auch die damals noch nicht aktuelle Diskussion über Ökologie und Umwelt einfallen. Als das Buch geschrieben wurde, gehörten diese Fragen noch nicht zur Tagesordnung, doch inzwischen kennt jedes Kind die Umweltgifte und ihre Folgen. Man kann *Mio, mein Mio* durchaus als Plädoyer für grünes Leben in einer Welt lesen, in der sich Katos Toter Wald nur allzu sehr als Realität aufdrängt.

Das kosmische Motiv mit Weltuntergang und Wiederherstellung wird ebenfalls in die Bilder vom Sieg der Natur gefasst. Das Seufzen der Kreatur verstummt und »die Schöpfung bekommt ihr Morgenlicht und ihre Paradiesstimmung zurück«, fasst Olle Holmberg poetisch und schön seine Analyse von *Mio, mein Mio* zusammen. Er schließt mit einem Hinweis auf die Schlussworte in der isländischen *Völuspá*[16]: »Und auf dem Idafeld noch hüten / die Nornen goldene Bilder des Morgenlebens.«

Die Rückkehr

Der letzte Abschnitt der Erzählung handelt, wie es in der Heldensage üblich ist, von der Rückkehr nach der Heldentat. Ein Zug von Kindern und Pferden bewegt sich zurück zur Insel der grünen Wiesen – die Symbiose zwischen Mensch und Tier wird vollführt.

Jedes Kind bekommt sein Pferd – Astrid Lindgren ist in Augenblicken wie diesen großzügig –, doch Mio und Jum-Jum reiten wie immer zusammen auf Miramis. Die Pferde werden im Wald der Dunkelheit, ihrem eigenen Aufenthaltsort, wieder vereinigt und sie wiehern »wild und laut« vor Glück, nicht zuletzt weil das geraubte Fohlen zurückgekehrt ist.

Die Erzählung ist wie ein Zirkel angelegt, sodass die Stimmung des Auszugs nun auch die Rückkehr begleitet. Der Mondschein leuchtet über dem Wald der Dunkelheit und bei der Hütte der Weberin schimmern die Apfelblüten wieder so wie damals, als Mio und Jum-Jum das Land der Ferne verließen – und genau wie damals, als Astrid Lindgren in jungen Jahren diese Wanderung unternahm (siehe Einleitung).

Die Rückkehr wird in schlichten Worten geschildert, zurückhaltend »würdig«, mit poetischer Konzentration, zum Beispiel als Milimani zu ihrer Mutter nach Hause kommt:

> Weich wie eine Schneewehe lagen die Apfelblüten um das Haus, das aussah wie ein Haus aus einem Märchen. Wir hörten es drinnen klappern und Milimani sagte: »Meine Mutter webt.«
> Dicht am Zaun sprang sie vom Pferd, winkte uns zu und sagte: »Ich bin so froh, dass ich heimgekommen bin. Und ich bin so froh, dass ich heimgekommen bin, bevor die Apfelbäume verblüht sind.«
> Sie lief den Pfad zwischen den Apfelbäumen hinauf und verschwand im Haus. Und da hörte der Webstuhl da drinnen auf zu klappern.

Den Lesern bleibt es überlassen, sich das Glück in dieser Begegnung vorzustellen. Die Erzählung erzeugt eine »Leerstelle«, die die Empfänger selbst ausfüllen können. Bei anderen Gelegenheiten arbeitet die Autorin mit großem Aufwand. Als die Heimkehrenden sich der Insel der grünen Wiesen nähern, wird die Schilderung zu einer Explosion aus Licht und Fanfaren. Die hundert weißen Pferde mit Miramis an der Spitze schweben durch die Luft und sprengen über die Brücke des Morgenlichts, die »golden und licht« strahlt. Ein Wächter bläst in sein Horn, »dass es über die Insel der grünen Wiesen schallte«, und alle Menschen werden aus ihren Hütten hervorgelockt. Als die geret-

Illustration von Stina Beck-Friis zu Florestan oder das Märchen vom Riesen Bam-Bam und der Fee Viribunda. *Der Prinz und sein Freund Toto kehren nach Hause zum Schloss und zum König zurück, nachdem sie vor dem schrecklichen Riesen gerettet worden sind. Man vergleiche die glückliche Wiedervereinigung in* Mio, mein Mio – *doch man beachte auch die militanten Züge in älteren Märchen.*

teten Kinder, Nonnos Brüder, Jiris Geschwister, Jum-Jum und alle anderen, ihre Angehörigen treffen, herrscht Leben und Bewegung. Das Glück ist, wie es sich im Märchen gehört, vollkommen.

Auch Mio kehrt nach Hause zurück. Der König wartet am selben Ort, wo er den Sohn verlassen hatte. Als Mio vorsichtig die Tür zum Rosengarten öffnet, steht der Vater dort. Worte sind überflüssig – nichts wird über die große Tat oder die überstandenen Mühen gesagt. Das Wichtige ist die Liebe, und die wird wie immer in der Formel »Mio, mein Mio« ausgedrückt. Einen bedeutungsvollen, scheinbar alltäglichen Kommentar gibt der Vater außerdem: »Ich glaube, du bist gewachsen, während du weg warst.«

Doch obwohl Mio gewachsen ist, sich entwickelt hat, gesiegt hat – jetzt darf er wieder Kind sein. Er und Jum-Jum spielen bald wieder wild im Rosengarten – mit dem Tarnmantel selbst. Nach dem Dunkel und dem Ernst ist jetzt die Zeit der Sorglosigkeit.

Das Märchen endet damit, dass die Symbole des Widerstands – der Gesang, die Musik, das Feuer – ihre ursprüngliche wachsame Haltung erneut einnehmen. Als Mio wieder mit seinem Vater, dem König, im Rosengarten spazieren geht, singt der Trauervogel in der Silberpappel. »Ich weiß nicht, wovon er jetzt sang, da alle geraubten Kinder nach Hause gekommen waren. Aber ich glaube, Trauervogel hat wohl immer etwas, wovon er singen kann.«

Die Lagerfeuer der Hirten werden erneut angezündet – sie gehören zum selben Signalsystem. »Eines nach dem anderen flammte auf und leuchtete so schön durch die Abenddämmerung. Und ich hörte, wie die Hirten draußen spielten. Sie spielten die alte Melodie.«

Das Märchen von Mio schließt in einem Kreis, der auch eine Aufforderung enthält. Doch vor allem bedeutet er Ruhe und Versöhnung.

Die Sicht auf die Wirklichkeit hat sich verändert, da die Hauptfigur die Geschichte der Abenteuer im Land der Ferne erzählt. Dass Mio auf der anderen Seite der Dunkelheit herauskommt, zeigt sich in seinen Reflexionen am Schluss des Buches, die den Anfang wieder aufnehmen. Er hegt gegen die Pflegeeltern keinen Groll mehr. »Ich bin ihnen nicht mehr böse«, sagt er. Die Abhängigkeit von Benka hat er ebenfalls überwunden. Er »lässt zu«, dass Benka einen neuen besten Freund bekommt. Selbst lebt er glücklich im Märchen. Aus diesem Blickwinkel betrachtet er auch Bo Vilhelm Olsson. Er beteuert, dass Bosse nicht auf einer Bank im Tegnérpark sitzt, wie Tante Edla wohl vermutet. Es ist lange her, dass er sie verlassen hat, und er ist nicht länger das »Opfer« der quälenden Wirklichkeit. Als Mio ist er unverwundbar. Dazu ist er geworden, nicht indem er sich in einen Stein verwandelt, sondern indem er die Liebe annimmt. »Bo Vilhelm Olsson ist im Land der Ferne und er hat es gut dort, so gut, bei seinem Vater, dem König«, heißt es mit großem Nachdruck.

Dieser Abschluss hat viele verblüfft. Ich halte das Ende des Buchs für vollkommen logisch. Der Kreis des Märchens schließt sich mit der Heimkehr aus Katos steinernem Reich in den Rosengarten. In eine psychologische Sprache übersetzt, geht es um die Heilung und Rettung der Seele – den Sieg des Lebens über die Versteinerung. Entsprechend geht es mit Sicherheit auch um den Sieg der Fantasie, des Gedichts in einem von Sterilität bedrohten Leben.

Astrid Lindgren wollte, dass das Märchen eine deutliche Sprache spricht, nicht am Schluss auf Traum und Aufwachen reduziert wird. *Mio, mein Mio* endet, wie im Märchen üblich, mit totaler Harmonie, in einer Stimmung, in der die Upplandsgatan sozusagen nicht mehr relevant ist. Aus seinem fernen Blickwinkel betrachtet Bo den Tegnérpark wie eine fremde Umgebung. Er kennt nun ein anderes Leben: die Liebe und Güte, die Kato, den versteinerten Herrscher, vernichtet hat. Als Mio Kato tötet, vernichtet er im Grunde genommen den Stein in seinem eigenen Herzen – in der Upplandsgatan hat er Kato in sich getragen. Nun tut er das nicht mehr: Darauf läuft das Ganze hinaus.

Und reicht das nicht? Wer in sozialrealistischem Eifer wünscht, dass Mio erneut als Bosse zu den Pflegeeltern zurückkehre, behandelt das subtile Verhältnis zwischen Märchen und Wahrheit ohne jegliches Fingerspitzengefühl.

Der Dialog mit dem Märchen

Bereits kurz nach dem Erscheinen des Buches entdeckte man, dass das Märchen in *Mio, mein Mio* eine starke Magie ausübt. Die erste Kritik bedeutete einen großartigen Durchbruch für Astrid Lindgren als Dichterin. Ein großer Anteil des Lobes bezog sich gerade auf ihren Umgang mit dem Märchengenre und seine strahlende Erneuerung. Doch die Ansichten darüber, um was für eine Art Märchen es sich handele, gingen auseinander.

Man hat unterschiedliche Genremodelle vorgeschlagen, vom Volksmärchen zu präziseren Kategorien. In *Mio, mein Mio* hat Astrid Lindgren »einen Schritt hinein in die schwarz-weiße Welt der alten Volksmärchen gemacht«, schreibt Greta Bolin am 20.11.1954 im *Svenska Dagbladet*. Der Rezensent der Zeitung *Morgontidning* bezeichnete das Buch als Parzivalssage (27.11.1954), wogegen andere Kritiker die Autorin mit den großen Vertretern des Kunstmärchens, Hans Christian Andersen und Zacharias Topelius, verglichen. Ein »Märchen wie *Mio, mein Mio*« sei auf Schwedisch »seit den Tagen des sanften Topelius« nicht mehr geschrieben worden, meint Daniel Hjort in der Zeitung *Sydsvenska Dagbladet* vom 9.12.1954. Das Buch »folge der Vorlage des klassischen Märchens«, betont er:

> Die Repliken sind leicht archaisiert, mit einem fast an das Evangelium erinnernden Ton, die Landschaft ist taufrisch stilisiert und alles kommt zusammen, um *Mio, mein Mio* zu einem Meisterwerk nicht nur der Kinderliteratur, sondern in der Dichtung überhaupt zu machen.

Die Rezension trägt den Titel »Ein Meisterwerk«.

Der Einzige, der Zweifel hegt, um welches Genre es sich handelt, ist Olle Holmberg in einer tief gehenden, positiven Rezension in der Zeitung *Dagens Nyheter* vom 27.11.1954. Er entscheidet sich schließlich für die Bestimmung »romantisches Märchen«. Als solches sei es »schön, wundersam und auf moderne Weise vorsichtig«. Auch außerhalb Schwedens wurde das Buch als Märchen eingestuft. In Dänemark vergleicht der Rezensent der Zeitung *Politikken* (4.12.1955) das Buch mit den Märchen der Brüder Grimm. In Deutschland und

Österreich sieht man Ähnlichkeiten zwischen Astrid Lindgren und Hans Christian Andersen. Sie kehre ständig zur symbolischen Methode des Kunstmärchens und Andersens zurück, am schönsten in *Mio, mein Mio*, stellt der Kinderbuchwissenschaftler Richard Bamberger fest.[17] Zugleich betont man das Innovative bei ihr. Der Österreicher Anton Tesarek bezeichnet *Mio, mein Mio* als das großartigste Märchen, das in den letzten Jahren geschrieben worden sei. Ein Märchen für alle Menschen unserer Zeit, voller Schönheit:

> Ja, es sind alte Motive, die hier zu einem neuen Kunstwerk verwebt wurden! Aber welche künstlerische Kraft ist am Werk! Wie ist hier, in diesem Märchen, alles, was wir erleben (unsere Zeit, unsere Vergangenheit, unsere Zukunft, unsere Welt, die Märchenwelt und ein Jenseits, unsere Wünsche und unsere Sehnsüchte, unsere Angst, ja unsere Verzweiflung!) erhalten! Alles findet sich in diesem so wunderbar erzählten Märchen. (...) Wahrhaft, hier ist ein Märchen, das alle Menschen unserer Zeit lesen sollten – so voll vollkommener Schönheit ist es. (Tesarek 1955, S. 329)

Auch in der *Chicago Tribune* (2.3.1957) wird das Buch als »a poetic fairy tale which is tender and true«, »a splendid contribution to the fairy tale shelf« beschrieben.

Im Nachhinein hat die Frage über die Genrezugehörigkeit des Buches neue Aspekte erhalten. Eva von Zweigbergk nennt *Mio, mein Mio* eine moderne Rittersage. In ihrem Artikel in *Vänkritik*, einer 1959 erschienenen Festschrift für Olle Holmberg, diskutiert sie außerdem den Märchenbegriff mit Astrid Lindgren selbst. Das Märchen macht die »tiefste Furche« in Astrid Lindgrens Werk aus: »Sie hat die Gabe, die geheimnisvolle Stimmung zu schaffen, die der Silberstempel des wahren Märchens ist.«[18]

Typisch für ihre Märchen ist auch das Motiv selbst: »ein einsames Kind, das einem Leid tun kann, ein Kind, das in gewisser Hinsicht außerhalb der gesellschaftlichen Gemeinschaft steht«. Dieser Stoff sei seit den Tagen Topelius' nicht mehr üblich, schreibt Zweigbergk im Weiteren. Sie erinnert an Selma Lagerlöfs bekannte Erzählung *Meli*, die von einem buckligen Mädchen handelt, das in einer wirklichkeitsorientierten Tätigkeit ihr Glück findet – Meli übernimmt die Pflege kranker Kleintiere. Astrid Lindgren wählt einen anderen Weg. Sie »führt ihre kleinen unglücklichen Helden in die Rosengärten des Märchens, wo sie die goldene Pforte hinter sich schließen können«. Meist handelt es sich um Jungen »und am liebsten Großstadtkinder, die es schwer oder zumindest langweilig haben, in einem Volksheimmilieu, wo die Freuden der Kultur fehlen«. Ein Beispiel für solche Figuren ist Bertil in »Nils Karlsson-Däumling« und Göran in der Erzählung »Im Land der Dämmerung«. Doch die Fantasie kompensiert Qual und Tristesse. Eva von Zweigbergk betrachtet *Mio, mein Mio* als Höhepunkt innerhalb dieser Thematik. Das Buch ist ihrer Meinung nach Astrid Lindgrens bis dahin bestes Werk.

In dem Gespräch in der Zeitschrift *Vänkritik* begründet Astrid Lindgren ihre Methode, im Buch auf das Märchen zurückzugreifen. Sie hat »eine Variante vom uralten Thema des Kampfes zwischen Gut und Böse« gestalten wollen. Mit den Techniken des Volksmärchens verstärkt sie Gut und Böse: »Denn damit das Märchen eine deutliche Sprache sprechen kann, muss wie die alten Volksmärchen Schwarz ordentlich schwarz sein und Weiß weißestes Weiß.«

Astrid Lindgren ist eindeutig mit Märchen gut vertraut. Für *Mio, mein Mio* gilt, wie im Märchen, dass »alles möglich ist und nichts erstaunt«. Drachentötersage und Heldenmythos laden das Leben mit Magie auf, mit großen Gesten und einem poetischen, leicht archaisierenden Märchenstil. Hier kommen auch die Geber, Helfer, Sender und Wegweiser vor, die für das Volksmärchen typisch sind und die die Erzählung zur Vollendung bringen.

Auch die Märchenelemente, mit denen Astrid Lindgren seit dem eifrigen Lesen ihrer Kindheit vertraut war, kommen vor, Klischees, wenn man so will: der Rosengarten, das magische Schwert, der Gefängnisturm. Die Leser erkennen die Muster wieder und fühlen sich sicher. Doch zugleich erhalten die Schablonen durch die poetischen Metaphern und Zusammensetzungen neue Aspekte: der Gärtner des Rosengartens, die Feuerflamme, die Hassketten, der Hungerturm. Das letztgenannte Wort kommt sowohl bei Erik Lindegren als auch in der *Divina Commedia* vor.

Die Erzählweise weicht ebenfalls vom Märchen ab. Zum einen wird *Mio, mein Mio* in der Ich-Form erzählt, während Märchen generell in der dritten Person geschrieben sind und mit der Formel »Es war einmal« beginnen. Zum anderen entwickelt die Hauptfigur eine Art Dialog mit dem Märchen, eine Erzählform, die man nicht nur als rein technische Methode deuten kann. Die Erzählform setzt das grundsätzliche psychologische Problem um, bei dem die Hauptperson ihre Angst bearbeitet, indem sie über das Märchen reflektiert und sich zugleich mutig hineinbegibt. Die Erzählweise verändert auch das Kind. Die Drachentötersage wird mit anderen Worten metaphorisch und verwandelt sich in das, was man gemeinhin als Metasage bezeichnet.

Auch die Komposition der Erzählung weicht vom Märchen ab. Der Ausbruch aus dem Alltag, als Bosse zum Land der Ferne reist, gehört nicht zum Märchen. Während das Märchen meist eindimensional ist, spielt *Mio, mein Mio* auf mehreren Ebenen: Es baut sowohl auf die Wirklichkeit als auch auf das Fantastische und es baut unterschiedliche Welten in scharfen Kontrasten und Übergängen auf. Dieses Grenzüberschreiten ist typisch für das Genre der fantastischen Erzählung.[19]

Der Genrebegriff ist das Handwerkszeug, um Dichtung zu beschreiben und ihre Stellung in der Tradition zu bestimmen. Die fantastische Erzählung ist eine internationale Erscheinung und hat sich in verschiedenen Ländern unterschiedlich entwickelt, wenn auch die Grundstrukturen gleich sind. Man leitet sie von E.T.A. Hoffmanns Erzählungen her, von *Das fremde Kind* und dem bekannteren *Nussknacker und Mausekönig*, beide von 1816. Am beliebtesten wurde das Genre in England, besonders in den fünfziger Jahren unseres Jahrhunderts, dem Jahrzehnt, in dem auch *Mio, mein Mio* erschien. Auch in schwedischen Zusammenhängen spricht man inzwischen kurz und knapp von Fantasy.

Lewis Carroll mit *Alice im Wunderland*, Edith Nesbit, Tolkien und C.S. Lewis sind die tonangebenden Fantasy-Autoren. *Mio, mein Mio* ähnelt diesen Büchern aus der angelsächsischen Tradition, auch als »the Nesbit tradition« bezeichnet, und hebt sich doch gleichzeitig davon ab. Die wichtigsten Erzähltechniken sind dieselben: Das Kind wird von der Wirklichkeit in ein Universum versetzt, das irgendwo in der fernen Vergangenheit liegt. Lindgrens Land der Ferne ähnelt passagenweise Narnia, C.S. Lewis' seltsamer Märchenwelt hinter der Gegenwart (das erste *Narnia*-Buch erschien 1950). Typisch für die fantastische Erzählung ist, dass der »Seelenzustand« in den Zeitraum selbst hineinprojiziert wird. Der Ausflug hinaus in die andere Welt wird so sehr viel intensiver und glanzvoller.[20]

Die Schauplätze der Seele

Die Lektüre von *Mio, mein Mio* erregt leicht Bewunderung für die Prägnanz und Glaubwürdigkeit der geschilderten Umgebungen. Das Großstadtmilieu bildet den Rahmen für das Gefühl der Einsamkeit und die Trauer des Kindes, bis dann das Märchen beginnt. Astrid Lindgren kennt ihr Stockholm; in einem ihrer früheren Bücher, *Kati in Italien*, preist sie »die Stadt auf dem Wasser«, wo man in blauen Dämmerungsstunden zwischen den Eichen des Parks Djurgården schwärmen kann. In *Mio, mein Mio* hingegen spiegelt die graue, anonyme städtische Umgebung die Beklemmung und Machtlosigkeit des Kindes wider. Details und Namen sind authentisch. Bosse wohnt in der Upplandsgatan und spielt im Tegnérpark.

Der Park erinnert durch seinen Namen an einen der National-schriftsteller. Außerdem steht in ihm das Strindberg-Denkmal des schwedischen Bildhauers Carl Eldhs. Doch seit 1991 gibt es dort noch ein literarisches Denkmal, eine Erinnerungsplakette auf der Bank, auf der Astrid Lindgren damals den einsamen Jungen sitzen sah, der sie zur Figur des Bo Vilhelm Olsson alias Mio inspirierte. Im zweiten Kapitel des Buchs kommt eine weitere authentische Umgebung vor, die Sommerfrische in Vaxholm, an dem unvergesslichen Tag, als Bo Benka begleiten durfte.

Astrid Lindgren befolgt die Regel, nach der die fantastische Erzählung zuerst stabil im realistischen Raum etabliert sein muss, bevor das Irrationale dominieren kann. Erst nachdem die Wirklichkeit konkretisiert ist, wirft sie ihre Hauptperson in die Märchenwelt hinein. Der Name, das Land der Ferne, betont das Wesentliche, nämlich den Schwindel erregenden Abstand zur trüben Wirklichkeit des Alltags.

Auch die Zeit verändert sich. In der Wirklichkeit kommt es auf die genauen Zeitangaben an. Herbst und Dämmerung herrschen, als Bosse verschwindet, und die Uhrzeit, als die Pflegemutter ihn hinausschickt um Zwieback zu kaufen, wird genau angegeben. In der fantastischen Welt gibt es keine Zeitsignale, keine Jahreszeiten oder Zeitangaben, außer denen von Sonne und Mond, Morgen- und Abenddämmerung, Tag und Nacht. Der zentrale Zeitbegriff findet sich in der Formel »tausende und abertausende Jahre«. Diese nicht-biologische, nicht-mechanische Zeit erzeugt eine Vision von Raum und Zusammenhang und entspricht der Größe des Raums.

Je nachdem, wie sich Mio in der fantastischen Welt orientiert, eröffnen sich immer wieder neue Reiche. Damit Gut und Böse gleichermaßen enthüllt werden können, ist eine weite Bühne notwendig. Dem Land der Ferne, wo der gute König herrscht, steht das Land Außerhalb gegenüber, wo Ritter Kato mit dem Herzen aus Stein sein destruktives Regime ausübt.

Diese großräumigen Regionen beinhalten wiederum unterschiedliche Zonen, alle mit suggestiven, märchenpoetischen Namen. Im Land der Ferne liegt nicht nur die pastorale Insel der grünen Wiesen mit dem Rosengarten, dem Herzstück des Romans, sondern auch das Land jenseits des Wassers und hinter den Bergen. Dorthin gelangt man über die Brücke des Morgenlichts, die längste der Welt, die nachts zur Brücke des Mondlichts versilbert wird. Im Land hinter den Bergen befindet sich der Wald der Dunkelheit, wo die Natur beseelt ist wie nirgends sonst: Der Mondschein leuchtet und Linden und Espen säuseln mild. Die Geheimnisse des Lebens scheinen hier verborgen zu liegen.

Hinter dem Wald der Dunkelheit beginnen die Grenzgebiete zum Land Außerhalb, das die dunklen Zonen des Toten Sees und des Toten Waldes einschließt. Bereits die Namen bezeichnen den symbolischen Gehalt. Das Zentrum im Land Außerhalb bildet Katos Burg, der Antipode zum Rosengarten. Dort besteht alles aus Stein und aus dem roten Fensterauge der Burg strahlt das Böse hinaus über das Wasser des Toten Sees.

Die Methode, einen seelischen Verlauf darzustellen, indem man

Ilon Wiklands Illustration zu Mio, mein Mio

verschiedene Räume inszeniert, hatte Astrid Lindgren bereits in der Erzählung »Nils Karlsson-Däumling« ausprobiert. Eine Novelle wie »Allerliebste Schwester« wirkt wie eine Vorübung zu *Mio, mein Mio*, vielleicht auch für *Die Brüder Löwenherz*. Hier kriecht die Ich-Erzählerin durch ein Loch in der Erde hinab in eine andere Welt. Diese enthält sowohl einladende als auch abschreckende Zonen: Der Große Schreckliche Wald, wo die Bösen wohnen, und Die Große Schreckliche Höhle werden der Wiese entgegengesetzt, wo die Artigen wohnen, die zu Kuchen und Bonbons einladen. Das Kind reitet voller Angst durch diese Regionen und rettet sich hinaus in »Das Schönste Tal der Welt«. Die Reise erzählt das Problem des Kindes, das Märchen des Ich. Die Fantasiewelten verschwinden, als das Mädchen wieder in Harmonie mit ihrer Familie lebt.

In der Erzählung mit dem poetischen Titel »Im Land der Dämmerung« darf Göran etwas Fantastisches erleben. Er ist gelähmt und an sein Bett gebunden, doch jeden Abend in der Dämmerung verlässt er sein Zimmer und begibt sich zum »Land, Das Nicht Ist« – ein Zitat aus dem bekannten Gedicht von Edith Södergran mit der suggestiven Verszeile: »Ich sehne mich nach dem Land, das nicht ist.«

Erzählungen wie diese greifen dem Einleitungskapitel zu *Mio, mein Mio* vor. Das Land, Das Nicht Ist, ist in das Land der Ferne verwandelt worden – die Atmosphäre aus dem Gedicht von Södergran lebt in der poetischen Begeisterung in *Mio, mein Mio* weiter. Im bereits erwähnten Brief an Benn Johansen schreibt Astrid Lindgren, das Land der Ferne sei als Begriff »märchenhaft und vielleicht etwas unirdisch. ›Ferne‹ klingt auf Schwedisch poetisch«, erklärt sie. Zugleich führt sie einen Lyriker als Quelle an, jedoch nicht Edith Södergran, sondern Erik Lindorm. Sein Gedicht über »Das Mädchen aus der Ferne«, das »in einem ewigen Frühling schwebt«, habe sie inspiriert. Ansonsten schreibt auch Harry Martinson in seinem Roman *Der Weg nach Glockenreich* (1948) über den Landstreicher, der in einer ewigen Sehnsucht nach dem Land in der Ferne wandere.

Die Symbolik in *Mio, mein Mio* wird freigelegt, wenn die Hauptperson die Grenzen zu den unterschiedlichen Welten sprengt. Die Erzählung wächst sich zu einer Lebensvision und einem Mythos aus, in dem die Landschaft zusammen mit dem Helden agiert und seinen Kampf allegorisch reflektiert.

Astrid Lindgren nimmt auch Archetypisches auf, wenn sie ihre Märchenwelten schafft. Die »Insel der grünen Wiesen« ist ein Ort der Epiphanie. Ausgesprochen »beseelt« ist auch der »Wald der Dunkelheit«, der Aufenthaltsort der weißen Pferde. Sowohl der Wald als auch die Pferde gehören laut Tiefenpsychologie zu den elementaren Symbolen für das Unterbewusste. Die Orte des Dunkels – der Berg mit seinen labyrinthischen Gängen, Der Tote See mit seinen beunruhigenden Wellen, die der Held überwinden muss, die Höhle des Schwertschmieds, in die man »hinabsteigen« muss – kann man ebenso als allegorische Tummelplätze der Seele betrachten. Nach Jung muss sich der Mensch durch die Dunkelheit hindurchkämpfen und das Schwarze assimilieren, um ganz zu werden. Die »Reise durch das Land Außerhalb« zeigt, wie Mio es zum Schluss schafft, auch das Schwerste zu bewältigen.[21]

In *Mio, mein Mio* dürfen wir eine dramatische Entdeckungsreise durch die Welten miterleben. Wenn die Hauptfigur sich in das Universum der Fantasie hineinbegibt, tritt das Märchen als das eigentliche Leben hervor. Die Schauplätze der Erzählung sind sehr anschaulich, sie spiegeln die Probleme der Seele, das Erleben von Gut und Böse, Spiel und Verantwortung, Leben und Versteinerung, kurz, die existenziellen Fragen.

Diese Art, die Symbolsprache zu nutzen, erinnert an Narnias Schöpfer, C.S. Lewis, und seine böse Königin in »Der König von Narnia« (1950), die ähnlich wie Kato seinen Feinden Herzen aus Stein geben kann, ihre Gegner durch bloße Blicke in Stein verwandelte. In »Der Ritt nach Narnia« (1953), der Erzählung von Lewis, der *Mio, mein Mio* am meisten ähnelt, fliegen zwei Kinder durch die Luft zu einem Land, in dem sie den Auftrag erhalten einen verzauberten Prinzen zu finden und zu seinem Vater zurückzubringen – aus diesem Buch stammt auch der Ausdruck »mein Vater, der König«, der in *Mio, mein Mio* so wichtig ist. Nachdem die Hexe überlistet ist, fällt ihre Burg zu einem Steinhaufen zusammen – wie Katos Burg in *Mio, mein Mio*.

In wesentlichen Punkten unterscheidet sich Astrid Lindgren dennoch von dem englischen Fantasy-Autor. In *Mio, mein Mio* dominiert ein feierlicher, poetischer Ton, während Lewis eine fast surrealistische Fantasie mit alltäglicher, englisch-ironischer Prosa mischt. In Narnia fühlen sich die Figuren aus dem Naturmythos wohl: Faune, Dryaden, Gnome und Salamander. Astrid Lindgren steht in dieser Hinsicht der fantastischen Erzählung schwedischer Tradition näher: Victor Rydbergs *Klein Viks Abenteuer am Weihnachtsabend*, Elsa Beskows *Landet längesen* und *Rosalinda* und nicht zuletzt *Nils Holgersson*. Diese Werke sind im nordischen Realismus verankert und entwickeln zugleich einen Dialog mit dem Märchen.

Wie bei Lagerlöf handelt Lindgrens Erzählung von einer Erhöhung, in der die Hauptfigur aus einer Wirklichkeit abhebt und zu Abenteuern im Zeichen des Märchens aufbricht. In beiden Fällen geht es um ein einsames Kind, das die Grenzen des Lebens sprengt. Doch vor allem handelt es von einer inneren Reise, die die Entwicklung des Kindes zu Identität und Bestätigung veranschaulicht.

Doch die Motivierung für die Flucht in die Fantasiewelt ist in *Mio, mein Mio* anders und sagt etwas Wesentliches über die Veränderungen im literarischen und psychologischen Klima nach fünfzig Jahren aus. Nils kann als Prototyp des bösen Kindes des 19. Jahrhunderts und der Jahrhundertwende verstanden werden, der Tieren und Menschen Verdruss bereitet und lernen muss, was eine Harke ist. Er ist, wie es in der damaligen Literatur hieß, »ein schlechtes Subjekt«. Die Flugreise bei Lagerlöf muss man – auf jeden Fall zu Beginn – als Strafe auffassen. Bo hingegen reist befreit in ein Land, wo er erwartet und ersehnt wird, das Land, wo alle unsere Wünsche auf wundersame Weise in Erfüllung gehen, um wiederum Edith Södergran zu zitieren.

Hier kann man in konzentrierter Form den Umschwung in der Einstellung zum Kind erkennen, der während des 20. Jahrhunderts stattgefunden hat. Die Pädagogik der Forderungen ist von der Bedarfspädagogik ersetzt worden. Zugleich sind beide Autoren von einem solchen Kaliber, dass sie Kompliziertheit anstreben und Eindeutigkeit vermeiden. Nils darf die Reise allmählich auch als spannendes Abenteuer erleben, während das moralische Problem auch in *Mio, mein Mio* hervorkommt, die Forderung nach Verantwortung ist vielleicht im modernen Kinderbuch von noch größerer Bedeutung.

Was Astrid Lindgren von ihren schwedischen Vorgängern des Genres unterscheidet, ist, dass sich in ihrem Text die Kinder ihre eigene Welt als Schutz gegen einen nur schwer erträglichen Alltag schaffen.[22] In diesem Sinne ist sie Modernistin. *Mio, mein Mio* ist in einer Zeit entstanden, als die Wirklichkeit an sich auf eine Weise in Frage gestellt wurde, die der älteren Tradition fremd war.

Wenn Benka wüsste!
Der Märchenerzähler als Bekennender

In einer Vignette auf der Titelei der schwedischen Originalausgabe zu *Mio, mein Mio* hat Ilon Wikland einen Jungen gezeichnet, der mit Papier und Stift dasitzt und gedankenversunken schreibt. Ein Bild vom Ich-Erzähler des Buches, der die Geschichte von seinen Abenteuern im Land der Ferne als Flaschenpost an seinen Freund Benka schicken will.

Die Ich-Form ist nichts Neues bei Astrid Lindgren. Sie verwendet sie bereits in ihrem Debütbuch und in den *Bullerbü*-Büchern erzählt Lisa alle Ereignisse. Die Kinder das Wort ergreifen zu lassen, verlangt einem Autor eine ausgeprägte sprachliche Hellhörigkeit ab. Bei Astrid Lindgren merkt man diese Hellhörigkeit vor allem darin, wie sie den

Mio schreibt an Benka.
Illustration von Ilon Wikland.

Ich-Erzähler von Buch zu Buch verwandelt. Lisa fungiert als Sprachrohr für eine ganze Kindergruppe; durch sie erfahren wir, wie viel Spaß die Kinder in Bullerbü haben. Eine andere Bedeutung hat die Ich-Rolle in den Erzählungen, die ein einsames, unglückliches Kind in den Mittelpunkt stellen. Auf mehrere der Novellen in *Im Wald sind keine Räuber* trifft zu, dass die Erzählung aus dem Bewusstsein des Kindes heraus entsteht. Noch kühner verwendet Astrid Lindgren die Ich-Form in *Mio, mein Mio* als Instrument für die Angst des Kindes und sein Fantasieren. Das Leid und die Freude, die Auf- und Abschwünge in der Gefühlskurve, bilden den Pulsschlag dieses Buches, das von der Identitätsproblematik handelt. Wenn Astrid Lindgren *Mio, mein Mio* in Radio oder Fernsehen vorliest, wird deutlich, wie sie sich ohne Vorbehalte an diesen Rhythmus der Gefühle wagt.

Die Erzählung ist zwar wie der lange Monolog eines Neunjährigen konstruiert, doch das bedeutet natürlich noch lange nicht, dass sie auf Kindersprache oder auch nur gesprochener Sprache basierte. Die Gegenwart des Kindes spürt man ohnehin. Die Syntax ist schlicht, viele Sätze beginnen mit »Und«, dazu kommen naive Wendungen und eine deutliche Artikulation, die sich manchmal dem direkt gesprochenen Wort annähert, wenn der Stockholmer Dialekt durchschlägt. Doch die Sprache ist vor allem poetisch und vom Märchen angeregt, was damit motiviert wird, dass der Ich-Erzähler selbst Märchen verschlingt und seine Märchen aus *Tausendundeiner Nacht* kennt. Schöne und ungewöhnliche Worte wie auch Formeln und Wiederholungen erzeugen ein hohes Stilniveau und zugleich eine Anschaulichkeit, die in der Denkweise und der Gefühlswelt der Kinder begründet ist.

Auf diese Weise wird eine Art innerer Sprache aufgebaut, vielleicht die heimliche, innere Sprache aller Kinder. Natürlich handelt es sich nicht um einen im technischen Sinn inneren Monolog. Die Erzählung ist wie ein Rückblick, eine Erinnerungsbeschreibung, gestaltet, die Synthese und Konzentration des Stils erfordert. Die Methode wurde von Astrid Lindgren bereits in den kurzen Erzählungen in *Im Wald sind keine Räuber* verwendet. Das Fantastische wird dort als etwas »Unerhörtes« oder »Merkwürdiges« geschildert, das einmal stattgefunden hat und also bereits ausagiert, überstanden ist.

Auch *Mio, mein Mio* ist wie eine Rekonstruktion aufgebaut. Der Ich-Erzähler erinnert sich an »das Seltsame«, »das Unglaubliche« (Kapitel 2), das er erlebt hat. Dieses »Wundersame« – ein weiteres von Lindgrens Lieblingswörtern für das Fantastische – bedeutet, dass sich die Tür zur anderen Welt öffnet, während die Brücken zum Alltag nie abgebrochen werden. Mio ist ein Märchenerzähler, der den Dialog mit der Wirklichkeit offen hält.

Wem erzählt er? Vor allem will Mio mit seiner Abenteuererzählung Benka erreichen, den Spielkameraden vom Tegnérpark. Doch wie soll das möglich sein, wenn sie sich in unüberwindlichem Abstand voneinander befinden? Womöglich funktioniert die Flaschenpost nicht; jene für das Abenteuerbuch klassische Art, Botschaften loszuschicken – auch Pippi Langstrumpf vergnügt sich mit der Flaschenpost und der eine oder andere Autor behauptet vielleicht mit Paul Celan, dass alle Literatur Flaschenpost sei. Man stelle sich vor, dass Benka eines Tages die Flasche in einer Bucht beim Sommerhaus in Vaxholm findet! Doch im Grunde genommen sind die Worte über all das »Seltsame«, das sich ereignet hat, gar nicht in einer Flasche unterzubringen.

Vielleicht könnte ich schreiben: Ich habe Unglaubliches erlebt. Aber Benka würde trotzdem nicht wissen, wie es hier im Land der Ferne ist. Und ich müsste ihm wenigstens ein Dutzend Flaschen schicken, wenn ich ihm alles von meinem Vater, dem König, erzählen wollte und von seinem Rosengarten und von Jum-Jum und meinem schönen weißen Miramis und dem grausamen Ritter Kato im Lande Außerhalb. Nein, ich könnte niemals alles erzählen, was ich erlebt habe.

Während die Leser gehörig neugierig werden, erhalten wir hier im zweiten Kapitel des Buches eine vorbereitende Zusammenfassung der wichtigsten Elemente des schönen und grausamen Märchens.

Ein Kind spricht mit einem Kind – oder versucht mit einem Kind zu sprechen. Das ist die Grundvoraussetzung des Erzählens in *Mio, mein Mio*. Die Suche nach einem Empfänger, die Hoffnung verstanden zu werden (der genuine Traum jeden Autors) ist der Antrieb der Erzählung.

Dass Mio zweifelt, ob er Benka mit seiner Erzählung erreichen wird, ist besonders schmerzhaft. Doch wenn es nicht gelingen sollte, springen wir Leser gern als seine Stellvertreter ein, lassen uns vom Wunderbaren blenden und von Kato und dem Dunkel erschrecken. Natürlich verwandeln sich die Leser auch in das »Ich«, das sich mit dem Erzähler identifiziert, in den Text hineingeht und all das Spannende erlebt. Das Buch handelt von meiner und der inneren Geschichte aller, unserem Traum, unserem grundsätzlichen Lebensmanuskript, das Mio uns schickt, mit oder ohne Flaschenpost.

Der Ich-Erzähler fungiert als Märchenerzähler, wodurch *Mio, mein Mio* seine Dimension von Allgemeingültigkeit und Schönheit erhält, wie ich bereits betont habe. Doch der Erzähler ist ja auch im Alltag verwurzelt. Die Beziehung zwischen Wirklichkeit und Märchen erzeugt Stilbrüche, Ansätze von spritziger Komik, doch vor allem entsteht durch diese Spannung das eigentliche Psychodrama. Wir dürfen die innere Entwicklung des Kindes miterleben, seine Anklagen gegen die Pflegeeltern, die Eifersucht auf Benka, die Angst und den Mangel an Selbstvertrauen. Wir dürfen auch sehen, wie er zuletzt auf der anderen Seite der düsteren Erlebnisse herauskommt.

Zu Beginn hat dieses Psychodrama noch am ehesten den Charakter eines Protests. Denn Bosse leidet zu Hause in der Upplandsgatan nicht nur an einem Mangel an Fürsorglichkeit und Liebe. Er wird auch direkt angegriffen, wenn er in seinem Märchenbuch versinken, ein wenig Krach machen oder mit dem Pferd auf der Straße spielen will. Erst als Bosse von den hilfreichen Kräften und Lebensquellen der Fantasie getrennt wird, kompensiert er diesen Verlust, indem er sich ein eigenes Märchen aufbaut.

Die Traumarbeit des einsamen Kindes ist eine Überlebensstrategie gegen die Behandlung, der es ausgesetzt ist. Doch das Verhältnis zum Märchen ist erzähltechnisch kompliziert. Die Hauptfigur agiert im Märchen – geht hinein –, während sie dies zugleich betrachtet, kommentiert und Vergleiche mit der Wirklichkeit anstellt. Die Ich-Figur und der Ich-Erzähler fallen zwar zusammen, doch es gibt zugleich eine Kluft zwischen ihnen, da Bosse von seinem Doppelgänger und Idealbild, Mio, erzählt. Oder erzählt etwa Mio aus seiner Position im Land der Ferne sowohl von Bosse als auch von Mio? Diese geheimnisvolle Erzählerrolle bildet einen Teil der Anziehungskraft des Buches.

Der Erzähler erzeugt auch die doppelte Betrachtungsweise der Ereignisse, die Entsprechungen und Kontraste, die Spannungen und Analogien zwischen Wirklichkeit und Märchen. Die Fantasiewelt baut auf Elemente aus Bosses Märchenlektüre, doch auch auf seine praktischen Erfahrungen von zu Hause und von der Straße. Seine Träume oder vielmehr Alpträume werden ebenfalls in der Erzählung aufgerufen. All dies Material verwendet der Ich-Erzähler und setzt es – wie ein Dichter – kreativ in der Erzählung um: Wenn in seiner Wirklichkeit das Märchen vorkam, dann kommt auch die Wirklichkeit in seinem Märchen vor.

Der Stoff wird in positiven und negativen Termini bearbeitet. Bosses Hintergrund ist traurig, doch es gibt Lichtblicke. Dazu gehören die Spiele mit Benka, das Hüttenbauen im Tegnérpark, das Brauereipferd Kalle Punt und die nette Tante Lundin im Obstladen, lustbetonte Erinnerungen, die zu einem Märchen transponiert werden. Die wunderbarste Erinnerung, der Ausflug nach Vaxholm, wird zum großartigen Erlebnis des Rosengartens umgestaltet.

Dies Licht im tiefen Dunkel ist die Voraussetzung für das Gute und Schöne in der Märchenwelt. Was in der Realität gut und positiv war, wird im Land der Ferne in Reinkultur betrieben. Dort wird Benka zum treuen Jum-Jum und seine Mutter zu einer schöneren, mythischen Variante der Tante Lundin. Benkas Vater liefert das Modell für seinen Vater, den König, und Kalle Punt wird zu Miramis mit der goldenen Mähne. Die Grenzen der realen Welt werden im Märchen überwunden: Dort herrscht das absolute Gesetz des Wunderbaren, und die weißen Pferde können fliegen.

In der Welt der Fantasie tritt Mio in einen großartigen Kontakt mit dem Hellen, Schönen und Guten. Vor allem aber öffnet er sich für die Liebe. Sein Herz schlägt im Rosengarten und er wärmt sich am Lagerfeuer der Hirten. Der Grund für seine Geborgenheit und sein Glück ist die Symbiose mit dem Vater und hier geht es wohl kaum um einen individualisierten Vater, sondern um ein Vaterbild mit fast göttlicher Dignität, in der feierlichen Formel »mein Vater, der König« eingefangen.

Auf der Insel der grünen Wiesen baut sich Mio also das Kräftepotential auf, das er braucht, um in Katos steinerne Welt einzutreten. Denn das Märchen reflektiert auch die schlimmen Alltagserfahrungen. Schritt für Schritt entlarvt das Märchen diese Geheimnisse der Grausamkeit. Das Kind ist gezwungen auch das Dunkel zu sehen. In der Symbolsprache des Märchens bearbeitet es seinen Lebenskonflikt.

Doch *Mio, mein Mio* ist kein einfaches Buch. Vielleicht beinhaltet die emphatische Beteuerung der Hauptfigur am Schluss, dass er sich noch immer im Land des Märchens befindet, dennoch einen Hilferuf? Ich lese das Ende als eine Verstärkung der besorgten Frage der Hauptfigur in der Einleitung: Hat jemand die Suchmeldung gehört?

Die Kluft zwischen Wirklichkeit und Fantasie, mit der die Erzählung arbeitet, bleibt auch am Ende bestehen. Die Hauptfigur hätte nach Hause kommen müssen, um sich mit den Pflegeeltern zu versöhnen, fordern Freunde von Recht und Ordnung. Doch genauso sinnlos, wie es gewesen wäre, eine Versöhnung zwischen Huck Finn und seinem Vater zu erreichen, genauso unmöglich erscheint es hier, eine gemütliche Heimkehr in die Upplandsgatan zu arrangieren. Sowohl künstlerisch als auch psychologisch wäre diese Lösung sicherlich eine Katastrophe gewesen. Denn gerade darauf kommt es an, auf den bleibenden Appell des Schlusses: die Empörung über das Sterile im Dasein, das uns deformiert und zu Stein verwandelt.[23]

Wenn man das Buch so versteht, reicht der Begriff fantastische Erzählung kaum aus, um dieses außerordentliche Buch zu beschreiben. Man muss es auch als Roman über die Angst und die Entwicklung eines Kindes begreifen, bei seinem Erscheinen nahezu einzigartig in der Kinderliteratur. Heute können wir *Mio, mein Mio* im Licht von Bruno Bettelheim, Alice Miller und Ingmar Bergman lesen: Dieselbe Erkenntnis über das Ausgeliefertsein des Kindes zieht sich durch Astrid Lindgrens Buch.

In diesem Sinne handelt *Mio, mein Mio* von der Wirklichkeit. Allegorisch gestaltet es unser aller Situation, »wie schwierig« es ist, Mensch zu sein, wie Astrid Lindgren es selbst ausdrückt.[24] Das Buch behandelt unsere Auseinandersetzung mit uns selbst und der Umwelt, wo man mit primitiven Gefühlen umgehen und eine Bereitschaft für Anteilnahme und Selbstvertrauen schaffen muss. *Mio, mein Mio* berührt diese Existenzfrage schlechthin. Kein Wunder, dass die Leser davon berührt werden!

Krümel Löwenherz
Im Zeichen des Lagerfeuers

1973 erschienen in Schweden *Die Brüder Löwenherz* (dt. 1974). Astrid Lindgren schrieb das Buch auf der Höhe ihres Könnens. Die Kritiker hatten so manches auszusetzen, man stellte sogar die Frage, ob das Buch nicht Kinder dazu verleiten könnte, Selbstmord zu begehen. Die Kinder hingegen liebten das Buch sofort.

> Es wird deutlich, dass Kinder eine große Sehnsucht nach Märchen haben, gerne nach solchen spannenden Märchen. Im Moment werde ich mit Briefen von Kindern überschwemmt – aus verschiedenen Ländern –, die die Brüder Löwenherz lieben. Noch nie habe ich eine derartig starke und spontane Reaktion auf ein Buch bekommen,

schreibt Astrid Lindgren an Arvid Benn Johansen.

Im Nachhinein haben sich *Die Brüder Löwenherz* auch bei Erwachsenen durchgesetzt, nicht zuletzt außerhalb Schwedens. Das Buch hat eine universelle Ausrichtung, ist eher Roman zu nennen als ihre früheren Bücher. Mit blendender Fantasie führen *Die Brüder Löwenherz* uns in einen »Urzeittraum von mystischer Kraft« hinein. Es ist auch ein Ideenroman über Probleme, die uns alle angehen, die Frage von Leben und Tod, von Gut und Böse; welche Forderungen die Welt an uns stellt und welche wir an die Welt stellen. Es ist ein Buch, das die Leser mit einer Art paradoxem Glücksgefühl erfüllt, ein Buch von magischer Schönheit und einer Ausdruckskraft, die über die Grenzen vieler Länder hinwegträgt. Doch es ist rätselhaft und die Deutungen sind vielfältig.

Die inspirierten Augenblicke

Die Brüder Löwenherz ist das Buch Astrid Lindgrens, bei dem wir am meisten über die Entstehungsgeschichte wissen. Wir können den Kristallisationsprozess zurückverfolgen bis zu dem Augenblick, der die Vision des Buches ausgelöst hat. In verschiedenen Interviews hat sie selbst von diesen Eingebungen erzählt. Wie so häufig begann es mit einem Namen. Eines ihrer Enkelkinder hatte die Angewohnheit, begeistert das Wort »nangi« zu wiederholen. »Ich fügte ein jala hinzu und damit war Nangijala erfunden, das Land der Märchen und Lagerfeuer.«[25] Später hat sie erfahren, dass es das Wort Nangijala in der indischen Religion gibt.

Vielleicht gibt es hier auch einen Zusammenhang mit dem indisch beeinflussten Seelenwanderungsgedanken, den Harry Martinson in seinem Roman *Der Weg nach Glockenreich* zum Ausdruck brachte. Als Charon den Landstreicher Bolle über die Wasser des Todes führt, gibt er eine Vision des Großen Weltalls mit seinen mächtigen Räumen. Schließlich wird Bolle »zum Planeten Navajata oder einem anderen der Paradiesplaneten« geführt. Der Begriff Paradiesplanet passt auch sehr gut auf das phonetisch verwandte Nangijala.

Diese beiden Brüder, wie erfand Astrid Lindgren sie? Von Anfang an scheinen sie mit dem Tod verbunden gewesen zu sein. In einigen Interviews hat sie erzählt, wie sie häufig auf Friedhöfen spazieren ging und wie ihr dabei »diese kleinen Kreuze auf Kindergräbern« auffielen.[26] Die Inschrift über »zarte Brüder« ergriff sie auf besondere Weise. »Ich ging über den Friedhof von Vimmerby und las auf einem Grabstein: ›Hier ruhen die zarten Brüder Phalén, gestorben 1860.‹ Da wusste ich, dass hieraus ein Märchen über den Tod und zwei Brüder werden würde.« So erzählte sie es Elly Jannes in der Zeitschrift *Vi* 1973, H. 49. Auch auf dem Friedhof Norra Kyrkogården in Stockholm sah sie solche alten Kindergräber. Die Bilder der Erinnerung scheinen verschmolzen zu sein. Die nächste Phase in der Konzipierung des Buches fand während einer inspirierenden Zugreise an einem Wintermorgen 1971 statt, entlang demselben Gewässer, das Selma Lagerlöf in Gösta Berling »den See meiner Kindheitsträume« genannt hat.

Ihre Freundin Elsa Olenius, die ihr im Zug gegenübersaß, hat erzählt, dass Astrid Lindgren plötzlich abwesend und nicht ansprechbar war: »Ich sah, dass etwas mit ihr passierte, doch als ich sie fragte, was denn sei, antwortete sie nicht, und wir sprachen später nicht mehr darüber.«

Der Eindruck dieses überirdisch schönen Morgens blieb erhalten und wartete darauf, mit Inhalt gefüllt zu werden. Nun war ihr klar, wo die verstorbenen Hauptfiguren sich aufhielten: in einer Sphäre jenseits der Erde.

Durch ein konkretes Ereignis tauchten die Figuren aus dem Nebel auf. Als »Michel in Lönneberga« verfilmt wurde, sah Astrid Lindgren plötzlich eine Szene, die ihr die Idee zur Bruderliebe eingab, dem tragenden Thema der Erzählung:

> Es war, als wir einen Michel für die Verfilmung aussuchen sollten. Das war ein ziemlicher Wirbel und die Blitze der Fotografen sausten nur so um den kleinen Janne Olsson herum. Als endlich alles fertig war, schlich er sich nach unten und setzte sich seinem großen Bruder auf den Schoß. Er schmiegte sich in seine Arme, sein großer Bruder beugte sich vor und küsste ihn auf die Backe. Da sah ich die Brüder Löwenherz vor mir.

»Da sah ich die Brüder Löwenherz vor mir.« Die *Michel*-Fiktion, die so anders ist als das *Löwenherz*-Buch, gab also die Anregung zu den Hauptfiguren.

Die unterschiedlichen Entstehungsschritte enthalten beides, Mystik und Logik der Poesie. Astrid Lindgren, so geistesgegenwärtig und rational, hat ein Gespür für Signale, die wie im Flug Vision auslösen. Viel verschwiegener ist sie in Bezug auf die harte künstlerische Arbeit, die zum Buch geführt hat.

Der Erzähler

In *Die Brüder Löwenherz* wagt Astrid Lindgren viel. Sie geht tief hinein in das Grausame und das Friedliche, sie wagt sich auch in das Melodramatische hinaus, wenn sie die Liebe zwischen den Brüdern beschreibt. All das wird durch den naiven, unmittelbaren Ton zusammengehalten, den der Ich-Erzähler des Buches, der neunjährige Krümel, vermittelt. Er stellt das Thema der Erzählung sehr direkt vor, was durch die Wiederholung der Wörter in umgedrehter Reihenfolge noch unterstrichen wird: »Jetzt will ich von meinem Bruder erzählen. Von ihm, Jonathan Löwenherz, will ich erzählen.« Auch das Genre wird als Leseanreiz präsentiert: »Es ist fast wie ein Märchen, finde ich, und ein klein wenig auch wie eine Gespenstergeschichte, und doch ist alles wahr.« Noch ein geheimnisvoller Hinweis spornt die Leser an: »Aber ich wollte ja erzählen, wie es kam, dass mein Bruder Jonathan zu Jonathan Löwenherz wurde. Und all das Wundersame, was dann geschah.« Das Wort wundersam hat wie in *Mio, mein Mio* eine Spur von Magie: Wir werden auf etwas Fantastisches eingestimmt.

Hier gibt Krümel seine eigene Version dessen, wovon das Buch handeln wird. Wie in *Mio, mein Mio* bewegt sich die Erzählung zwischen Realität und Märchen. Wie dort zieht die Erzählung um von einer tristen Wirklichkeit in ein schönes Land in fernem Raum. Hier heißt es Nangijala. Das Buch erhält die Kontur der fantastischen Erzählung, einem Genre, das ich im Kapitel über *Mio, mein Mio* kommentiert habe. Im oben zitierten Brief an Arvid Benn Johansen betont Astrid Lindgren die Verwandtschaft der beiden Bücher: »Beide handeln von etwas, das ungeheuerlicher ist als die Trivialitäten des Lebens.«

Die Bücher sind dennoch unterschiedlich. *Die Brüder Löwenherz* ist eher ein Abenteuerbuch, nicht so streng als Märchen stilisiert wie *Mio, mein Mio*, obwohl es auch auf das Märchen verweist. Der Schwarz-Weiß-Kontrast, der *Mio, mein Mio* beherrscht, ist in *Die Brüder Löwenherz* nicht so deutlich. Den Ritter als Prototyp gibt es in beiden Büchern, doch der Kampf gegen das Böse ist in der Erzählung über die Brüder ein komplizierterer Prozess. Die Zeit hat sich verändert, meint Astrid Lindgren. In ihrem Gespräch mit Elly Jannes betont sie, dass die fünfziger Jahre, als *Mio, mein Mio* entstand, sicherlich eine dunkle Zeit waren, doch dass der Beginn der siebziger »dennoch mehr Unruhe beinhaltet, wenn man sich die internationale Lage anschaut«.[27]

Vielleicht ist dies der Hintergrund dafür, dass der Grundton in *Die Brüder Löwenherz* dunkler, illusionsloser ist als in *Mio, mein Mio*.

Die Einleitung trifft die Leser wie ein Schock. Auf wenigen konzentrierten Seiten wird vom gewaltsamen »ungerechten« Tod und schwerer Trauer erzählt. Doch auch hier baut die Erzählung eine strahlende Fantasiewelt als Schutz gegen Schmerz und Verlust auf. Diese hat ihren Ursprung in der Lebensquelle der Liebe, der Zärtlichkeit der Brüder füreinander.

Die Erzähltechnik ist raffiniert und verrät dabei eine Dichterin, so hellhörig für die Lebensbedingungen des Kindes wie niemand zuvor. Die Zärtlichkeit gilt vor allem Krümel, der einsam und todkrank auf der Schlafbank in der Küche liegt, prädestiniert für die besondere Erzählerrolle, die das einsame und fantasievolle Kind bei Astrid Lindgren hat. Eigentlich heißt er Karl; Jonathan hat ihm einen Kosenamen gegeben.

Die Erzählung in *Die Brüder Löwenherz* soll wie ein langer Monolog Krümels wirken, wie eine epische, retrospektive Beschreibung mit spannenden und deutlich strukturierten Szenen. Das Tempus ist durchgängig Präteritum, abgesehen von einer wichtigen Unterbrechung am Ende des zweiten Kapitels, wo die Erzählung plötzlich in das Präsens hinübergleitet. Es handelt sich um das wichtige Ereignis, als Jonathan in Gestalt der weißen Taube auf dem Fensterblech Krümel besucht. »Die Taube flog davon. Schnurgerade über die Hausdächer. Zurück nach Nangijala. Und ich liege hier auf meiner Bank und warte nur darauf, hinterherfliegen zu können.« Danach geht die Erzählung in das Futur über. »Aber jetzt komme ich auch bald nach Nangijala. Bald, bald werde ich dorthin fliegen. Vielleicht heute Nacht. Mir ist, als könnte es heute Nacht sein. Ich will einen Zettel schreiben und ihn auf den Küchentisch legen, damit Mama ihn morgen früh findet.«

Hier werden wir daran erinnert, dass die Erzählung von der Schlafbank aus erzählt wird. Von dort aus geschieht der Aufbruch wie ein wundersamer Flug durch den Himmel.

Indem sie die Erzählung einem Kind überlässt, schafft sich die Autorin die Möglichkeit, sich einem naiven Tonfall und unmittelbaren Gefühlen anzunähern. Obwohl *Die Brüder Löwenherz* phasenweise ebenfalls von einer hohen Rhetorik und von Poesie getragen werden, ist die Erzähltechnik spontaner als in *Mio, mein Mio*. Entsprechend wird Krümel individueller gezeichnet als Mio. Vor allem ist er uns näher, weil er schmächtig, hässlich und krank ist und dennoch voller Liebe zum Bruder und Neugier auf das Leben, das außerhalb der Schlafbank in der Küche stattfindet. Von all den einsamen und sehnsüchtigen Neunjährigen, die in Astrid Lindgrens Erzählungen wiederkehren, ist Krümel der ergreifendste und lebenshungrigste. Alle müssen den »kleinen mutigen Krümel« lieben, wie Jonathan ihn nennt. Zu dem bedrohten Kind gehört oft eine entführende Figur, die die Pforte zur Fantasie öffnet und die Wirklichkeit verwandelt. Hier kommt dem Bruder diese Aufgabe zu.

Wirklichkeit und Vision

Das Märchen von zwei Brüdern gehört zu den ursprünglichsten Erzählungen der Welt.[28] Oft geht es um zwei äußerst unterschiedliche Individuen, von denen der eine in die Welt hinauszieht und der andere bei seinem Leisten bleibt. Oder aber beide ziehen in die Welt hinaus, doch ihre Wege trennen sich. Dann entsteht ein Band zwischen den Brüdern, wodurch sie auf geheimen Wegen miteinander Kontakt aufnehmen und einander aus Gefahren retten können. Die Brüder Löwenherz zeigen eine Art grundsätzlicher Vertrautheit mit dieser Tradition, auch wenn es sich nicht um ein bewusstes Anknüpfen an ein bestimmtes Brüdermärchen handelt. Das Buch baut auf der Liebe zwischen den Brüdern auf, ihren Trennungen und Begegnungen. Die Brüder werden auf harte Proben gestellt; so wird im Grunde genommen mit der menschlichen Identität gespielt.

Dieses Märchen von den zwei Brüdern spielt sich vor einem Hintergrund von Sehnsucht und harter Wirklichkeit in früheren Zeiten ab. Die Umgebung ist realistisch abgebildet. Die Familie Löwe wohnt in einer Einzimmerwohnung mit Küche in einem Mietshaus, wir erfahren weder wo, noch wann sich die Handlung abspielt. Der Vater ist zum Seemann geworden und ist verschwunden. Die Mutter ernährt die Familie mit Näharbeiten.

Die Szenerie trägt den Stempel des Gestrigen. Von Armenfürsorge ist die Rede, nicht von Sozialfürsorge. Die Erzählung kann man vielleicht, wie Lennart Hellsing in seiner Rezension in der Zeitung *Aftonbladet* vorschlägt, mit dem Vimmerby von etwa 1910 in Verbindung bringen.[29] Doch der Text bietet kaum Lokalkolorit. Die Handlung ist in eine Kleinstadt verlegt, was sich daraus erschließen lässt, dass »die ganze Stadt« am Schicksal der Familie Anteil nimmt. Andererseits sind wir von der gemütlichen Kleinstadt in anderen Büchern Lindgrens weit entfernt. Die Schilderung hat einen »literarischen« Akzent, wir werden an arme und ausgelieferte Menschen und ihre Umgebungen in älteren Romanen erinnert. Die Näherin und das kranke Kind haben als Zeichen sozialer Schwermut in die Kunst und die Dichtung des späten 19. und des frühen 20. Jahrhunderts Eingang gefunden. Das sterbende oder verstorbene Kind ist ein Motiv, das starke Gefühle des Mitleids oder sogar Tränen auslöst.

Doch die auseinander gebrochene Familie ist ein in unserer Zeit aktueller Stoff, nicht zuletzt der abwesende Vater. Wie häufig bei Astrid Lindgren dienen die Eltern als Hintergrund für die Schicksale der Kinder. Eine Grenze wird zwischen dem Zimmer und der Küche der Wohnung gezogen. Im Zimmer sitzt ständig die Mutter und näht für ihre Kundinnen. Ohne dass es ausgesprochen wird, verstehen wir, dass sie ihren kranken Sohn nicht verkraftet; sie hat ihn Jonathan überlassen, der den Bruder unermüdlich pflegt und unterhält. Die Jungen wohnen in der Küche: der dreizehnjährige Jonathan und der neunjährige Krümel, der an die Schlafbank gefesselt ist, die man vielleicht auch als Sarg verstehen soll.

Die Einzimmerwohnung mit ihren ärmlichen Bedingungen, deren Küche als Schlafplatz genutzt werden musste, war bis zur Mitte des 20. Jahrhunderts eine gewöhnliche Wohnform in Schweden. Doch wie immer bei Astrid Lindgren sind die Handlungsorte mehr als nur Orte. Die Küche hat bei ihr als Ausgangspunkt der Fantasie eine besondere Magie. In der Küche nimmt das Märchen Gestalt an, wächst hervor aus der liebevollen Gemeinschaft zwischen den Brüdern, als Jonathan versucht Krümels Freude am Leben zu erhalten. Doch der ursprüngliche Anstoß für die Fantasie kommt von der Mutter.

Wir bekommen sie nie zu Gesicht. Ihre Stimme dringt hinaus in die

Küche, wenn sie die Söhne ermahnt. Zur Küche dringen auch die Stimmen von den Kunden der Mutter, auch deren Gesichter bekommen wir nicht zu sehen. Astrid Lindgren arbeitet geschickt mit Reduktion und Abwesenheit. Die Situation trauriger Verlassenheit verstärkt sich, als Krümel durch ein Gespräch zwischen der Mutter und einem Kunden die furchtbare Wahrheit erfährt, dass er bald sterben wird.

Nah bei diesem Schmerz entstehen Gegenkräfte der Sehnsucht und der Fantasie. Die Mutter singt an ihrer Nähmaschine das Lied von der weißen Taube, La Paloma, einen Schlager, der um 1910 besonders beliebt war. Hier kommt ihre Sehnsucht nach dem Mann und der Traum vom Wiedersehen zum Ausdruck. Die Söhne lauschen draußen in der Küche und die gefühlvollen Worte verschmelzen allmählich mit der Vision, die Krümels Wirklichkeit bezwingt. Träger dieser Fantasie ist der Bruder, Jonathan, den Krümel mehr liebt als irgendjemanden sonst.

Jonathan leuchtet aus sich heraus mit Haaren wie Gold. Er sieht aus wie ein Märchenprinz. Im Folgenden wird er zum entschlossenen Helden des Buches, der gegen das Böse kämpft und die Drachen des Lebens unschädlich macht. Doch er ist kein Superman, eher repräsentiert er eine weibliche, pflegende Seite. Er gibt seinem Bruder heißes Honigwasser, wenn er nachts hustet, und tröstet ihn mit Märchen und Erzählungen. An dem Tag, als Krümel erfährt, dass er bald sterben muss, wird die Fantasie auf eine harte Probe gestellt. Doch Jonathan erfindet schnell das tröstende Märchen, die Erzählung von Nangijala, dem Land der Märchen und der Lagerfeuer, wo sie sich nach dem Tode treffen werden. Jonathan malt Krümel all die wunderbaren gemeinsamen Erlebnisse und den Spaß aus, den der Bruder im Leben entbehren musste.

Die Fantasie verwandelt die Welt des Todes zu einem schönen Reich, in dem wir glücklich von jeder Materie befreit sind; dies ist aus Psalmen, geistlichen Liedern und romantischer Lyrik gut bekannt. Szenen und Erzählungen, die dasselbe Thema aufnehmen, gehören zum klassischen Kanon. Man kann an H.C. Andersens Märchen »Das kleine Mädchen mit den Schwefelhölzern« denken oder an Ibsens *Peer Gynt*, wo Peer seine Mutter Åse in den Tod geleitet und mit ihr in der Fantasie zum Schloss Soria Moria reist.[30]

Wenn Krümel sich nur etwas geduldet, dann wird es nicht lange dauern, bis er in Nangijala wieder mit Jonathan vereint ist, wo alles unbeschreiblich schön und herrlich ist.

Doch Krümel ist nicht so leicht hereinzulegen: Es kann ja noch neunzig Jahre dauern, bis Jonathan stirbt. Der Bruder tröstet ihn damit,

> dass die Zeit in Nangijala nicht ebenso sei wie hier auf Erden. Selbst wenn er neunzig Jahre alt würde, käme mir das vor, als dauerte es nur etwa zwei Tage, bis er da wäre. (...)
> »Zwei Tage wirst du wohl allein aushalten können«, sagte er. »Du kannst ja inzwischen auf Bäume klettern und dir ein Lagerfeuer im Wald machen und an einem kleinen Bach sitzen und angeln. Du kannst alles tun, wonach du dich immer so sehr gesehnt hast. Und gerade wenn du einen Barsch an der Angel hast, komme ich angeflogen und dann sagst du: ›Ja, meine Güte, Jonathan, bist du schon da?‹«

Dieser Zukunftstraum wird brutal und ironisch zunichte gemacht. Denn Jonathan stirbt zuerst. Die Katastrophe bricht unvermutet über die Familie herein, so wie das Schicksal häufig zuschlägt, wenn wir die schönsten Pläne gemacht haben. Im Viertel mit dem ominösen Namen Fackelrose, in dem die Familie Löwe wohnt, bricht eine Feuersbrunst aus und Jonathan wirft sich mit Krümel auf dem Rücken aus dem Fenster. Das kranke Kind überlebt, während Jonathan sich das Genick bricht. Das Ereignis bringt die Familie noch einen Schritt näher an den Abgrund und hinterlässt Krümel einsam und verzweifelt.

Das tragische Ereignis erhält auf mehreren Ebenen Bedeutung. In der städtischen Zeitung lobt Jonathans Lehrerin seine Tat und ernennt ihn in einem neunmalklugen Wortspiel zu Jonathan Löwenherz. Aus diesem Ritterbild entsteht die Heldensage des Buches. Diese wird mit dem Traum von Nangijala verwoben, mit dem Jonathan den Bruder noch im Augenblick des Todes tröstet. Seine letzten Worte lauten: »Weine nicht, Krümel, wir sehen uns in Nangijala wieder!«

So geschieht es dann auch. Denn nun dichtet Krümel das Märchen weiter. Zwei Monate nach Jonathans Tod erhält er von einer weißen

Taube, einer »schneeweißen« Taube wohlgemerkt, eine Botschaft mit der Adresse an den Reiterhof, Kirschtal in Nangijala. Das Gurren der Taube, die Jonathans geflüsterte Einladung weiterträgt, spielt auf eine Zeile aus La Paloma an, dem Lieblingslied der Mutter von der weißen Taube, die dem Geliebten eine Botschaft bringt. Jonathan erzählt von dem neuen Zuhause im Kirschtal, einem alten Hof mit einem grünen Schild, auf dem »Brüder Löwenherz« geschrieben steht – denn in der neuen Welt wird auch Krümel zu einem Löwenherz. »Darüber freue ich mich, denn ich möchte ja am liebsten genauso heißen wie Jonathan, auch wenn ich nicht so mutig bin wie er.« In diesem Satz wird das psychologische Projekt des Romans wie in einer Nussschale eingefangen. Denn vor allem handelt das Buch von Krümels Verhältnis zu dem verpflichtenden Namen.

Das Kirschtal

Plötzlich ist Krümel dort und findet das Zeichen, das Schild mit dem Namen. »Etwas Seltsameres habe ich nie erlebt. Ganz plötzlich stand ich einfach vor der Gartenpforte und las auf dem grünen Schild: Die Brüder Löwenherz.« Der Übergang wird wie ein mystisches Erlebnis wiedergegeben, ohne irgendwelche Details.[31]

Wie ein Zugvogel im romantischen Gedicht erreicht Krümel das wunderbare Land.

Die Schwärze der Einleitung verleiht der fantastischen Welt einen Schimmer wie nie zuvor bei Astrid Lindgren. Krümel landet im Kirschtal, das grün und weiß erstrahlt. In der Verfilmung der Brüder Löwenherz hat man diesen Kontrast eingefangen, indem man die Einleitung in Schwarz-Weiß, das neue Land hingegen in einer verschwenderischen Fülle an Pastellfarben gezeichnet hat, den Farben der Kirschblüte.

Das Kirschtal ist das Paradies. In romantischer und spätromantischer Lyrik symbolisiert das Tal, durch das der Fluss sein Silberband zieht, ein blühendes schönes Idyll, eine Oase der Erquickung, fern von den Stürmen des Lebens. Astrid Lindgren hat dieses verbrauchte Motiv wieder aufgegriffen und ihm eine schimmernde Frische verliehen,

indem sie es als kindliche Wunschwelt gestaltet. Im Kirschtal ist die Luft rein, im Fluss kann man Fische angeln, Krümel darf Kaninchen halten und hat natürlich ein eigenes Pferd. Hier heißt es Fjalar und Jonathans Pferd heißt Grim, die Namen sind für die Anknüpfung an Altnordisches in der Erzählung typisch, und so anders als die volksmärchenhafte Atmosphäre in *Mio, mein Mio*. Die Pferde in Nangijala können nicht wie Mios Miramis fliegen, doch auch hier bedeutet das Reiten Lust und Freiheit. Und auch hier wird das Kind mit den frischen Erlebnissen aus ländlichen Sommerferien belohnt.

Das Glück bei der Begegnung der Brüder ist grenzenlos. »Wir waren so froh, dass es in uns blubberte«, heißt es in Astrid Lindgrens – und Krümels – expressiver Sprache. Sie geben sich solchen Lachorgien hin, dass sie schließlich in den Fluss fallen. Nicht zuletzt kichern sie über den Stilbruch in der Zusammensetzung »Krümel Löwenherz«. Astrid Lindgrens Humor erstreckt sich auch bis in das Reich des Todes. Am Ende des Buches ist Krümel in seinen Nachnamen hineingewachsen. Die Komik ist ausgelöscht und Jonathan spricht den Namen des Bruders mit Ehrerbietung aus. Eigentlich handelt das Buch nicht so sehr von Jonathan, sondern von Krümels Weg zu Entwicklung und Reife, seinem »Lernprozess«. In Nangijala beherrscht Krümel plötzlich alle Fertigkeiten. Er kann auf Bäume klettern, schwimmen, tauchen und Galopp reiten; die Phase der Wunscherfüllung wird noch ergreifender dargestellt als in *Mio, mein Mio*. Die Leser verspüren tiefe Anteilnahme und Freude darüber, dass das kranke Kind seine Schlafbank in der Küche verlassen durfte. Krümel steht uns nah, weil er hinfällig und ängstlich ist wie die meisten von uns. Jonathan hingegen leuchtet wie ein fernes Ideal, ein Traumbild der Güte und des Muts.

Das grüne, herrliche Kirschtal ist keine eigentümliche Märchenwelt mit mythischen Figuren. Es wird eher wie ein Alpental mit klaren Farben und frisch sprudelndem Wasser beschrieben, pastoral und

Die Taube bringt Krümel eine Botschaft von Jonathan in Nangijala.
Illustration von Ilon Wikland.

doch besser bekannt und konkreter als die Insel der grünen Wiesen in *Mio, mein Mio*. Der Abstand zum »Erdenstern« verleiht der Erzählung viel Weite. Dagegen sind die Bezüge zwischen Fantasie und Wirklichkeit nicht so dicht und deutlich wie in dem älteren Fantasy-Buch. Die Anspielungen auf Krümels tristen Alltag sind allgemeinerer Art. Hier geht es eher um symbolische Transponierungen zur fantastischen Welt. Tauben beispielsweise vermitteln die Botschaft von Liebe und Freiheit: durch das La-Paloma-Lied der Mutter ebenso wie durch die Brieftauben der Taubenkönigin Sophia, die die Verbindungen zwischen den Tälern bilden und Krümel auf den richtigen Weg bringen. Die weißen Tauben mit ihrem reichen symbolischen Gehalt spielen eine große Rolle im Buch, sie erhalten deshalb auch unterschiedliche Namen: Bianca, Violanta – und eine von Sophias Tauben heißt eben Paloma.

Krümels trauriges Schicksal erzeugt eine bestimmte Sicht auf die neue Welt. Mit dem Hintergrund der »Schlafbank«, auf die die Hauptperson in ihrem kurzen Leben verbannt ist, erscheinen die Abenteuer intensiver; so strahlt »die Zeit der Lagerfeuer und der Sagen« mit einem besonderen Glanz. Die Fantasiewelt allzu pedantisch als Umformungen der ursprünglichen Situation des Erzählers zu deuten, widerstrebt mir eher. Doch im Großen und Ganzen muss man wohl die Ereignisse des Märchens als eine allegorische Transponierung der Alltagserlebnisse deuten, eine Bearbeitung schwerer psychischer Probleme.

Wie in *Mio, mein Mio* ist der Erzähler in ein Chronotop vor der technischen Entwicklung versetzt worden, eine »junge Zeit« und eine »frische und gute Zeit, in der es sich einfach und leicht leben lässt.« Natur und Luft sind noch nicht vergiftet, heißt es mit einer Spitze gegen unsere Gegenwart.

Doch es ist auch eine alte Zeit, erklärt Jonathan seinem Bruder Krümel. Die Brüder tauschen ihre moderne Kleidung gegen Ritterkleidung ein. Wie Schauspieler schlüpfen sie in altertümliche Rollen, wenn sie dem Märchen einverleibt werden, jenem Märchen, das in die fantastische Erzählung integriert ist. In Nangijalas grünen Tälern lebt man von Viehzucht und Gartenbau. Man lebt vom Tauschhandel, jagt mit Pfeil und Bogen und verwendet Brieftauben als Kommunikationsmittel. Hinter dieser mittelalterlichen Kultur ahnen wir die Urzeit des Märchens, wo Ungeheuer die Welt beherrschten.[32] In diesen »Urzeittraum« werden die Brüder hineingesogen.

Auch in *Die Brüder Löwenherz* ist das Paradies vom Bösen umzingelt, dem Drachen, dem Außermenschlichen. Das Glück im Kirschtal ist nur von kurzer Dauer. Bald erfährt Krümel, dass es den Tyrannen Tengil gibt, der »wie eine Laus zerquetscht« werden muss, damit die Menschen in Freiheit leben können. Krümel muss einsehen, dass zu Nangijala nicht nur schöne Täler gehören, sondern auch Karmanjaka, das sterile Felsenland, das für die steinerne Gewalt steht, »Tengils Land und das der Ungeheuer«. Kein Paradies ohne Hölle. Gegen die Liebe, die das Leben der Brüder trägt, wird das Böse und die Brutalität gestellt, ein Dualismus, der sich im Kontrast zwischen dem Tal und den Bergen widerspiegelt.

Schritt für Schritt, tröpfchenweise, wird Krümel und damit auch den Lesern das Feindbild klar vor Augen geführt. Vorsichtig klärt Jonathan den Bruder darüber auf, dass Tengil das Heckenrosental, das Nachbartal zum Kirschtal, besetzt hat. Allmählich erkennt Krümel, dass auch das Kirschtal bedroht ist und dass sein Bruder in einer Widerstandsbewegung engagiert ist, deren Anführerin Sophia, die »Taubenkönigin«, ist. Er hört auch den Namen des Allerschrecklichsten: Katla, das Feuer speiende Drachenweibchen aus der Urzeit. Doch es dauert, bis Krümel die ganze furchtbare Wahrheit über das Ungeheuer erfährt, das das Heckenrosental in Schach hält. Astrid Lindgren beherrscht die Kunst, ihre Enthüllungen in nervenkitzelnden Dosierungen preiszugeben.

Sie beherrscht auch die Kunst große Dramatik zu erzeugen. Denn plötzlich geschieht etwas unfassbar Furchtbares. Krümel wird erneut einsam. Wie ein wahrer Ritter zieht Jonathan aus, um am Kampf gegen das Böse teilzunehmen. Er beabsichtigt, Orwar aus der Katlahöhle zu retten, den Anführer der Widerstandsbewegung des Heckenrosentals. Dort ist er gelandet, weil ihn jemand aus dem Kirschtal verraten hat. Wen soll man verdächtigen? Dies ist eines der wichtigsten Spannungselemente und eine der moralischen Hauptfragen des Buches.

Astrid Lindgren hat erzählt, dass sie nicht von Anfang an geplant hatte, dass Jonathan Krümel nochmals verlassen würde. Doch die Erzählung habe ihren Weg gewählt.[33] Sie folgt einer Grundstruktur, die eine Reihe von Trennungen und neuen Begegnungen zwischen den Jungen bedeutet. Die Trennung und das Glück darüber, wieder zusammen zu sein, wird ständig wiederholt. Die Brüder verfolgen dabei ihr jeweiliges Projekt. Jonathan ist nicht nur Träger des traditionellen Auftrags im Märchen, sondern er ist der Held, der von seiner Überzeugung, seinem Pathos für das gute Leben getragen ist.

Krümel ist noch nicht bereit für diesen Idealismus. Er ist von der Liebe zum Bruder beherrscht und weint und tobt, weil er wieder verlassen wird. Für ihn gibt es nun keinen anderen Weg als den, ebenfalls fortzuziehen und sich erneut mit Jonathan zu vereinigen. Er weiß auch, dass der Bruder ihn braucht. Im Traum hört Krümel, dass Jonathan nach ihm ruft – die magischen Bande steuern noch immer das Geschehen. Getrieben von der Liebe, zieht Krümel hinauf in die Berge, nachdem er alle praktischen Dinge gut gelöst und sich mit einem ordentlichen Proviant versehen hat.

Lagerfeuer und Abenteuer

Die Szene am frühen Morgen, als Krümel in die majestätische Gebirgslandschaft hinaufreitet, um seinen Bruder zu suchen, ist voller starker Euphorie. Die Schlafbank wird als Hintergrund seiner exaltierten Begeisterung für die Schönheit der wilden Landschaft heraufbeschworen, für deren Bäche, Wasserfälle und Blumen. Nun »verwirklicht« sich die Teilnahme am Abenteuer, das ihm der Bruder hier im Land auf der anderen Seite der Sterne versprochen hat. Zugleich geschieht alles wie in einem Traum, wie es sich für eine mystische und fantastische Welt gehört. In der Abenddämmerung zündet Krümel ein Lagerfeuer an und erlebt genau die Glückseligkeit, von der Jonathan ihm erzählt hatte. Astrid Lindgren fängt hier die Stimmung von Gemeinsamkeit und Anwesenheit ein, die sie im Lagerfeuermotiv in einer Reihe von Büchern berührt hat. Hier erhält das Motiv eine archetypische Leuchtkraft. Krümel denkt an »alle Lagerfeuer, die seit

Urzeiten in der Wildnis überall auf der Welt gebrannt hatten und die nun längst erloschen waren. Aber meins brannte hier und jetzt!«

Wie in einem wahren Abenteuerbuch lassen die Strapazen jedoch nicht lange auf sich warten. Eine Schauerstimmung mit Mondschein, Schatten und Wolfsgeheul setzt ein. Als der große Leitwolf auftaucht, scheint alles verloren, wie in *Mio, mein Mio* werden große, absolute Gefahren erzeugt, durch die der Untergang vorgezeichnet scheint. Doch während Mio märchenhaft gerettet wird, durch Wunder, die von der unter Katos Bann leidenden Natur selbst in Szene gesetzt sind, erfolgt die Rettung hier nach dem Modell des Abenteuerbuchs. Gerade als der Wolf den schutzlosen Krümel anspringt, sinkt er tot zusammen, getroffen vom gut gezielten Pfeil eines Jägers. So geht es in Heldenbüchern zu.

Doch die Situation wird dadurch kompliziert, dass der Jäger niemand anderer als der rotbärtige Hubert ist, der geschickteste Bogenschütze des Kirschtales, den Krümel für den Verräter hält. Er glaubt nicht nur, nein, er *weiß*, dass Hubert Orwar an Tengil ausgeliefert hat. Als der Meisterschütze sein Messer zieht, um den Wolf zu häuten, wird Krümel von besinnungslosem Schrecken ergriffen. Er bildet sich ein, dass Hubert ihn töten wolle, und schreit seine Angst vor dem Retter heraus. Hubert wird zu Recht zornig und Krümel reitet mutlos weiter in die mystische Mondlandschaft, noch immer im Glauben, Hubert habe Orwar verraten. Astrid Lindgren zögert die Entlarvung hinaus, bis den Lesern vor Spannung die Haare zu Berge stehen.

Trotz dieser Abenteuer im schauerromantischen Stil behält die Erzählung ihre Stimmung von Magie, den Fluss des träumerisch Fantastischen, die dem Buch eine Dimension verleiht, die über das sensationell Abenteuerliche hinausgeht. Es wird sogar eine Verbindung zu metaphysischer Spekulation gezogen: Krümel findet, dass es ist, »als reite man in einem Traum« – doch wer träumt dann den Traum, in dem er agiert? Die Erzählung ist so sehr von der Traumvision geprägt, dass das Abenteuerliche von einem Metamärchen durchdrungen wird.[34]

Krümels verwegener Ritt treibt die Erzählung weiter voran. Nun kommt es zur klassischen Horrorszene, in der unser Held in furchtbarste Gefahr gerät; er landet, wie es in einem wahren Abenteuerbuch zu sein hat, in den Klauen des Feindes. In der Höhle, in der er während seiner Reise über die Berge ein Nachtlager gesucht hat, trifft er auf etwas noch Schlimmeres als Wölfe: Tengils furchtbare, unmenschliche Soldaten. Er wird von ihren Stimmen aus dem Schlaf gerissen, lauscht (wie zu Hause auf der Schlafbank) und hofft voller Panik, unentdeckt zu bleiben. Zugleich nimmt er die aufmerksame Position eines Spähers ein. »Großes, wildes Entsetzen« ist über ihm, doch das hindert ihn nicht daran, sich die Losungsworte einzuprägen, die Formel, die notwendig ist, um die Mauer um das Heckenrosental zu überwinden. In dem bevorstehenden Befreiungskampf wird dieses Wissen unentbehrlich.

Doch die wichtigste Information erhält er, als endlich der wahre Verräter aus dem Kirschtal entlarvt wird. Die Soldaten haben einen Treffpunkt mit ihm vereinbart und erwarten eifrig seine Ankunft. Nun wird Hubert bald auftauchen, glaubt Krümel. Hier geschieht die große Überraschung und der Umsturz (für Krümel, vielleicht nicht für die Leser): Wer Orwar verraten hat und dazu seine eigenen Leute im Kirschtal, Jonathan und Sophia, ist kein anderer als Jossi, der nette Wirt, der Krümel oft Kekse schenkt. Im Mondenschein beobachtet Krümel, wie die Soldaten das Katlazeichen in die Brust des Schurken einbrennen. Das Wissen über diesen entsetzlichen Stempel entscheidet die Schlussphase der Erzählung. Noch erschütternder ist die Auskunft, dass Jossi auch Jonathan verraten hat. Der Bruder wird nun von hundert Männern verfolgt, die Tag und Nacht nach ihm suchen. Voller Schamgefühl belauscht Krümel auch weniger schmeichelhafte Aussagen über ihn selbst: Dieses Karlchen Löwenherz, der kleine Bruder Jonathans, ist wahrlich kein Löwe, ihn kann man mit einigen Keksen hereinlegen, er hat solche Angst, dass man ihn Hasenherz nennen sollte, lacht Jossi. Krümel schämt sich wegen seines Mangels an Mut – mitten in seiner mutigen Flucht –, nur um schließlich erschrocken auch die zynischen Sprüche der Soldaten über den Verräter anzuhören, als dieser in Richtung Kirschtal verschwunden ist.

Allen Schreckenserlebnissen zum Trotz gelingt es Krümel, den dummen und unwissenden Jungen zu spielen, als die Soldaten ihn doch noch entdecken. Das Abenteuerbuch wird hier vom märchenhaften Motiv mit dem Jungen überlagert, dem es gelingt, wie ein Liliputaner die dummen »Riesen« hereinzulegen. Das Glück ist auch mit ihm, als die Soldaten ihn vor sich her zum Heckenrosental treiben. Dorthin will er doch, dort ist Jonathan. Aus Zufall, der kein Zufall ist, weil eine weiße Taube ihm den Weg weist, findet er den Bruder, der sich in der Hütte des alten Matthias verborgen hält, dem geheimen Zentrum der Widerstandsbewegung.

Ein erneutes jubelndes Wiedersehen und ein Fest finden statt, da Krümel seine Hammelkeule mitgebracht hat, die er von Hubert bekommen hat. Den Hungrigen zu essen zu geben ist ein Motiv, das Lindgren immer mit viel Gefühl gestaltet, man denke an das große Aufräumen in Katthult. Hier ist es Tengil, der den Hunger verursacht hat. Der Zustand im Heckenrosental wird in einigen deutlichen Bildern beschrieben, die sowohl die Gewalt als auch den heimlichen Widerstand einfangen. Wir erhalten auch eine Vorstellung davon, wofür man eigentlich kämpft. Eines Abends ist Jonathan aus Matthias' Hütte davongeschlichen, in der er sich versteckt hält. Während er und Krümel über das Tal blicken, formt sich ihr Gespräch zu einem Credo. Dies ist das schöne und gute Leben, das uns wie in einem Spiegel vorgehalten wird:

> »Weil mir das Tal in der Dämmerung gefällt. Und die laue Luft gefällt mir auch. Und die rosa Heckenrosen, die nach Sommer duften.«
> »Mir geht es ebenso«, sagte ich.
> »Und die Blumen gefallen mir und Gras und Bäume und Wiesen und Wälder und hübsche kleine Seen«, sagte Jonathan.
> »Und ich liebe es, wenn die Sonne aufgeht und wenn sie untergeht und wenn der Mond scheint und die Sterne leuchten und noch so allerlei anderes, was mir jetzt nicht einfällt.«
> »Das mag ich auch alles sehr gern«, sagte ich.
> »Das mögen alle Menschen gern«, sagte Jonathan. »Und wenn sie nicht mehr verlangen, kannst du mir dann erklären, warum sie all das nicht ungestört und in Frieden haben dürfen, ohne dass so ein Tengil auftaucht und ihnen alles verdirbt?«

Wie in einem Gedicht drückt Astrid Lindgren hier ihr Gefühl für die Natur aus. Doch nicht die Natur an sich preist Jonathan hier, sondern das, wofür sie steht: die elementaren Voraussetzungen für das gute Leben, das für alle da ist.

Der Frieden, den die unberührte Natur ausstrahlt, steht auch in scharfem Kontrast zu der Unterdrückung, die Tengils Soldaten, allesamt einer Gehirnwäsche unterzogen, ausüben; bereits ihre plumpen Namen Kader, Veder, Dodik haben etwas Hartes an sich. Doch am erschreckendsten ist die Szene, als Tengil selbst, in schwarzer und roter Kleidung, den Farben der Gewalt, im Tal Einzug hält, wie ein orientalischer Fürst auf einer goldenen Schaluppe.

Um Tengil stinkt es nach Unterdrückung und Grausamkeit, heißt es in Astrid Lindgrens ausdrucksvoller Sprache. Seine schreckliche Gegenwart erhält eine stärkere Wirkung als Katos ferne mythische Figur. Für Tengils Übergriffe gibt es auch eine realistische Erklärung: Er braucht Sklaven, die Steine zu seiner Festung oben in den Bergen schleppen sollen. Henker und Opfer werden auf dem Dorfplatz zusammengeführt, wo der Tyrann mit seinem diamantengeschmückten Finger auf klassische Art und Weise auf diejenigen zeigt, die zur Sklavenarbeit abgeführt werden sollen. Ein Mann, der Tengil das Wort Tyrann entgegenschleudert und ihm ins Gesicht spuckt, wird sofort getötet. Die Szene ist schonungslos grausam und notwendig, um die Gewalt anschaulich und die Übermacht sichtbar zu machen. In einem Aufsatz über die Gewalt in Astrid Lindgrens Büchern betont Ola Larsmo, dass Astrid Lindgren dennoch das Scheußliche für Krümel und die Leser abmildert, indem sie für eine Weile die Erzählerperspektive verdeckt.[35] Es ist richtig, dass uns so die schlimmsten Details erspart bleiben. Doch vermutlich ist die Wirkung dennoch stark genug, als Jonathan, der verlässliche Tröster, diesmal verzweifelt weint.

> Tengil verzog keine Miene. Er gab nur ein Zeichen mit der Hand und der Soldat, der am nächsten stand, hob sein Schwert. Ich sah es im Sonnenschein aufblitzen, doch im selben Augenblick hatte Jonathan meinen Nacken umfasst und mein Gesicht an seine Brust gedrückt, damit ich es nicht mit ansah.
> Aber ich spürte, oder vielleicht hörte ich auch, wie es in Jonathans Brust schluchzte. Und auf dem Heimweg weinte er. Das tat er sonst nie.

Tengil herrscht, indem er seine Soldateska mit einem Sauf- und Fressgelage besticht, während das Volk gequält wird. Henker, Opfer und

Verräter sind die drei klassischen Komponenten im Diskurs der Tyrannei. Das Böse wird zu einer zerstörerischen Kraft vergrößert, indem es mit mythischen Mächten, grausamen Ungeheuern aus der Urzeit des Märchens verbunden wird.

Doch inmitten des Scheußlichen glüht der Freiheitstraum. Auch einige komische Züge erzeugen Atempausen für die Leser. Der alte Matthias legt die Wachen mit verschiedenen wirkungsvollen Kniffen herein und Krümel beherrscht die Kunst dummer Knirps zu spielen. Jonathan hält seine Verfolger zum Narren, als er sich, nach bekanntem epischem Muster, als alter Mann verkleidet unter das Volk mischt. Niemand kann sich vorstellen, dass dieser kraftlose Narr gerade sein Ziel verwirklicht, Orwar und das Heckenrosental zu retten. Heimlich hat er einen unterirdischen Gang gegraben, der die Brüder hinaus nach Karmanjaka geleitet, mit Kurs auf die Katlahöhle, in der Orwar verschmachtet.

»Der Sturm der Freiheit«

So sind wir bei der letzten Phase des Romans angelangt, dem Befreiungskampf. Auch die bösen Urzeitträume werden Wirklichkeit. Die Strapazen für die jungen Brüder häufen sich derartig, dass die Leser möglicherweise zum Schluss etwas immunisiert dagegen sind. Eine Pause bekommen die Brüder, als sie auf einer Felsplatte ihr Lagerfeuer entzünden und Krümel sich darüber freut, es diesmal gemeinsam mit Jonathan erleben zu dürfen. Doch auch diese Szene konfrontiert uns mit etwas Schrecklichem: Krümel schaut direkt in das widerwärtige Antlitz des Bösen: »*Ich sah Katla.*«

Zum Schluss erreichen die Helden ihr Ziel, die Drachenbehausung Katlahöhle, wo es ihnen nach größten Anstrengungen gelingt, Orwar zu befreien. Doch damit ist noch nicht alles vorbei. Die Tengilmänner nehmen die Jagd auf und wie in einem spannenden Western fliehen die Brüder um ihr Leben – jetzt auf einem einzigen Pferd, da sie Orwar das andere überlassen haben. Und wieder trennen sich die Jungen. Krümel gleitet mutig vom Pferd, damit Jonathan sich schneller in Sicherheit bringen kann. Er klettert auf einen Baum, um auf seinen

Bruder zu warten, und in dieser Pause kann die Erzählung ein weiteres dramatisches Problem seiner Lösung zuführen.

Auf der Bühne offenbaren sich die Leute aus dem Kirschtal; Sophia und Hubert sind bereit, sich den Kämpfern aus dem Heckenrosental anzuschließen. Sie kommen zusammen mit Jossi. Krümel muss sich einige Vorwürfe gefallen lassen, als er sie zu überzeugen versucht, dass niemand anderer als der freundliche Wirt der Verräter des Kirschtales ist. Für die Leser ist es »schrecklich« und »herrlich« zugleich, als es zur großen Entlarvung kommt und Jossi gezwungen ist, das Katlazeichen auf seiner Brust zu zeigen, den eindeutigen Beweis für seine Scham und Schuld.

Nun ist der »Tag des Kampfes« nicht mehr aufzuhalten, an dem Orwar die Freiheitsbewegung des Heckenrosentals mit Jonathan an seiner Seite anführt, der nicht töten kann und seinen Auftrag, weiß vor Schmerz, erfüllt. Der Kampf ist blutig und fordert viele Opfer, unter ihnen der liebe Matthias, der im Heckenrosental der »Großvater« Krümels war. Der Realismus ist viel greifbarer als in *Mio, mein Mio*. Dort hatte die heilende Magie des Märchens auch die verbrannte Milimani gerettet; nicht nur das Böse, sondern auch der Tod wird, wie Ola Larsmo es ausdrückt, ungeschehen gemacht. In diesem Buch sind sowohl Freunde als Feinde vom Kampf gezeichnet.

»Bald ist das Heckenrosental wieder so, wie es einst gewesen ist«, sagt Orwar siegesgewiss. »Unsere Kinder werden in Freiheit aufwachsen und glücklich sein.« Doch Krümel weiß: »So wie früher wird das Heckenrosental nie wieder sein.« In ihrem Aufsatz »Astrid Lindgren – en kärleksförklaring« (Astrid Lindgren – eine Liebeserklärung), der eigentlich von *Ronja Räubertochter* handelt, hebt Maria Bergom-Larsson diese Reflexion Krümels als eine der wichtigsten Botschaften in *Die Brüder Löwenherz* hervor: »Die Freiheit ist möglich, doch wenn sie mit Gewalt errungen wird, frisst sich die Gewalt in den Sieg hinein und beraubt ihn seiner Süße.«[36]

Dieser Prozess wird an Jonathans Schicksal veranschaulicht. Der Sieg scheint endgültig, als es Jonathan gelingt, Tengil die Kriegslure zu entreißen, mit der Katla bezwungen wird. Wie ein neuer Rattenfänger von Hameln zähmt Jonathan das Ungeheuer, indem er aus allen Kräften in die Kriegslure bläst. Katla wendet sich daraufhin tobend gegen ihren früheren Herrn, Tengil kann nicht entkommen. Doch auch Jonathan fällt ihr zum Opfer. Als Orwar ihm den Auftrag erteilt Katla abzuführen, um sie bei der Höhle festzuketten, entsteht ein Tumult, in dessen Verlauf er die Lure in den Fluss fallen lässt. Katla richtet all ihre Raserei gegen die beiden Jungen. Sie fliehen um ihr Leben. Doch Jonathan wird vom Feuer des Ungeheuers versengt …

»Als Jonathan langsam von Katlas ätzendem Gift gelähmt wird, frisst sich in Wahrheit die Gewalt des Aufruhrs in ihn hinein«, schließt Bergom-Larsson. Trotz seiner tödlichen Verletzung gelingt es Jonathan schließlich dennoch, Katla unschädlich zu machen, indem er sie in den Karmafall hinunterstürzt. Dort wartet Karm, der Riesenwurm, und in einer grandios schrecklichen Szene wird geschildert, wie die Monster einander vernichten – das Wasser färbt sich schwarz und grün von ihrem Blut, bis alles hinweggespült wird und nichts mehr von dem furchtbaren Kampf zu sehen ist.

Trotz aller Heldenhaftigkeit ist der Sieg des Guten zweideutig, betont Maria Bergom-Larsson. Kann Blut, das am Tag der Freiheit vergossen wird, jemals gerechtfertigt werden?, fragt sie sich in Bezug auf das Buch. »Für Jonathan ist die Antwort klar, er kann nicht mit diesem Blut an seinen Händen weiterleben.«

Das Buch endet also nicht, wie sonst Heldensagen, mit dem Triumph der Kämpfer. Doch es endet mit dem Triumph der Liebe. Krümel weigert sich inständig, Jonathan mit allen Gefahren allein zu lassen, und für Jonathan ist Krümel jetzt Karl, ein an Mut und Erfindungsreichtum Ebenbürtiger. Deshalb vertraut er dem Bruder auch die allerschwerste Aufgabe an, nämlich sie beide zum neuen Land, Nangilima, zu transportieren.

Als die Erzählung nach all den Furcht erregenden Ereignissen ruhiger wird, entzünden die Brüder ein neues Lagerfeuer auf derselben Felsplatte wie vorher. Doch nun ist alles verändert. Katlas Feuer hat Jonathan getroffen und ihn gelähmt. Mehrere Leser von *Die Brüder Löwenherz* haben die Parallele zur Atomstrahlung gezogen und man hat die Szene auch als Wiederholung der Feuersbrunst vom Beginn des Buches auf einer mythischen Ebene gedeutet. Die Rollen der

Brüder werden vertauscht. Krümel muss der Starke sein, seinen Bruder auf den Rücken nehmen und den Sprung in die neue Welt wagen, wo noch ein schönes, blühendes Idyll wartet, das Apfeltal, ein mythisches Zeichen für das elysische Feld der Helden.

Für Krümel ist der Augenblick gekommen seine Angst endgültig zu überwinden und die Liebe zwischen den Brüdern wird erneut bestätigt. Das Buch endet mit dem Ruf Krümels »*Ich sehe das Licht*«, ein Zeichen dafür, dass Nangilima in Sicht ist, das neue Paradies. Astrid Lindgren hat erklärt, dass das Lichterlebnis im Todesaugenblick sie zu dieser Szene inspiriert hat, doch Krümels Ruf soll wohl auch eine Antithese zum Schrei des Entsetzens angesichts des Höllenfeuers sein: »*Ich sah Katla.*«[37]

Der magische Realismus

»Wann wurden in Schweden so ungeheuerliche Märchen erzählt? Jemals?«, schreibt Alf Thoor in seiner Rezension von *Die Brüder Löwenherz* in der Zeitung *Expressen* (24.10.1973). Doch nicht alle waren so enthusiastisch. Zu Beginn der siebziger Jahre war der Sozialrealismus das literarische Ideal. Für Kinder schrieb man Bücher über Scheidungen, Probleme in der Schule und in der Dritten Welt. Und dann kommt Astrid Lindgrens Buch, in dem sie die Grenzen der Wirklichkeit in einer großen Vision sprengt, so unzeitgemäß. Und wo bleibt der Realismus?, fragte man.

Mit dieser Märchenmethode vereinfache sie die Zusammenhänge und betrüge die Kinder, meinte man. Jonathans Prophezeiung, dass Tengil »wie eine Laus zerquetscht« und für immer wegbleiben werde, provozierte die Kritik besonders. *Die Brüder Löwenherz* wurden sogar beschuldigt, eine »Verunglimpfung gegen Befreiungsbewegungen in der Welt« zu sein (Kerstin Stjärne in der Zeitung *Arbetet* am 26.10.1973).

Ein besonders harter Angriff kam von einer Gruppe von Literaturwissenschaftlern in Göteborg. Sie publizierten einen Artikel mit der Überschrift: »Äventyr som inte borde finnas« (»Abenteuer, die es nicht geben sollte«) in der Zeitung *Dagens Nyheter* kurz vor Weihnachten 1973. Sie meinen, Astrid Lindgren stelle das Böse »schematisch und schrecklich« dar und gebe Kindern »erschreckende Lösungen« für Probleme. Es kamen sofort Reaktionen auf den Artikel, besonders ironisch und überzeugend von P.C. Jersild. Er forderte Weitsicht, Humor und vor allem Respekt für das Kunstwerk. »Es besteht sonst ein gewisses Risiko, dass man sich in die Kommission des Höchsten Sowjet für Sozial-Realistische Kinderliteratur verwandelt. Besonders schwierig wird es, wenn ein Buch vom Tod handelt; Marx ist etwas dürftig, was diesen Punkt betrifft.« Er beschließt seinen Artikel, indem er daran erinnert, dass Astrid Lindgren eine Hexe sei und eine solche ihr Buch nicht mit Warnzetteln versehe.[38]

Je mehr sich das literaturpolitische Klima im Lauf der siebziger Jahre änderte, desto mehr verstummte der Protest gegen *Die Brüder Löwenherz*. Plötzlich wurde nichts als so wichtig für Kinder erachtet wie Märchen und Fantasie. Das Buch des amerikanischen Psychologen Bruno Bettelheim *Kinder brauchen Märchen*, 1979 ins Schwedische übersetzt, war von entscheidender Bedeutung.

Bettelheim meint, dass Märchen das Kind von seiner starken, versteckten Angst befreien; Aschenbrödel, Schneewittchen, Hänsel und Gretel haben eine therapeutische Wirkung. Märchen zu lesen heißt sich selbst zu finden. Bald las man *Die Brüder Löwenherz* im Licht von *Kinder brauchen Märchen*, das fast zum Kultbuch wurde. Die Übersetzung ins Schwedische enthält ein Vorwort, das gerade *Die Brüder Löwenherz* lobt, weil es dieselbe befreiende Kraft biete wie die ursprünglichen Märchen. Wie diese gibt Astrid Lindgrens Buch den Lesern das Handwerkszeug, »damit sie ihre täglichen Konflikte, ihre innere psychische Welt bearbeiten können«. Dichter und Märchenautoren »schenken uns allen bessere Möglichkeiten, das Unbegreifliche zu greifen«. Astrid Lindgren hat selbst ihre bewusste Einstellung zum Märchen bestätigt. Ironisch klärt sie darüber auf, dass Märchen ihren eigenen Stil haben: Auf der Märchenebene könne sie nicht Tengils schlechte Kindheit als Erklärung für seine Bösartigkeit anführen.

Wenn man sich streng an das Genre hält, sind *Die Brüder Löwenherz* natürlich genauso wenig ein Märchen wie *Mio, mein Mio*. Obwohl

Astrid Lindgren selbst sagt: »Ich schreibe Märchen«, so ist ein Buch wie *Die Brüder Löwenherz* doch etwas anderes als ein europäisches Volksmärchen, schreibt Gerold Ummo Becker.[39] In *Die Brüder Löwenherz* wird das Märchen in eine realistische Wirklichkeit eingebaut, dunkler als das, was viele zeitgenössische Sozialrealisten geschildert haben. Das Märchen, das Astrid Lindgren wählt, ist die dramatische Drachentötersage mit einem gewaltsam übersteigerten Ungeheuermotiv: Das Monster ist im Drachenweib Katla und dem Lindwurm Karm sogar verdoppelt, wie auch die Heldenrolle verdoppelt ist.

Das Märchen in *Die Brüder Löwenherz* ist stark und suggestiv wie ursprüngliche mythische Erzählungen und Heldensagen, das Gilgamesch-Epos oder die Siegfried-Sagen, zugleich kann man wie in *Mio, mein Mio* von einem Metaverhältnis zum Märchen sprechen; der Text reflektiert über seinen eigenen Gehalt an Märchen und lässt die Personen zu Trägern des Mythos werden.[40] Dass das Buch in der Ich-Form geschrieben ist, bricht ebenfalls mit dem Code des Märchens. Der kranke Krümel präsentiert die Ereignisse und gibt zugleich Anweisungen, wie man die Geschichte zu verstehen hat. Wir dürfen an den Gefühlen und Gedanken des Helden Anteil nehmen, wie es in traditionellen Märchen nicht üblich ist. Vor allem vertraut er uns seine Schwächen, seine Angst an. Das Buch wird zu einer Erzählung mit vielen Facetten.

Obwohl der Ich-Erzähler physisch unbeweglich ist, spielt er die Hauptrolle im Abenteuerroman. In Wirklichkeit liegt er auf seiner Schlafbank in der Küche und wartet auf den Tod, während er in der Fantasie an den ungeheuerlichsten Abenteuern teilnimmt. Sie üben eine eigene Faszination aus. Doch vor allem handelt die Erzählung davon, wie das Märchen die Persönlichkeit hervorbringen hilft. Krümels Kampf für das Überleben der Seele und der Liebe treibt sein Schicksal an.

Stärker als irgendeines von Astrid Lindgrens Büchern sind *Die Brüder Löwenherz* eine Traumvision, in der die Fantasie die Erzählung Schritt für Schritt weiterführt. Der Übergang vom Alltag zur Fantasie ist mit Mystik umgeben, es ist, als steuerten geheime Zusammenhänge und unterirdische Flusssysteme die Schicksale der Helden.

Doch die Leser, zumindest viele Leser, fordern Klarheit und Auskünfte. Wann stirbt Krümel und stirbt er überhaupt? Warum müssen die Helden sterben? Was meint Astrid Lindgren mit ihren unterschiedlichen Welten? Geht es um Reinkarnation? Astrid Lindgren hat eine Reihe von handfesten Fragen gestellt bekommen.[41]

Am leichtesten kann sie sicherlich auf die Fragen der Kinder eingehen. Sie ist überzeugt davon, dass die Kinder das Buch anders lesen als Erwachsene. »Wenn ich *Löwenherz* lese, wie ein Kind liest«, erklärt sie in einem Interview,

> dann glaube ich von jedem Wort, was da steht, dass es sich genau so zugetragen hat. Aber als Erwachsener weiß ich ja im Grunde, wie es wirklich ist; wenn Krümel allein gelassen wird (...), dann lebt er weiter, weil er die Geschichten hat, die ihm der Bruder erzählt hatte. Er fantasiert weiter, wie es wird, wenn er nach Nangijala kommt. Also eigentlich handelt das Nangijala-Abenteuer davon, was Krümel sich ausdenkt. Wenn er wirklich stirbt, stirbt er auf der letzten Seite des Buches und nicht irgendwann anders.

Ein Gegenwartsroman?

Krümel ist das beklagenswerteste und auch das liebenswerteste der Kinder, die von einer schweren Wirklichkeit in eine fantastische Welt versetzt werden. Wie in *Mio, mein Mio* entwickelt sich das Leben und das Glück in *Die Brüder Löwenherz* nicht nur zu einer Kompensation für die Trauer. In noch höherem Maß als dort bearbeitet es das Böse und Grausame im Dasein. Wir werden in eine Märchenwelt mit Ungeheuern und Magie hineingeführt, deshalb können wir uns von ihr distanzieren, doch dieses »böse Märchen« hat auch auffallend realistische Züge. Die Schilderung des Diktators Tengil und seiner Übergriffe auf eine friedliche Gesellschaft sind so voller Anspielungen, dass sich viele nach dem realen Hintergrund des Buches gefragt oder Vorschläge für Parallelen in der aktuellen Politik gemacht haben.

Ein Kritiker verbindet Jonathan mit Che Guevara und erlebt also die Situation in Nangijala als Analogie zu Lateinamerika. Andere denken an die Berliner Mauer, wenn Astrid Lindgren die Mauer beschreibt, die das Heckenrosental umschließt und die von Tengils Soldaten bewacht wird.

> Es liegt deshalb nahe, das freie Kirschtal mit Westeuropa (Westdeutschland) und das unterdrückte Heckenrosental mit Osteuropa (Ostdeutschland) zu verbinden. Hinten in Karmanjaka (die Sowjetunion) thront der Tyrann. Mit einer solchen Deutung wäre das Buch eine Stellungnahme für den Westen gegen den Osten,

schreibt Egil Törnqvist in seiner gründlichen Analyse von *Die Brüder Löwenherz* in der Zeitschrift *Svensk Litteraturtidskrift* 1975. »Doch es ist auch möglich«, schreibt er weiter, »in den Text Anspielungen auf Vietnam hineinzulesen und das Buch dann eher als Parteinahme für den Osten gegen den Westen zu verstehen.«[42] Ist Tengil in diesem Fall der amerikanische Präsident oder sind es Erinnerungen aus der Hitler- und Stalinzeit, die sie in ihrer Schilderung des Tyrannen umsetzt? In einem Interview im schwedischen Radio wurde Astrid Lindgren 1991 gefragt, wie sie über den Kuwaitkrieg denke. »Tengil muss ja bekämpft werden«, antwortete sie. Sie identifizierte also Tengil mit Saddam Hussein.

Doch alle Vergleiche zeigen eigentlich nur, wie allgemein gültig das Buch ist. *Die Brüder Löwenherz* arbeiten mit generellen Termen und Zeichen. Zugleich ist die Erzählung sehr konkret und voller Leben. Eine norwegische Kinderbuchwissenschaftlerin bezeichnete *Die Brüder Löwenherz* einmal als das beste Buch über ein besetztes Land, das sie kenne. Vor einigen Jahren las ich einen Bericht über den Krieg in Afghanistan. Das hier ist genau wie in *Die Brüder Löwenherz*, schrieb ein Journalist. Eine breitere Perspektive begegnet uns in Maria Bergom-Larssons Aufsatz. Sie meint, dass *Die Brüder Löwenherz* von der Polarität des Kalten Krieges bestimmt sind, etwas, was den ausgeprägten Dualismus des Buches erklären würde, die strikte Grenze zwischen Gut und Böse, Freiheit und Unterdrückung. In *Ronja Räubertochter* von 1981 ist dieser Dualismus aufgehoben.

Das Problem des Bösen

Doch es stellt sich die Frage, ob das politische Ziel das zentrale Thema in *Die Brüder Löwenherz* ist. Egil Törnqvist behauptet in seinem Aufsatz, man solle das Buch nicht in erster Linie als Allegorie über die Gegenwart lesen. »Worauf es ankommt, das ist nicht, wie der Staat zu lenken ist – zumindest nicht primär –, sondern darauf, wie der einzelne Mensch denken und handeln soll.« Das Buch sollte in erster Linie als Angriff auf eine Mentalität verstanden werden. Astrid Lindgren hat selbst eine solche Grundeinstellung bejaht. Tengil ist der Träger des bösen Prinzips an sich. Das Böse ist genau wie der Tod ein unausweichliches Element, das unsere Märchen ständig bearbeiten. Doch vielleicht spekuliert man doch nicht zu sehr, wenn man annimmt, dass vor allem ihre grundlegenden Erlebnisse aus dem Zweiten Weltkrieg den Bildern des Bösen in *Die Brüder Löwenherz* zu Grunde liegen. Margareta Strömstedt gibt einige entsprechende Zitate aus Astrid Lindgrens Tagebüchern aus den Kriegsjahren (vgl. Strömstedt 1977, S. 232). 1940 schreibt sie: »Deutschland ist wie ein bösartiges Untier, das in gleichmäßigen Abständen aus seiner Höhle hervorgeschossen kommt und sich auf ein neues Opfer stürzt.« Im Sommer 1941, als Deutschland der Sowjetunion den Krieg erklärt hatte, heißt es: »Der Nationalsozialismus und der Bolschewismus – das ist ungefähr wie zwei Riesenechsen im Kampf gegeneinander.« Die beiden Monster, der Lindwurm und der Drache, in *Die Brüder Löwenherz* haben wahrscheinlich ihren Ursprung in diesen Vorstellungen. In der Erzählung über die Brüder haben sie ihren mythischen, symbolhaltigen Gehalt bekommen, wie Archetypen des Bösen.

Die Unterdrückung macht den Widerstandskampf unausweichlich, selbst wenn er zu einem Blutbad führt. Hier bezieht das Buch deutlich Stellung – oder etwa doch nicht? Indem Orwar, Jonathan und Krümel, die Helden im Zentrum der Befreiungsbewegung, einander gegenübergestellt werden, macht die Erzählung klar, wie schwierig das Problem ist. Orwar ist der kompromisslose Kämpfer; er wirkt, als sei er einer altnordischen Saga entnommen, sowohl in Bezug auf seinen Namen als auch auf die archaischen, herben Repliken. Für ihn gibt es weder Zögern noch Zweifel. Das Heckenrosental soll befreit werden und dann sollen alle wieder glücklich sein. Doch Krümel glaubt nicht an eine solche einfache Lösung. Für ihn kann das Heckenrosental, seit Matthias sein Leben im Kampf verloren hat, nie wieder wie vorher sein. Krümel entspricht dem Heldenideal der Saga nicht, doch Jonathan auch nicht, denn er weigert sich zu töten, obwohl es um sein eigenes Leben geht. Diese Sprache versteht Orwar nicht: »Wenn alle wären wie du«, sagte Orwar, »dann würde das Böse ja bis in alle Ewigkeit herrschen!« Doch darauf weiß Krümel, der ängstliche kleine Krümel, die Antwort: »Aber da sagte ich, wenn alle wären wie Jonathan, dann gäbe es nichts Böses.«

Die Wertvorstellungen sind nicht so eindeutig schwarz-weiß, wie man vielleicht beim ersten Lesen meinen könnte. Es gibt Risse im Schwarz-Weißen, die besonders deutlich werden, wenn wir die Welt mit dem erstaunten, unerfahrenen Blick des Kindes sehen. Krümel verdächtigt beispielsweise die falsche Person als Verräter des Kirschtals. Hubert ist zornig, hat einen roten Bart und schießt gern Wildkaninchen, weshalb Krümel annimmt, er müsse der Schuft sein.

Doch es zeigt sich, dass der Verräter nett und jovial ist. Es ist wichtig, nicht nach Äußerlichkeiten zu urteilen, und die Erzählung erlaubt sich eine didaktische Einfügung: »Dass man sich von anderen so leicht falsche Vorstellungen macht!« Andererseits: Als Jossi nach der Entlarvung versucht zu entkommen, wird er bald vom schonungslosen Karmafall verschlungen und Krümel weint und will ihn retten, »obwohl er ein Verräter war«.

In einem Punkt sind die Brüder kompromisslos. In einem Gespräch mit Krümel formuliert Jonathan eine generelle Forderung an die Menschen. Es gibt Dinge, die muss man einfach tun, auch wenn sie gefährlich sind: »Sonst ist man kein Mensch, sondern nur ein Häuflein Dreck.« Jonathan wiederholt diese Formulierung bei unterschiedlichen Gelegenheiten. Den stärksten Gehalt bekommt diese Aussage, als sich Krümel darüber wundert, dass Jonathan Pärk rettet, einen der Tengilmänner, der versucht hatte vor seinen Kumpanen anzugeben und fast ertrinkt. Allmählich imitiert und bestätigt Krümel die Maxime des Bruders. Als er die Eingebung bekommt, Jonathan in das Heckenrosental zu folgen, weiß er, wie waghalsig das ist. Dennoch entscheidet er sich dafür: »Ich tue es! Ich tue es! Ich bin kein Häuflein Dreck!«

Zum zweiten Mal muss sich Krümel zusammennehmen und eine eigene mutige Entscheidung treffen, als er sich vom Pferd wirft. So lässt er Jonathan seinen Ritt allein fortsetzen, die einzige Möglichkeit für Jonathan, den ihn verfolgenden Tengilmännern zu entkommen. Die dritte, endgültige, schreckliche und entscheidende Probe kommt, als er seinen Bruder auf den Rücken nehmen und in den dunklen Abgrund springen muss. Die Einsicht wird mit derselben Formel wiederholt: »Ja, wenn du es jetzt nicht wagst, dachte ich, dann bist du ein Häuflein Dreck und wirst immer ein Häuflein Dreck bleiben.« In für Erwachsene eher schockierenden vulgären Worten wird eine grundsätzliche ethische Forderung ausgedrückt, doch Astrid Lindgren weiß, was sie tut. Diese Formulierung versteht jedes Kind: Direkt und alltäglich wird diskutiert, was Mut und Verantwortung ausmachen. Von der Sprache einmal abgesehen, verläuft die Handlung wie ein Mythos oder eine Heldensage.

Die Brüder Löwenherz knüpfen, insofern als ethische Probleme klar veranschaulicht, relativiert und diskutiert werden, an den modernen Zweig der Fantasy an, die in der amerikanischen Forschung die Bezeichnung »ethical fantasy« bekommen hat. In einigen Studien hat Francis J. Molson diesen Begriff auf eine Art von Büchern angewendet, die thematisieren, wie schwierig es ist, das Böse zu identifizieren und zu überwinden. Hierzu zählt er unter anderem fantastische Erzählungen von C.S. Lewis, Alan Garner, Susan Cooper und Ursula le Guin. Diese Autoren haben alle ein wichtiges »plot element«, nämlich das Problem, dass man sich für eine Seite entscheiden und, koste es, was es wolle, in Übereinstimmung mit seiner Entscheidung handeln muss.

Bei Astrid Lindgren trifft man auf genau diese provozierende Art, ethische Fragen zu behandeln. Durch die Verdoppelung des Helden werden die Probleme, richtig zu handeln, deutlich. Der neunjährige Krümel hat Angst, dass er zittert, auch dann, wenn er am mutigsten ist. Wie soll man den Sprung wagen, den das Leben fordert, wenn man vor Angst zittert? Jonathan hingegen, der sein Leben opfert ohne zu zögern, wirke eher wie ein überirdisches Wesen, eine Verkörperung des guten Prinzips, als ein dreizehnjähriger Junge, schreibt Helmut Fischer in einer Untersuchung von *Die Brüder Löwenherz*.

Diese Perspektivierung ist für »ethical fantasy« typisch. Sie hat, meint Francis Molson, eine wichtige pädagogische Rolle. Bücher dieser Art stärken die Identität und das Selbstvertrauen bei jungen Leuten, weil junge Menschen im Text zentral platziert sind und eine Bedeutung erhalten, die sie in der Regel in der Wirklichkeit nicht innehaben. Die fantastische Erzählung hat fest umrissene Konturen. Sie ist »up front« und »refreshing direct«, wobei die »value formulation« dennoch nicht vereinfacht ist.[43] Die Überlegungen zur Entscheidungsfindung können bei den Lesern einen Reifeprozess in Gang setzen. Ich glaube, dass man diese Sichtweise auch auf *Die Brüder Löwenherz* übertragen kann.

Helmut Fischer, den ich oben erwähnt habe, betont, dass auch das Genre, die fantastische Erzählung, gerade im Spiel von »Märchen und Wirklichkeit, Irrealität und Realität« besondere Möglichkeiten biete, wichtige Erfahrungen auszudrücken. Sie erzeugt nämlich Modelle, mit denen die Leser auf die Lebensfragen vorbereitet werden: »Fantastische Texte liefern Modelle, mit deren Hilfe der Leser solche Situationen antizipiert, denen er nicht gewachsen ist.«[44] Die künstlerische Gestaltung, die Wahl des Genres, kann also nicht von der Botschaft gelöst werden, die die Bücher in sich tragen. Auf ein so bewusst komponiertes Buch wie *Die Brüder Löwenherz* trifft das besonders zu.

Das Thema der Angst

In ihrer Art, die Angst zu behandeln, bricht Astrid Lindgren radikal mit den Märchenkonventionen. Der Held des Märchens hat in der Regel keine Angst. Er begegnet Schwierigkeiten ohne Bedenken und löst seine Aufgabe. Krümel hingegen ist »ängstlich und allein«. Wenngleich er eine wahre Feuertaufe des Heldenmuts durchmacht, begleitet ihn dabei ständig seine Angst. Er hat gelernt, dass man sich den Gefahren stellen muss, auch wenn das Herz klopft.

Über *Die Brüder Löwenherz* ist eine Menge geschrieben worden, Aufsätze, die nach verschiedenen Theorien und Deutungen vorgehen. »Skorpan lever!« (Krümel lebt!) ist die Überschrift einer maschinenschriftlichen Seminararbeit an der Stockholmer Universität von 1989, in der die These vertreten wird, das Buch gestalte vor allem Krümels Trauerarbeit nach dem Verlust Jonathans. Die Erzählung folge den unterschiedlichen Phasen in diesem Psychodrama, bis hin zur »Reparationsphase« und der abschließenden »Neuorientierung«, die durch den Sprung nach Nangilima symbolisiert werde.[45]

Da *Die Brüder Löwenherz* so vielschichtig sind, ist vielleicht auch diese Deutung möglich. Doch sie repräsentiert nur eine von vielen Stimmen im Text. In erster Linie geht es bei diesem Psychodrama in der Tat um Krümels Entwicklung und Wachstum, seine innere Arbeit, mit der er seine Ohnmacht und Angst besiegt und sein Lebensprojekt ausführt.[46] Diese Bejahung der Stärke des Menschen und seiner Möglichkeiten können wir im Hin und Her über seinen Namen nachvollziehen. Für Krümel ist es wichtig, in seinen Namen hineinzuwachsen, ein Karl (»Karl« heißt auf Schwedisch auch »Kerl«) und Löwenherz zu werden, der würdig ist, denselben Namen zu tragen wie der Bruder. Ich habe gezeigt, wie die Brüder zuerst über die Zusammensetzung Krümel Löwenherz scherzen und wie Jossi ihn verächtlich Hasenherz nennt. Im Heckenrosental ist es gefährlich, den Namen Löwenherz zu erwähnen: Dadurch wird Krümel ein Deckname für das, was er eigentlich bereits ist, ein wahrer Löwenherz. Der Bruder kann ihn zum Schluss nicht entbehren – »Ich möchte *Karl* gern bei mir behalten«, sagt er, als Sophia versucht, Krümel zurück in das Kirschtal zu retten.

Krümel wird vor die schwierigsten Aufgaben gestellt; am furchtbarsten ist es, als er durch den unterirdischen Gang kriechen muss, um hinaus nach Karmanjaka zu gelangen. Der Gang, in dem man weder sieht noch hört, sondern ganz auf sich gestellt ist, ist der Tunnel der Angst, doch er muss hindurchgelangen, wenn er wieder mit Jonathan vereint sein will. Auch später gibt Krümel Proben seines Mutes und seiner Geistesgegenwart. Vor einer fürchterlichen Prüfung steht er, als er die Umwelt von etwas überzeugen muss, was er allein weiß: dass Jossi der Verräter des Kirschtals ist. Nach dieser Tat wird er als der Held des Heckenrosentals gefeiert.

Doch diese Ehre hilft ihm im Grunde nicht. Auf einer Ebene erscheinen die Schlacht am Ende und der Kampf mit dem Ungeheuer wie Projektionen von Krümels Angst. Jedenfalls ist das psychologische Motiv eng mit dem Abenteuermotiv verknüpft. Die Brüder agieren gemeinsam, vom Ziel zusammengeschweißt Orwar zu befreien und die schönen Täler Nangijalas vor dem Untergang zu retten. Dies gelingt, obwohl Krümels verzehrende Angst ihn nicht verlässt, nicht einmal, wenn er die mutigsten Handlungen vollbringt. »Nur ich war gar nicht mutig«, konstatiert er resigniert, als er Orwar zusammen mit Jonathan zu Pferd sieht. In Karmanjaka ist der Schrecken Krümels ständiger Begleiter. Als Krümel den mutigen Beschluss fasst, Jonathan das Pferd zu überlassen, damit er seinen Verfolgern entkommen kann, fragt ihn der Bruder: »Traust du dir das wirklich zu?« Krümel antwortet: »Nein, aber ich will es trotzdem.« Wieder muss er auf die Nähe des Bruders verzichten, die allein ihm Geborgenheit schenkt. Die Reise durch Karmanjaka kann man also als eine Serie von Prüfungen verstehen, mit denen Krümel konfrontiert wird. Bis zur letzten Prüfung, dem Sprung von der Klippe, bei dem er seine Angst endgültig überwindet:

> »Krümel Löwenherz«, sagte Jonathan, »hast du Angst?«
> »Nein ... doch, ich habe Angst! Aber ich tue es trotzdem, Jonathan, ich tue es jetzt ... jetzt ... Und dann werde ich nie wieder Angst haben. Nie wieder Angst ha ...«

Es liegt eine große Befreiung in dieser Szene, doch sie bezeichnet auch einen Umschwung in der Beziehung der Brüder. Krümel hat nicht nur seine Angst bearbeitet, sondern auch seine kindliche Abhängigkeit vom großen Bruder. Er ist mit Leib und Seele ein wahrer Löwenherz geworden; er führt im Grunde dieselbe Tat aus wie der Bruder, als der mit Krümel auf dem Rücken durch das brennende Fenster sprang. Er ist zu einem »Karl« (Kerl) geworden.

Die beiden Szenen bezeugen auch die Unbeugsamkeit des Lebens, obwohl sie auf einer realistischen Ebene vom Tod handeln. Doch *Die Brüder Löwenherz* ist kein realistisches, sondern eher ein symbolistisches Buch.

Ein Trostbuch

Es ist auch ein Trostbuch. Trotz der entsetzlichen Ereignisse sind *Die Brüder Löwenherz* im Grunde ein optimistisches Buch, ständig auf der Suche nach neuen Lösungen.[47] Gern glauben wir, dass die Pferde wartend bereitstehen, als die Helden den Boden Nangilimas betreten. Krümel schenkt uns ja diese Bilder, er, der mit Hilfe seiner Fantasievisionen lebt. Sie beinhalten all das Schwere im Leben, expressiv vergrößert und verstärkt in den Symbolen mit der Mauer, dem Tyrannen und den uralten Ungeheuern des Flusses. Doch es gibt auch Bilder von den Quellen des Lebens und vom Paradies, die den Menschen durch das Schwerste hindurchhelfen. Astrid Lindgren hat ihr Buch selbst als ein Trostbuch bezeichnet, in dem die Bearbeitung der Angst vor dem Tod ein wichtiger Ausgangspunkt war:

> Ich glaube an das Bedürfnis von Kindern nach Trost. Als ich ein Kind war, glaubte man, wenn ich sterbe, dass ich in den Himmel komme, und das war sicherlich nicht gerade das Allerlustigste, was man sich vorstellen konnte. Aber wenn *alle* dorthin kamen ... Das wäre sicherlich besser als in der Erde zu liegen und nicht zu existieren. Doch diesen Trost haben heutige Kinder nicht. Dieses Märchen gibt es für sie nicht mehr. Und da habe ich mir gedacht: Man kann ihnen ja eine andere Art von Märchen geben, an dem sie sich etwas wärmen könnten, während sie auf das unvermeidliche Ende warten. (Interview mit Egil Törnqvist, 1975)

Na ja, ein liebes oder glattes Trostbuch ist nicht daraus geworden. Astrid Lindgren ist vermutlich außer Stande, so etwas zu schreiben. Sie weist darauf hin, dass das Böse, ja die fürchterlichste Brutalität existiert. Die Probleme, die sie aufnimmt, werden sowohl auf einer didaktischen, vernunftorientierten Ebene als auch als grandiose mythologische Vision gestaltet. Die Botschaft an sich ist nicht besonders originell. Entscheidend ist Lindgrens besondere Art darzustellen, in magisch schönem Tonfall und schlichter Direktheit.

Die Welt ist schrecklich und schön zugleich. Wie Krümel verspüren wir den Sog des Karmafalls. Der Drache steht für die elementaren Kräfte des Lebens in uns allen. Doch *Die Brüder Löwenherz* enthalten auch lyrische Saitenklänge, die die bedeutungsvollen Augenblicke verewigen: die Glut des Lagerfeuers und die Lieblichkeit des Kirschtales, die Erlebnisse des Sublimen und des Strahlenden, alles, was mit unserem guten Willen in Einklang steht, unseren Widerstandskräften gegen das Böse. Astrid Lindgren erzeugt in *Die Brüder Löwenherz* eine Bereitschaft gegen den Krieg, eine Abscheu gegen Unterdrückung und Gewalt, wenn sie von einem Kind erzählt, das Mut und Kraft zum Leben erhält. Das Leben und die Humanität verlangen Opfer. Doch die Liebe und den Mut, die gibt es, vor allem vielleicht dann, wenn wir uns am schwächsten fühlen. Dieses Erlebnis teilen Kinder und Erwachsene.

Das Apfeltal

Zu Beginn dieses Kapitels habe ich einen Brief von Astrid Lindgren zitiert, in dem sie erzählt, dass sie nie so viele Reaktionen von Kindern bekommen habe wie nach *Die Brüder Löwenherz*. Die meisten scheinen den Weg der Helden nach Nangilima nicht als ein Verschwinden in das Reich des Todes aufgefasst zu haben, sondern als Eintreten in eine neue glückliche Welt; hier unterscheidet sich vielleicht das Lesen von Kindern und Erwachsenen, wie Astrid Lindgren vermutet. Doch die Kinder wollen wissen, wie es den Jungen im neuen Land ergeht. Astrid Lindgren befriedigte schließlich die Wissbegier, indem sie eine Skizze über das Leben in Nangilima veröffentlichte. Sie wurde in der Tageszeitung *Expressen* am 26.2.1974 gedruckt und ist in *En bok om Astrid Lindgren* (Ein Buch über Astrid Lindgren) wiedergegeben worden.

In Nangilima herrscht »keine grausame Sagenzeit, sondern eine heitere Zeit voller Freude und Spiel«, hat Jonathan vorher Krümel als Trost für all die traurigen Ereignisse in Nangijala erzählt. Im Apfeltal wohnen die Brüder zusammen mit Matthias, doch sie leben ihr eigenes freies Leben, reiten hinaus in die Wälder und baden in den Seen – und entzünden ihre Lagerfeuer. Die Symbole für das gute Leben werden hier komprimiert dargestellt. In »einem riesigen alten Apfelbaum« baut Krümel sich seine Hütte, und als Krönung des Ganzen

Ilon Wiklands Illustration zu Die Brüder Löwenherz.

bekommt er einen eigenen Hund, wie Astrid Lindgren in ihrem Brief erzählt.

Die Kinder haben sich vor allem auch Sorgen darum gemacht, ob womöglich auch Tengil in Nangilima zu neuem Leben erwacht. Was passiert dann? Astrid Lindgren beruhigt sie. Tengil ist nach Lokrume gekommen, erklärt sie. »Ich glaube, dass es ihm dort nicht so schlecht erging, doch er konnte nie mehr andere Menschen quälen und unterdrücken.« Der Tyrann ist unschädlich gemacht, darauf kommt es an; von Rache ist nicht die Rede. Die Autorin gönnt sich nun sogar einen Scherz und erzählt eine kleine Geschichte. Auch Jossi ist in Lokrume angekommen, erklärt sie, »und als Tengil und er sich begegnen, standen sie zuerst still und glotzten sich nur an, dann drehten sie sich plötzlich um und gingen jeder in seine Richtung«. In Lokrume ist es, anders ausgedrückt, langweilig. Karm und Katla sind vielleicht in Sorokaste gelandet, wer weiß. Über Sorokaste herrscht völliges Schweigen. Man kann davon ausgehen, dass diese neuen Welten nicht gerade paradiesisch sind, doch die Erzählung lässt offen, wie es sich damit verhält.

Jetzt werde ich mich aber, abgesehen von einigen Schlusskommentaren, etwas zurückhalten. *Die Brüder Löwenherz* ist sicherlich das Buch Astrid Lindgrens, das die meisten Fragen aufgeworfen hat. Die Leserposition ist produktiv und kreativ, weil der Text sich ins rätselhaft Ungewisse hineinerstreckt und zugleich mit überzeugender Stimme spricht. Aus Rücksicht auf das künstlerische Projekt dürfen die Zusammenhänge nicht überdeutlich gemacht werden, die Einbildungskraft der Leser muss Raum erhalten.

Doch es geht nicht nur um »einen schönen und wilden Traum«, sondern auch um eine direkte und kraftvolle Botschaft, für die die Autorin Worte gefunden hat, die Kinder ansprechen. Ihre kleinkarierten Kritiker zu Beginn der siebziger Jahre, die das Bild in Bezug auf den Diktator allzu oberflächlich fanden, meinten, diese Worte betrügen die Kinder.

Den Tyrannen wie eine Laus zu zerdrücken ist wohl etwas, das Kinder auch im Wohlfahrtsstaat begreifen, wenngleich das wollüstige Erlebnis eher älteren Generationen bekannt sein dürfte. Doch den Grundgehalt verstehen wir heute besser als damals, als das Buch erschien. Denn genau das haben wir in den letzten Jahren erlebt: Tyrannen sind gefallen, Mauern aufgebrochen, Statuen gestürzt worden. Manchmal geschah dies über Nacht.

Dennoch wissen wir auch, was das Buch zu sagen versucht: Die bösen Märchen gehen nie zu Ende. Krümels und Jonathans Kampf ist heute genauso notwendig wie gestern. Ein Kampf, den man in der Gewissheit aushalten kann, dass das gute Leben – und die Liebe – möglich ist. Das vor allem will das Buch zum Ausdruck bringen.

Doch wir wollen nicht vergessen, dass *Die Brüder Löwenherz* auch ein Buch über das Wesen der Inspiration ist, die tragende Kraft der Eingebung. Die metafiktive Sichtweise auf Astrid Lindgrens Bücher, die bislang eher zu kurz gekommen ist, ist vielleicht die fruchtbarste Lesart. In *Die Brüder Löwenherz* stellt Lindgren die Frage, wer der Träumer ist, der den Traum lenkt. Ist eigentlich alles Märchen und wir die Träger der Märchen? »Märchen lenken die Welt«, schrieb Selma Lagerlöf einmal. In der Erzählung von den zwei Brüdern ahnen wir den Strom aus der übersinnlichen Lieblichkeit eines frühen Morgens am Fryken, dem magischsten aller schwedischen Seen. Wir können uns die herzzerreißenden Gedanken über die toten Kinder vorstellen, aber auch die jubelnde Freiheit, als die Fantasie entbrennt. Natürlich handelt das Buch auch von den Schwindel erregenden Augenblicken, in denen die Inspiration aufflammt und die Grenzen der Wirklichkeit gesprengt werden.

Ronja, diese Räubertochter

In eine wilde Welt wird Ronja hineingeboren, in eine Welt starker Gefühle und gräulicher Gefahren. Sie ist kein einsames oder ausgeschlossenes Kind wie eine Reihe anderer Figuren bei Astrid Lindgren. Wie Michel, Madita und die Kinder in Bullerbü ist sie in eine Familie integriert. Sie leidet keinen Mangel an Liebe, eher umgekehrt, ihr Vater hütet sie wie seinen Augapfel. Doch Liebe kann sowohl Glück als auch Qual verursachen, nicht zuletzt die allzu große Liebe des Vaters. Dieses klassische Thema dominiert *Ronja Räubertochter* (1981, dt. 1982).

Das Buch kann man durchaus als Familienroman bezeichnen. Es beinhaltet auch einen Roman über die Fragen des Lebens und eine Liebesgeschichte. Doch vor allem begegnet uns das Buch als ein Räuberroman unter dem Vorzeichen der Groteske. Im Zentrum der Erzählung erhebt sich die gespaltene Burg auf der Klippe, ein Symbol für die hasserfüllte Feindschaft zwischen der Mattis-Sippe und den Borkaräubern, den zwei Räuberbanden, die jeweils ihre Hälfte der Burg besetzt halten.

In diesem Konflikt ist das Gute und das Böse auf beide Seiten verteilt – die Mattisräuber und die Borkaräuber stehen sich dabei in nichts nach. Doch Mattis und seine Räuberliga haben die Macht und wollen um jeden Preis Borka und seine zwölf Räuber (die klassische Anzahl in einer Heldenschar) »rausbefördern«, diese »Haderlumpen«, »Hosenschisser« und »Hundesöhne«, die in die Burg eingezogen sind, ohne um Erlaubnis zu bitten.

Das Böse ist nicht absolut wie bei einem Kato oder Tengil. Der Häuptling Mattis ist grausam und skrupellos auf eine primitive und geradezu bestialische Art, doch er kann auch impulsiv und warmherzig sein. Das Thema des Bösen wird durch Komik gedämpft. Es liegt etwas von der Lönneberga-Farce in der Schilderung des Oberhauptes der Sippe, des Mannes in seiner angeberischen und herrschenden Potenz. Scherz und Ironie schäumen über in diesem Buch auf eine Weise, wie es das Fantasy-Genre nicht zulässt. *Ronja Räubertochter* verrät einen Tausendsassa-Humor, Lust an der Sprache, Lachen über den Menschen, insbesondere über die großtuerischen Aktionen der Männer und ihr leicht verletzbares Selbstwertgefühl. Dazu ist es ein karnevaleskes Buch, in dem lärmende Feste, Tanz und Gesang sich mit brutalen Szenen abwechseln. Die Personen durchleben also exaltiert ein wildes und vulgäres Lebensfresko, abgesehen davon, dass auch dieses Buch Züge von Trauer und Fantasie beinhaltet.

Doch warum gerade ein Räuberroman?

Der Räuberroman

Astrid Lindgren ist eine Meisterin der Überraschungen. Wer außer ihr wäre auf die Idee gekommen, den Räuberroman als Genre wieder zu beleben?

Die Anregung war die gespaltene Burg, die sie vor sich sah, hat sie erzählt. Wie viele Räuberromane sie gelesen hat oder ob sie das Genre zielstrebig untersucht hat, als sie das Buch über Ronja schrieb, weiß ich nicht, doch der Räuber ist eine Art Abenteuerprototyp in der Kinder- und Jugendliteratur. Eines von Elsa Beskows bekanntesten Märchen, »Staffan Bortbyting« (Staffan Wechselbalg), handelt von einer Räuberschar im Wald, die stiehlt, lügt und keine versöhnlichen Züge hat. Die Grenze zwischen Chaos und Ordnung ist deutlich. Bei Astrid Lindgren hingegen wird der Räuber gern mit etwas Spannendem und übermütig Grenzüberschreitendem in Verbindung gebracht, einer selbstverständlichen Voraussetzung für ein Buch wie *Ronja Räubertochter*.

Doch dies gilt auch für eine Pippi Langstrumpf, die weit fortgeschrittene Pläne hegt, eine Räuberbande zu gründen, und eine Seeräuberlaufbahn anstrebt – sie trägt mit Bravour das Seemannslied aus Robert L. Stevensons *Die Schatzinsel* vor: »Fünfzehn Männer auf des toten Manns Kiste«. Die Novelle »Im Wald sind keine Räuber« beschäftigt sich mit der Fantasie über die wilden Räuber im unheimlichen Schein des Lagerfeuers; hier spuken Ali Baba und seine vierzig

Räuber. In den *Blomquist*-Krimis spricht man Räubersprache und in den *Bullerbü*-Büchern spielen die Kinder Räuberspiele und fantasieren über Robin Hood.

Doch in *Ronja Räubertochter* gilt eine andere Räuberfiktion. Wie gesagt, trifft man in der Erzählung nicht auf edle Räuber vom Schlage Robin Hoods, sondern auf die beiden Sippen mit ihren Fehden und wüsten Beschimpfungen. In der Räuberwelt lebt man davon, etwas vom Besitz der Kaufleute an sich zu raffen, die durch den Wald reisen. Dieses Thema wird im Text eher diskret behandelt, während in Tage Danielssons Film über Ronja das Ausplündern konkret veranschaulicht wird.

Der Räuberroman war eines der großen Trivialgenres des 19. Jahrhunderts, dem Schauer- und Sensationsroman nahe stehend. Das Genre entstand in Deutschland am Ende des 18. Jahrhunderts und wurde im folgenden Jahrhundert zu einer weit verbreiteten Lektüre in allen Gesellschaftsklassen – Esaias Tegnér, der schwedische Nationaldichter der Romantik, soll angeblich Großverbraucher von Räuberromanen gewesen sein. *Rinaldo Rinaldini* ist das bekannteste dieser Bücher, in Schweden auch deshalb bekannt, weil der finnisch-schwedische Autor Zacharias Topelius es zu einer Komödie für Kinder umschrieb.

Für Astrid Lindgren ist es typisch, so schrieb ich in der Einleitung zu diesem Buch, dass sie ein Genre auswählt, um dessen Konventionen und Voraussetzungen zu verwenden und zugleich zu erneuern. Das Räuberkonzept lässt zu, dass sie primitivere Gefühle gestaltet als früher: In dieser Welt triumphiert die Natur mit ihrem starken Tobak. Das Buch parodiert auch den klassischen Räuberroman, indem es die Figuren karikiert, sie haben etwas von Trollen im Wald, etwas von faulen Drohnen, die sich vor dem Schneeschippen und anderer nützlicher Arbeit drücken.

Ronja Räubertochter ist handfester und dynamischer als die Fantasybücher. Die Story entwickelt sich rhythmisch und kraftvoll, ausgehend von der prächtigen Einleitung, in der das Leben selbst eingeführt wird. Denn alles beginnt mit Ronjas Geburt, die durch das Mitwirken der Naturkräfte als großartiges Ereignis markiert ist.

In der Nacht, als Ronja geboren wurde, rollte der Donner über die Berge, ja, es war eine Gewitternacht, dass sich selbst die Unholde, die im Mattiswald hausten, erschrocken in ihre Höhlen und Schlupfwinkel verkrochen. Nur die wilden Druden liebten Gewitter mehr als jedes andere Wetter und flogen mit Geheul und Gekreisch um die Räuberburg auf dem Mattisberg. Das störte Lovis, die dort lag, um ein Kind zu gebären, und sie sagte zu Mattis: »Scheuch diese Grausedruden weg, damit es hier still ist, sonst höre ich nicht, was ich singe!«

Lovis singt ihrem ungeborenen Kind etwas vor und trägt damit den modernen Theorien Rechnung, die behaupten, dass bereits der Fötus die Stimme der Mutter wieder erkennen kann. »... und wahrscheinlich werde das Kind auch von heiterer Natur, wenn es bei Gesang zur Welt kam.« Es kommt darauf an, ein Gegenfeuer zu entfachen, sodass das Kind aus der Gewitternacht nicht zu einer Wilddrude wird. Die Erzählung nimmt vorweg, dass später Gewitterwolken den Weg des Mädchens überschatten; Gewitternachtskind und Drudennachtskind sind Epitheta, die Ronja von Anfang an begleiten.

Astrid Lindgren ist souverän im Beginnen von Einleitungen, was ich bereits mehrfach erwähnt habe. Sie weiß, wie wichtig der Anfang eines Buches ist (das Vorbild ist Mark Twains *Tom Sawyer*), doch man muss sich fragen, ob sie sich in dieser prächtigen Eröffnungsszene nicht selbst übertrifft. Die Szene bewirkt bei den Lesern eine Gänsehaut der Erwartung, das Lebensgefühl wird auf fast physische Art gesteigert.

Der Auftakt zur Erzählung ist ebenfalls ein »big bang«. Die Geburt wird nicht nur von den Schreien der Grausedruden und dem Donnern des Gewitters begleitet. In derselben Nacht, in der Ronja geboren wird, schlägt der Blitz ein und spaltet die Burg, weshalb Mattis eine ganze Weile wie ein wildes Tier über diese Unverfrorenheit der Natur tobt. »Die uralte Mattisburg hoch oben auf dem Mattisberg war geborsten, mittendurch. Von den obersten Zinnen bis hinab zum tiefsten Kellergewölbe war die Burg jetzt in zwei Hälften geteilt und dazwischen lag ein Abgrund.« Doch Mattis beruhigt sich, als er entdeckt, dass der einzige durch den Einsturz verursachte Nachteil der ist, dass der Abtritt nun auf der anderen Seite des Abgrunds liegt, der den Namen Höllenschlund bekommt.

Doch die Mattisräuber werden das Opfer einer viel größeren Kränkung, als ihre Erzfeinde und Konkurrenten, die Borkaräuber, sich in der anderen Hälfte der Burg niederlassen. Damit erhält der Höllenschlund auch eine symbolische Bedeutung. Er kennzeichnet den Riss zwischen zwei Gesellschaften und spaltet Mattis' Familie im großen Vater-Tochter-Konflikt. Ronjas Aufgabe wird es, »diese Hälften zu vereinen, und zwar ohne Gewalt«, wie Maria Bergom-Larsson schreibt.[48]

Der Grund für die Symbiose zwischen Kind und Vater wird bereits bei Ronjas Geburt gelegt. Wie ein moderner Vater nimmt der Räuberhäuptling an der Entbindung teil und zeigt stolz das neue Kind; stolz ist eigentlich kaum das richtige Wort. Mattis ist »ganz von Sinnen vor Freude«. »Mit hohen Jubelsprüngen lief er durch die große Halle und schrie dabei wie närrisch: ›Ich hab ein Kind gekriegt! Hört ihr, was ich sage? Ich hab ein Kind gekriegt!‹« Man kann nicht umhin, an das allergrößte Wunder der Geburt zu denken, als er sein Kind präsentiert: »Eine Räubertochter, juchhe und juchhei!«, schrie Mattis. Der Vater ist nicht nur außer sich vor Liebe. Er gibt auch bekannt, dass sie der neue Räuberhäuptling sein wird. Das Schockierende, dass ein Mädchen für diesen Auftrag vorgesehen ist, geht nur aus Mattis' ausgelassenen Worten an seine Räuber hervor. »Na, jetzt ist euch wohl das Bier in die falsche Kehle gerutscht, was?« Doch weder wir noch die Räuber wissen zu diesem Zeitpunkt, dass diese Auserwähltheit das ironische Projekt des Buches konstituiert.

In groben Zügen dürfen wir dann der Entwicklung des Kindes folgen, bis es elf Jahre alt ist, zur Vorpubertät, in der die Gefühle beginnen, zwischen Elternkritik und Freiheitsbedürfnis hin- und herzuschwanken, und das Interesse für das andere Geschlecht erwacht. Die Schilderung ihrer frühen Jahre verläuft in Windeseile und erwähnt nur das Wesentliche. Mit typisch Lindgren'schem Humor wird erzählt, wie Ronja übt sich »zu hüten«, indem sie die riskantesten Orte in Wald und Feld aufsucht. Sie nimmt Papa Mattis' Warnung einfach zu wörtlich. Sie klettert und hangelt und macht den Wald zu ihrem Zuhause, obwohl er sich zu einer Wohnung des Grauens verwandelt, wenn die Wilddruden auftauchen. Das Wissen um die Gefahr hindert sie nicht daran, unverdrossen neue Herausforderungen zu suchen.

Die Risikobereitschaft, die Astrid Lindgren unausweichlich mit der Entwicklung des Kindes verbindet, schildert sie hier intensiv wie nie zuvor, frei und fantastisch. Im Mattiswald (dem Wald des Vaters) verkörpert Ronja die Essenz der Räuberei schlechthin, nämlich die Umwelt zu erobern. Sie ist eine wahre Räubertochter, die Tochter ihres Vaters – bis sie Birk trifft, der in derselben Gewitternacht geboren wurde wie sie, der auf der anderen Seite des Höllenschlunds wohnt und der Sohn Borkas ist, des Mannes, den Ronjas Vater hasst.

Ungehemmte Gefühle, Schlägereien und Grausamkeit dominieren die Räuberwelt. Hier gibt es ein Ausleben von Leidenschaften wie nie zuvor bei Astrid Lindgren, eine Sprengkraft, die in der Energie der Sprache spürbar ist, vor allem in den lustvollen Zusammensetzungen. Schimpfwörter wie »Lümmelgeschwätz«, »Haderlumpen« laden die Erzählung mit komischer Aggressivität auf. Die Wildheit der Menschen wird auf großartige Weise in den Schreien der Wilddruden und in der ungehemmten Kraft des Glupafalls reflektiert. Doch es gibt auch eine Hoffnung auf Ruhe und Wiederherstellung, die durch den Lebenszyklus zu Stande kommt. Die Geburt Ronjas und ihr Heranwachsen korreliert mit dem Dahinsiechen und Tod des alten weisen Räubers Glatzen-Per. Das Leben und der Lauf der Zeit, eingeschrieben in den Wechsel der Jahreszeiten, erzeugen einen zyklischen, grundlegenden Rhythmus, der sowohl Verlust als auch Erneuerung signalisiert.

Wann und wo sich die Handlung in *Ronja Räubertochter* abspielt, wird natürlich nicht angegeben, genauso wenig wie in den Fantasy-Büchern. Die Burg, Zentrum des Räuberstreits, will man gern irgendwo in Deutschland ansiedeln. Das skandinavische Flair ist ansonsten unverkennbar, nicht zuletzt in der Sprache mit isländischem Lakonismus und småländischer Burleskheit. Die Namen der Räuber hat Astrid Lindgren der lappländischen Landkarte entnommen.[49] Ich finde, dass die Namen denen von Trollen oder den kindlichen und fantasievollen Spitznamen einer Fußballmannschaft gleichen: »Glatzen-Per, Tjegge, Pelje, Fjosok, Jutis und Joen, Labbas, Knotas, Turre, Tjorm, Sturkas und Klein-Klipp.«

Eine nordische Atmosphäre wird auch durch Ilon Wiklands Bilder suggeriert, die an norwegische Natur- und Trollzeichnungen der Jahrhundertwende erinnern – obwohl sie die Gesichter der Räuber in den Warteschlangen der schwedischen Alkoholmonopolläden studiert hat.[50] Die Gefolge der Kaufleute und des Vogts, die die Räuber kontrollieren, sind mittelalterlich konnotiert, das eine oder andere Zeitsignal wie »Kittel aus Fohlenleder« und »Hornlaterne« geht in dieselbe Richtung. Dieser Zeitrahmen ist uns bei Astrid Lindgren schon mehrfach begegnet, doch dann als Ritterchronotop. Hier bewegen wir uns in einer saftigeren, ursprünglicheren und zugleich materialistischeren Umgebung, doch die Autorin hat sich davor gehütet, die Atmosphäre zu »historisch« zu machen: Es ist auch ein moderner Roman über die Konflikte moderner Menschen.

Nicht das Zeitkolorit ist das Wichtigste in *Ronja Räubertochter*, sondern der Raum: der Wald, die Burg und die Balance zwischen diesen beiden Umgebungen. Die geheimnisvolle, vor Leben brodelnde Natur bildet den Hintergrund der felsigen Welt, in der die Räuber wohnen.

»Der Wald ist mein Zuhause«

Ich wollte hinaus in den Wald, erzählt Astrid Lindgren, wenn sie über die Inspirationsquelle für ihren Räuberroman gefragt wird.

Durch den ganzen Roman wogt ein Gefühl für den Wald. Der Bund mit der Natur, das Erleben der Jahreszeiten, die Begeisterung, wenn der Frühling kommt, die Stimmungen im Laufe des Tages: Dies alles bildet den Resonanzboden der Erzählung. Die Schilderung, wie Ronja dem Wald begegnet, unvorbereitet und verwundert, wird mit einer besonderen, rhythmischen Glücksformel ausgedrückt: »Vom Wald hatte sie gesprochen. Aber erst als sie ihn so dunkel und verwunschen mit all seinen rauschenden Bäumen sah, begriff sie, was Wälder waren. Und sie lachte leise, weil es Flüsse und Wälder gab.« Auch der dunkle Waldsee mit seinen weißen Seerosen macht sie glücklich. »Sie lachte leise, weil es sie gab.«

Mit der Verwegenheit des Kindes erobert sie sich den Wald; ein ähnlich naives und mythisches Erlebnis hat Tove Jansson in *Winter im Mumintal* gestaltet, als der Mumintroll den Winter entdeckt und für die Leser alles neu erschafft. Ronja ist der erste Mensch am ersten Tag und ihr »Frühlingsschrei« schneidet wie ein großer Urschrei durch das Buch.

Immer mutiger geht sie eine Symbiose mit der Natur ein, wenn sie wie »ein gesundes kleines Tier« geschmeidig durch den ganzen Wald streift: Sie kann »wie ein Fuchs« laufen. Sehr sinnlich wird beschrieben, wie es ist, sich in einem Wald zu bewegen, das weiche Moos unter den nackten Füßen zu spüren und zu entdecken, wie sich die Sterne im dunklen Waldsee spiegeln. Hier gibt es Raum für Poesie.

Doch sie soll nicht glauben, man könne den Wald besitzen. Diese Vorstellung nimmt ihr Birk, als er erklärt, der Wald gehöre allen. Er ist auch die Welt der Tiere, der Wölfe und der Bären – eine Argumentation, die im Geiste unserer Zeit Menschen und Tiere nebeneinander stellt.

Der Wald lebt auch sein eigenes Leben, unabhängig von den Handlungen der Menschen. Die Natur wird nicht im selben Maße mit dem ethischen Kampf verknüpft wie in *Mio, mein Mio* und *Die Brüder Löwenherz*. Der Glupafall ist gierig (Wortspiel: glupsk = gierig) und schrecklich, doch er ist nicht der Ort von Rache und Auseinandersetzung wie der Karmafall in *Die Brüder Löwenherz*. Die Natur, die lebt, siedet und tobt, begleitet in erster Linie die Gefühle. Sie ist auch von Wesen bevölkert, die ihr eigenes Leben leben, die jedoch gefährlich sein können. Im Wald werden Ronja und Birk durch die Gefahren zusammengeschweißt, denen sie ausgesetzt sind.

Die Wilddruden lärmen nicht nur in der Nacht, in der Ronja geboren wird – diese Windhexen bleiben auch weiterhin mit ihr verbunden. Werden sie sie vernichten oder soll sie selbst eine Drude werden? Mattis und Birk vergleichen ihre Schönheit mit der einer Drude. Doch als Borka in seinem Wutausbruch gegen Mattis die Beschimpfung »deine Wilddrude von Tochter« ausstößt, wird das Epitheton zu einer vernichtenden Antwort auf Mattis' Schmähungen über seinen Sohn: »Otterngezücht« und »Hundesohn«.

In ihrer Schilderung der gefährlichen Natur bezieht sich Astrid

Lindgren auf die Mythologie des Volksglaubens. Sie nähert sich Selma Lagerlöf, die in *Gösta Berling* die angstbesetzten Vorstellungen des Volkes von der Natur aufruft:

> Im Dunkel der Wälder hausen unheimliche Tiere, mit funkelnden Zähnen oder scharfen Schnäbeln, mit Krallenfüßen, die sich nur danach sehnen, sich an eine Kehle zu klammern, durch die warmes, rotes Blut fließt – wilde Tiere, deren Augen vor Mordlust funkeln.

Die Wilddruden, die in *Ronja Räubertochter* von den Bergen herunterkommen, sind eine Art Harpyien, die sich wahllos, nur aus grausamer Lust, auf »die Menschlein« stürzen, so wie das Unglück immer blind und plötzlich zuschlägt.[51] Die Welt ist unsicher, wie Astrid Lindgren umfassend zeigt, doch sie ist auch herrlich, allen Wilddruden zum Trotz. Die Schauerszenen sind intensiv, aber vorübergehend, in letzter Sekunde wird Ronja aus den Klauen der Grausedruden gerettet. In der letzten Sekunde wird sie auch »den Unterirdischen« entrissen, die sie mit ihren Lockrufen in den verführerischen Nebel hineinziehen wollen.

Auch die Graugnome sind gefährlich, während Dunkeltrolle und Rumpelwichte harmlos und eher komisch sind. Astrid Lindgren erneuert das Waldbild mit ihren eigenen, fantastischen Figuren, wogegen sie Elemente, die traditionell den Märchenwald bevölkern, nicht verwendet: die Waldfee, den Bergkönig, die Wichtel.

Eine romantische Sehnsucht nach dem Wassermann enthält *Ronja Räubertochter* ebenfalls nicht. Die Naturwesen des Buches träumen nicht davon, sich eine Seele zuzulegen oder Zutritt zur Welt der Menschen zu erlangen. Das Fremdsein kommt am deutlichsten in der komisch monotonen Phrase der Rumpelwichte zum Ausdruck (vom Reim einer geisteskranken Frau inspiriert): »Wiesu tut sie su?« Wie so viele andere Lindgren-Formeln ist dieser Ausdruck unverhüllten Erstaunens in den schwedischen Wortschatz eingegangen.

Die Faszination gegenüber den Wesen des Volksglaubens, die drohen die Menschen zu verschlingen, finden wir vorher bei Lindgren vor allem in der suggestiven Novelle »Tu tu tu« in »Die Schafe auf Kapela«, die auf einer småländischen Legende aufbaut. Das Gefährliche gehört zum begeisterten, manchmal ekstatischen Erleben von Natur. Vielleicht enthält auch Ronjas jubelnder Frühlingsschrei einen Anflug von Angst.

Die Parallelisierung von Kind und Wald ist ein Thema in der schwedischen Literatur. Vor allem gehört der Wald zum Märchen: Der Märchenwald wird von Trollen, Riesen, sprechenden Tieren oder von personifizierten Bäumen und Pflanzen bewohnt. Auch Ronja erlebt die Zauberkraft des Waldes: »Der Wald in der Frühlingsnacht war voller Geheimnisse.«
Der Wald wird zu einem Zentrum der Triebe und der Lebenskraft. Doch außerhalb des Waldes erstreckt sich das landwirtschaftlich genutzte, bewohnte Umland, das für Geborgenheit und Zivilisation steht, eine Garantie dafür, dass die Verzauberung aufgehoben werden kann. Die Erzählung konzentriert sich völlig auf die Räuberwelt und die Möglichkeiten zu Veränderung oder Untergang, die in ihr liegen. Natürlich können wir, so viel wir wollen, Analogien zu unserer Welt hineinlesen.
Eine harmonische Ordnung garantiert die Mattisburg nicht. Zu Beginn gibt sie Ronja Wärme und Zuflucht vor den Gefahren, die sie heimlich auf ihren Streifzügen und Abenteuern erlebt, doch als sie in ihren großen Konflikt mit dem Vater gerät, muss sie vom Zuhause aufbrechen und im Wald Schutz suchen. So wird der Wald in konkretem Sinn ein Zuhause.

Ronja und Birk

Passionierte Liebesgeschichten gehören seit jeher zum klassischen Räuberroman. Dieses Buch bezieht nicht nur Spannung, sondern auch Innerlichkeit aus der Romanze zwischen Ronja und Birk. Über Liebe hat Astrid Lindgren schon früher geschrieben, vor allem in ihren Mädchenbüchern. Ein anderer Tonfall prägt das Erwachsenenbuch *Das entschwundene Land*, das die Liebesgeschichte ihrer Eltern erzählt. *Ronja Räubertochter* hat mit diesem Buch einiges gemein, wenngleich sie sich auf unterschiedlichen Ebenen abspielen. In beiden

Büchern wird von einem unbeugsamen Gefühl erzählt, das mit einem Lächeln, manchmal auch durch Tränen, betrachtet wird.

Ronja entwickelt, wie die meisten Kinder bei Astrid Lindgren, ein Eigenleben, von dem ihre Eltern nichts wissen. Zu ihren am besten gehüteten Geheimnissen gehören die Treffen mit Birk. In den tiefsten Verstecken des Waldes und der Burg treffen sich die Kinder. Das Buch baut auf diesem Chronotop der Treffpunkte auf, um mit Bachtin zu sprechen.[52]

Die Szene, in der sich Birk und Ronja zuerst begegnen, ist zwar gut vorbereitet, kommt jedoch gleichwohl überraschend. Ronja ist von Lovis informiert worden, dass es außer ihr noch andere Kinder in der Welt gibt und dass sie aufgeteilt sind in die, aus denen Mattise, und die, aus denen Lovise werden sollen. Ronja weiß, als sie Birk zum ersten Mal sieht, als er auf der Kante zum Höllenschlund sitzt und mit den Beinen baumelt, dass er einer ist, aus dem ein Mattis wird: »Und sie lachte leise, weil es ihn gab.«

Diese Formel der Ausgelassenheit wird nun zum dritten Mal eingesetzt und das berühmte dritte Mal bildet wie sonst auch den Höhepunkt. Ronja schüttet – in bestem Wilddrudenstil – ihren Zorn über dem »Hosenschisser« aus. Als echte Tochter ihres Vaters imitiert und wiederholt sie Mattis' Beschimpfungen, wenn er die Borkaräuber verunglimpft, und Birk zahlt mit gleicher Münze heim. Die erwachsenen Leser ahnen natürlich amüsiert, dass diese Feindschaft zu einer genauso heftigen Freundschaft werden wird.

Der Bund nimmt seinen Anfang in der beklemmenden Szene, in der die Kinder sich darin messen, wer es wagt, über den Höllenschlund zu »fliegen«, den schrecklichen Abgrund, der die Räubergeschlechter trennt. Während die Mattisburg vor Entsetzen den Atem anhält, springen sie frenetisch und verbissen, gleich beweglich und ebenbürtig, als Birk plötzlich den Absprung verfehlt und es aussieht, als würde er geradewegs in den Abgrund stürzen. Ronja rettet ihn vor dem sicheren Tod, indem sie den Lederriemen herunterlässt, den sie immer trägt, und das andere Ende um ihren Leib knotet. Ich habe bereits darauf hingewiesen, dass die Szene Eva-Lottas Entschlossenheit in *Kalle Blomquist, Eva-Lotta und Rasmus* variiert. Die Umgebung, die Burgruine im Krimi, nimmt die Burg in *Ronja Räubertochter* vorweg, doch der psychologische Gehalt ist im Räuberroman vertieft. Ronja rettet ihren »Feind«, wodurch die jungen Leute unwiderruflich vereint werden. Der Lederriemen bildet konkret und symbolisch das Band ihrer Vereinigung.

Indem jeder ein Ende des Lederriemens festhält, gelingt es ihnen, sich im Wald nicht im gefährlichen Nebel zu verlaufen, wo »die Unterirdischen« drohen.

Und aller guten Dinge sind drei! Seit Birk Ronja vor dem sicheren Tod unter Wilddruden und Rumpelwichten gerettet hat, sind sie Freunde, ja, mehr als Freunde, Blutsverwandte, »Bruder und Schwester«. Deshalb gerät Ronja in Konflikt mit ihrer eigenen Umgebung. »Niemals konnte sie Mattis sagen, dass ein Borkaräuber ihr Freund geworden war. Das hieße, ihm mit einem Schmiedehammer auf den Schädel schlagen, nur noch viel ärger, er wäre völlig gebrochen und würde schlimmer toben, als man es je zuvor erlebt hatte.« Die Liebe zu Birk lässt sie ihrem Vater gegenüber kritisch werden: Warum ist er immer so »ungestüm«, denkt sie in der ersten Phase ihrer Befreiung. Heimlich bricht sie in so hohem Maße mit dem Gesetz des Vaters, dass sie einen unterirdischen Gang gräbt, der die Borkaräuber mit den Mattisräubern verbindet. Wie soll sie sonst die Person treffen können, die ihr nun mehr bedeutet als alles andere in der Welt?

Auf eigene Faust hat Ronja also begonnen, die Kluft zwischen den Erzfeinden zu überbrücken. Diese Geste beinhaltet die Hoffnung auf Versöhnung, doch zu Beginn verschärft die Freundschaft der Kinder den Konflikt zwischen den Sippen und treibt ihn auf die Spitze.

Die Erzählung von Ronja und Birk trägt traditionelle wie aktuelle Züge. Das Thema mit dem Mädchen und dem Jungen, die einander in Einklang mit der Natur begegnen, geht bis in die Antike zurück.[53] Eine heimliche Gemeinschaft außerhalb der normalen Gesellschaft finden wir auch in der Schilderung aufkeimender Liebe in einer Reihe von modernen Kinderbüchern. In einem Aufsatz über »Fyra vänskapsböcker« (Vier Freundschaftsbücher, 1988) beschäftigt sich Cecilia Löfgren unter anderem mit *Ronja Räubertochter* und beschreibt das Freundschaftsmotiv als Ausdruck der optimistischen Lebenseinstellung der Autorin. Die Freundschaft der Kinder beinhaltet eine

Stärke, eine Zukunftshoffnung, einen Glauben an die Möglichkeiten des Lebens, die sich gegen eine Außenwelt des Chaos oder der Krise durchsetzen. Die Unruhe kann unterschiedlich zum Ausdruck kommen. In Hans-Eric Hellbergs *Sonnenregen* (1973) und Gunnel Lindes *Der weiße Stein* (1966) geht es um problematische häusliche Verhältnisse. Maria Gripes Elvis findet bei Annarosa eine Zuflucht vor seiner neurotischen Mutter.

In diesen Büchern – und unzähligen anderen über dasselbe Thema – trösten die Kinder einander und werden zur gegenseitigen Freude in einem Dasein, in dem ihnen die Unterstützung der Erwachsenen fehlt. In Gunnel Lindes Buch *Der weiße Stein*, das wilde und eruptive Elemente wie aus einem Räuberroman enthält, bauen die Kinder ihre eigene Welt im dichten Laub einer Linde, vor Einsichtnahme geschützt. Die Bärenhöhle im Wald wird zu Ronjas und Birks Zuflucht.

Ohne dass man sich in allzu tiefenpsychologische Deutungen verliert, zu denen die Grotte förmlich einlädt, stellt man fest, dass Astrid Lindgren das Leben dort als einen Strom ursprünglicher Gefühle schildert. Mit einem solchen Reichtum an Nuancen hat sie nie zuvor Gemütsbewegungen eingefangen. Die Höhle kann man als Zentrum der Initiation in die Erwachsenenwelt verstehen, doch auch als eine Welt, in der die Kinder durch Träume und Erinnerungen mit ihrem Unterbewussten in Kontakt treten. Ronja wächst in ihrer weiblichen Identität und imitiert nicht mehr ihren Vater, sondern ihre Mutter. Sie sammelt Heilkräuter und essbare Pflanzen aus dem Wald genau wie die Mutter und die Stimme der Mutter geht in ihre Stimme über. »Jetzt hast du wohl ganz und gar den Verstand verloren«, sagt sie schüchtern zu Birk und ahmt dabei die Liebesworte von Lovis an Mattis nach.

Hier wie in mehreren anderen modernen Büchern über das Thema Freundschaft zwischen einem Jungen und einem Mädchen spiegelt die Beziehung der beiden das Zusammenspiel oder Gegenspiel der Erwachsenen wider. So sonderbar, dass derjenige, den man liebt, sich zu einem Fremden mit kalten Augen und abweisender Stimme

Carl Larssons Bild vom Liebespaar Signola und Erland

verwandeln kann; so wirkt Birk, als Lovis versucht Ronja zu bewegen, nach Hause zurückzukehren. Ein anderer heftiger Konflikt führt fast zur Trennung. Es ist die Episode mit dem verschwundenen Messer, didaktisch erzählt wie für die junge Ehe.

Doch die Erzählung geht auch mit innerlichen und lyrischen Tönen verschwenderisch um, die wirkungsvoll mit dem Grotesken und Brutalen brechen. Wenn Astrid Lindgren die Süße des Sommerlebens schildert, wie die Kinder angeln, wie Fischotter im Fluss tauchen, an ihrem Lagerfeuer sitzen und »die blassen Sterne am Himmel aufblinken sehen«, dann zeichnet sie das Paradies. In der Fantasie backt Ronja ihren Sommerklumpen aus Sonnenaufgängen, Blaubeerreisig und Sommersprossen, einen »einzigen großen Kuchen«. Wird dieser Kuchen sie vor dem Frost schützen können? Diese Frage taucht immer wieder, zunehmend ängstlicher, auf.

Der Wildfang

Ronja und Birk haben etwas von Eva und Adam im Naturzustand. Im Zusammenhang mit ihnen werden in den »Freundschaftsbüchern« so häufige Bade- und Entkleidungsmotive freier und »natürlicher« umgesetzt – natürlich auch wilder, als wir es aus der Tradition gewöhnt sind. Wir sind von der süßen Biedermeierstimmung in Viktor Rydbergs »Die badenden Kinder« weit entfernt. Als Ronja und Birk in den Stromschnellen baden, kommen erotische Kräfte zum Ausdruck; sie werden zum wilden, wirbelnden Glupafall mitgerissen, um sich in letzter Sekunde – natürlich – erschöpft ans Ufer zu retten, während die Wilddruden über ihren Köpfen schreien.[54]

Das Leben in der Natur ist auch ein Robinson-Dasein. Die Kinder veranschaulichen frühere Stadien der Kultur, wenn sie Schalen schnitzen und auf jede praktische Überlebensmöglichkeit achten, während sie zugleich ein Guthaben an Selbstvertrauen aufbauen. In ihrem Element ist Astrid Lindgren, wenn sie schildert, wie die Kinder Wildpferde einfangen, ein Motiv, das auch auf die latente Sexualität hinweist. Hier geht es nicht um das Pferd auf der Veranda in der Villa Kunterbunt, auch nicht um das Märchenpferd, das Mio sein Leben versüßt

Szene aus dem Film Ronja Räubertochter.
Bild aus dem Archiv von Svensk Filmindustri.

und fast wie ein Mensch ist. Stattdessen steht das Pferd für die wilden Kräfte der Natur, die die Menschen zu zähmen trachten.

Die Beziehung zu den Tieren hat auch eine weiche Seite von Einverständnis und Anteilnahme. In den Szenen mit der Stute, die von einem Bären gerissen wird und ihr Fohlen verliert, treten die Kinder als zärtliche Pfleger auf. Das Verhältnis ist ein gegenseitiges: von der Stute bekommen Ronja und Birk nährende Milch.

Mitten im Leben stehen die neuen Siedler, der Idealzustand, den Astrid Lindgren gern beschreibt. Doch wie immer ist der Garten Eden bedroht. Birk und Ronja befinden sich nicht auf einer ewig sommergrünen Insel. Auch im Sommer gibt es Regentage, an denen man das Feuer kaum in Gang halten kann. Wenn der Winter kommt, wird es lebensgefährlich, in der Bärenhöhle zu wohnen. Die Schwierigkeiten verschärfen sich zu einer schweren Krise, als die Kinder wählen müssen, sich zu trennen oder zu sterben. Die Krise wird gelöst, als die Familien- und Sippenkonflikte endlich zu einem Ende gebracht werden.

Die weibliche Stimme

Ronja Räubertochter handelt sehr viel von Gezänk und Konflikten. Die unterschiedlichen Stimmen der Figuren stehen im Widerstreit zueinander. Im Gegensatz zu *Mio, mein Mio* und *Die Brüder Löwenherz* ist der Räuberroman in der dritten Person geschrieben. Doch die Autorin variiert die Stimmen der Personen. Ronjas junge Stimme, die die Sprache der Liebe und des Frühlings spricht, klingt am stärksten durch.

Wir lauschen auch Mattis' polternder und Lovis' ruhiger, ironischer Stimme, die die männliche Welt ausgleicht. Das Männliche und das Weibliche, das wie immer bei Astrid Lindgren deutliche Konturen hat, ist in dieser primitiven Welt stark polarisiert. Zugleich wird bereits in der Geburtsszene eine feministische Perspektive herausgearbeitet, in der Lovis bestimmt hat, dass das zu gebärende Kind ein Mädchen wird, eine Ronja. Dass dieses Mädchen ein Räuberhäuptling werden soll, ist auch für Mattis selbstverständlich: Da gibt es gar nichts dran zu deuten.

Ronja hat freimütige Vorläufer in Astrid Lindgrens Werk, sie ist mit Pippi Langstrumpf, Madita und wie gesagt der amazonenhaften Eva-Lotta in der *Kalle Blomquist*-Trilogie verwandt. Typisch für diese Mädchen ist, dass ihre grenzüberschreitenden Übungen sich außerhalb der Familie in einer eigenen Welt voller Gefahr abspielen. In einer der spannendsten Szenen versorgt Ronja den verhungernden Birk mit Brot, tief im Innern der Burg, verfolgt von der Angst entdeckt zu werden. In bedrängten Situationen Essen auszugeben ist eines von Astrid Lindgrens Spezialmotiven: Es kommt in *Kalle Blomquist, Eva-Lotta und Rasmus*, *Rasmus und der Landstreicher* und *Die Brüder Löwenherz* vor, wo Krümel seinem Bruder zu Hilfe kommt.

In *Ronja Räubertochter* gehört der Mut des Kindes unkommentiert und wie selbstverständlich zum Buch und wird nicht hervorgehoben. In ihren »realistischen« Büchern zögert Astrid Lindgren hingegen nicht, die Möglichkeiten der Kinder hervorzuheben und zu kommentieren. Nach Eva-Lottas todesverachtender Rettungstat in *Kalle Blomquist, Eva-Lotta und Rasmus* erklärt der Erzähler, dass das Abenteuer das Gleichgewicht des Kindes nicht erschüttert habe.

Sie »hatten die beneidenswürdige Fähigkeit junger Gemüter, den Augenblick zu nehmen, wie er kam«. Solche Einschübe sind im Räuberroman undenkbar. Hier geht es auf andere Weise um innere Prozesse und um einen Mut, der mit den Grundfesten des Lebens an sich zusammenhängt.

Ronja Räubertochter ist auch das erste Buch Astrid Lindgrens, in dem sie den Erwachsenen wichtige Rollen gegeben hat; diese Erzählung handelt nicht nur von einem unreifen Mann, sondern auch von einer reifen Frau. Lovis erscheint als Lebensquelle und als Vorbild in einer Weise, wie es die Mutter nie vorher in Astrid Lindgrens Werk war – der Name Lovis lässt an Love (Liebe) denken. Mattis ist das große Kind im Buch. Während er wie ein Hahn auf dem Misthaufen herumtönt, hat Lovis die Kerle ungefähr wie die Majorin auf Ekeby in Lagerlöfs Roman *Gösta Berling* unter Kontrolle. Die lärmende

Unerbittlich trieb sie sie hinaus in den Schnee, und bald rollten die nackten, laut heulenden Räuber überall die verschneiten Hügel zur Wolfsklamm hinab. Sie fluchten über Lovis' unmenschliche Härte, dass es nur so rauchte, doch sie schrubbten sich ab, wie sie es gesagt hatte. Etwas anderes wagten sie nicht.
Illustration von Ilon Wikland.

Horde steht in komischem Kontrast zur Frau, die sich nichts vormachen lässt und die Räuber zur Arbeit heranzieht, sie bei Bedarf rauswirft und zusieht, dass sie sich den schlimmsten Dreck abschrubben, während sie ihre »verdreckten Räubersachen« wäscht.

Sie muss eine Menge aushalten. Als der Räuberhäuptling den »erzvermaledeiten Blödsinn« erfährt, dass Borkas »Räubergesindel« in die Burg eingezogen ist, tobt er sich aus wie der wilde Kristian Berg in *Gösta Berling*. Er knallt die Bierhumpen und Hammelbraten gegen die Burgwand, dass das Fett nur so spritzt. Hier greift Lovis ein. Sie nimmt eine Schüssel frisch gelegter Eier, »die sie gerade aus dem Hühnerhof geholt hatte«, und reicht sie ihm: »›Hier, bediene dich‹, sagte sie.« Mit folgendem Kommentar ganz im emanzipatorischen Geist unserer Zeit: »Aber hinterher machst du eigenhändig sauber, merk dir das!«

Doch irgendwann reicht es. Als der Mann sich auf den Boden wirft, weint, wimmert, schreit und flucht, übernimmt Lovis endlich das Kommando. »›Nein, jetzt ist aber Schluss damit‹, sagte sie. ›Hat man Läuse im Pelz, dann hilft es nichts, zu winseln und zu wimmern. Rapple dich lieber auf und tu was!‹« Nach diesen volkstümlich kernigen Worten gönnt sich Astrid Lindgren noch einige andere Späße. »Der ist bestimmt nur mürber geworden«, sagt Lovis beruhigend zu den bockigen Räubern über den von Mattis misshandelten Hammelbraten. Als Ronja den Vater unschuldig mit den Worten tröstet: »Wir brauchen sie doch nur rauszuschmeißen!« – so hat er ihr immer gesagt, dass man mit Borkalümmeln umgehen soll –, stellt sich heraus, dass Mattis ganz einfach Angst davor hat, dass Borka wie ein »Auerochse« kommen und die Mattisräuber aus der Burg vertreiben könnte.

Doch nicht alles auf der komischen Ebene ist drollig. Als Mattis in einem Übermaß von Eifersucht Birk wie einen Hund nach Hause schleppt, protestieren sowohl Ronja als auch Lovis.

Bei anderen Gelegenheiten nehmen die starken Gefühle beim Häuptling kindlich rührende Formen an. Glatzen-Pers Tod treibt ihn in Verzweiflung, weil er ihn nicht verhindern kann, und die Trennung von Ronja deprimiert ihn tief.

Sowohl das Ergreifende als auch das Schändliche kommen in diesem sinnlichsten aller Bücher von Astrid Lindgren mit dessen Saft und Kraft, Farben, Gerüchen und Vulgarität zum Ausdruck, doch sie kann sich auch über das Primitive lustig machen. So lässt sie Mattis nach hohem rhetorischem Vorbild ein Klagelied über einen toten Borkaräuber dichten, womit er Borka, den »Haderlumpen« ärgert. Doch obwohl diese »Raubeine von Räuber«, im Geist der isländischen Saga, Spezialisten für Schmähungen sind, offenbaren sie bei anderer Gelegenheit mildere Seiten, vor allem beten sie Ronja an. Die Seiten darüber, wie die lärmenden, dreckigen und wilden Räuber mit glänzenden Augen verfolgen, wie das Baby Brei isst, um das Mattis sich kümmert, sind herrlich ausgelassen und sollten auch den allerwiderstrebendsten Vater ermuntern, Vaterschaftsurlaub zu nehmen.

Der Eindruck, dass Männer recht lächerlich sind, drängt sich mit gesundem Menschenverstand ausgestatteten Lesern von Astrid Lindgrens Texten fast auf, wogegen die – wenigen – Frauen für die Vernunft stehen. Streit und List, Gegröle und Drohungen bringen Lovis nicht aus der Fassung, abgesehen davon, dass sie über die »Streithammel« klagt, die ihr in der Mattisburg um die Beine herumstolpern und alles durcheinander bringen. Als sie zum Ende hin Borkas Frau unter vier Augen trifft, sind die beiden sich rührend einig, »wie mächtig wohl es tat, ab und zu mal Ruhe zu haben und von den Mannsleuten keinen einzigen Mucks zu hören.«

Doch wenn es wirklich darauf ankommt, erhebt Lovis ihre Stimme und fällt die Entscheidungen. Obwohl die grausame Welt der Männer im Vordergrund steht, wird das männlich Militante und Egozentrische mittels der durchsetzungsfähigen weiblichen Stimme aus weiblicher Sicht dargestellt. Nach dem furchtbaren Zweikampf mit Borka kann Mattis nicht einschlafen, obwohl Lovis ihn so gut wie möglich verpflastert hat.

> »Mir tut alles weh«, klagte er. »Ich hoffe nur, dass dieser vermaledeite Borka jetzt genauso daliegt und noch größere Höllenqualen leidet!«
> Lovis drehte sich zur Wand.
> »Mannsleute«, sagte sie und schlief sofort wieder ein.

Befreiung und Versöhnung

Die tobenden Konflikte in Mattis' Welt nähern sich allmählich ihrer Krise und Auflösung. Die Trennung von Ronja zerstört das Leben in der Mattisburg, doch auch das Räuberleben wird immer stärker angegriffen. Vielleicht ist es dumm, die Feindschaft zu den Borkaräubern aufrechtzuerhalten? Neue Gedanken, vom klugen alten Glatzen-Per ausgestreut, finden bei Mattis Gehör.

Die Liebesgeschichte vor dem Hintergrund der Sippenfehde ist ein klassisches Thema; man hat Ronja und Birk auch mit Romeo und Julia verglichen. Die jungen Leute werden das Opfer der Fehde zwischen den Familien. Der Vater tobt über den »Verrat« der Tochter. Als sie sich gegen ihn auflehnt und den lebensgefährlichen Sprung über den Höllenschlund zu Birk und den Borkaräubern macht, kommt es zur klassischen Zurückweisung. Mattis kündigt die Vaterschaft auf, er habe keine Tochter mehr. Dieses Abstandnehmen hat destruktive Folgen. Die Szene erinnert an den furchtbaren Melchior Sinclaire in Lagerlöfs *Gösta Berling*, der vor seiner Tochter die Haustür verschließt und sie im Schnee erfrieren lässt.[55]

Der Bruch wird am Schluss natürlich beigelegt, in *Gösta Berling* ebenso wie in *Ronja Räubertochter*. Doch der Prozess ist langwierig, schmerzlich und zieht die ganze Umgebung in Mitleidenschaft. Der Konflikt zwischen Vater und Tochter genau wie zwischen den beiden streitlustigen Räubergemeinden mündet in eine Befreiung mit modernen Vorzeichen. In das Räubergewand sind die Probleme und Konflikte unserer Zeit eingebunden, abgesehen davon, dass sie auch zeitlos sind. Ronja, die Prinzessin, die dazu ausersehen ist, über das Reich des Vaters zu herrschen, will ihren eigenen Weg gehen.[56]

Der Vater, der mächtige Räuberhäuptling, muss sich fügen. Er zieht sich so lange in seine Trauer zurück, dass seine Umgebung zum Schluss die Sache in die Hände nimmt. Wie im antiken Drama wird der Bote ausgeschickt, um von der Lage an der heimatlichen Front zu berichten. Eines Tages kommt Klein-Klipp und bittet Ronja nach Hause zu kommen. Lovis kommt mit Brot und Salz, um den hungernden Kindern zu helfen. Zum Schluss sitzt Mattis selbst draußen im Wald und wartet auf sein Kind.

Im Grunde ihrer Seele ist Ronja noch immer an den Vater gebunden; in ihren Träumen nimmt die Sehnsucht überhand. An diesem Punkt ist sie fast zerrissen durch den Konflikt, dass sie zwischen denen, die sie liebt, wählen muss. Doch überraschenderweise ist Mattis endlich gereift und es gelingt ihm, das Wilde und Gewalttätige in sich

Astrid Lindgren 1981

zu bezwingen. Mit einigen versöhnlichen Worten, so ungewohnt und neu aus seinem Mund, bringt er den Eisklumpen in ihrem Herzen wie einen Frühlingsbach zum Schmelzen. Sie kehrt in die Räuberburg zurück, ohne deshalb Birk zu verlassen.

Das Bad, das Lovis an diesem Abend bereitet, ist wohl das schönste der Weltliteratur, für das dreckigste Kind, das ihr je untergekommen ist! Trennungsangst und friedliche Versöhnung hat Astrid Lindgren auch früher beschrieben, am intensivsten in der Alltagsgeschichte *Lotta zieht um*. *Ronja Räubertochter* hält – unter anderem – auch ein Modell dafür bereit, wie Zwistigkeiten gelöst werden können.

In einem Interview äußert Astrid Lindgren, dass sie Kinder zu demokratischem Handeln bringen will, ohne einen didaktischen Zeigefinger zu verwenden. Stattdessen verwendet sie positive Vorzeichen. Sie zeigt, dass das Leben so groß und herrlich ist, dass man es nicht zerstören sollte. Außerdem zeigt sie auf, wie Antagonismus in konstruktive Auseinandersetzung und Versöhnung verwandelt werden kann. Die Familienbande werden in gegenseitiger Toleranz wieder zusammengefügt, wodurch Birk sich sogar vorstellen kann, es mit Mattis auszuhalten – obwohl es schon »eine Wohltat ist, wenn man seinen schwarzen Krauskopf nicht jeden Tag sehen muss«. Mattis macht in Bezug auf Birks roten Haarschopf eine ähnliche Einschränkung.

Es gibt keinen Raum mehr für Kompromisse, als Ronja und Birk ihren Vätern erklären, sie hätten sich so gründlich von ihnen befreit, dass sie die Räuberlaufbahn nicht weitermachen wollten. Hier geht es um den Sinn des Lebens, um Widerstand gegen eine Welt, in der Ausplünderung und Übergriffe gegen andere eher die Regel sind als die Ausnahme. Die Szene, in der Birk der Räuberlaufbahn abschwört, strahlt ein starkes ideologisches Pathos aus. In *Ronja Räubertochter* liefere Astrid Lindgren ihren »Beitrag zu einer Literatur, die sich aus der eisernen Umklammerung durch die Vernichtungsdrohung gelöst hat«, schreibt Maria Bergom-Larsson in ihrem Aufsatz, in dem sie das Buch als Friedens- und Zukunftsroman deutet.[57] Im Buch läuft ein Zivilisationsprozess ab, durch den der Räuber in uns immer weniger verlaust ist und immer menschlicher wird.

Dennoch verwirklicht der Räuberroman beim großen Abschlussfest in echt burleskem Geist sich selbst. Kinder und Erwachsene, Mattisräuber wie Borkaräuber nehmen am Gejohle und am Tanz teil und Ronja lehrt Birk viele fröhliche »Räubersprünge«.

Wenn der Frühling kommt, beginnt das Räubern aufs Neue. Doch da sind wir nicht dabei. Wir befinden uns wieder im Wald, hinter der Räuberburg, auf dem Weg zur Bärenhöhle, dem eigenen Revier der Kinder. »Früher Morgen ist es. Wie der erste Erdenmorgen so schön.«

Es ist ein neuer Frühling. »›Erschrick nicht, Birk‹, sagt Ronja, ›jetzt kommt mein Frühlingsschrei!‹ Und sie schrie, gellend wie ein Vogel, es war ein Jubelschrei, den man weithin über den Wald hörte«. Die lebensbejahende Symbiose mit der Natur erhält das letzte Wort.

Anmerkungen

Einleitung: Astrid Lindgren als Autorin

1 Zitat von Hellsing, Programm Solkatten, schwedisches Fernsehen, 9. 2. 1988.

2 Zu biografischen Angaben siehe Margareta Strömstedt, *Astrid Lindgren. En levnadsteckning*, 1977. Siehe auch Sybil Gräfin Schönfeldt, *Astrid Lindgren, mit Selbstzeugnissen und Bilddokumenten*, 1987.

3 Zum Engagement für die Autoren der dreißiger Jahre in Schweden siehe Strömstedt 1977, S. 299.

4 In einem Brief an Lisa Tetzner vom 27.1.1953 erzählt Lindgren, wie sehr sie ihre ältere Kollegin bewundert. Tetzner war jahrelang ihr Ideal und sie hat alle ihre Bücher ihren Kindern laut vorgelesen. In *Korrespondenten* 51–53, II:1, KB (Kungliga biblioteket in Stockholm).

5 Kein Kinderbuch kann es mit *Pu der Bär* aufnehmen. Es gestaltet eine geschlossene Welt, wie sie sie selbst gern erzeugen würde. Siehe Reinbert Tabberts Interview, »Astrid Lindgren – Leben, Werk und Leserschaft«, 1986, S. 76.

6 Zu Astrid Lindgrens Lektüre siehe das Interview »Småland är ett så poetiskt landskap«, in *Abrakadabra*, 1991, H. 1. – *Divina Commedia* steht als einer der unentbehrlichen Klassiker in ihrem Bücherregal, erwähnt Astrid Lindgren im Essay »Har boken en framtid?«, in *Samuel August*, 1975, S. 99.

7 Über das Märchen, das ihre Seele in Schwingung versetzte, berichtet Lindgren im Essay »Es begann in Kristins Küche« in *Das entschwundene Land*. Das Märchen ist von Anna Maria Roos und wurde mit dem Titel

»Prins Florestan eller Sagan om jätten Bam-Bam och feen Viribunda«, 1908, in *Silvervit 5*, einer Beilage zu *Saga*, gedruckt. Die Angabe stammt aus Ingegerd Lindström, *Anna Maria Roos – inte bara Sörgården*, 1989. Astrid Lindgren hat in *Bokvännen*, 1955, H. 11 geschildert, wie die Weihnachtszeitungen der Kindheit, wie *Guldslottet, Trisse, Titteliture* und wie sie alle hießen, den wildesten Lesehunger befriedigten. Das erste Buch, das sie besaß, trug den Titel *Snövit* und hatte »eine rundliche, schwarz gelockte Prinzessin von Jenny Nyström auf dem Umschlag«. *Bland tomtar och troll* mit den Illustrationen von John Bauer gehörte auch zu den frühen Leseerlebnissen. Vgl. »Es begann in Kristins Küche«.

Über Lindgren und das Märchen siehe auch Vivi Edström, »Selma Lagerlöf och Astrid Lindgren i Grimm-traditionen«, 1985. Zu »Astrid Lindgren als die Erneuerin des Märchens« siehe Hans Holmberg, *Från Prins Hatt till Prins Mio. Om sagogenrens utveckling*, 1988, S. 69.

8 Der erste Entwurf in einem Genre oder einem Erzähltyp erfolgt oft in einem kurzen Märchen oder einer Novelle. »Es ist, als näherte sich Astrid Lindgren einem großen Werk schrittweise an, bevor sie eine Idee, ein Motiv oder eine neue Erzähltechnik voll entfaltet«, schreibt Ellen Buttenschøn, *Smålandsk forteller*, 1977, S. 11.

9 Zum Zitat »wie ein Wind über die Seiten streicht« siehe Strömstedt 1977, S. 20.

10 Arvid Benn Johansen, *Fra Tegnérlunden til »Gröna Ängars Ö«*, 1976.

11 Zu »Pomperipossa i Monismanien«, *Expressen*, 10.3.1976, siehe Strömstedt 1977, S. 296ff. Lindgrens Engagement gegen die Atomkraft sollte man auch betonen. In einigen Interviews äußert sie eine gewisse Irritation darüber, dass man sie ständig als eine Art Feuerwehrmann betrachtet, bereit zum Ausrücken bei Schwedens nationalen Krisen. Vgl. beispielsweise den Artikel von Ester Maria Engqvist, »Vem tröstar dig när du gråter?«, in der Beilage vom *Svenska Dagbladet* Sommarsvenskan am 8. 8. 1989.

12 Das Zitat »Ich will für Leser schreiben, die Wunder erfinden können« ist aus Lindgrens Rede, als sie beim internationalen Kinderbuchkongress in Florenz 1958 die Hans-Christian-Andersen-Medaille erhielt.

Vgl. ihr Essay »Warum schreibt man Kinderbücher?« in der Kinderbuchbeilage des *Expressen* vom 14.12.1984, in dem sie sagt, dass Kinder die armseligen Worte des Buches in »einen heimlichen Lustgarten« verwandeln, wovon der Autor nichts weiß. Das Essay ist vorher schon in *Svensk Litteraturtidskrift*, 1983, H. 4, der Abschiedsnummer, abgedruckt.

13 Lindgrens stilistisches Bewusstsein habe ich in zwei Aufsätzen untersucht: »Stilen i Mio, min Mio«, 1977, und »Stenhjärtat och eldflamman. Bildspråket i Mio, min Mio«, 1986.

Abenteuer und Apfelblüte

1 Die Kleinstadt als Raum in der Kinderliteratur siehe Ying Toijer-Nilsson, *Minnet av igår*, 1990, S. 83 ff.
»Ich will mich mit dem Umfeld, das ich schildere, absolut vertraut fühlen. Will wissen, dass jedes Detail stimmt. Ich habe dreißig Jahre lang den Sommer in den Stockholmer Schären verbracht, bevor ich mich getraut habe die Handlung eines Buches dorthin zu verlegen, nämlich ›Ferien auf Saltkrokan‹. Für einen Autor ist das wichtig, glaube ich. Man kann nicht das schildern, was man nicht richtig erlebt hat.« Astrid Lindgren im Interview mit Solveig Stenudd, in *Dagens Nyheter*, 12.10.1969.

Auf der Spur des Mädchenbuchs

2 Zu den Schablonen im Mädchenbuch vgl. Sonja Svensson, »Ett släkte för sig. Om åldersbarriärer i den svenska ungdomsboken 1950–1975«, 1977, sowie Vivi Edström, »Värderingar i ungdomslitteraturen, Ungdomsboken. Värderingar och mönster«, 1984.

3 Die Freude über den Preis für *Britt-Mari* hat Astrid Lindgren mehrfach beschrieben. In einem Brief an ein Fräulein Hedström vom 27.1.1953 heißt es: »Die Nils-Holgersson-Plakette entgegenzunehmen (die bekam sie 1950, als sie gerade gestiftet worden war und die an Selma Lagerlöfs Geburtstag überreicht wurde) war ein angenehmes und nettes Gefühl, doch nichts lässt sich jedenfalls mit dem Telefongespräch an jenem späten Abend 1944 vergleichen, als mir mitgeteilt wurde, dass mein erstes Buch *Britt-Mari erleichtert ihr Herz* angenommen war und einen Preis erhalten sollte. Da bin ich in das Zimmer meines Sohnes gerannt und habe vor

seinen überraschten Augen einen stillen, intensiven Kriegstanz getanzt.«
Korrespondenz 51–53, II:1, KB (Kungliga biblioteket in Stockholm).
Vgl. auch »Astrid Lindgren berättar om sig själv«, Ørvig 1977.

4 Die Verlagsanzeige für das beste Mädchenbuch gibt Lundqvist wieder:
Lundqvist 1979, S. 101.

5 Ingrid Bergviks Aufsatz über *Britt-Mari erleichtert ihr Herz* findet einige
Berührungspunkte zwischen Astrid Lindgrens Debütbuch und Jean
Websters *Daddy Langbein*. Die Radikalität dieses Buches hat vielleicht
das behütete Mädchen Britt-Mari zu ihren vorsichtig ausgedrückten Auf-
ruhrgedanken angeregt.

6 Zur Redaktion des Verlags Rabén & Sjögren zur Zeit der Preisvergabe
vgl. Strömstedt 1977, S. 238. Die Jury bestand aus Elsa Olenius, Hans
Rabén und Marika Stiernstedt, die das klassische schwedische Mädchenbuch *Ulla-Bella* geschrieben hat.

7 Der erste Band der *Kati*-Trilogie erschien beim Bonniers Verlag, die beiden späteren Teile dann auch bei Rabén & Sjögren.

8 Zu Astrid Lindgrens eigenem Klettern auf Hausdächern siehe Marie-
Louise Samuelssons Interview »Det gick ju bra för fröken Eriksson«, im
Svenska Dagbladet, 16.12.1984.

Die Blomquist-Krimis

9 Zur Angabe, dass Astrid Lindgren keine Krimis liest, vgl. mein Interview
vom 24.4.1992. Bei Anne-Marie Alfvén-Eriksson, *Brottslingen – villebråd eller medmänniska?*, 1986, werden die *Blomquist*-Krimis in ihren
zeitlichen Kontext eingebettet.

10 Eva M. Löfgren, »Kalle Blomkvist och draken. Arketypstudier i Astrid
Lindgrens barndeckare«, 1992, S. 55.

11 Über Astrid Lindgrens Kontakt zum Kriminologen Söderman vgl. Strömstedt 1977, S. 226f. Anne-Marie Alfvén-Eriksson, a.a.O., ordnet den
Verbrecher und das Verbrechen in der *Blomquist*-Trilogie ein und zeigt,
wie der Kalte Krieg sich in *Kalle Blomquist, Eva-Lotta und Rasmus*
widerspiegelt.

12 In seinem Essay »Kalle Blomkvist och den skrämmande verkligheten«, in *Jury* 1976, H. 3, charakterisiert K. Arne Blom die *Blomquist*-Krimis folgendermaßen: »Sie sind glaubwürdig, sie haben Humor, sie sind ein erfrischendes Leseabenteuer und sie regen zum Nachdenken an. Sie erzählen von Menschen und ihren Beziehungen. Sie sind von einer großen Autorin geschrieben.« Blom erwähnt auch die Metaebene: »Sie scheint das Genre gleichzeitig mitzudiskutieren, während sie erzählt.«

Auf der Wanderschaft

13 *Rasmus und der Landstreicher* wurde anfänglich für Radio und Film geschrieben, bevor ein Buch daraus wurde. Der Film von 1955 mit Åke Grönberg als dem beschützenden Ersatzvater für Rasmus drückt dieselbe »sommerduftende Freiheitssehnsucht« aus wie eine Reihe anderer Filme der Zeit, schreibt Leif Furhammar, *Filmen i Sverige*, 1991, S. 225. – Olle Hellboms Film mit Allan Edwall als Paradies-Oskar wurde 1983 gedreht.
   Eine Analyse der beiden Filme findet sich in Elisabet Edlund und Andreas Hoffsten (Hgg.), *Inte bara Emil. Bok blir film*, 1991, S. 30ff. Dort wurde auch ermittelt, dass 1991 insgesamt fast 40 Filme auf Lindgrens Texten aufbauen. Diese gehören in Schweden zu den beliebtesten Filmen. Von den zwölf beliebtesten Filmen, die in den Jahren 1963–1972 Premiere hatten, sind immerhin fünf nach ihren Texten gedreht, nämlich »Bootsmann und Moses« (1964), »Das Trollkind« (1965), »Die Seeräuber von Saltkrokan« (1966), »Pippi Langstrumpf in Taka-Tuka-Land« (1970) und »Michel in der Suppenschüssel« (1971), vgl. Furuhammar 1991, S. 210.

14 Lorentz Larson, »Astrid Lindgren«, 1978, S. 82–103.

15 Vgl. Margareta Rönnberg, *En lek för ögat. 28 filmberättelser av Astrid Lindgren*, 1987, S. 252, die zusammen mit Olle Sjögren den Gedanken entwickelt, dass der Landstreicher »als ein halbimaginärer Spielkamerad und Fluchtlotse für Kinder« fungiert. »Der Begleiter ist ein Hoffnung spendendes Gegenbeispiel, dass es vielleicht möglich ist, eine gewisse Bewegungsfreiheit zu bewahren, auch im zukünftigen Leben als Erwachsener. All die langweiligen Erwachsenenrollen in der näheren Umgebung bestärken ja nur die Lust, NICHT ›groß zu werden‹.«

16 Auch *Rasmus, Pontus und der Schwertschlucker* wurde zuerst als Film-
    manuskript geschrieben. Der Film kam 1953 und das Buch im Jahr da-
    rauf, vgl. Edlund u. a. 1991, S. 90.

Von Bullerbü nach Saltkrokan

Ein Bullerbü-Kind zu sein

1 Gunvor Johansson, »Elsa Beskow och Astrid Lindgren«, 1967, S. 13. –
   Über die Spiele gibt es auch eine maschinenschriftliche Arbeit auf Italienisch: Anna Giovanazzi, *Il motivo del gioco nelle opere di Astrid Lindgren*, 1983.

2 Hans Ritte, »Astrid Lindgrens Kindheitsmythos. Beobachtungen zu ihren Bullerbü-Büchern«, 1986.

3 Zur Schilderung des eigenen »Bullerbü-Lebens« siehe Ørvig 1977, S. 10.

Lotta und die Krachmacherstraße

4 Der Umzug zum Klohäuschen siehe Strömstedt 1977, S. 100.

Madita und die Kleinstadt

5 »Das Vorbild« zu Madicken, siehe »Anne-Marie, 83 – verklighetens Madicken« im *Aftonbladet*, 11.6.1991: »Anne-Marie kam mit so einem
   Kreiselspiel an, das sie kreiseln ließ. Ihr Vater war Bankdirektor und war
   dabei, eine Villa neben dem Pfarrhof zu bauen, den mein Vater gepachtet
   hatte.« Vgl. Strömstedt 1977, S. 167f.

6 Zum sozialen Motiv in *Madita und Pims* siehe Margareta Strömstedt,
   »Junibacken revisited«, 1987. Auch Ying Toijer-Nilsson, a.a.O., S. 89ff.,

bespricht die Veränderung der kleinstädtischen Umgebung im späteren *Madita*-Buch.

Saltkrokan

7 *Ferien auf Saltkrokan* entstand als Material für eine Fernsehserie im Jahr 1964. Das Buch, im selben Jahr erschienen, wurde die Grundlage des Films von 1968, vgl. Edlund u. a. 1991.

8 Zur Begegnung mit Ellen Key siehe Strömstedt 1977, S. 190f.

Humor und Farce

Pippi Langstrumpf

1 Vgl. Vivi Edström, »Pippi Långstrump, kaos och postmodernism«, 1990. – Zu Pippi als Chaosstifterin in den Filmen siehe Margareta Rönnberg, *En lek för ögat. 28 filmberättelser av Astrid Lindgren*, 1987, S. 214.

2 Zum Spiel, in das *Anne auf Avonlea* einbezogen wurde, siehe »Es begann in Kristins Küche«, in *Das entschwundene Land*, 1994, S. 71.

3 Zur Geschichte, wie *Pippi Langstrumpf* entstand, vgl. ebd., S. 74.

4 Ulla Lundqvist lobt die sprachliche Disziplin, die eine Folge der Umarbeitung war. Man vermisst jedenfalls das Verlachen von Gebrechen und die Anspielungen über den Kopf der Kinder hinweg in *Ur-Pippi* nicht gerade. Doch es ist etwas schade, dass der brave Zeitgeschmack Lindgren dazu brachte, auf einen Teil des Schießpulvers zu verzichten, der die erste *Pippi*-Version beinahe gesprengt hätte. Sie hat den Verlust später ausgeglichen, vor allem in den *Karlsson*-Büchern.

5 In seinem Aufsatz »Ein kleiner Übermensch in Gestalt eines Kindes. Die rebellischen Mädchen bei Astrid Lindgren«, 1988, betont Hans Ritte, wie provozierend komisch der Übermenschbegriff wird, wenn er mit jemandem wie Pippi in Verbindung gebracht wird.

6 Vgl. Rönnberg 1987, S. 135: »Pippi ist eine junge Rebellin, eine ›scandal beauty‹ weit vor ihrer Zeit. Sie macht sogar dem Namen ›die erste und jüngste Punkerin der Welt‹ alle Ehre!«

7 Zur Vermischung von Illusion und Wirklichkeit siehe Boel Westin, *Familjen i dalen*, 1988, S. 236ff.

8 Stig Ahlgren, »Blåkulla tur och retur«, in *Svenska Dagbladet*, 27. 3. 1975.

9 Ellen Buttenschøn, *Historien om et »påhit«*, 1975.

10 Zu Pippi als umgekehrter Alice vgl. Lundqvist 1979, S. 187.

11 Zur Verbindung zu Filmfarce und absurdem Theater vgl. ebd., S. 160, S. 166. Dass Astrid Lindgren mit filmischen Mitteln arbeitet, ist in einer Reihe ihrer Bücher spürbar. Die Komik in einem Film wie »Anderssonskans Kalle« von 1934 weist auf Pippi Langstrumpf voraus: Kalle führt die Polizei an der Nase herum, gewinnt beim Armdrücken über einen starken Kerl und erreicht, dass feine Herren auf Besuch mit dem Hintern die Treppe hinunterrutschen. Der Film nimmt einiges von der absurden Wortfreude der *Pippi*-Bücher vorweg.

12 Zum Märchen als Protest siehe Torben Brostrøm, *Folkeeventyrets moderne genbrug*, 1987.

13 Klaus Doderer, »Von der Solidarität der guten Menschen in der desolaten Welt«, 1978, S. 25–31.

14 Zu Bertrand Russell und dem Machtbegriff siehe Ritte 1988, S. 62. – Den Brief an den Verleger, in dem sich Lindgren auf Russell beruft, gibt Lundqvist wieder.

15 Zum Begriff »Crazy-Elemente« siehe Lundqvist 1979, S. 186.

16 Christina Heldner, »I gränslandet mellan lingvistik och litteraturvetenskap. En analys av några språkliga drag i böckerna om Pippi Långstrump«, 1992.

17 Zum Erlebnis von Hamsuns *Hunger* vgl. Strömstedt 1977, S. 20ff.

18 Sandra M. Gilbert und Susan Gubar, *The madwoman in the attic*, 1979.

19 Pippi »wurde ja, als sie zuerst auftauchte, als ›Revolutionärin in der Kinderstube‹ bezeichnet. Doch nach späterem Urteil durch die Linksradikalen ist sie nur eine Erzkapitalistin, die auf abscheuliche Weise mit Goldstücken um sich wirft«, Astrid Lindgren, »Varför skriver man barnböcker?«, in *Expressen*, 14.12.1984.

20 Gärda Chambert, Gösta Knutsson, Elsa Olenius und Hans Rabén bildeten die Jury in dem Kinderbuchwettbewerb, bei dem *Pippi* den Preis erhielt.

21 Ulf Boëthius, *När Nick Carter drevs på flykten. Kampen mot »smutslitteraturen« i Sverige 1908–1909*, 1989.

22 Hellsings Rezension erschien in der Zeitung *Aftontidningen*, 16.11.1946. Zur Kritik der *Pippi*-Trilogie siehe außerdem Lundqvist.

Karlsson – ein »Lurifax«

23 Staffan Skott, »Karlsson på taket i rysk översättning«, 1977, S. 100. Über Karlsson und Russland gibt es eine Reihe von Anekdoten. Eine der amüsanteren erzählt Margareta Strömstedt, »Astrid Lindgren. Subversive Storyteller«, 1990: »›There are two books in every Russian household‹, says the Russian Ambassador in Stockholm, Boris Pankin. ›The Bible and The World's Best Karlsson.‹ ›How remarkable‹, says Lindgren. ›I had no idea the Bible was so common in Russia.‹« Strömstedt fragt sich, ob die Russen *Karlsson* »as a satire on the pompous Politbureaucrats« gelesen haben (und lesen).

24 Lars Bäckström, 1991, S. 100f.

25 Zu den Illustrationen bei den *Karlsson*-Büchern siehe Susanne von Essen, »Hur Astrid Lindgren blivit illustrerad«, 1977, S. 145.

26 Dagmar Grenz, »Die phantastische Erzählung in der Kinder- und Jugendliteratur. Überlegungen zur Bestimmung und den historischen Anfängen eines Genres«, 1986, vergleicht *Karlsson* mit E.T.A. Hoffmanns *Nussknacker und Mausekönig* und *Das fremde Kind*. Wie die Fantasiefiguren in diesen Erzählungen schafft er etwas Unkontrollierbares und Unbere-

chenbares, das die vertraute und geordnete Alltagswelt infrage stellt. Doch das Fantastische wird nie wie bei Hoffmann bedrohlich.

27 Malte Dahrendorf, »Utopie und Wirklichkeit bei Astrid Lindgren«, 1986, S. 64f.

Michel und das Lachen

Emil aus Lönneberga wurde in der deutschen Übersetzung zum Michel, um Verwechslungen mit Erich Kästners *Emil und die Detektive* zu vermeiden.

28 Es habe sich angefühlt, »wie nach Hause zu kommen«, als sie über Michel schrieb, erzählt Astrid Lindgren. Die Erzählungen des Vaters »über Pfortengeld, Krebsefangen, verrückte Kühe und kitzlige Pferde, Auktionen, Glaubensbefragung und Jahrmärkte und Bauernschmaus und ich weiß nicht was noch alles, das floss in die Bücher über Michel ein. Sie bildeten einen Rahmen für all seine Streiche. Die Streiche musste ich mir selbst ausdenken, die meisten jedenfalls.« Aus »Författaren har ordet«, in *Vår skola: Lågstadiet* 1972, H. 2.

29 Siehe Strömstedt 1977, S. 148.

30 Zu Astrid Lindgren über Michel als Agrarkapitalist siehe »Småland är ett så poetiskt landskap«, ein Interview in der Zeitschrift *Abrakadabra*, 1991, H. 6.

31 Zur Verbindung zwischen Michel und Egil Skallagrimsson siehe Vivi Edström, »Berättartekniken i Astrid Lindgrens böcker om Emil i Lönneberga«, 1972, S. 41.

32 Das Paradoxale darin, dass Michel wegen und nicht etwa trotz seiner Streiche geliebt wird, betont Walter Scherf, *Strukturanalyse der Kinder- und Jugendliteratur*, 1978, S. 31 f.

33 Ulf Boëthius, »›Konsten att göra sig rolig‹. Skazen i Astrid Lindgrens Emil i Lönneberga«, 1990.

34 Zum Chronotop siehe Michail Bachtin, *Literatur und Karneval*, 1990.

35 Vgl. Michail Bachtin, *Rabelais und seine Welt*, 1995, über die volkstümliche Lachkultur mit dem maßlosen Feiern, das die Welt zu einem rau-

schenden Fest macht. – Astrid Lindgrens großartiges Verhältnis zum Essen und zum Feiern stammt vielleicht aus dem überraschten Staunen des Kindes über das ununterbrochene Essen der Erwachsenen. In »Das entschwundene Land« berichtet sie: Sobald die Kinder sich ihren Spielen hingegeben hätten, »kam ein Erwachsener angestürzt und ermahnte uns reinzukommen, denn ›nu gibt's Braten‹. Dieses ›nu gibt's Braten‹ schwebte als ständige Drohung über uns«, S. 59.

36 Staffan Björck, *Romanens formvärld*, 1953, S. 288ff.

37 Die Streiche setzten sich in zwei weiteren Bilderbüchern fort: *Als Klein-Ida auch mal Unfug machen wollte*, 1986, und *Nur nicht knausern, sagte Michel aus Lönneberga*, 1987.

38 Unter den rhetorischen Figuren in der *Michel*-Fiktion fällt die Imitation von altnordischen Stilelementen mit umgedrehter Wortfolge und archaisierendem Tonfall besonders auf, meint Ellen Buttenschøn in *Smålandsk fortæller*, 1977. Sie betont, wie parodistisch dieser Stil wirkt, wenn er mit den banalen Alltagsereignissen kombiniert wird, wie »doch weinen musste er«, »Doch Heu esse ich nicht an erster Stelle.«

39 Erik Zellén, *Skaz-strukturen i Gustaf Frödings Räggler å paschaser*, 1991. Boris Ejchenbaum, »Hur Gogols Kappan är gjord«, 1971. – Über den Skaz-Begriff siehe außerdem Michail Bachtin, *Dostojevskijs poetik*, 1991.

40 Eine lustige Antwort auf Kosten der Bibel findet sich auch bei Tom Sawyer, der auf die Frage nach den ersten beiden Jüngern David und Goliath antwortet.

Wirklichkeit und Vision

Mio, mein Mio – Flaschenpost und Feuerflamme

1 Wie die angsterfüllte Fantasie der Kinder das Bild der Eltern zu Stiefmüttern, Hexen und Riesen verwandeln kann, siehe Bruno Bettelheim, *Kinder brauchen Märchen*, 1977.

2 In ihrer Anthologie *Das entschwundene Land*, 1977, S. 100, hat Astrid Lindgren erzählt, dass sie die Inspiration zu Mio bekam, als sie an einem einsamen Jungen, der auf einer Bank einer Stockholmer Parkanlage saß, vorbeiging. Sie fügt hinzu: »So einfach war es.«

3 Wie Symbole gedeutet werden, hängt von den Intentionen der Leser ab. Den Geist in der Flasche deutet Bettelheim 1977, S. 33ff. als Symbol für das Eingeschlossensein der Kinder und ihre Verlassenheit.

4 Die Flucht wie auch der Sturz und das Feuer sind häufige Motive bei Lindgren, wie Nils Wiklund in einer psychologischen Untersuchung feststellt: *The Icarus Complex. Studies of an Alleged Relationship Between Fascination for Fire, Enuresis, High Ambition and Ascentionism*, 1978. Astrid Lindgren ironisiert diese Zusammenstellung in ihrem Essay »Varför skriver man barnböcker« im *Expressen* vom 14.12.1984.

5 Olle Holmberg, »Romantisk saga«, in *Dagens Nyheter*, 27.11.1954.

6 Zur Atmosphäre erzeugenden und Werte schaffenden Rolle von Adjektiven siehe Vivi Edström, »Stilen i Mio, min Mio«, 1977.

7 Tore Wretö, *Det förklarade ögonblicket. Studier i västerländsk idyll från Theokritos till Strindberg*, 1977. – Über den zyklischen Zeitrhythmus im Chronotop der Idylle siehe Michail Bachtin, *Literatur und Karneval*, 1990.
   Dass die Hirtendichtung das Landleben nicht *beschreibt*, sondern es wie eine Allegorie auf das Seelenleben arrangiert, diskutiert Wolfgang Iser in seinem umfangreichen Buch *Das Fiktive und das Imaginäre. Perspektiven literarischer Anthropologie*, 1991. – Man beachte beispielsweise, dass die mit Landwirtschaft so vertraute Astrid Lindgren auf der »Insel der grünen Wiesen« keinen Anbau beschreibt; als symbolische Zeichen für die Idylle dienen vor allem die Flöten spielenden Hirten.

8 »Wie die Namen entstanden sind – ja ich glaube, dass ich mich nur eingehört habe, um zu etwas Weichem zu kommen, wie Mio und Jum-Jum, und zugleich wollte ich Namen haben, wie niemand in der Welt der Wirklichkeit heißt. Als ich Mio taufte, wusste ich, dass Mio ›mein‹ auf Latein und Italienisch bedeutet, doch das wissen schwedische Kinder ja gar nicht – für die ich vor allem schreibe –, für die klingt Mio märchenhaft genug und so weit weg von Bo Vilhelm Olsson wie möglich.« Astrid Lindgren zu Arvid Benn Johansen, 15.3.1975 (Johansen 1976).

9 Zur Pastorale in Verbindung mit der Insel-Formel in der Kinderliteratur siehe Virginia L. Wolf, »Paradise Lost? The Displacement of Myth in Children's Novels Set on Islands«, 1985.

10 Vladimir Propp, »Undersagans transformationer«, 1971, S. 108ff. Zu den unterschiedlichen Funktionen des Märchens siehe ebenfalls Vladimir Propp, *Morphology of the folktale*, 1984.

11 Zum brodelnden Kessel des Märchens vgl. Ying Toijer-Nilsson, *Fantasins underland*, 1981, S. 1.

12 Zum Wald als Symbol für das Unbewusste siehe Bettelheim 1977, S. 91f. Ein häufiges Symbolbild im Märchen ist es, das Kind »in den Wald hinausgehen« zu lassen, »als Ausdruck dafür, dass es ein früheres Stadium hinter sich lässt und sich in die Welt begibt«, verdeutlicht Paul Jan Brudal, *Sagan och det omedvetna språket*, 1986, S. 112. In *Mio, mein Mio* bildet der »Wald der Dunkelheit« genau diese Passage zwischen den Stadien in der Entwicklung des Helden.

13 Die Gefangenschaft des Schmieds beim Tyrannen kommt sowohl in griechischer als auch in nordischer Mythologie vor, worauf Benn Johansen (1976) hinweist.

14 Dass die Mio-Figur an den Messias anknüpft, meint beispielsweise Gunvor Johansson, »Elsa Beskow och Astrid Lindgren«, 1967, S. 27, Ying Toijer-Nilsson, *Fantasins underland*, 1981, S. 141, und Hans Holmberg 1988, S. 92. Benn Johansen (1976) meint hingegen, dass Mios Auftrag und seine Berufung von einer allgemeinen heroisch-mythischen Metaphorik geprägt seien. – Vgl. Astrid Lindgren in einem Brief an Benn Johansen 1975: »Dass die Erzählung über Mio als Christusmythos gedeutet werden könnte, wurde mir erst hinterher klar. Ich sehe wohl, dass sie sich sehr gut so deuten lässt. Aber – wie du sagst – sind das Elemente, die sich in fast allen Religionen und der Mythologie wieder finden lassen.«

15 Benn Johansen (1976) betont, dass Mios Sieg eben nicht mit Gold und Schlössern, sondern mit dem weichen grünen Blatt belohnt wird. Auch dieses Motiv bricht den Code des Märchens. Man denkt eher an die Szene im Alten Testament, in der die Taube mit einem grünen Olivenzweig im Schnabel zu Noah zurückkehrt – als Zeichen dafür, dass die Natur erneut lebt, nachdem sich die Sintflut zurückgezogen hat.

16 Zur Parallele mit der *Völuspá* siehe Olle Holmberg, »Astrid Lindgren, låtsandet och det ensamma barnet«, 1977. Benn Johansen (1976) hebt hingegen die biblischen Ausdrücke in der Metaphorik der Wiederherstellung hervor.

17 Richard Bamberger, »Astrid Lindgren und das neue Kinderbuch«, 1967.

18 Astrid Lindgren über das Märchen in Astrid Lindgren und Eva von Zweigbergk, »Vägen till Sunnanäng«, in *Vänkritik*, 1959, S. 140ff. Vgl. das Gespräch mit Elly Jannes in der Zeitschrift *Vi*, 1973, H. 49, wo Astrid Lindgren betont, dass die Märchenlektüre der Kindheit die wichtigsten Spuren bei ihr hinterlassen habe, wie beispielsweise die Brüder Grimm, *Tausendundeine Nacht*, Schwedische Volksmärchen. »Wenn ich das Märchen von ›Prinz Hut unter der Erde‹ wieder lese, öffnet sich die Welt der Kindheit erneut.« Sie fügt auch die isländischen Sagas und die Bibel als wichtige Inspirationsquellen hinzu. – Das Zitat »alles ist möglich« ist von Staffan Björck, *Om folksagan, Löjliga familjerna i samhälle och dikt*, 1964, S. 65.

19 Nils Holck, »›Mio, min Mio‹ af Astrid Lindgren«, 1974, nimmt die komplizierte Struktur im Buch auf, diskutiert die Verwendung des Märchens, doch auch die Abweichungen. Durch das Märchen erfahren die erwachsenen Leser etwas über die Lebensbedingungen des Kindes, was sie sonst nicht wahrnehmen würden.

Da Lindgren etablierte Genres aufbricht und erneuert, ist es schwierig, Etiketten für ihr Werk zu finden. Sowohl Göte Klingberg, *De främmande världarna*, 1980, Ying Toijer-Nilsson, *Fantasins underland*, 1981, als auch Vivi Edström, *Barnbokens form*, 1982, betrachten *Mio, mein Mio* als fantastische Erzählung. Elena Balzamo verwendet in ihrer Arbeit *Le conte littéraire suédois. Évolution d'un genre*, 1987, die Bezeichnung Kunstmärchen.

Im Volksmärchen kommt auch nicht »the sense of wonder« vor, der Fantasy sonst auszeichne, betont Maria Nikolajeva in *The magic code*, 1988, S. 13. Vgl. auch Ann Swinfen, *In defence of fantasy*, 1984. Sicherlich *verwendet* Astrid Lindgren Märchenelemente, wie ich in meinem Text zeige, doch auf eine intertextuelle, dialogische Weise, indem sie oft den Märchencode durchbricht und die Kinder über die Magie reflektieren lässt. Dieser metafiktive Zug bewirkt, dass die Bezeichnung Märchen das Projekt von *Mio, mein Mio* nicht abdeckt.

Wie viele andere Bücher gehört *Mio, mein Mio* natürlich zu mehreren Genres. Es nimmt Spannungselemente des Kriminalromans in die Schilderung auf, wie die Kinder in dunklen Labyrinthen verfolgt werden.

Vor allem schließt die fantastische Erzählung auch eine psychologische Ebene mit ein. Es handelt sich um eine innere Reise, wobei der Schritt von einem niedrigeren Entwicklungsstadium zu einem höheren das wesentliche Motiv ist. *Mio, mein Mio* ist eine *Divina Commedia* des Kinderbuchs, in der der Held durch verschiedene Phasen und Schrecken des Lebens begleitet wird, bis hin zu den sonnenbeschienenen Gefilden des Paradieses.

20 Die Namen der Orte können an die fantasieanregenden Namen aus *Anne von Avonlea* erinnern, doch die Art, eine eigene archetypische Welt zu erzeugen, erinnert eher an gezeichnete Karten, wie wir sie bei Autoren wie C.S. Lewis, Tolkien und Tove Jansson finden.

Nicolas Barbano, »Et farligere sværd så jeg aldrig i min borg. Om Astrid Lindgrens ›Mio min Mio‹«, 1989, verknüpft die Topografie des Buches mit der nordischen Mythologie: »Die Insel der grünen Wiesen (Asgard) wird durch die Brücke des Mondlichts und des Morgenlichts (Bifrost) mit dem Land auf der anderen Seite des Wassers (Midgard) verbunden, und eine Pforte zwischen hohen, schwarzen Bergen (die Midgardschlange) markiert die Grenze zum Land Außerhalb (Utgard).«

21 Die psychologische Befreiung, die das Töten von Kato symbolisiert, kann mit einem alten persischen Märchen verglichen werden, das Marie-Louise von Franz, *Individuationsprocessen*, 1978, und Carl G. Jung, *Människan och hennes symboler*, 1974, wiedergeben: In einem engen dunklen Raum in einem runden Gebäude wird der Held auf die Probe gestellt, entweder das Böse zu vernichten oder das Ziel zu verfehlen und selbst versteinert zu werden. – Die Versteinerung als Märchenthema wird von Max Lühti, *Volksmärchen und Volkssage*, 1975, S. 11f. aufgenommen. Vgl. Nicolas Barbano (1989): *Mio, mein Mio* ist eine scharfe Waffe gegen die Steinmauern, die wir selbst aus Autoritätsglauben, Gefühlskälte und Gewohnheit errichten.

22 Die fantastische Welt in *Mio, mein Mio* oder *Die Brüder Löwenherz* ist jedoch nicht auf dieselbe Weise verfremdet wie bei einem Kafka oder Borges, wie Gertrud Lehner in »Moderne und postmoderne Elemente in der ›phantastischen‹ Kinderliteratur des 20. Jahrhunderts«, 1990, S. 178, zeigt.

23 Die Wirkungen des Buches auf die Leser sind diskutiert worden, nicht selten in Form von Zurechtweisungen und Anklagen: Die Autorin hätte

einen ganz anderen Schluss schreiben sollen: Wie er jetzt sei, könne das Buch zerstörerische eskapistische Auswirkungen erhalten.

Per Beskow (1987) beklagt sich über den Dualismus der Darstellung, der die »Bearbeitung« der Wirklichkeit verhindere. Vettergren und Lind, a.a.O., meinen, dass Mio mit den Pflegeeltern hätte wieder vereinigt werden müssen, wie es jetzt sei, verbleibe er in einem Zustand der Regression. Diese These zu den negativen Auswirkungen des Buches auf Kinder bestätigte sich jedoch nicht.

Selbst stimme ich Hans Holmberg (1988) zu, wenn er sich gegen »Ordnungspolizisten« wendet, die in den Manuskripten des Autors Änderungen vornehmen wollen. Er hebt hervor, dass es in *Mio, mein Mio* nicht um Eskapismus gehe, sondern um eine Fantasiearbeit, um »die Idealbilder des Lebens« aufrechtzuerhalten. Hierbei handele es sich um einen »Traum, der geträumt werden muss, damit die Wirklichkeit nicht zu einer Wüste der Beschränktheit vertrocknet«.

Vgl. auch Göte Klingberg, a.a.O., S. 121, der mit einem Zitat von Alan Garner über die starke, destillierte Wahrheit des Mythos die Kritik wegen mangelnden Realismus zurückweist, die Søren Vinterberg in seinem Aufsatz »Fantasiens vinger – kan de bære en realistisk omverdensförståelse?«, 1979, formuliert.

24 Zum Dasein des Menschen siehe Milan Kundera, *Romankonsten*, 1988, S. 67.

Krümel Löwenherz – im Zeichen des Lagerfeuers

25 Zum Namen Nangijala siehe *Das entschwundene Land*, 1977, S. 103, und ausführlicher »Jag är barnens tillhörighet« von Monica Schmidtz in der Zeitung *Uppsala Nya tidning*, 21.3.1987.

26 Zu den Kindergräbern siehe Monica Schmidtz in der vorausgehenden Fußnote. Über ihre Inspirationsquellen berichtet Astrid Lindgren auch in einem Radiointerview vom 25.10.1991. – Die Zitate aus den unterschiedlichen Entstehungsphasen des Buches stammen von Strömstedt 1977, S. 310f.

27 In Interviews von 1973 ist Astrid Lindgren auffallend pessimistisch. Die Menschen sind primitiv, sie befinden sich nicht einmal auf dem moralischen Niveau von Schimpansen. Gespräch mit Elly Jannes, in *Vi*, 1973, H. 49. Vgl. auch Sigfrid Leijonhufvud, »Mörk saga från andra sidan av

Astrid Lindgren«, im *Svenska Dagbladet* vom 4.10.1973: »Seit der Hitlerzeit bin ich Pessimistin«, sagt sie. – »Ich sehe schwarz für das Menschengeschlecht (...) Wir haben früh gelernt, Probleme mit Gewalt zu lösen. Das ist der Nährboden. Die Menschheit entwickelt sich vielleicht vorwärts, doch unsere destruktive Kraft und unsere technischen Möglichkeiten zu Vernichtung und Unterdrückung wachsen schneller als die guten, lebenserhaltenden Kräfte. – Die Menschen zerstören alles«, sagt Astrid Lindgren müde. Vgl. ihre Rede »Niemals Gewalt«, gehalten bei der Verleihung des Friedenspreises des Deutschen Buchhandels in Frankfurt am 22.10.1978.

28 Zum Märchen über zwei Brüder, siehe Bruno Bettelheim 1977, S. 88. Vgl. Gustaf Fredén, *Östan om solen nordan om jorden*, 1982, S. 123. In Bezug auf die Brüder Löwenherz denkt man auch an das Brüderpaar der Mythologie, Balder und Höder, wo Höder unfreiwillig die Ursache des Todes seines göttlichen Bruders wird.

29 Lennart Hellsing, »Astrid Lindgrens Bröderna Lejonhjärta. En kamp mellan ont och gott«, in *Aftonbladet*, 9.12.1973.

30 Es gibt auch Vorstellungen von einem eigenen Himmel der Kinder, wohin sie nach dem Tod kommen dürfen. Siehe beispielsweise Viktor Rydbergs Gedicht »Det döda barnet till det levande«. Vgl. das Zitat über den himmlischen Spielplatz des toten Kindes in *Kati in Paris* (aus Karlsfeldts Gedicht »En fader« in *Fridolins visor*), sowie die Bilder in der Novelle »Im Land der Dämmerung«. – Ringa Sandelin zeigt, dass der Tod ein Grundthema bei Lindgren ist, *Döden i Astrid Lindgrens barn- och ungdomsböcker*, 1979.

31 Wie Kari Skjönsberg in *Vem berättar?*, 1982, S. 126, betont, wechselt die Erzählung mit dem Wechsel der Umgebung auch das Tempo. Der Anfang des Buches wird im Präsens erzählt, während die Erlebnisse in Nangijala im Imperfekt wiedergegeben werden. Dies indiziert natürlich, dass die fiktive Welt eine Projektion von Krümels Bewusstsein ist.

32 Die fantastische Erzählung erzeugt eine quasi-mittelalterliche Atmosphäre, indem sie die mittelalterliche Romanze imitiert, wie Raymond H. Thompson zeigt, »Modern Fantasy and Medieval Romance«, 1982.
Diesen Genres gemeinsam ist der Code von heroischen Werten, die eine Welt fordern, die von der Wirklichkeit abgetrennt ist. Wie die mittelalterliche Romanze lehrt uns die fantastische Erzählung, über unsere

individuellen Maßstäbe hinauszugehen, zum Repräsentativen hin. Das Abenteuer existiert nicht als Selbstzweck, sondern es dient dazu, »[to] call forth the very essence of the knight's ideal of manhood«, ebd., S. 212.

33 Astrid Lindgren betont das Eigenleben der Brüder, dass sie die Erzählung zu ihren eigenen Bedingungen steuern. Selbst habe sie sich nicht gedacht, dass Jonathan Krümel so bald in Nangijala allein lassen würde. Mein Interview, 24.4.1992.

34 Die Idee, dass Fiktion ein Traum ist, berührt Astrid Lindgren auch früher in ihren Büchern, am deutlichsten in *Rasmus, Pontus und der Schwertschlucker*, wo Rasmus meint einen Traumgarten zu erleben und fantasiert, wer ihn hervorgeträumt habe. Astrid Lindgrens fantastischen Erzählungen reichen häufig in eine göttliche oder schicksalsvolle Sphäre hinein, in die die einzelnen Schicksale eingeordnet sind.

35 Ola Larsmo, *Om alla vore som Jonatan. En studie i våldsskildringens form, frekvens och funktion i tre verk av Astrid Lindgren*, 1983.

36 Maria Bergom-Larsson, »Astrid Lindgren – en kärleksförklaring«, 1987, S. 99. Die Deutung, dass Jonathan sterben muss, weil er Blut an den Händen hat, lässt sich diskutieren. Worauf es in der Erzählung ankommt, ist jedoch, dass Jonathan den Kampf bis zum Ende durchkämpft, ohne besudelt zu werden.

37 Zum Lichterlebnis im Augenblick des Todes siehe Egil Törnqvist, »Astrid Lindgrens halvsaga. Berättartekniken i Bröderna Lejonhjärta«, in *Svensk Litteraturtidskrift*, 1975, H. 2, S. 32. Vgl. »Sterben, ja sicher, aber nicht schon morgen«, Interview von Åke Lundqvist in *Dagens Nyheter* vom 10.4.1992, in dem Astrid Lindgren die amerikanische Ärztin Elisabeth Kübler-Ross erwähnt, die über Lichtschein in Scheintod-Erfahrungen berichtet.

38 Hans Berg, Jane Börjeson, Lena Fridell u. a., »Äventyr som inte borde få finnas«, in *Dagens Nyheter*, 22.12.1973. Antwort auf diese Rezension in *Dagens Nyheter*, 24.12.1973, unter der Überschrift »Kritiken väger lätt«; Gösta Friberg, P.C. Jersild und Åke Lundqvist schrieben dafür jeder einen Beitrag.
   Auch Hellsing (1973) findet die Polarisierung zwischen dem Bösen und dem Guten nicht zeitgemäß und zweifelhaft: »Ist nicht die schwarzweiße Mittelalterwelt eine romantische Einbahnstraße, wenn nicht im-

mer künstlerisch, dann ethisch?« Eine andere Perspektive auf »Chivalry, fantasy and fairy tale« gibt Jules Zanger, »Heroic fantasy and social reality«, 1982: Die »pre-industrial, pre-national and pre-technological« Welt der fantastischen Erzählung ziele darauf ab, die Wirklichkeit und die Gegenwart zu kommentieren, zu kritisieren und zu beleuchten. Auf entsprechende Art wird die märchenhafte Mittelalteratmosphäre in *Die Brüder Löwenherz* eingesetzt.

39 Gerold Ummo Becker, »Auf der Suche nach dem entschwundenen Land«, 1986.

40 Zu den »urmythischen« Zügen in *Die Brüder Löwenherz* siehe Ying Toijer-Nilsson: *Fantasins underland*, 1981, S. 141: »Jonathans ›quest‹ ist es, das Drachenweib Katla zu finden und sie zu unterwerfen wie Sigurd Fafnistöter, St. Georg und unzählige andere Drachentöter ihre Gegner niedergestreckt haben. Katla stiehlt Jonathans Lebenskraft, wie die Schlange einst die Blume des Lebens von Gilgamesch stahl.« Auch die *Edda* und die altnordische Mythologie liefern intertextuelle Echos im *Löwenherz*-Buch.

41 Einige Leser, unter ihnen Forscher wie Doderer sowie Møhl und Schack, haben den Handlungsverlauf so gedeutet, dass Krümel stirbt, als er Jonathan in Nangijala trifft.

Astrid Lindgren betont oft, besonders in Zusammenhang mit *Die Brüder Löwenherz*, dass Erwachsene und Kinder Texte unterschiedlich lesen. Göte Klingberg stellt in *De främmande världarna*, 1982, S. 91, diese allzu strikte Grenzziehung zwischen Kinder- und Erwachsenenperspektive in Frage.

42 Törnqvist 1975, S. 18f., betrachtet Tengil als Märchenfigur, vergleichbar etwa mit dem Henker und dem Zwerg von Pär Lagerkvist.

43 Francis J. Molson, »Ethical Fantasy for Children«, 1982: Autoren wie C.S. Lewis, Alan Garner, Susan Cooper, Ursula le Guin problematisieren, wie schwierig es ist, in jedem Augenblick das Böse zu erkennen, ihm entgegenzutreten und es zu meistern, wie auch das Problem, in Übereinstimmung mit der eigenen Entscheidung zu handeln. Wie soll man es schaffen, die Angst zu meistern und die Auswirkungen des eigenen Handelns zu durchschauen? »In ethical fantasy, then, making moral decisions is an important plot element.«

44 Helmut Fischer, »Astrid Lindgren: Brüder Löwenherz. Märchen und Wirklichkeit für jugendliche Leser«, 1986.

45 Siehe den Aufsatz »Skorpan lever!« von Birgit Sunna, 1989.

46 Møhl und Schack (1981) lesen *Die Brüder Löwenherz* als einen Entwicklungsroman. Auch Angelika Thieme, *Astrid Lindgren. Bröderna Lejonhjärta*, 1989, betrachtet Krümels Lernprozess als zentrales Thema des Buches.

47 Astrid Lindgren berichtet in ihrem Artikel »Vad jag inte menat med ›Lejonhjärta‹«, in *Expressen*, 25.9.1977, dass sie Briefe von und über Kinder bekommen habe, die von ihrer Todesangst befreit waren, nachdem sie das Buch über die Brüder gelesen hatten.

Ronja, diese Räubertochter

48 Zur Kluft, die Ronja überbrückt, siehe Maria Bergom-Larsson, »Astrid Lindgren – en kärleksförklaring«, 1987.

49 Dass Astrid Lindgren sich damit vergnügt hat, ihre Bekanntschaft mit *KAK:s bilatlas*, dem Autoatlas des königlichen Automobilclubs, aufzufrischen, geht unter anderem aus Namen wie Pelje(kaise) und Tjegge(vas) hervor. – Den Namen Ronja übernahm sie einfach von einer Lappenhütte: »Anironiarekåtan hieß sie, glaube ich, ich fand, das klang gut.« Astrid Lindgren in *Uppsala Nya Tidning*, 21.3.1987.

50 »Ilon Wikland hittade sina rövare i systemkön«, in *Dagens Nyheter* in der Beilage På stan, 10.10.–16.10.1981, Interview mit der Künstlerin von Birgitta Carlstedt darüber, wie es war, Räuber zu zeichnen: »Ich studierte Leute in Warteschlangen. Ich suchte nach den einzelnen Räubern in den Schlangen vor der Post und vielleicht vor allem denen vor den Alkoholmonopolläden.«

51 Die Wilddruden drücken Ronjas Schicksal aus. Ellen Moers, *Literary Women*, 1977, diskutiert die Bedeutung der Vogelmetaphorik für die Frauenschilderung in der Literatur und hebt die besondere Bedeutung der großen, gefährlichen Vögel hervor: »The more feminist, the larger, wilder and crueler come the birds.«, S. 374.

52 Vgl. Michail Bachtin, *Literatur und Karneval*, 1990.

53 Elisabeth Tykesson, *Rövarromanen i Sverige*, 1942, S. 46, zeigt, dass es
    eine Reihe kindlicher Liebespaare auch im Räubergenre gibt, und »fast
    überall, wo eine treue Liebe geschildert wird, hat sie einen Anklang von
    lieber Geschwisterzuneigung.«
        Zur Freundschaft zwischen Junge und Mädchen siehe außerdem Vivi
    Edström, »Den romantiska barnvänskapen«, 1982.

54 *Ronja Räubertochter* hat filmische Qualitäten: Die spannende Rettung
    aus den Stromschnellen erinnert an frühe Filme mit Rettungen aus Liebe
    in wilder Natur, beispielsweise in Filmen mit Buster Keaton. – Den be-
    liebten Film über Ronja, der zu Tage Danielssons letzter Aufgabe wurde,
    bezeichnet Leif Furhammar, *Filmen i Sverige*, 1991, S. 357, als »zärtliche
    Anthologie der großen schwedischen Filmmotive durch das Jahrhundert:
    Natur, Gemeinschaft und Tod«.

55 Mehrere Parallelen zu Lagerlöfs Dichtung weist Hans Ritte in seinem
    Aufsatz »›Ein kleiner Übermensch in Gestalt eines Kindes.‹ Die rebelli-
    schen Mädchen bei Astrid Lindgren«, 1988, nach. Ronja erinnert an das
    Mädchen in Symbiose mit dem Wald in Selma Lagerlöfs Novelle *Reors
    Sage*, aber auch an die Åsa Gänsemagd in *Nils Holgersson*, ein Mädchen,
    das gegen die mächtige Männergesellschaft ankämpft, als sie die ehren-
    hafte Beerdigung ihres Bruders durchsetzt.
        In Zusammenhang mit *Nils Holgersson* kann man nicht umhin, den
    Silberschatz, von dem Glatzen-Per Ronja im Augenblick des Abschieds
    erzählt, mit dem versteckten Schatz zu vergleichen, den Akka dem
    Däumling anvertraut, bevor er sich von der Schar trennen soll. Nichts
    hiervon würde man als bewusste »Anleihen« bezeichnen, doch die Ähn-
    lichkeiten zeigen, dass *Ronja Räubertochter* deutliche Verbindungen zur
    schwedischen Tradition aufweist.
        Zum Schluss: Auch Selma Lagerlöf fühlte sich vom wilden, amorali-
    schen Räubergeist magisch angezogen, das zeigen mehrere ihrer Erzäh-
    lungen, am schönsten »Die Legende von der Christrose« über die Räuber
    im Göinge-Wald.

56 Der Emanzipationsprozess in *Ronja Räubertochter* wird von Hans Ritte
    (1988) aufgenommen. Er zeigt die Berührungspunkte mit *Romeo und
    Julia* und mit Kellers Novelle *Romeo und Julia auf dem Dorfe* auf, doch
    er konstatiert, dass in *Ronja Räubertochter* die Kinder nicht zu tragi-
    schen Opfern der Familienfehde werden. Er vergleicht Ronja auch mit

den rebellischen Büchern der sechziger und siebziger Jahre, doch er betont, dass ihr Protest eher von innen geschildert werde und in Einklang mit den Kräften der Natur stehe.

Im Artikel »Är det bara pojkar som kan rädda världen?« behauptet Gabriella Åhmansson, dass *Mio, mein Mio* und *Die Brüder Löwenherz* den männlichen Mythos mit einer linearen Struktur verbinden, während ein Buch wie *Ronja Räubertochter* zyklisch komponiert sei. Åhmansson lehnt diese Aufteilung ab und fordert Bücher mit Mädchen als Helden.

Wie ich gezeigt habe, finden sich jedoch zyklische Züge in einem Buch wie *Mio, mein Mio*, während das linear Heroische zu Ronjas Befreiung und Widerstandswillen dazugehört: Sie gräbt wie Jonathan einen symptomatischen heimlichen Gang hinaus in die Freiheit. – Im Allgemeinen werden auch die Mädchen bei Lindgren als stark dargestellt, während die Jungen oft ängstlich sind.

57 Maria Bergom-Larssons Ansicht, dass *Ronja Räubertochter* ein Buch für unsere Zeit sei, lässt sich mit Ulla Lundqvists kritischen Anmerkungen in der Beilage der *Dagens Nyheter* På stan, 10.10.–16.10.1981, vergleichen. Sie findet das Buch unklar. In Bezug auf die Räuber ist es schwer, »einen Widerwillen gegen ihr Gewerbe aufzubringen. Teils betrifft es ja (...) nur die Reichen, und teils hört man immer nur davon, man bekommt nie zu sehen, wie das ganz konkret abläuft. Es wird nicht recht begreiflich, warum Ronja und Birk sich davon distanzieren.«

Bücher von Astrid Lindgren

Als Klein-Ida auch mal Unfug machen wollte, 1986
Britt-Mari erleichtert ihr Herz, 1954
Das entschwundene Land, 1977
Der beste Karlsson der Welt, 1969
Die Brüder Löwenherz, 1974
Die Kinder aus der Krachmacherstraße, 1957
Ferien auf Saltkrokan, 1965
Immer lustig in Bullerbü, 1956
Im Wald sind keine Räuber, 1952
Kalle Blomquist lebt gefährlich, 1951
Kalle Blomquist, Eva-Lotte und Rasmus, 1954 (Kalle Blomquist,
    Eva-Lotta und Rasmus, 1996)
Karlsson fliegt wieder, 1963
Karlsson vom Dach, 1956
Kati in Amerika, 1952
Kati in Italien, 1953
Kati in Paris, 1954
Kerstin und ich, 1953
Klingt meine Linde, 1960
Lotta zieht um, 1962
Madita, 1961
Madita und Pims, 1976
Mehr von uns Kindern aus Bullerbü, 1955
Meisterdetektiv Blomquist, 1950 (Kalle Blomquist –
    Meisterdetektiv, 1996)
Michel bringt die Welt in Ordnung, 1970
Michel in der Suppenschüssel, 1964
Michel muss mehr Männchen machen, 1966

Mio, mein Mio, 1955
Nils Karlsson-Däumling, 1957
Nur nicht knausern, sagte Michel aus Lönneberga, 1987
Pippi in Taka-Tuka-Land, 1951
Pippi Langstrumpf, 1949
Pippi Langstrumpf geht an Bord, 1950
Rasmus und der Landstreicher, 1957
Rasmus, Pontus und der Schwertschlucker, 1958
Ronja Räubertochter, 1982
Sammelaugust und andere Kinder, 1952
Wir Kinder aus Bullerbü, 1954

Literatur

Adolfsson, Eva, Ulf Eriksson und Birgitta Holm: Anpassning, flykt, frigörelse. Barnboken och verkligheten. In: Mary Ørvig (Hrsg.): En bok om Astrid Lindgren. Stockholm 1977.

Ahlgren, Stig: Blåkulla tur och retur. In: Svenska Dagbladet, 27.3.1975.

Ahlgren, Stig: Insnöad. Läsning i blandade ämnen. Stockholm 1977.

Alfvén-Eriksson, Anne-Marie: Brottslingen – villebråd eller medmänniska? Bilden av brottslingen i svensk barn- och ungdomslitteratur mellan åren 1945 och 1975. Stockholm 1986.

Arvidsson, Ingrid: 40-talet i barnkammaren. In: Bonniers litterära magasin, 1949, H. 7, 544–549.

Åhmansson, Gabriella: Är det bara pojkar som kan rädda världen? In: Opsis Kalopsis, 1992, H. 1, 24–27.

Bachtin, Michael: Dostojevskijs poetik. Gråbo 1991.

Bachtin, Michael: Literatur und Karneval. Zur Romantheorie und Lachkultur. Frankfurt am Main 1990.

Bachtin, Michael: Rabelais und seine Welt. Volkskultur als Gegenkultur. Hrsg. und Vorw. von Renate Lachman. Frankfurt am Main 1995.

Bäckström, Lars: Mannen utan väg och hans kusin Vitamin. Om barn-, ungdoms- och vuxenlitteratur, ibland under jämförelse med de vuxnas litteratur. Stockholm 1991.

Balzamo, Elena: Le conte littéraire suédois. Évolution d'un genre. Lille 1987. Nicht veröffentlichte Dissertation.

Bamberger, Richard: Astrid Lindgren und das neue Kinderbuch. In: Oetinger Almanach, Gebt uns Bücher – gebt uns Flügel. Hamburg 1967, 23–38.

343

Barbano, Nicolas: Et farligere sværd så jeg aldrig i min borg. Om Astrid Lindgrens »Mio, min Mio«. In: Finn Barlby und Jakob Gromsen (Hgg.): Den fantastiske Fortælling. Kopenhagen 1989.

Becker, Gerold Ummo: Auf der Suche nach dem entschwundenen Land. In: Rudolf Wolff (Hrsg.): Astrid Lindgren. Rezeption in der Bundesrepublik. Bonn 1986.

Bergom-Larsson, Maria: Astrid Lindgren – en kärleksförklaring. In: Marianne Eriksson (Hrsg.): Duvdrottningen. En bok till Astrid Lindgren. Stockholm 1987.

Bergvik, Ingrid: Analys av Astrid Lindgrens debutbok Britt-Mari lättar sitt hjärta. Stockholm 1979. Nicht veröffentlichter Aufsatz.

Beskow, Per: Landet som icke är. Myt och verklighet i Astrid Lindgrens Mio, min Mio. In: Marianne Eriksson (Hrsg.): Duvdrottningen. En bok till Astrid Lindgren. Stockholm 1987.

Bettelheim, Bruno: Kinder brauchen Märchen. Stuttgart 1977.

Björck, Staffan: Löjliga familjerna i samhälle och dikt. Stockholm 1964.

Björck, Staffan: Romanens formvärld. Studier i prosaberättarens teknik. Stockholm 1953.

Blom, Arne K.: Kalle Blomkvist och den skrämmande verkligheten. In: Jury, 1976, H. 3, 37–43.

Boëthius, Ulf: »Konsten att göra sig rolig«. Skazen i Astrid Lindgrens Emil i Lönneberga. In: Tidskrift för litteraturvetenskap, 1990, H. 3, 51–65.

Boëthius, Ulf: När Nick Carter drevs på flykten. Kampen mot »smutslitteraturen« i Sverige 1908–1909. Stockholm 1989.

Brostrøm, Torben: Folkeeventyrets moderne genbrug eller Hvad forfatteren gør. Kopenhagen 1987.

Brudal, Paul Jan: Sagan och det omedvetna språket. Psykologi och symbolbilder i folksagorna. Stockholm 1986.

Buttenschøn, Ellen: Historien om et »påhit«. Om Pippifiguren og Astrid Lindgrens gennembrudsværk. Kopenhagen 1975.

Buttenschøn, Ellen: Smålandsk fortæller. Om hovedværket i Astrid Lindgrens smålandsdigtning: Emil fra Lønneberg. Kopenhagen 1977.

Carlstedt, Birgitta: Ilon Wikland hittade sina rövare i systemkön. In: Dagens Nyheter, 10.10.1981.

Dahrendorf, Malte: Utopie und Wirklichkeit bei Astrid Lindgren. In: Rudolf Wolff (Hrsg.): Astrid Lindgren. Rezeption in der Bundesrepublik. Bonn 1986.

Doderer, Klaus: Von der Solidarität der guten Menschen in der desolaten Welt. In: Oetinger Almanach. Gebt uns Bücher – Gebt uns Flügel. Hamburg 1978, 25–31.

Domellöf, Gunilla: När den rätte kommer: en undersökning av svenska flickböcker från 1930-talet. Umeå 1979. Nicht veröffentlichter Aufsatz.

Edlund, Elisabet und Andreas Hoffsten (Hgg.): Inte bara Emil. Bok blir film. Stockholm 1991.

Edström, Vivi: Barnbokens form. En studie i konsten att berätta. Stockholm 1980.

Edström, Vivi: Berättartekniken i Astrid Lindgrens böcker om Emil i Lönneberga. In: Lena Fridell (Hrsg.): Barnbok och barnboksforskning. Stockholm 1972.

Edström, Vivi: Den romantiska barnvänskapen. In: Barnboken, 1982, H. 3, 8–12.

Edström, Vivi: Pippi Långstrump, kaos och postmodernism. In: Urpu-Liisa Karahka und Anders Olsson (Hgg.): Poesie och vetande. Till Kjell Epsmark 19. Februari 1990. Stockholm 1990.

Edström, Vivi: Selma Lagerlöf och Astrid Lindgren i Grimm-traditionen. In: Astrid Stedje (Hrsg.): Die Brüder Grimm: Erbe und Rezeption: Stockholmer Symposium 1984. Stockholm 1985, 37–44.

Edström, Vivi: Stenhjärta och eldflamma. En studie i Astrid Lindgrens bildspråk. In: Svensklärarföreningens årsskrift. Stockholm 1986, 36–54.

Edström, Vivi: Stilen i Mio, min Mio. In: Mary Ørvig (Hrsg.): En bok om Astrid Lindgren. Stockholm 1977.

Ejchenbaum, Boris: Hur Gogols Kappan är gjord. In: Kurt Aspelin und Bengt A. Lundberg (Hgg.): Form och struktur. Texter till en metodologisk tradition inom litteraturvetenskapen. Stockholm 1971.

Engqvist, Ester Maria: Vem tröstar dig när du gråter? In: Svenska Dagbladet, Beilage Sommarsvenskan, 8.8.1989.

Essen, Susanne von: Hur Astrid Lindgren blivit illustrerad. In: Mary Ørvig (Hrsg.): En bok om Astrid Lindgren. Stockholm 1977, 133–152.

Fioretis, Aris: Det kritiska ögonblicket. 1991.

Fischer, Helmut: Astrid Lindgren: Brüder Löwenherz. Märchen und Wirklichkeit für jugendliche Leser. In: Rudolf Wolff (Hrsg.): Astrid Lindgren. Rezeption in der Bundesrepublik. Bonn 1986.

Fredén, Gustaf: Östan om solen, nordan om Jorden. Randanteckningar till folkssagans historia. Stockholm 1982.

Furhammar, Leif: Filmen i Sverige. En historia i tio kapitel. Höganäs 1991.

Gilbert, Sandra M. und Susan Gubar: The madwoman in the attic. The woman writer and the nineteenth century literary imagination. New Haven 1979.

Giovanazzi, Anna: Il motivo del gioco nelle opere di Astrid Lindgren. Mailand 1983. Nicht veröffentlichter Universitätsaufsatz.

Grenz, Dagmar: Die phantastische Erzählung in der Kinder- und Jugendliteratur. Überlegungen zur Bestimmung und den historischen Anfängen eines Genres. In: JuLit, Informationen des Arbeitskreises für Jugendliteratur. München 1986, 33–50.

Hedberg, Solveig: Språk och värderingar i Astrid Lindgrens böcker om barnen från Bullerbyn. Stockholm 1977. Nicht veröffentlichter Aufsatz.

Heldner, Christina: I gränslandet mellan lingvistik och litteraturvetenskap. En analys av några språkliga drag i blöckerna om Pippi Långstrump. In: Maria Nikolajeva (Hrsg.): Modern litteraturteori och metod i barnlitteraturforskningen. Stockholm 1992.

Hellsing, Lennart: Astrid Lindgrens Bröderna Lejonhjärta. En kamp mellan ont och gott. In: Aftonbladet, 9.12.1973.

Holck, Niels: »Mio, min Mio« af Astrid Lindgren. In: Sven Møller Kristensen und Preben Ramløv (Hgg.): Børne og ungdomsbøger. Problemer og analyser. Kopenhagen 1974.

Holmberg, Hans: Från Prins Hatt till Prins Mio. Om sagogenrens utveckling. Stockholm 1988.

Holmberg, Olle: Astrid Lindgren, låtsandet och det ensamma barnet. In: Mary Ørvig (Hrsg.): En bok om Astrid Lindgren. Stockholm 1977.

Holmberg, Olle: Romantisk saga. In: Dagens Nyheter, 27.11.1954.

Iser, Wolfgang: Das Fiktive und das Imaginäre. Perspektiven literarischer Anthropologie. Frankfurt am Main 1991.

Jaensson, Knut: Alice i Underlandet. Bonniers litterära magasin, 1944, H. 9, 757–769.

Johansen, Arvid Benn: Fra Tegnérlunden til »Gröna Ängars Ö«. Oslo 1976. Nicht veröffentlichte Abschlussarbeit.

Johansson, Gunvor: Elsa Beskow und Astrid Lindgren. In: Modersmålslärarnas förening årskrift. Lund 1967.

Jung, Carl G.: Människan och hennes symboler. Stockholm 1974.

Klingberg, Göte: Barn- och ungdomslitteraturen. Stockholm 1970.

Klingberg, Göte: De främmande världarna i barn- och ungdomslitteraturen. Stockholm 1980.

Krüger, Anna: Bausteine des Erzählens. In: Zeitschrift für Jugendliteratur, 1964, H. 4, 194–212.

Kundera, Milan: Romankonsten. Essay. Stockholm 1988.

Larsmo, Ola: Om alla vore som Jonatan. En studie i våldsskildringens form, frekvens och funktion i tre verk av Astrid Lindgren. Uppsala 1983. Nicht veröffentlichter Aufsatz.

Larson, Lorentz: Astrid Lindgren. In: Carl-Agnar Lövgren (Hrsg.): De skriver för barn. Porträtt av fjorton svenska barnboksförfattare. Lund 1978, 82–103.

Lehnert, Gertrud: Moderne und postmoderne Elemente in der ›phantastischen‹ Kinderliteratur des 20. Jahrhunderts. In: Hans-Heino Ewers, Maria Lypp und Ulrich Nassen (Hgg.): Kinderliteratur und Moderne. Ästhetische Herausforderung der Kinderliteratur im 20. Jahrhundert. Weinheim 1990.

Lindgren, Astrid: Vad jag inte menat med ›Lejonhjärta‹. In: Expressen, 25. 9. 1977.

Lindgren, Astrid: Varför skriver man barnböcker? In: Expressen, 14. 12. 1984.

Lindström, Ingegerd: Anna Maria Roos. Inte bara Sörgården. Ett reportage bland böcker och brev. Stockholm 1989.

Löfgren, Cecilia: Vänskap och förälskelse. En studie av fyra vänskapsböcker. Stockholm 1987. Nicht veröffentlichter Aufsatz.

Löfgren, Eva M.: Kalle Blomkvist och draken. Arketypstudier i Astrid Lindgrens barndeckare. In: Maria Nikolajeva (Hrsg.): Modern litteraturteori och metod i barnlitteraturforskningen. Stockholm 1992.

Löfgren, Eva M.: Sägner för moderna barn. Magiska element i fyra böcker av Astrid Lindgren. Stockholm 1976. Nicht veröffentlichter Aufsatz.

Lüthi, Max: Volksmärchen und Volkssage. Zwei Grundformen erzählender Dichtung. Bern 1975.

Lundqvist, Ulla: På stan. In: Dagens Nyheter, Beilage, 10.–16. 10. 1981.

Lundqvist, Ulla: Århundradets barn. Fenomenet Pippi Långstrump och dess förutsättningar. Stockholm 1979. Dissertation.

Metcalf, Eva-Maria: Tall tale and spectacle in Pippi Longstocking. In: Children's literature association quarterly, 1990, H. 15, 130–135.

Moers, Ellen: Literary women. The great writers. Garden City, N.Y. 1977.

Molson, Francis J.: Ethical fantasy for children. In: Roger S. Schlobin (Hrsg.): The aesthetics of fantasy, literature and art. Notre Dame, Indiana 1982.

Møhl, Bo und May Schack (Hrsg.): När barn läser. Litteraturupplevelse och fantasi. Stockholm 1981.

Nikolajeva, Maria: The magic code. The use of magical patterns in fantasy for children. Stockholm 1989.

Ørvig, Mary (Hrsg.): En bok om Astrid Lindgren. Stockholm 1977.

Propp, Vladimir: Morphology of the folktale. Austin 1968.

Propp, Vladimir: Undersagans transformationer. In: Kurt Aspelin und Bengt A. Lundberg (Hgg.): Form och struktur. Texter till en metodologisk tradition inom litteraturvetenskapen. Stockholm 1971.

Ritte, Hans: Astrid Lindgrens Kindheitsmythos. Beobachtungen zu ihren Bullerbü-Büchern. In: Rudolf Wolff (Hrsg.): Astrid Lindgren. Rezeption in der Bundesrepublik. Bonn 1986.
Ritte, Hans: Ein kleiner Übermensch in Gestalt eines Kindes. Die rebellischen Mädchen bei Astrid Lindgren. In: Vetenskapssocieteten i Lund. Årsbok. Lund 1988, 51–62.
Rönnberg, Margareta: En lek för ögat. 28 filmberättelser av Astrid Lindgren. Uppsala 1987.

Samuelsson, Marie-Louise: Det gick ju bra för fröken Eriksson: Interview mit Astrid Lindgren. In: Svenska Dagbladet, 16.12.1984.
Sandelin, Ringa: Döden i Astrid Lindgrens barn- och ungdomsböcker. Åbo 1979. Nicht veröffentlichte Abhandlung.
Scherf, Walter: Strukturanalyse der Kinder- und Jugendliteratur. Bad Heilbrunn 1978.
Schmidtz, Monica: Jag är barnens tillhörighet. In: Uppsala Nya tidning, 21.3.1987.
Schönfeldt, Sybil Gräfin: Astrid Lindgren. Mit Selbstzeugnissen und Bilddokumenten. Hamburg 1987.
Sjögren, Olle: Lekmannen i skrattspegeln. En kulturpsykologisk analys av två mangliga filmkomiker. Uppsala 1989.
Skjønsberg, Kari: Vem berättar? Om adaptioner i barnlitteraturen. Stockholm 1982.

Skott, Staffan: Karlsson på taket i rysk översättning. In: Mary Ørvig (Hrsg.): En bok om Astrid Lindgren. Stockholm 1977, 84–132.

Stewart, Susan: Nonsense. Aspects of intertextuality in folklore and literature. New York 1978.

Strömstedt, Margareta: Astrid Lindgren: en levnadstecking. Stockholm 1977.

Strömstedt, Margareta: Astrid Lindgren. Subversive storyteller. In: Scanorama, 1990, H. 1, 10–20.

Strömstedt, Margareta: Junibacken revisited. In: Barn och kultur, 1987, H. 5, 103–105.

Sunna, Birgit: Skorpan lever! En analys av Astrid Lindgrens Bröderna Lejonhjärta. Stockholm 1990. Nicht veröffentlichter Aufsatz.

Svensson, Sonja: Ett släkte för sig. Om åldersbarriärer i den svenska ungdomsboken 1950–1975. In: Ulla Lundqvist und Sonja Svensson (Hgg.): Kring den Svenska ungdomsboken. Stockholm 1977.

Svensson, Sonja: Läsning för folkets barn: Folkskolans Barntidning och dess förlag 1892–1914. Med en inledning om fattiga barns läsning på 1800-talet. Stockholm 1983.

Swinfen, Ann: In defence of fantasy. A study of the genre in English and American literature since 1945. London 1984.

Tabbert, Reinbert: Astrid Lindgren – Leben, Werk und Leserschaft. In: Rudolf Wolff (Hrsg.): Astrid Lindgren. Rezeption in der Bundesrepublik. Bonn 1986.

Tesarek, Anton: »Mio, mein Mio«. In: Die sozialistische Erziehung, 1955, H. 11.

Thieme, Angelika: Astrid Lindgren: Bröderna Lejonhjärta. Tübingen 1989. Nicht veröffentlichter Seminaraufsatz.

Thompson, Raymond H.: Modern fantasy and medieval Romance. In: Roger S. Schlobin (Hrsg.): The aesthetics of fantasy, literature and art. Notre Dame, Indiana 1982.

Törnqvist, Egil: Astrid Lindgrens halvsaga. Berättartekniken i Bröderna Lejonhjärta. In: Svensk litteraturtidskrift, 1975, H. 2, 17–34.

Toijer-Nilsson, Ying: Fantasins underland. Myt och idé i den fantastika berättelsen. Stockholm 1981.

Toijer-Nilsson, Ying: Minnet av igår. Stockholm 1990.

Tykesson, Elisabeth: Atterbom. En levnadsteckning. Stockholm 1954.

Tykesson, Elisabeth: Rövarromanen och dess hjälte i 1800-talets svenska folkläsing. Stockholm 1942.

Vettergren, Gunnel: Prins Mio, ett barn i en sagovärld eller ett barns fantasi. En tolkning av Astrid Lindgrens Mio, min Mio i objektrelationstermer samt en undersökning av sagans psykiska funktion. Von Gunnel Vettergren und Andrzej Molin. Stockholm 1987. Nicht veröffentlichte Examensarbeit.

Vinterberg, Søren: Fantasiens vinger – kan de bære en realistik omverdensförståelse? In: Greta Rognved und Irja Thorenfeldt (Hgg.): Barneboka, fantasi og virklighet. Oslo 1979.

Westin, Boel: Familjen i dalen: Tove Janssons muminvärld. Stockholm 1988.

Wiklund, Nils: The Icarus Complex. Studies of an alleged relationship between fascination for fire, enuresis, high ambition und ascentionism. 1978.

Wolf, Virginia L.: Paradise lost? The displacement of myth in children's novels set on islands. In: Studies in the Literary Imagination, 1985.

Wretö, Tore: Det förklarade ögonblicket. Studier i västerländsk idyll från Theokritos till Strindberg. 1977.

Zanger, Jules: Heroic fantasy and social reality. In: Roger S. Schlobin (Hrsg.): The aesthetics of fantasy, literature and art. Notre Dame, Indiana 1982.

Zellén, Erik: Skaz-strukturen i Gustaf Frödings Räggler å paschaser. Lund 1991. Nicht veröffentlicher Aufsatz.

Zweigbergk, Eva: Barnboken i Sverige 1750–1950. Stockholm 1965.